SCRIPTORUM CLASSICORUM
BIBLIOTHECA OXONIENSIS

OXONII

E TYPOGRAPHEO CLARENDONIANO

AESCHYLI

SEPTEM QUAE SUPERSUNT
TRAGOEDIAS

EDIDIT

DENYS PAGE
COLLEGII IESU MAGISTER
LINGUAE GRAECAE APUD CANTABRIGIENSES
PROFESSOR REGIUS

OXONII
E TYPOGRAPHEO CLARENDONIANO

Oxford University Press, Ely House, London W.1

GLASGOW NEW YORK TORONTO MELBOURNE WELLINGTON
CAPE TOWN IBADAN NAIROBI DAR ES SALAAM LUSAKA ADDIS ABABA
DELHI BOMBAY CALCUTTA MADRAS KARACHI LAHORE DACCA
KUALA LUMPUR SINGAPORE HONG KONG TOKYO

ISBN 0 19 814570 5

First published 1972
Reprinted 1975

Printed in Great Britain by Flarepath Printers Ltd,
St Albans, Herts.

PRAEFATIO

AESCHYLI fabulas qui recensere conatur, opus aggreditur perdifficile ne dicam paene desperandum. notissimum illud Quintiliani iudicium laudo: poetam sublimem describit et gravem et grandiloquum saepe usque ad vitium, sed rudem in plerisque et incompositum; accedit ut homo unica sit natura, ingenio feracissimus, saeptuosae fautor dictionis. textus eius si omnino inviolatus exstaret, interpretum ingenia vehementer exerceret; cum vero fabulas acceperimus omnigenis scribarum erroribus ineptiisque vitiatas, tanto magis diffidenter rem ceteroquin spinosam vir criticus attinget.

egomet nequaquam opus tantae difficultatis suscepissem, ni Rogerus Dawe,[1] Alexandri Turyn[2] monitis oboediens, fundamenta tam lata et solida iecisset ut iam demum quivis aedificium aliquatenus stabile superstruere conari posset. lectiones codicum sedecim plenissime et accuratissime exscripsit, traditionis naturam indagavit definiitque, edendi rationem certissimis approbatam indiciis explicuit; mox idem Wecklinium secutus incredibili cum labore recentiorum coniecturas in unum coacervavit.[3]

rerum de quibus editor in praefatione disserere solet partem longe maximam praesumpsere viri doctissimi quos nominavi, ita ut superfluum esset hoc loco codicum historiam descriptionem affinitates iterum abundanter exponere. qui codices adeundi essent, imprimis ab A. Turyn et R. Dawe didici. qua essent natura, quibus affinitatibus, expositione plenissima docuit Dawe. ut mea ipsius sententia de his rebus

[1] vid. R. D. Dawe, *The Collation and Investigation of Manuscripts of Aeschylus*, Cambridge University Press, 1964.

[2] vid. A. Turyn, *The Manuscript Tradition of the Tragedies of Aeschylus*, Polish Institute of Arts and Sciences in America, New York City, 1943.

[3] R. D. Dawe, *Repertory of Conjectures on Aeschylus*, Leiden (E. J. Brill), 1965.

eluceat, principia quibus in textu constituendo obsecutus
sum breviter expono:

in *Supplicibus* et *Choephoris* pendet textus de Mediceo (M),[1]
codice malo[2] interdumque corruptissimo,[3] cuius errores
diorthota ob ignaviam vel ignorantiam plerumque reliquit
intactos. editori hodierno vix aliud relinquitur quam ut
perpendat quousque libeat textum virorum doctorum
coniecturis consarcinatum refingere. oritur saepissime quae-
stio, locumne corruptum obelis relinquat inclusum an quasi
fomentis insanabilem mitiget. hoc ut saepius iusto prae-
tulerim, postulavit huius libelli ratio.

in *Agamemnone* pendet textus imprimis de codice Florentino
(F);[4] accedunt versibus 1–310 et 1067–1159 Mediceus
(M), 1–348 Venetus (V), textum praebentes non ita
multum Florentino meliorem, versibus 1–45 et 1095–1673
codex Venetus (G), Florentino simillimus. paucis sed validis
indiciis iamdudum demonstratum est codices F et V alium
fontem vel alios fontes atque Mediceum adiisse.[5] fabulam
totam edidit Demetrius Triclinius (Tr), qui perpaulum novi
praeter coniecturas plerumque calamitosas, interdum felices,
offert.

Eumenidum textui testes unici exstant Mediceus (M) et
Triclinianus (Tr), quocum maxime consentiunt, nisi quod

---

[1] de gemello codicis Medicei codicem Scurialensem T 1. 15 pendere
credit vir doctissimus H. Friis Johansen; vid. *Greek, Roman, and Byzantine
Studies*, 1968, pp. 371 seqq., *Aeschylus, the Suppliants*, vol. i (Classica et
Mediaevalia: Dissertationes VII), 1970. haesitans ipse (*Aesch. Suppl.*,
p. 32) mihi non persuasit.

[2] menda praebet Mediceus sescenta quae facillime corrigi possunt
(e.g. *Suppl.* 154 ἡδιόκτυπον), quae falso correcta sunt (e.g. *Suppl.* 107
τὸ θάλως M^{ac}, τὸ θάλος M^{pc}), vel quae sensu omnino carent (e.g. *Suppl.*
230 ταπλα ἐν μαβωϲ).

[3] vid. *Suppl.* 825–902, *Cho.* 783–838.

[4] de codicum FG natura in *Agamemnone* vid. imprimis E. Fraenkel,
Aeschylus, Agamemnon, vol. i, pp. 11 seqq., 30 seqq. egomet nullus dubito
quin codices FG textum vetustiorem qua forma ante Triclinium tra-
ditus sit repraesentent.

[5] vid. e.g. *Ag.* 297, 1133, 1143; Fraenkel, op. cit. 6 seqq.

coniecturis Triclinianis interdum carent, codices inter se artissime coniuncti[1] Salamancensis (E),[2] Florentinus (F), et Venetus (G). iamdudum constat codices Triclinianos alium fontem atque Mediceum adiisse.[3]

tam paucis et invalidis fulcitur adminiculis in *Supplicibus* et *Orestia* Aeschyli textus; in triade *Prometheo Vincto*, *Septem contra Thebas*, *Persis*, longe aliter se res habet.

codex Mediceus (M) annis fere trecentis vetustior quam ceteri in rebus orthographicis aliisque minutiis locum facile obtinet principem; alioquin perraro conservat lectionem veram qua carent ceteri: *Pe* 191 ὑπ', 951 Ἰάων, *ScT* 293 δυςευνήτορας, 294 πάντρομος, 713 ἄνη τις, 719 ἐκφύγοις γε, 757 φρενώλης, 810 κεῖςθον, 952 πόνοιςι γενεάν. contra multis in locis lectio in codice Mediceo corrupta in aliis multo serioribus sincera servatur. pauca sufficient exempla, in quibus Mediceus aut solus aut cum aliis errat:

PV 20 πάγωι : τόπωι M ; 156 μήτε : μήποτε M ; 157 ἐγεγήθει : ἐπεγήθει M ; 340 κοὐδαμῆι : κοὐδὲ μὴ M ; 348 πρὸς : ἐς M ; 520 οὐκέτ' ἂν : οὐκ ἂν οὖν M ; 608 φράζε ταῖ : φράζετε M ; 617 πᾶν γὰρ ἂν : πᾶν γὰρ οὖν M ; 657 νυκτίφοιτ' : νυκτίφαντ' M ; 683 ὅ τι : ἔτι M ; 706 βάλ' : μάθ' M ; 758 ἥδοι ἂν : ἥδοιμ' ἂν M ; 900 δυςπλάνοις : δυςπλάγχνοις M ; 933 δ' ἂν : δαὶ M ; 945 ἐφημέροις : τὸν ἡμέροις M ; 998 ὦπται : ὦ παῖ M ; *ScT* 195 : versum omnino omisit M ; 734 αὐτοκτόνως : αὐτοκτάνωςιν M (αὐτοὶ κτάνωςιν M²ᵖᶜ) ; 820 χθόνα : χθονός M ; 1057 τί δὲ δρῶ : τί δ' ἐρῶ M ; *Pe* 431 μηδάμ' : μηδ' ἂν M ; 531 μὴ καί τι ... προςθῆται : μηκέτι ... προςθῆτε M ; 642 μεγαυχῆ : μεγαλαυχῆ

---

[1] codices EFGTr ex eodem fluxisse fonte manifestum est (vid. Fraenkel, op. cit., p. 7), ita autem ut nullus eorum ex altero descriptus sit.

[2] de codice E (quem ipse ex imagine phototypica contuli) vid. Dawe, *Coll. and Invest.*, pp. 189 seqq.

[3] praesertim in gravibus mendis quibus caret Mediceus; cf. e.g. *Eum.* 170, 259, 328, 429, 832, 919, 960; F. Blass, *Die Eumeniden des Aischylos*, p. 19. Praeterea si codex·Mediceus Triclinio praesto fuisset, *Choephoros* certe edidisset.

M; 720 στρατευμάτοιν: στρατηλάτοιν M; 905 θεότρεπτα: θεόπρεπτα M; 1025 Ἰάνων: Ἰαόνων M; 1056 πέρθε: ὕπερθε M.

in his et ducentis fere aliis locis ubi corruptus est Mediceus, lectio vera servatur in uno vel pluribus recentiorum. criticorum Byzantinorum qui morem et usum noscit, perpauca eorum acumini adscribet; sane nullus exstat codex quin coniecturas in textu includat, sicut ipse Mediceus in *PV* 520, 945, al., sed plerumque de minutiis agitur, et longe falsis vera superantur.[1]

cum veritas tantum in uno vel pluribus recentiorum persaepe servetur, necesse est textum multorum codicum collatione fundare. egomet opinor, cum eos codices contuleris quos in Catalogo enumeravi, fere omnia tibi iam praesto esse testimonia quibus opus est ut textum ipsum constituas.

collationibus Daweianis non nullas addidi. mea causa insigni cum benignitate codices X Nc Ha ex imaginibus phototypicis contulit Nigellus Wilson, codices F Tr in triade Douglas Young. ipsos codices Lc Lh, ex imaginibus M W D G meo marte contuli. codices G Lc Lh X Nc Ha quare adeundos esse censuerim, alibi fusius explanavi.[2]

codices qua ratione inter se conectantur, lucidissime explanavit Dawe, cuius iudicium codicum sedecim collationibus plenissimis adhibitis quivis potest examinare. quamvis vincula hic illic inter certos codices artiora dinoscas (velut BCH; VNNdP; QKLcLh; WD; OYYa; GF), ne unum quidem invenies quin amicos suos saepius deserat, ad exteros perfugiat; ἐκλεκτικὸς est unusquisque, exemplaribus alienigenis adhibitis errores sibi traditos corrigit vel corrigere conatur. quo plures codices contuleris, eo magis confirmatur hoc iudicium. non stemmate igitur sed virtute in unoquoque codice est unaquaeque lectio iudicanda.

alia praeter codices subsidia perpauca habemus. papyrorum fragmenta exstant misella in *Agamemnone* et *Septem*. rara

[1] vid. Dawe, *Coll. and Invest.*, pp. 44 seqq.
[2] *Studies in honor of Professor Alexander Turyn.*

sed egregia suggerunt auctores qui fabulas citant.[1] multa menda corrigi possunt ope scholiorum quae in codice Mediceo servantur; corrigi etiam forsitan potuerint alia siquando scholia codicis Iviron (I) praesto fuerint; ceterorum scholia[2] perraro lectionem aliunde ignotam offerunt.[3]

haec hactenus. altius penetrare si cupis, valde in lubrico versabere. sane triadis codices omnis manifestum est ex uno eodemque fonte fluxisse, quem fontem constat multifariam corruptum[4] esse et lacunosum,[5] commentarii fragmenta in textu inclusisse,[6] versuum ordinem aliquando exhibuisse confusum.[7] cum vitia permulta omnigena omnibus codicibus communia sint, omnis ex eodem iamdudum corrupto archetypo fluxisse nemo negabit. hunc codicum nostrorum archetypum, cum scholia non nulla in textu incluserit, vix antiquiorem saeculo nono vel decimo p.C. esse reputabis. cum autem tot et tales discrepantias inter se codices exhibeant, necesse est concludas alios eo tempore exstitisse codices unde variae lectiones, quarum pars haud parva veritatem repraesentet, in archetypum vel potius in archetypi apographa fuerint receptae. quorum aliorum codicum ne unus quidem familiam reliquit propriam; evanuerunt omnes, vestigia

[1] vid. *Ag.* 111, 141, 282, *PV* 2, 6, 150, 461, 609.

[2] vid. C. J. Herington, '*The Composition of the "A"-scholia on Aeschylus*', in *Studies in honor of Professor Alexander Turyn*.

[3] vid. *ScT* 857.

[4] eadem in omnibus corruptio: e.g. *PV* 150 ἀθέcμωc, 801 φρούριον, 1057 (τοῦδ') εὐτυχῇ, *Pe* 96 caίνουcα . . . ἀρκύcτατα, 580 ἔρρανται vel sim. post ἄπαιδεc, *ScT* 161 καὶ Διόθεν, 206 ἀύπνων, 725 βλαψ. Οἰδ.

[5] eadem in omnibus lacuna: e.g. *PV* 541, 550, 600, 894, *Pe* 900, 981, *ScT* 91–2, 96, 830, 890, 998[ab].

[6] scholia in omnibus textui immixta: e.g. *ScT* 363, 884, *Pe* 145, post 777 versus e scholio fictus; cf. etiam *PV* 562, *Pe* 6, *ScT* 721.

[7] eadem fere in omnibus versuum ordinis perturbatio: e.g. *ScT* 517, 812–13; cf. etiam *Pe* 237–8, 312–13, 318, 769, *ScT* 12–13. huc accedit versuum repetitio sicut in *ScT* 149, Ἄρτεμι φίλα (= 154) post εὐτυκάζου in codd. omnibus, ibid. post 985 ὀλοὰ λέγειν ὀλοὰ δ' ὁρᾶν (= 993) in omnibus excepto Tr.

relinquentes tantum in variis lectionibus quas exhibent codices nostri.

de *Supplicum* et *Orestiae* archetypis perpaulum aut scimus aut possumus scire. constat *Supplicum* textum ex uncialibus quae vocantur litteris in minusculas pessime esse translatum; nec facile refutari poterit, siquis Medicei textum primam ex uncialibus translationem repraesentare contendat.[1] huius fabulae ut videtur unus tantum e tenebris antiquitatis codex iam misere mutilus lectuque difficilis emersit. quod ad *Orestiam* attinet, constat tantum *Choephoros* a ceteris differre: Triclinio ignota est, textum ceteris corruptiorem praebet. huius fabulae posterioribus exstitit fons unicus in codice Mediceo; *Agamemnonis Eumenidum*que apographa antiqua alia praeter Mediceum superavisse certo scimus.

restat ut Rogero Dawe quam maximas agam gratias, qui textus apparatusque critici perscrutationi laborem paene infinitum impendit.

---

[1] aliter iudicat H. Friis Johansen, *Aesch. Suppl.*, pp. 19, 23; atqui pauca sunt neque adeo valida quae proferuntur indicia.

CODICUM CATALOGUS

A	Mediolanensis Ambros. C 222 inf.	saec. xiv in.
B	Florentinus Laur. 31. 3 + 86. 3	xiii ex.
C	Parisinus gr. 2785	xiv
Δ	Muscoviensis Gosud. Istor. Muzei olim Sinod. Bibl. 508	xv
D	Mediolanensis Ambros. G 56 sup.	xiv
E	Salamancensis Bibl. Univ. 233	xv
F	Florentinus Laur. 31. 8	xiv
G	Venetus gr. 616 (663)	xiv
H	Heidelbergensis Palat. gr. 18	xiv
Ha	Matritensis 4617	xiv in.
I	Athous Ἰβήρων 209 (olim 161)	xiv ex.
K	Florentinus Laur. conv. soppr. 11	xiv
Lc	Cantabrigiensis Bibl. Univ. Nn III 17 A	xiv
Lh	Cantabrigiensis Bibl. Univ. Nn III 17 B	xiv
M	Florentinus Laur. 32. 9	x/xi
N	Matritensis 4677	xiv
Nc	Florentinus Laur. 28. 25	xiii ex.
Nd	Florentinus Laur. 31. 38	xv
O	Leidensis Voss. gr. Q 4 A	xiv
P	Parisinus gr. 2787	xiv
Q	Parisinus gr. 2884	xiii ex.
Tr	Neapolitanus II F 31	xiv
V	Venetus gr. 468 (653)	xiii
W	Romanus Vat. gr. 1332	xiv
X	Florentinus Laur. 31. 2	xiv in.
Y	Leidensis Voss. gr. Q 6	xiv
Ya	Vindobonensis phil. gr. 197	xv

perraro commemorantur

L	Florentinus Laur. 32. 2	xiv
R	Romanus Vat. gr. 57	xiv
Va	Venetus gr. 470 (824)	xv

his accedunt papyri Oxyrhynchitae

P. Oxy. 2178: Ag. 7–30

xi

CODICUM CATALOGUS

P. Oxy. 2179+2163 fr. 10 + novum (vid. *Oxy. P.* xx p. 167):
ScT 155–64
P. Oxy. 2333: ScT 621–38, 644–56
P. Oxy. 2334: ScT 498–503, 529–52

sigla quibus usus est R. D. Dawe adoptavi:

A	lectio in textu a manu prima scripta
A^{ac}	A ante correctionem
A^{pc}	A post correctionem sive a manu prima sive ab alia
A^c	A post correctionem ubi A legi non potest
A¹	prima manus in A
A²	quaevis alia manus in A
A^s	manus in A eadem quae scholia scripsit
A^{1pc}	A post correctionem a prima manu
A^{2pc}	A post correctionem a quavis alia manu
A^{γρ}	varia lectio in A praefixo voc. γρ(άφεται) vel sim.
A^{gl}	glossema in A quod pro varia lectione haberi potest
A^{sscr}	supra scriptum in A
A^Σ	scholia in A

'fere rell.', 'fere codd.' = codd. omnes qui in Catalogo (A—Ya)
nominantur quisquiliis tantum neglectis.

'plerique' = c. 5 – c. 10 codd. 'plurimi' = c. 11 – c. 22 codd.;
sic describuntur tantum in variationibus minimi momenti ubi
manifesta videtur veritas.

haec si errant nunquam vel raro notantur: spiritus, accentus,
puncta, nu mobile, iota adscriptum vel subscriptum, -οις, -αις
pro -οισι, -αισι et vice versa, ἀνήρ pro ἀνήρ, alia orthographica
velut αἰκία, γίνομαι, ἐλιννύω, Ἐρινννύς, εὗρον, μίγνυμι, οἰκτείρω,
cεcωcμένοc, τίcω. η pro ᾱ in lyricis non notatur nisi aut veritas in
dubio est aut α in paucis reperitur.

αὐτὸc αὐτοῦ (non αὑτοῦ), αὐτὸc κατ' αὐτοῦ (non καθ' αὑτοῦ)
ubique quamvis haesitabundus scripsi. de formis παιών, παιάν
vid. Ag. 245 n. de dativis in -ηcι, -αιcι vid. Barrett, *Hippol.*
p. 179; parum veri simile est Aeschylum in hac re sibi constitisse.
Ἰcμην– in Ἰcμην– mutare non ausus sum.

accentus quos Atticis abiudicant grammatici ἐρῆμος ἑτοῖμος
ὁμοῖος μυριετής praetuli; πελανός scripsi (ita semper cod. M
excepto *Pers.* v. 204); ἄδην in ἄδ– correxi; τοὖναρ τοὖπος τοὖργον
haud scio an recte receperim (Chandler, *Gk. Accent.* § 924; τοῦ–
semper cod. M).

ΠΕΡΣΑΙ

ΠΕΡCΑΙ

ὑπόθεcιc Περcῶν Αἰcχύλου· Γλαῦκοc ἐν τοῖc περὶ Αἰcχύλου
μύθων ἐκ τῶν Φοινιccῶν Φρυνίχου φηcὶ τοὺc Πέρcαc παρα-
πεποιῆcθαι. ἐκτίθηcι καὶ τὴν ἀρχὴν τοῦ δράματοc ταύτην· τάδ᾽
ἐcτὶ Περcῶν τῶν πάλαι βεβηκότων· πλὴν ἐκεῖ εὐνοῦχόc ἐcτιν
5 ἀγγέλλων ἐν ἀρχῆι τὴν Ξέρξου ἧτταν cτορνύc τε θρόνουc τινὰc
τοῖc τῆc ἀρχῆc παρέδροιc, ἐνταῦθα δὲ προλογίζει χορὸc πρεcβυ-
τῶν. [τῶν δὲ χορῶν τὰ μέν ἐcτι παροδικά, ὅτε λέγει δι᾽ ἢν
αἰτίαν πάρεcτιν, ὡc τὸ Τύριον οἶδμα λιποῦcα [= E. Phoen. 202],
τὰ δὲ cτάcιμα, ὅτε ἵcταται καὶ ἄρχεται τῆc cυμφορᾶc τοῦ δρά-
10 ματοc, τὰ δὲ κομματικά, ὅτε λοιπὸν ἐν θρήνωι γίνεται.] καὶ
ἔcτιν ἡ μὲν cκηνὴ τοῦ δράματοc παρὰ τῶι τάφωι Δαρείου, ἡ δὲ
ὑπόθεcιc· Ξέρξηc cτρατευcάμενοc κατὰ Ἑλλάδοc, καὶ πεζῆι μὲν
ἐν Πλαταιαῖc νικηθείc, ναυτικῆι δὲ ἐν Cαλαμῖνι, διὰ Θεccαλίαc
15 φεύγων διεπεραιώθη εἰc Ἀcίαν.

ἐπὶ Μένωνοc τραγωιδῶν Αἰcχύλοc ἐνίκα Φινεῖ Πέρcαιc
Γλαύκωι Προμηθεῖ. [πρώτη ἔφοδοc Περcῶν ἐπὶ Δαρείου
ἐδυcτύχηcε περὶ Μαραθῶνα, δευτέρα Ξέρξου περὶ Cαλαμῖνα καὶ
Πλαταιάc.]

ita M; in ceteris nil memoratu dignum repperi   1 Γλαῦκοc ἐν
τῶι περὶ Αἰcχύλου scripsit M etiam in averso folio proxime praecedente;
hic τ cum compendio = τοῖc, sequitur rasura (utrum τῶι fuerit non
liquet)   7–10 τῶν δὲ χορῶν ... γίνεται: vid. Vitelli–Wecklein;
verba aliunde illata del. Blomfield   15 διεπ. del. Weil
17 Γλαύκωι Ποτνιεῖ XVP, al.   πρώτη κτλ.: ita M, om. aut alio loco
habent rell.

fabula acta 472 a.C.

codd. omnes qui in catalogo commemorantur excepto E

dramatis personae: χορὸc γερόντων, Ἄτοccα, ἄγγελοc, εἴδωλον Δαρείου,
Ξέρξηc   ita XNcHaD, al.; caret M

2

ΠΕΡΣΑΙ

ΧΟΡΟϹ

τάδε μὲν Περϲῶν τῶν οἰχομένων
Ἑλλάδ' ἐϲ αἶαν πιϲτὰ καλεῖται,
καὶ τῶν ἀφνεῶν καὶ πολυχρύϲων
ἑδράνων φύλακες κατὰ πρεϲβείαν
οὓϲ αὐτὸϲ ἄναξ Ξέρξηϲ βαϲιλεὺϲ   5
Δαρειογενὴϲ
εἵλετο χώραϲ ἐφορεύειν·
ἀμφὶ δὲ νόϲτωι τῶι βαϲιλείωι
καὶ πολυχρύϲου ϲτρατιᾶϲ ἤδη
κακόμαντιϲ ἄγαν ὀρϲολοπεῖται   10
θυμὸϲ ἔϲωθεν·
πᾶϲα γὰρ ἰϲχὺϲ Ἀϲιατογενὴϲ
ὤιχωκεν, ἑὸν δ' ἄνδρα βαΰζει
〈   〉
κοὔτε τιϲ ἄγγελοϲ οὔτε τιϲ ἱππεὺϲ
ἄϲτυ τὸ Περϲῶν ἀφικνεῖται,   15
οὔτε τὸ Ϲούϲων ἠδ' Ἀγβατάνων
καὶ τὸ παλαιὸν Κίϲϲιον ἔρκοϲ
προλιπόντεϲ ἔβαν, τοὶ μὲν ἐφ' ἵππων,
οἱ δ' ἐπὶ ναῶν, πεζοί τε βάδην
πολέμου ϲτῖφοϲ παρέχοντεϲ·   20
οἷοϲ Ἀμίϲτρηϲ ἠδ' Ἀρταφρένηϲ
καὶ Μεγαβάτηϲ ἠδ' Ἀϲτάϲπηϲ,

---

2 πίϲτα codd. exceptis IP (πίϲτὰ) et QK (πίϲτα in πιϲτὰ corr.)
6 Δαρειογενὴϲ QKGFTr: Δαρειογενὴϲ Δαρείου υἱὸϲ rell. et sscr. QTr
10 ὀρϲολοπεῖται M et Hesych. s.v.: ὀρϲοπολ- rell.   13 ὤχ- HYYa:
οἴχ- rell.   -ωκεν ἑὸν IYΟ^{ac}Ya ²ᵞᴿ et var. lect. in schol. ABHP: -ωκε
νέον rell.   βαΰζει: sc. mulier desiderans (cf. 63, 134, 288, 541)
16 Ἀγβ- Brunck: Ἐκβ- codd.   17 Κίϲϲιον OYaH^{ac}: Κίϲϲινον H^{pc}
rell.   18 τοὶ Blomfield: οἱ codd.   19 τοὶ δ' Blomfield   ναῶν
ICNcYaLcLhPKQGFTr: νηῶν rell. et Lc^{sscr}   20 πολεμῶι IᵞᴾD^{sscr}
21 Ἀμί- MΔ^{ac}ILcLhPKQGFTr: Ἀμνί- rell.   22 Μεγαβάτηϲ GP^{γρ}:
Μεγαβάζηϲ vel Μεταβάτηϲ rell.   Ἀϲτάϲπηϲ MIADG: Ἀϲτάπ- rell.

ταγοὶ Περςῶν,
βαςιλῆς βαςιλέως ὕποχοι μεγάλου,
ςοῦνται, ςτρατιᾶς πολλῆς ἔφοροι,   25
τοξοδάμαντές τ' ἠδ' ἱπποβάται,
φοβεροὶ μὲν ἰδεῖν, δεινοὶ δὲ μάχην
ψυχῆς ἐν τλήμονι δόξηι·
Ἀρτεμβάρης θ' ἱππιοχάρμης
καὶ Μαςίςτρης ὅ τε τοξοδάμας   30
ἐςθλὸς Ἰμαῖος Φαρανδάκης θ'
ἵππων τ' ἐλατὴρ Σοςθάνης·
ἄλλους δ' ὁ μέγας καὶ πολυθρέμμων
Νεῖλος ἔπεμψεν· Σουςιςκάνης,
Πηγαςταγὼν Αἰγυπτογενής,   35
ὅ τε τῆς ἱερᾶς Μέμφιδος ἄρχων
μέγας Ἀρςάμης, τάς τ' ὠγυγίους
Θήβας ἐφέπων Ἀριόμαρδος,
καὶ ἑλειοβάται ναῶν ἐρέται
δεινοὶ πλῆθός τ' ἀνάριθμοι·   40
ἁβροδιαίτων δ' ἕπεται Λυδῶν
ὄχλος, οἵτ' ἐπίπαν ἠπειρογενὲς
κατέχουςιν ἔθνος, τοὺς Μητρογαθὴς
Ἀρκτεύς τ' ἀγαθός, βαςιλῆς δίοποι,
χαἰ πολύχρυςοι Σάρδεις ἐπόχους   45
πολλοῖς ἅρμαςιν ἐξορμῶςιν,
δίρρυμά τε καὶ τρίρρυμα τέλη,
φοβερὰν ὄψιν προςιδέςθαι·
ςτεῦνται δ' ἱεροῦ Τμώλου πελάται
ζυγὸν ἀμφιβαλεῖν δούλιον Ἑλλάδι,   50
Μάρδων, Θάρυβις, λόγχης ἄκμονες,
καὶ ἀκοντιςταὶ Μυςοί, Βαβυλὼν δ'

---

24 βαςιλεῖς plurimi   28 ψυχῆς εὐτλήμονι QKLcLh^{ac}P^{γρ}FTr
32 Σωςθ- vel Σουςθ- plurimi   37 ὠγυγίας XHHaNcOLc
43 Μητρογαθὴς MIO^{ρc}KLcGFTr: Μιτρογ- QLh, Μητραγ- fere rell.
44 Ἀρκτεύς MIOYYaLhQ²FTr: Ἀρκεύς fere rell.   βαςιλῆς MF: -λεῖς
vel -λῆες rell.   δίοποι MIQ^{ac}: δίοπτοι rell. (βαςιλεὺς διέπει Tr)
45 χαἰ Blomfield: καὶ codd.   49 ςτεῦται M^{spc}MΣΔ   50 δούλιον
O^{ac}: -λειον O^{ιρc} rell.

4

ἡ πολύχρυσος πάμμεικτον ὄχλον
πέμπει σύρδην, ναῶν τ' ἐπόχους
καὶ τοξουλκῶι λήματι πιστούς,   55
τὸ μαχαιροφόρον τ' ἔθνος ἐκ πάσης
Ἀσίας ἔπεται
δειναῖς βασιλέως ὑπὸ πομπαῖς.
τοιόνδ' ἄνθος Περσίδος αἴας
οἴχεται ἀνδρῶν,   60
οὓς πέρι πᾶσα χθὼν Ἀσιῆτις
θρέψασα πόθωι στένεται μαλερῶι,
τοκέες τ' ἄλοχοί θ' ἡμερολεγδὸν
τείνοντα χρόνον τρομέονται.

πεπέρακεν μὲν ὁ περσέπτολις ἤδη   [στρ. α
βασίλειος στρατὸς εἰς ἀντίπορον γείτονα χώραν,   66
λινοδέσμωι σχεδίαι πορθμὸν ἀμείψας Ἀθαμαντίδος Ἕλλας,   70
πολύγομφον ὄδισμα ζυγὸν ἀμφιβαλὼν αὐχένι πόντου.

πολυάνδρου δ' Ἀσίας θούριος ἄρχων   [ἀντ. α
ἐπὶ πᾶσαν χθόνα ποιμανόριον θεῖον ἐλαύνει   75
διχόθεν, πεζονόμοις ἔκ τε θαλάσσας ἐχυροῖσι πεποιθὼς
στυφελοῖς ἐφέταις, χρυσονόμου γενεᾶς ἰσόθεος φώς.   80

κυάνεον δ' ὄμμασι λεύσσων φονίου δέργμα δράκοντος   [στρ. β
πολύχειρ καὶ πολυναύτας Σύριόν θ' ἅρμα διώκων
ἐπάγει δουρικλύτοις ἀνδράσι τοξόδαμνον Ἄρη.   85

δόκιμος δ' οὔτις ὑποστὰς μεγάλωι ῥεύματι φωτῶν   [ἀντ. β
ἐχυροῖς ἕρκεσιν εἴργειν ἄμαχον κῦμα θαλάσσας·   90
ἀπρόσοιστος γὰρ ὁ Περσᾶν στρατὸς ἀλκίφρων τε λαός.

---

71 ὄδισμα: ἔρεισμα M^{syp}F^{γyp}   76 seq. θαλάσσης codd.   ἐχυρ-
MHaCKPQ^{γp}LcFTr: ὀχυρ- M^{sscr} rell.   80 χρυσογόνου FQ^{zyp}P^{γp}B^{syp}
et var. lect. in schol. in multis   81 seq. φονίου HaNOW^{ac}Q^{ac}FTr:
φοιν- rell. -ναύτης plurimi   84 Σύριον MI^{ac}FTr: Ἀσσύ- vel Ἀσύ- rell.
85 Ἄρη MIAP^{γp}FTr: Ἄρην rell.   90 ἐχυρ- MIΔQKPLcLhGFTr:
ὀχυρ- K^{sscr} rell.   θαλάσσας BI: -ης rell.   91 Περσῶν codd.

δολόμητιν δ' ἀπάταν θεοῦ τίς ἀνὴρ θνατὸς ἀλύξει;   [μεcωιδ.
τίς ὁ κραιπνῶι ποδὶ πηδήματος εὐπετέος ἀνάccων;   95
φιλόφρων γὰρ ποτιcαίνουcα τὸ πρῶτον παράγει
βροτὸν εἰc ἄρκυαc Ἄτα,
τόθεν οὐκ ἔcτιν ὑπὲρ θνατὸν ἀλύξαντα φυγεῖν.   100

θεόθεν γὰρ κατὰ Μοῖρ' ἐκράτηcεν   [cτρ. γ
τὸ παλαιόν, ἐπέcκηψε δὲ Πέρcαιc
πολέμουc πυργοδαΐκτουc
διέπειν ἱππιοχάρμαc τε κλόνουc πόλεών τ' ἀναcτάcειc·   105

ἔμαθον δ' εὐρυπόροιο θαλάccαc   [ἀντ. γ
πολιαινομέναc πνεύματι λάβρωι   110
ἐcορᾶν πόντιον ἄλcοc,
πίcυνοι λεπτοτόνοιc πείcμαcι λαοπόροιc τε μηχαναῖc.   114

ταῦτά μου μελαγχίτων φρὴν ἀμύccεται φόβωι,   [cτρ. δ
ὀᾶ, Περcικοῦ cτρατεύματοc, τοῦδε μὴ πόλιc πύθη-   117
ται κένανδρον μέγ' ἄcτυ Coucίδοc·

καὶ τὸ Κιccίων πόλιcμ' ἀντίδουπον ἄιcεται,   [ἀντ. δ
ὀᾶ, τοῦτ' ἔποc γυναικοπληθὴc ὅμιλοc ἀπύων,   122
βυccίνοιc δ' ἐν πέπλοιc πέcηι λακίc.   125

πᾶc γὰρ ἱππηλάταc καὶ πεδοcτιβὴc λεὼc   [cτρ. ε
cμῆνοc ὣc ἐκλέλοιπεν μελιccᾶν cὺν ὀρχάμωι cτρατοῦ,
τὸν ἀμφίζευκτον ἐξαμείψαc ἀμφοτέραc ἅλιον   131
πρῶνα κοινὸν αἴαc.

93–100 post 101–14 locavit O. Müller   93 ἀπάτην pleri-
que   94 θνητὸc plerique   95 εὐπετέωc ΔΒCΝ²ᵖᶜTr   ἀνάιccων
Brunck   96 seq. ποτιcαίνουcα Hermann ex Μ^Σ (προc⟨c⟩αίνει) : cαίνου-
cα codd.   99 ἄρκυαc Ἄτα Hermann : ἀρκυcαητα O^{ac}, ἀρκύcτατα O^{pc} rell.
100 ὑπὲκ Ι^{γρ}   ὑπὲρ θνατόν : ὕπερθεν τὸν F   105 πόλεών τ'
Β^{ipc}YW^{sscr}LcLhQ²^{sscr}F : πόλεων sine τ' ΔΙΧΒ^{ac}Ρ^{γρ}, πόλεων δ' rell. (de G
non liquet; καὶ πόλεων ἀναcτ. Tr)   109 θαλάccηc plurimi
112 λεπτοτόνοιc Meineke : -δόνοιc X, -δόμοιc rell.   115 μου
ΜΔΙΒCΗαWΚQΡ^{sscr}Lc : μοι ΡΚ^{sscr}W^{sscr} rell.   117 τοῦτο μὴ
Schütz   120 ἄιcεται Burney : ἔcεται vel ἔccεται codd.   126 seq.
μελιccᾶν FTr : -cca MQ^{ac}, -ccάων KPLcG, -ccῶν Q^{pc}Ρ^{γρ} rell.

λέκτρα δ' ἀνδρῶν πόθωι πίμπλαται δακρύμασιν,   [ἀντ. ε
Περσίδες δ' ἀβροπενθεῖς ἑκάστα πόθωι φιλάνορι   135
τὸν αἰχμήεντα θοῦρον εὐνατῆρ' ἀποπεμψαμένα
λείπεται μονόζυξ.

    ἀλλ' ἄγε, Πέρcαι, τόδ' ἐνεζόμενοι   140
    cτέγος ἀρχαῖον
    φροντίδα κεδνὴν καὶ βαθύβουλον
    θώμεθα, χρεία δὲ προσήκει·
    πῶς ἄρα πράccει Ξέρξης βασιλεὺς
    Δαρειογενής;   145
    πότερον τόξου ῥῦμα τὸ νικῶν,
    ἢ δορικράνου
    λόγχης ἰcχὺς κεκράτηκεν;
    ἀλλ' ἥδε θεῶν ἴcον ὀφθαλμοῖς   150
    φάος ὁρμᾶται μήτηρ βασιλέως,
    βασίλεια δ' ἐμή· προσπίτνω·
    καὶ προσφθόγγοις δὲ χρεὼν αὐτὴν
    πάντας μύθοιcι προσαυδᾶν.

ὦ βαθυζώνων ἄνασσα Περσίδων ὑπερτάτη,   155
μῆτερ ἡ Ξέρξου γεραιά, χαῖρε, Δαρείου γύναι·
θεοῦ μὲν εὐνάτειρα Περcῶν, θεοῦ δὲ καὶ μήτηρ ἔφυς,
εἴ τι μὴ δαίμων παλαιὸς νῦν μεθέστηκε στρατῶι.

ΒΑCΙΛΕΙΑ
    ταῦτα δὴ λιποῦσ' ἱκάνω χρυσεοcτόλμους δόμους
    καὶ τὸ Δαρείου τε κἀμὸν κοινὸν εὐνατήριον·   160
    καί με καρδίαν ἀμύccει φροντίc· ἐς δ' ὑμᾶς ἐρῶ

135 ἀβρο- YM^Σ: ἀκρο- rell.   136 seq. αἰχμάεντα KQPG   *προπεμψ-*
KQ (ἀπο- Q²ˢˢᶜʳ) FTr   141 cτέος MA (corr. Aʸᵖ)   145 Δαρειο-
γενὴς τὸ πατρωνύμιον γένος ἀμέτερον (ἄμετρον Oᵃᶜ, ἄμετρον Oᵖᶜ) codd.; τὸ
πατρ.—ἀμ. del. Schütz (vid. Robertson *CR* 38. 110)   148 δουρικρανοῦc
Snell   152 προσπίτνωμεν Needham   προσπίτνω προσκυνῶ
MICWLhHa, et προσκυνῶ gl. in multis   157 εὐνήτ- plerique
καὶ MIWLcYaKQTr: om. rell.   159 χρυσεοcτόλουc ΔΒΟΥΚQP,
-cτίλβουc XNcWGPˢˢᶜʳ Qˢˢᶜʳ

μῦθον, οὐδαμῶς ἄμαντις οὖσα δείματος, φίλοι,
μὴ μέγας πλοῦτος κονίσας οὖδας ἀντρέψηι ποδὶ
ὄλβον, ὃν Δαρεῖος ἦρεν οὐκ ἄνευ θεῶν τινος.
ταῦτά μοι διπλῆ μέριμν᾿ ἄφραστός ἐστιν ἐν φρεσίν,   165
μήτε χρημάτων ἀνάνδρων πλῆθος ἐν τιμῆι σέβειν
μήτ᾿ ἀχρημάτοισι λάμπειν φῶς ὅσον σθένος πάρα·
ἔστι γὰρ πλοῦτός γ᾿ ἀμεμφής, ἀμφὶ δ᾿ ὀφθαλμῶι φόβος·
ὄμμα γὰρ δόμων νομίζω δεσπότου παρουσίαν.
πρὸς τάδ᾿, ὡς οὕτως ἐχόντων τῶνδε, σύμβουλοι λόγου   170
τοῦδέ μοι γένεσθε, Πέρσαι, γηραλέα πιστώματα·
πάντα γὰρ τὰ κέδν᾿ ἐν ὑμῖν ἐστί μοι βουλεύματα.

Χο. εὖ τόδ᾿ ἴσθι, γῆς ἄνασσα τῆσδε, μή σε δὶς φράσειν
μήτ᾿ ἔπος μήτ᾿ ἔργον ὧν ἂν δύναμις ἡγεῖσθαι θέληι·
εὐμενεῖς γὰρ ὄντας ἡμᾶς τῶνδε συμβούλους καλεῖς.   175

Βα. πολλοῖς μὲν ἀεὶ νυκτέροις ὀνείρασιν
ξύνειμ᾿, ἀφ᾿ οὗπερ παῖς ἐμὸς στείλας στρατὸν
Ἰαόνων γῆν οἴχεται πέρσαι θέλων,
ἀλλ᾿ οὔτι πω τοιόνδ᾿ ἐναργὲς εἰδόμην
ὡς τῆς πάροιθεν εὐφρόνης· λέξω δέ σοι.   180
ἐδοξάτην μοι δύο γυναῖκ᾿ εὐείμονε,
ἡ μὲν πέπλοισι Περσικοῖς ἠσκημένη,
ἡ δ᾿ αὖτε Δωρικοῖσιν, εἰς ὄψιν μολεῖν,
μεγέθει τε τῶν νῦν ἐκπρεπεστάτα πολὺ
κάλλει τ᾿ ἀμώμω, καὶ κασιγνήτα γένους   185
ταὐτοῦ, πάτραν δ᾿ ἔναιον ἡ μὲν Ἑλλάδα
κλήρωι λαχοῦσα γαῖαν, ἡ δὲ βάρβαρον·
τούτω στάσιν τιν᾿, ὡς ἐγὼ ᾿δόκουν ὁρᾶν,
τεύχειν ἐν ἀλλήλησι, παῖς δ᾿ ἐμὸς μαθὼν
κατεῖχε κἀπράυνεν, ἅρμασιν δ᾿ ὕπο   190
ζεύγνυσιν αὐτὼ καὶ λέπαδν᾿ ὑπ᾿ αὐχένων

162 ἄμαντις οὖσα δείματος Lawson: ἐμαυτῆς οὖσ᾿ ἀδείματος (ἀδείματος Lc) codd.   165 διπλῆ post φρεσίν traiecit Porson   166–7 obscuri   166 πλῆθος ἐντίμως ἔχειν Naber   168 ὀφθαλμῶι Heimsoeth: -μὸς Q, -μοῖς rell.   173 φράσειν Elmsley: -σαι codd.   174 ὧν . . . θέληι: vix intellegitur   184 εὐπρεπ- plurimi   -πρεπεστέρα Richards   189 ἀλλήλη(ι)σι MAXVWNcLcQKᵖᶜP: -λαισι vel -λοισι rell.   191 ὑπ᾿ M: ἐπ᾿ rell.

8

τίθηςι· χἠ μὲν τῇιδ' ἐπυργοῦτο στολῆι
ἐν ἡνίαιςί τ' εἶχεν εὔαρκτον στόμα,
ἡ δ' ἐςφάδαιζε καὶ χεροῖν ἔντη δίφρου
διαςπαράccει καὶ ξυναρπάζει βίαι   195
ἄνευ χαλινῶν καὶ ζυγὸν θραύει μέςον.
πίπτει δ' ἐμὸς παῖς, καὶ πατἠρ παρίςταται
Δαρεῖος οἰκτίρων ςφε· τὸν δ' ὅπως ὁρᾶι
Ξέρξης, πέπλους ῥήγνυςιν ἀμφὶ ςώματι.
καὶ ταῦτα μὲν δἠ νυκτὸς εἰςιδεῖν λέγω·   200
ἐπεὶ δ' ἀνέςτην καὶ χεροῖν καλλιρρόου
ἔψαυςα πηγῆς, ςὺν θυηπόλωι χερὶ
βωμὸν προςέςτην, ἀποτρόποιςι δαίμοςιν
θέλουςα θῦςαι πελανόν, ὧν τέλη τάδε·
ὁρῶ δὲ φεύγοντ' αἰετὸν πρὸς ἐςχάραν   205
Φοίβου, φόβωι δ' ἄφθογγος ἐςτάθην, φίλοι·
μεθύςτερον δὲ κίρκον εἰςορῶ δρόμωι
πτεροῖν ἐφορμαίνοντα καὶ χηλαῖς κάρα
τίλλονθ'· ὁ δ' οὐδὲν ἄλλο γ' ἢ πτήξας δέμας
παρεῖχε· ταῦτ' ἔμοιγε δείματ' ἔςτ' ἰδεῖν,   210
ὑμῖν δ' ἀκούειν. εὖ γὰρ ἴςτε, παῖς ἐμὸς
πράξας μὲν εὖ θαυμαςτὸς ἂν γένοιτ' ἀνήρ,
κακῶς δὲ πράξας, οὐχ ὑπεύθυνος πόλει,
ςωθεὶς δ' ὁμοίως τῆςδε κοιρανεῖ χθονός.
Χο. οὔ ςε βουλόμεςθα, μῆτερ, οὔτ' ἄγαν φοβεῖν λόγοις   215
οὔτε θαρςύνειν· θεοὺς δὲ προςτροπαῖς ἱκνουμένη,
εἴ τι φλαῦρον εἶδες, αἰτοῦ τῶνδ' ἀποτροπἠν τελεῖν,
τὰ δ' ἀγάθ' ἐκτελῆ γενέςθαι ςοί τε καὶ τέκνωι ςέθεν

193 ἡνίαιςί τ' IW: ἡνίαιςιν MΔHNd(-αις)Tr, δ' ἡνίαιςιν B, ἡνίαιςι(ν)
δ' W^{sscr} rell.   194 δὲ ςφαδάιζει Blaydes   ἐν τῆ codd.
δίφρου MINcXO^{ac}YaG: δίφρω D, δίφρον rell., sed ου sscr. NNdWDP
195 διαςπαράccει ILhYa: -άττει rell.   202 ψαύςαςα Hermann
203 βωμῶι ΔBCH^{ac}HaNVPLcLh^{sscr}   207 δρόμωι: φόβωι P^{yp}
208 πτεροῖν Lh: -οῖς rell.   210 δείματ' ἐcιδεῖν (sic) M, δείματ' ἐc
ἰδεῖν V^{ac}, δ. ἐςτ' ἐςιδεῖν N^{ac}Nd   δείματ' εἰςιδεῖν Hartung   213 πέλει I
215 βουλόμεθα plurimi   216 θαρςύνειν plerique   217 τελεῖν: λαβεῖν
NNcNdVP   218 τὰ δ' ἀγάθ' vel τὰ δ' ἀγαθὰ HaOGFTr: τὰ δ'
ἀγαθὰ δ' MW, τὰ δ' ἀγαθά γ' PQLcK, τἀγαθὰ δ' fere rell.   τέκνωι
IWYa: -νοις rell.

καὶ πόλει φίλοις τε πᾶσι. δεύτερον δὲ χρὴ χοὰς
γῆι τε καὶ φθιτοῖς χέασθαι. πρευμενῶς δ' αἰτοῦ τάδε,   220
σὸν πόσιν Δαρεῖον, ὅνπερ φὴις ἰδεῖν κατ' εὐφρόνην,
ἐσθλά σοι πέμπειν τέκνωι τε γῆς ἔνερθεν ἐς φάος,
τἄμπαλιν δὲ τῶνδε γαίαι κάτοχα μαυροῦσθαι σκότωι.
ταῦτα θυμόμαντις ὤν σοι πρευμενῶς παρήινεσα,
εὖ δὲ πανταχῆι τελεῖν σοι τῶνδε κρίνομεν πέρι.   225
Βα. ἀλλὰ μὴν εὔνους γ' ὁ πρῶτος τῶνδ' ἐνυπνίων κριτὴς
παιδὶ καὶ δόμοις ἐμοῖσι τήνδ' ἐκύρωσας φάτιν.
ἐκτελοῖτο δὴ τὰ χρηστά· ταῦτα δ' ὡς ἐφίεσαι
πάντα θήσομεν θεοῖσι τοῖς τ' ἔνερθε γῆς φίλοις.
εὖτ' ἂν εἰς οἴκους μόλωμεν. κεῖνο δ' ἐκμαθεῖν θέλω,   230
ὦ φίλοι, ποῦ τὰς Ἀθήνας φασὶν ἱδρῦσθαι χθονός;
Χο. τῆλε πρὸς δυσμὰς ἄνακτος Ἡλίου φθινασμάτων.
Βα. ἀλλὰ μὴν ἵμειρ' ἐμὸς παῖς τήνδε θηρᾶσαι πόλιν;
Χο. πᾶσα γὰρ γένοιτ' ἂν Ἑλλὰς βασιλέως ὑπήκοος.
Βα. ὧδέ τις πάρεστιν αὐτοῖς ἀνδροπλήθεια στρατοῦ;   235
⟨Χο.   *   *   *   ⟩
⟨Βα.   *   *   *   ⟩
Χο. καὶ στρατὸς τοιοῦτος, ἔρξας πολλὰ δὴ Μήδους κακά.
Βα. πότερα γὰρ τοξουλκὸς αἰχμὴ διὰ χεροῖν αὐτοῖς
πρέπει;   [239]
Χο. οὐδαμῶς· ἔγχη σταδαῖα καὶ φεράσπιδες σαγαί.   [240]
Βα. καὶ τί πρὸς τούτοισιν ἄλλο; πλοῦτος ἐξαρκὴς
δόμοις;   [237]
Χο. ἀργύρου πηγή τις αὐτοῖς ἐστι, θησαυρὸς χθονός.   [238] 240
Βα. τίς δὲ ποιμάνωρ ἔπεστι κἀπιδεσπόζει στρατῶι;
Χο. οὔτινος δοῦλοι κέκληνται φωτὸς οὐδ' ὑπήκοοι.

---

220 πρευμενῆ BVPGFQ^{isscr}H^c(ut vid.), -νῆς N   223 κάτοχ'
ἀμ- codd.   228 ἐξιλεοῖτο ABΔNNdYDXNcV^{ac}P^{γρ}Og^{gl}H^c   δὴ Tr:
δὲ rell.   229 θύσομεν B, θήσομαι GFP^{sscr}   φίλα Weil   230 κεῖνο
Y^{pc}: κεῖνα rell.   232 δυσμὰς BLcYYaKH^{pc}Q^{1pc}P^{sscr}: -μαῖς rell.
235 post h.v. lacunam statuit Robertson (ἀνδροπλήθεια Graecis adscribi
nequit; suppleas e.g. 235^a 'naves habent satis validas', 235^b 'de militi-
bus quae fama?')   237-8 hoc loco Trendelenburg   237 χεροῖν
Elmsley: χερῶν N, χερὸς vel χειρὸς rell.   241 στρατοῦ NcYaVaLc
LhQKV^cP^{sscr}

Βα. πῶς ἂν οὖν μένοιεν ἄνδρας πολεμίους ἐπήλυδας;
Χο. ὥστε Δαρείου πολύν τε καὶ καλὸν φθεῖραι στρατόν.
Βα. δεινά τοι λέγεις κιόντων τοῖς τεκοῦσι φροντίσαι.   245
Χο. ἀλλ' ἐμοὶ δοκεῖν τάχ' εἴςηι πάντα ναμερτῆ λόγον·
    τοῦδε γὰρ δράμημα φωτὸς Περσικὸν πρέπει μαθεῖν,
    καὶ φέρει σαφές τι πρᾶγος ἐςθλὸν ἢ κακὸν κλύειν.

ΑΓΓΕΛΟΣ
    ὦ γῆς ἁπάςης Ἀςιάδος πολίςματα,
    ὦ Περςὶς αἶα καὶ πολὺς πλούτου λιμήν,   250
    ὡς ἐν μιᾶι πληγῆι κατέφθαρται πολὺς
    ὄλβος, τὸ Περςῶν δ' ἄνθος οἴχεται πεςόν.
    ὤμοι, κακὸν μὲν πρῶτον ἀγγέλλειν κακά,
    ὅμως δ' ἀνάγκη πᾶν ἀναπτύξαι πάθος,
    Πέρςαι· στρατὸς γὰρ πᾶς ὄλωλε βαρβάρων.   255

Χο.   †ἄνι' ἄνια κακὰ† νεόκοτα καὶ   [cτρ. α
             δάι'· αἰαῖ, διαίνεςθε Πέρ-
             ςαι τόδ' ἄχος κλύοντες.

Αγγ. ὡς πάντα γ' ἔςτ' ἐκεῖνα διαπεπραγμένα,   260
     καὐτὸς δ' ἀέλπτως νόςτιμον βλέπω φάος.

Χο.   ἦ μακροβίοτος ὅδε γέ τις αἰ-   [ἀντ. α
             ὼν ἐφάνθη γεραιοῖς, ἀκού-
             ειν τόδε πῆμ' ἄελπτον.   265

Αγγ. καὶ μὴν παρών γε κοὐ λόγους ἄλλων κλύων,
     Πέρςαι, φράςαιμ' ἂν οἷ' ἐπορςύνθη κακά.

Χο.   ὀτοτοτοῖ, μάταν   [cτρ. β
             τὰ πολλὰ βέλεα παμμιγῆ

245 κιόντων Wecklein: ἰόντων codd.   τοκεῦςι Askew   246 δο-
κεῖν MWLhKQ¹ᵖᶜPʸᵖIᵃᶜ(ut vid.)GFTr : δοκεῖ rell.   νημερτῆ codd.
247 δρόμ- plerique   248 εἰ φέρει KQᵖᶜTr   256 αἴν' αἰνὰ κακὰ
Pauw   264 ἐφάνθη MΔBCOYNcGFTr : ἐφάνη HHaLhQᶜ, ἐφαάνθη
rell.   266 γε XVPNdOYaKQᵖᶜGFTr : τε rell.   268 ὀτοτοτοῖ
Porson : diverse codd.

γᾶς ἀπ᾽ Ἀσίδος ἦλθεν, αἰαῖ,   270
δάιαν Ἑλλάδα χώραν.

Αγγ. πλήθουσι νεκρῶν δυσπότμως ἐφθαρμένων
Caλαμῖνος ἀκταὶ πᾶς τε πρόσχωρος τόπος.

Χο.   ὀτοτοτοῖ, φίλων   [ἀντ. β
πολύδονα σώμαθ᾽ ἁλιβαφῆ   275
κατθανόντα λέγεις φέρεσθαι
πλαγκτοῖς †ἐν διπλάκεσσιν†.

Αγγ. οὐδὲν γὰρ ἤρκει τόξα, πᾶς δ᾽ ἀπώλλυτο
στρατὸς δαμασθεὶς ναΐοισιν ἐμβολαῖς.

Χο.   ἴυζ᾽ ἄποτμον δαΐοις   [στρ. γ
δυσαιανῆ βοάν,   281
ὡς πάντα Πέρσαις παγκάκως
⟨θεοὶ⟩ "θεσαν, αἰαῖ, στρατοῦ φθαρέντος.

Αγγ. ὦ πλεῖστον ἔχθος ὄνομα Caλαμῖνος κλύειν·
φεῦ, τῶν Ἀθηνῶν ὡς στένω μεμνημένος.   285

Χο.   στυγναί γ᾽ Ἀθᾶναι δαΐοις·   [ἀντ. γ
μεμνῆσθαί τοι πάρα
ὡς Περσίδων πολλὰς μάταν
εὔνιδας ἔκτισσαν ἠδ᾽ ἀνάνδρους.

Βα.   σιγῶ πάλαι δύστηνος ἐκπεπληγμένη   290
κακοῖς, ὑπερβάλλει γὰρ ἥδε συμφορά,
τὸ μήτε λέξαι μήτ᾽ ἐρωτῆσαι πάθη.

270 Ἀσίδος MIAPVNNcXKQDF: Ἀσιάδος Q^sscr rell.   ἦλθεν, αἰαῖ
Murray: ἦλθ᾽ (vel ἦλθεν) ἐπ᾽ αἶαν codd.   271 δάιαν cod. Lambeth.
1203: δῖαν vel δίαν rell.   274 ὀτοτοτοῖ MI: diverse rell.
275 πολύδονα σώμαθ᾽ ἁλιβαφῆ Prien: ἁλίδονα σώματα πολυβαφῆ codd.
277 ἐν διπλάκεσσιν non intellegitur; ἀμφὶ πλάκεσσι Halm   279 στρα-
τὸς: λεὼς LcQ²ᵞᵖ   280–3 lectio incertissima; ἴυζ᾽ ἄποτμον βοὰν
δυσαιανῆ Πέρσαις δαΐοις ὡς πάντα παγκάκως ἔθεσαν αἰαῖ κτλ. codd., sed
ἔθεσαν θεοὶ αἰαῖ Y et οἱ θεοί gl. in BH; βοὰν et δαΐοις traiecit Hermann,
Πέρσαις traiecit Page, θεοὶ suppl. Hermann (cf. Y supra)   286 γ᾽
MNOIP: θ᾽ V, τ᾽ XP^sscr, δ᾽ rell.   Ἀθῆναι plerique   288–9 Περσί-
δων πολλὰς Weil: πολλὰς Περσ. codd.   εὔνιδας ἔκτισσαν Boeckh: ἔκτισαν
εὔνιδας codd.

ὅμως δ' ἀνάγκη πημονὰς βροτοῖς φέρειν
θεῶν διδόντων· πᾶν ἀναπτύξας πάθος
λέξον καταστάς, κεἰ στένεις κακοῖς ὅμως.   295
τίς οὐ τέθνηκε, τίνα δὲ καὶ πενθήσομεν
τῶν ἀρχελάων, ὅστ' ἐπὶ σκηπτουχίαι
ταχθεὶς ἄνανδρον τάξιν ἠρήμου θανών;
Αγγ. Ξέρξης μὲν αὐτὸς ζῆι τε καὶ φάος βλέπει.
Βα. ἐμοῖς μὲν εἶπας δώμασιν φάος μέγα   300
καὶ λευκὸν ἦμαρ νυκτὸς ἐκ μελαγχίμου.
Αγγ. Ἀρτεμβάρης δὲ μυρίας ἵππου βραβεὺς
στύφλους παρ' ἀκτὰς θείνεται Cιληνιῶν,
χὠ χιλίαρχος Δαδάκης πληγῆι δορὸς
πήδημα κοῦφον ἐκ νεὼς ἀφήλατο,   305
Τενάγων τ' ἄριστος Βακτρίων ἰθαιγενὴς
θαλασσόπληκτον νῆσον Αἴαντος σποδεῖ·
Λίλαιος Ἀρσάμης τε κἈργήστης τρίτος,
οἵδ' ἀμφὶ νῆσον τὴν πελειοθρέμμονα
κυκώμενοι κύρισσον ἰσχυρὰν χθόνα,   310
πηγαῖς τε Νείλου γειτονῶν Αἰγυπτίου
Φαρνοῦχος, οἵ τε ναὸς ἐκ μιᾶς πέσον   [313]
Ἀρκτεὺς Ἀδεύης καὶ Φερεσσεύης τρίτος.   [312]
Χρυσεὺς Μάταλλος μυριόνταρχος θανὼν
πυρσὴν ζαπληθῆ δάσκιον γενειάδα   [316] 315
ἔτεγγ' ἀμείβων χρῶτα πορφυρᾶι βαφῆι·
καὶ Μᾶγος Ἄραβος Ἀρτάβης τε Βάκτριος,
ἵππου μελαίνης ἡγεμὼν τρισμυρίας,   [315]

293 βροτοὺς ΔΒCNdNcOYaLh(-οῖς sscr.)GFTr   294 πᾶν
Headlam: πᾶν δ' codd.   297 ἀρχελάων OYa: -λείων rell.
299 βλέπει φάος schol. Ar. Ran. 1028   306 ἰθαιγενὴς MGFTr:
ἰθαγ- rell.   307 σποδεῖ Emperius: πολεῖ codd.   310 κυκώμενοι
OYa: νικώμενοι rell.   312-13 hoc ordine Merkel   312 οἵδε
QKVaLcLhVᵃᶜGFTr, οἵ γε PYYa   313 Φερεσσεύης AWLcNdPVQ
K¹N¹: diverse rell. (Φρεσεύης M, Φρεσσεύης vel Φερεσεύης plerique)
315 πυρσὴν Porson: πυρρὰν vel πυρὰν codd.   316 πορφυρᾶι
Porson: -ρέα(ι) codd.   317 Ἀρτάβης M(puncto sup. β)HaADOYa
Hᶜᴾˢˢᶜʳ·: Ἀρσάμης LcKKQᶜ, Ἀρτάμης fere rell.   318 post 314 codd.,
traiecit Weil

σκληρᾶς μέτοικος γῆς, ἐκεῖ κατέφθιτο·
Ἄμιστρις Ἀμφιστρεύς τε πολύπονον δόρυ 320
νωμῶν, ὅ τ' ἐσθλὸς Ἀριόμαρδος, Σάρδεσιν
πένθος παρασχών, Σεισάμης θ' ὁ Μύσιος,
Θάρυβίς τε πεντήκοντα πεντάκις νεῶν
ταγός, γένος Λυρναῖος, εὐειδὴς ἀνήρ,
κεῖται θανὼν δείλαιος οὐ μάλ' εὐτυχῶς· 325
Συέννεσίς τε, πρῶτος εἰς εὐψυχίαν,
Κιλίκων ἄπαρχος, εἷς ἀνὴρ πλεῖστον πόνον
ἐχθροῖς παρασχών, εὐκλεῶς ἀπώλετο.
†τοιῶνδ' ἀρχόντων νῦν† ὑπεμνήσθην πέρι,
πολλῶν παρόντων δ' ὀλίγ' ἀπαγγέλλω κακά. 330
Βα. αἰαῖ, κακῶν ὕψιστα δὴ κλύω τάδε,
αἴσχη τε Πέρσαις καὶ λιγέα κωκύματα.
ἀτὰρ φράσον μοι τοῦτ' ἀναστρέψας πάλιν,
τοσόνδε πλῆθος ἦν νεῶν Ἑλληνίδων
ὥστ' ἀξιῶσαι Περσικῶι στρατεύματι 335
μάχην συνάψαι ναΐοισιν ἐμβολαῖς;
Αγγ. πλήθους μὲν ἂν σάφ' ἴσθ' ἕκατι βαρβάρων
ναῦς ἂν κρατῆσαι· καὶ γὰρ Ἕλλησιν μὲν ἦν
ὁ πᾶς ἀριθμὸς ἐς τριακάδας δέκα
ναῶν, δεκὰς δ' ἦν τῶνδε χωρὶς ἔκκριτος. 340
Ξέρξηι δέ, καὶ γὰρ οἶδα, χιλιὰς μὲν ἦν
ὧν ἦγε πλῆθος, αἱ δ' ὑπέρκοποι τάχει
ἑκατὸν δὶς ἦσαν ἑπτά θ'· ὧδ' ἔχει λόγος.

321 *Σάρδεσιν* : Ἀσίδι Robertson   322 *Σεισάμης* MYaPTr : *Εἰσάμης* GF,
Σισάμης Q KP^sscr, *Σησάμης* vel *Σεισάμης* fere rell.   θ' HaLcLhYa^ipc
PKQGFTr: om. rell.   326 *Συέννεσίς* Turnebus : *σύννεσίς* MLhO,
σύνεσίς rell.   *πρῶτος αὐτὸς εἰς* NdLcLhKQ^pcGFTr   327 *ἔπαρχος*
plerique   *φόνον* W   328 *εὐτυχῶς* DY, *νηλεῶς* P^yp, *ἀνηλεῶς* Lc
K^sypQ^zyp   329 *τοίων γὰρ ἀρχόντων* Ya, *τοιωνδέ γ' ἀρχ.* GFTr
νῦν om. M^acOQ^acGFTr   330 δ' om. MD (*ἀπαγγέλλων* pergunt
HaDY)   334 *τοσόνδε* Bothe : *πόσον δὲ* WLcPKQGFTr, *πόσον δὴ*
rell.   335 *ἐξισῶσαι* P^ypC^ac (*ἐξιῶσαι* H^ac)   336 *ναῖησιν* HaYYaNd
PKQ Lh^sscr, *δαΐοισι* ΔBH^pc(vel H^ac)D   *συμβολαῖς* ΔBCHNcGF
338 *ναῦς ἂν* Heimsoeth : *ναυσὶ* codd.   341 *οἶσθα* Doederlein   342 *ὧν*
ἦγε codd. : *νεῶν τὸ* Plut. *Them.* 14   *ὑπέρκοποι* Wakefield : *-κομποι*
codd.

μή coι δοκοῦμεν τῆιδε λειφθῆναι μάχης;
ἀλλ' ὧδε δαίμων τις κατέφθειρε cτρατὸν   345
τάλαντα βρίcας οὐκ ἰcορρόπωι τύχηι.
θεοὶ πόλιν cώιζουcι Παλλάδος θεᾶς.

Ba.   ἔτ' ἆρ' Ἀθηνῶν ἔcτ' ἀπόρθητος πόλις;

Αγγ.   ἀνδρῶν γὰρ ὄντων ἔρκος ἐcτὶν ἀcφαλές.

Ba.   ἀρχὴ δὲ ναυcὶ cυμβολῆς τίς ἦν, φράcον·   350
τίνες κατῆρξαν, πότερον Ἕλληνες, μάχης,
ἢ παῖς ἐμός, πλήθει καταυχήcας νεῶν;

Αγγ.   ἦρξεν μέν, ὦ δέcποινα, τοῦ παντὸς κακοῦ
φανεὶς ἀλάcτωρ ἢ κακὸς δαίμων ποθέν·
ἀνὴρ γὰρ Ἕλλην ἐξ Ἀθηναίων cτρατοῦ   355
ἐλθὼν ἔλεξε παιδὶ cῶι Ξέρξηι τάδε·
ὡς εἰ μελαίνης νυκτὸς ἵξεται κνέφας
Ἕλληνες οὐ μενοῖεν, ἀλλὰ cέλμαcιν
ναῶν ἐπανθορόντες ἄλλος ἄλλοcε
δραcμῶι κρυφαίωι βίοτον ἐκcωcοίατο.   360
ὁ δ' εὐθὺς ὡς ἤκουcεν, οὐ ξυνεὶς δόλον
Ἕλληνος ἀνδρὸς οὐδὲ τὸν θεῶν φθόνον,
πᾶcιν προφωνεῖ τόνδε ναυάρχοις λόγον·
εὖτ' ἂν φλέγων ἀκτῖcιν ἥλιος χθόνα
λήξηι, κνέφας δὲ τέμενος αἰθέρος λάβηι,   365
τάξαι νεῶν cτῖφος μὲν ἐν cτοίχοις τριcίν,
ἄλλας δὲ κύκλωι νῆcον Αἴαντος πέριξ   [368]
ἔκπλους φυλάccειν καὶ πόρους ἁλιρρόθους·   [367]
ὡς εἰ μόρον φευξοίαθ' Ἕλληνες κακόν,
ναυcὶν κρυφαίως δραcμὸν εὑρόντες τινά,   370
πᾶcι cτέρεcθαι κρατὸς ἦν προκείμενον.
τοcαῦτ' ἔλεξε κάρθ' ὑπ' εὐθύμου φρενός,

344 ληφθῆναι MCBHYaNcN²ᵖᶜΔ¹ᵖᶜ   μάχης Todt: -χηι codd.
347–50 de vv. distribut. vid. Broadhead   347 paragr. praefixa in
M   359 νεῶν plerique   ἐπενθορ- LhˢˢᶜʳPˢˢᶜʳ   360 ἐκcωcοίατο
Monk: -cαίατο codd.   362 τῶν θεῶν MᵃᶜQᵃᶜDOY   363 προφω-
νεῖ MYaNdLhQᵖᶜGFTr: προcφ- rell.   366 cτοίχοις MCWONcHᵃᶜ
LhKQ: cτίχ- rell.   367–8 hoc ordine Koechly   372 ὑπ'
εὐθύμου MIACHaNc: ὑπ' ἐκθύμου LcLh(ut vid.)PʸᵖFˢˢᶜʳTr, ὑπ' ἐθύμου
O, ὑπερθύμου rell.

οὐ γὰρ τὸ μέλλον ἐκ θεῶν ἠπίστατο.
οἱ δ' οὐκ ἀκόσμως ἀλλὰ πειθάρχωι φρενὶ
δεῖπνόν τ' ἐπορσύνοντο, ναυβάτης τ' ἀνὴρ   375
τροποῦτο κώπην σκαλμὸν ἀμφ' εὐήρετμον.
ἐπεὶ δὲ φέγγος ἡλίου κατέφθιτο
καὶ νὺξ ἐπήιει, πᾶς ἀνὴρ κώπης ἄναξ
ἐς ναῦν ἐχώρει, πᾶς θ' ὅπλων ἐπιστάτης·
τάξις δὲ τάξιν παρεκάλει νεὼς μακρᾶς,   380
πλέουσι δ' ὡς ἕκαστος ἦν τεταγμένος·
καὶ πάννυχοι δὴ διάπλοον καθίστασαν
ναῶν ἄνακτες πάντα ναυτικὸν λεών.
καὶ νὺξ ἐχώρει, κοὐ μάλ' Ἑλλήνων στρατὸς
κρυφαῖον ἔκπλουν οὐδαμῆι καθίστατο·   385
ἐπεί γε μέντοι λευκόπωλος ἡμέρα
πᾶσαν κατέσχε γαῖαν εὐφεγγὴς ἰδεῖν,
πρῶτον μὲν ἠχῆι κέλαδος Ἑλλήνων πάρα
μολπηδὸν εὐφήμησεν, ὄρθιον δ' ἅμα
ἀντηλάλαξε νησιώτιδος πέτρας   390
ἠχώ, φόβος δὲ πᾶσι βαρβάροις παρῆν
γνώμης ἀποσφαλεῖσιν· οὐ γὰρ ὡς φυγῆι
παιᾶν' ἐφύμνουν σεμνὸν Ἕλληνες τότε,
ἀλλ' ἐς μάχην ὁρμῶντες εὐψύχωι θράσει.
σάλπιγξ δ' αὐτῆι πάντ' ἐκεῖν' ἐπέφλεγεν·   395
εὐθὺς δὲ κώπης ῥοθιάδος ξυνεμβολῆι
ἔπαισαν ἅλμην βρύχιον ἐκ κελεύματος.
θοῶς δὲ πάντες ἦσαν ἐκφανεῖς ἰδεῖν·
τὸ δεξιὸν μὲν πρῶτον εὐτάκτως κέρας
ἡγεῖτο κόσμωι, δεύτερον δ' ὁ πᾶς στόλος   400
ἐπεξεχώρει, καὶ παρῆν ὁμοῦ κλύειν
πολλὴν βοήν· ὦ παῖδες Ἑλλήνων, ἴτε

375 δεῖπνόν τ' Tr : τ' om. rell.   ναυβάτης MXHaYaKTr : ναυάτης rell.   379 πᾶς δ' plurimi   385 οὐδαμῶς ADHaYYa, -μοῦ W 387 κατέσχεν αἶαν Ya   388 ἠχεῖ ΔΗΟ, ἠχοῖ KLh[sscr]P[γρ], aut hoc aut illud D   397 κελεύμ- MHΔBYD : κελεύσμ- rell.   398 ἐμφανεῖς HaYaP[γρ]GFTr (ἐκφ- sscr. GFTr)   399 εὔτακτον XVNdN[ac]YH[c] P[γρ]Lh(sscr. ως)GFTrD[sscr]Nc[sscr], εὔτακτον ὡς B, εὐστόχως P; εὐτάκτωι Bothe

ἐλευθεροῦτε πατρίδ', ἐλευθεροῦτε δὲ
παῖδας γυναῖκας θεῶν τε πατρῴων ἕδη
θήκας τε προγόνων· νῦν ὑπὲρ πάντων ἀγών.   405
καὶ μὴν παρ' ἡμῶν Περςίδος γλώςςης ῥόθος
ὑπηντίαζε, κοὐκέτ' ἦν μέλλειν ἀκμή.
εὐθὺς δὲ ναῦς ἐν νηὶ χαλκήρη στόλον
ἔπαισεν· ἦρξε δ' ἐμβολῆς Ἑλληνικὴ
ναῦς, κἀποθραύει πάντα Φοινίςςης νεὼς   410
κόρυμβ', ἐπ' ἄλλην δ' ἄλλος ηὔθυνεν δόρυ.
τὰ πρῶτα μέν νυν ῥεῦμα Περςικοῦ στρατοῦ
ἀντεῖχεν· ὡς δὲ πλῆθος ἐν στενῶι νεῶν
ἤθροιςτ', ἀρωγὴ δ' οὔτις ἀλλήλοις παρῆν,
αὐτοὶ δ' ὑπ' αὐτῶν ἐμβολαῖς χαλκοστόμοις   415
παίοντ', ἔθραυον πάντα κωπήρη στόλον,
Ἑλληνικαί τε νῆες οὐκ ἀφραςμόνως
κύκλωι πέριξ ἔθεινον, ὑπτιοῦτο δὲ
ςκάφη νεῶν, θάλαςςα δ' οὐκέτ' ἦν ἰδεῖν
ναυαγίων πλήθουσα καὶ φόνου βροτῶν·   420
ἀκταὶ δὲ νεκρῶν χοιράδες τ' ἐπλήθυον.
φυγῆι δ' ἀκόςμως πᾶσα ναῦς ἠρέςςετο,
ὅσαιπερ ἦσαν βαρβάρου στρατεύματος.
τοὶ δ' ὥςτε θύννους ἤ τιν' ἰχθύων βόλον
ἀγαῖςι κωπῶν θραύμαςίν τ' ἐρειπίων   425
ἔπαιον ἐρράχιζον, οἰμωγὴ δ' ὁμοῦ
κωκύμαςιν κατεῖχε πελαγίαν ἅλα,
ἕως κελαινὸν νυκτὸς ὄμμ' ἀφείλετο.
κακῶν δὲ πλῆθος, οὐδ' ἂν εἰ δέκ' ἤματα
ςτοιχηγοροίην, οὐκ ἂν ἐκπλήςαιμί coι.   430

403 δὴ BCHΔ   411 ηὔθυνεν MAOPNᵃᶜNcXIʸʳ: ἴθ- rell.
412 καὶ πρῶτα Lh   μέν νυν (νῦν) MYPʸᵖLhNcˢˢᶜʳGFTr: μὲν O, μὲν δὴ
HaLcKPQ, μὲν νῶ Iᵃᶜ, μὲν νῶιν IᵖᶜNc, μὲν οὖν rell.   ῥῦμα Meineke
415 ἐμβόλοις Stanley   417 ἀφραςμόνως MCHᵃᶜHaGFTr: ἀφραδμ-
Hᵖᶜ rell.   421 ἐπλήθυον MILcLhKQᵃᶜGFTr: -θυνον Qᵖᶜ rell.
422 ἀκόςμω(ι) DHᵖᶜPᵖᶜ   425 θραύςμ- plerique   426 οἰμωγῆς
M, -γῆι ΔOHᵃᶜIᵃᶜBᵃᶜ   427 (οἰμωγῆι vel -γῆς) . . . κώκυμα ςυγκατεῖχε
Merkel   428 κελαινὸν OY: -νῆς rell.   430 ςτοιχοιγορ- M,
ςτιχηγορ- ΔBTr

17

εὖ γὰρ τόδ' ἴcθι, μηδάμ' ἡμέραι μιᾶι
πλῆθος τοcουτάριθμον ἀνθρώπων θανεῖν.

Βα. αἰαῖ, κακῶν δὴ πέλαγος ἔρρωγεν μέγα
Πέρcαιc τε καὶ πρόπαντι βαρβάρων γένει.

Αγγ. εὖ νυν τόδ' ἴcθι, μηδέπω μεcοῦν κακόν· 435
τοιάδ' ἐπ' αὐτοῖc ἦλθε cυμφορὰ πάθουc,
ὡc τοῖcδε καὶ δὶc ἀντιcηκῶcαι ῥοπῆι.

Βα. καὶ τίc γένοιτ' ἂν τῆcδ' ἔτ' ἐχθίων τύχη;
λέξον, τίν' αὖ φὴιc τήνδε cυμφορὰν cτρατῶι
ἐλθεῖν κακῶν ῥέπουcαν ἐc τὰ μάccονα; 440

Αγγ. Περcῶν ὅcοιπερ ἦcαν ἀκμαῖοι φύcιν,
ψυχήν τ' ἄριcτοι κεὐγένειαν ἐκπρεπεῖc,
αὐτῶι τ' ἄνακτι πίcτιν ἐν πρώτοιc ἀεί,
τεθνᾶcιν αἰcχρῶc δυcκλεεcτάτωι μόρωι.

Βα. οἲ 'γὼ τάλαινα cυμφορᾶc κακῆc, φίλοι· 445
ποίωι μόρωι δὲ τούcδε φὴιc ὀλωλέναι;

Αγγ. νῆcόc τιc ἔcτι πρόcθε Cαλαμῖνοc τόπων
βαιά, δύcορμοc ναυcίν, ἢν ὁ φιλόχοροc
Πὰν ἐμβατεύει ποντίαc ἀκτῆc ἔπι·
ἐνταῦθα πέμπει τούcδ', ὅπωc, ὅτ' ἐκ νεῶν 450
φθαρέντεc ἐχθροὶ νῆcον ἐκcωιζοίατο,
κτείνοιεν εὐχείρωτον Ἑλλήνων cτρατόν,
φίλουc δ' ὑπεκcώιζοιεν ἐναλίων πόρων,
κακῶc τὸ μέλλον ἱcτορῶν· ὡc γὰρ θεὸc
ναῶν ἔδωκε κῦδοc Ἕλληcιν μάχηc, 455
αὐθημερὸν φάρξαντεc εὐχάλκοιc δέμαc
ὅπλοιcι ναῶν ἐξέθρωιcκον, ἀμφὶ δὲ
κυκλοῦντο πᾶcαν νῆcον, ὥcτ' ἀμηχανεῖν
ὅποι τράποιντο. πολλὰ μὲν γὰρ ἐκ χερῶν

431 μηδάμ' HaLcQKPᵞᵖ : μηδ' ἂν rell.   433 ἔρρω＊ται M, ἔρρωται
ΔΒΙᵞᵖΡᵞᵖ, ἔρρωγαι H   436 αὐτοὺc ADYaLcPᶜKˢˢᶜʳQ²ˢˢᶜʳ
441 ὅcοι παρῆcαν ADQ²ᵛᵖ   442 ἐκπρεπεῖc ΜΟΥΑΝVΝcDPᵞᵖ : εὐπρ-
rell.   444 οἰκτρῶc ΙΟΧΥΡᵍˡ   δυcτυχεcτάτωι HaLcQK   πότμωι
ΔΒCΗΝc   446 ποίωι δὲ μόρωι ΙΟ, ποίωι μόρωι VΝΝdDΧΡᵃᶜ; μόρωι
δὲ ποίωι Weil, ποίωι μόρωι δὴ Dawe   448 νηυcὶν plurimi   450 ὅτ'
ἐκ Elmsley : ὅτ' ἂν vel ὅταν codd.; fort. νεῶν ὅτε   451 ἐξωθοίατο
Housman   456 φράξ- codd.

πέτροισιν ἠράσσοντο, τοξικῆς τ' ἀπὸ   460
θώμιγγος ἰοὶ προσπίπτοντες ὤλλυσαν·
τέλος δ' ἐφορμηθέντες ἐξ ἑνὸς ῥόθου
παίουσι κρεοκοποῦσι δυστήνων μέλη,
ἕως ἁπάντων ἐξαπέφθειραν βίον.
Ξέρξης δ' ἀνώιμωξεν κακῶν ὁρῶν βάθος·   465
ἕδραν γὰρ εἶχε παντὸς εὐαγῆ στρατοῦ,
ὑψηλὸν ὄχθον ἄγχι πελαγίας ἁλός·
ῥήξας δὲ πέπλους κἀνακωκύσας λιγύ,
πεζῶι παραγγείλας ἄφαρ στρατεύματι,
ἵης' ἀκόσμωι ξὺν φυγῆι. τοιάνδε σοι   470
πρὸς τῆι πάροιθε συμφορὰν πάρα στένειν.
Βα. ὦ στυγνὲ δαῖμον, ὡς ἄρ' ἔψευσας φρενῶν
Πέρσας· πικρὰν δὲ παῖς ἐμὸς τιμωρίαν
κλεινῶν Ἀθηνῶν ηὗρε, κοὐκ ἀπήρκεσαν
οὓς πρόσθε Μαραθὼν βαρβάρων ἀπώλεσεν·   475
ὧν ἀντίποινα παῖς ἐμὸς πράξειν δοκῶν
τοσόνδε πλῆθος πημάτων ἐπέσπασεν.
σὺ δ' εἰπέ, ναῶν αἳ πεφεύγασιν μόρον,
ποῦ τάσδ' ἔλειπες; οἶσθα σημῆναι τορῶς;
Αγγ. ναῶν γε ταγοὶ τῶν λελειμμένων σύδην   480
κατ' οὖρον οὐκ εὔκοσμον αἴρονται φυγήν·
στρατὸς δ' ὁ λοιπὸς ἔν τε Βοιωτῶν χθονὶ
διώλλυθ', οἱ μὲν ἀμφὶ κρηναῖον γάνος
δίψηι πονοῦντες, οἱ δ' ὑπ' ἄσθματος κενοί·
διεκπερῶμεν ⟨δ'⟩ ἔς τε Φωκέων χθόνα   485
καὶ Δωρίδ' αἶαν Μηλιᾶ τε κόλπον, οὗ

---

460 πέτρῃσιν plurimi   δ' ἀπὸ XWVNNdP(sscr. τ')Kˢᵖᶜ   461 προσ-
πίτνοντες MLhGFTr: -πίπτοντες rell.   463 κρεο- Mᵃᶜ: κρεω-
M²ᵖᶜ rell.   470 ἵης': ἵης' MIYOᵃᶜPʸᵖGF, ἥις' A, ἥιξ' fere rell.; ἥιͅς'
G. C. W. Schneider   ἀκόσμως HaᵖᶜNcXΔBC et fort. Hᵃᶜ, ἀπότμωι
Lc   σὺν plurimi   474 ἀπήρκεσαν ΔBCᵖᶜHᶜLcLhQKPsscrTr: -κεσε(ν)
rell.   477 τοσῶν δὲ M, τοσῶνδε ABHQYYaNcHaDWLhPʸᵖGF
480 γε GF: δὲ rell.   481 αἴρονται Elmsley: αἱροῦνται M, αἱροῦνται
fere rell.   482 δὲ λοιπὸς NcCDNᵃᶜ(vel Nᵖᶜ)   483 κρηναίου
γάνους Broadhead   484 δίψηι M: δίψει rell.   485 διεκπερῶντες
Iʸᵖ; lacunam post 484 statuit Schütz   δ' suppl. Page

Cπερχειὸς ἄρδει πεδίον εὐμενεῖ ποτῶι·
κἀντεῦθεν ἡμᾶς γῆς Ἀχαιίδος πέδον
καὶ Θεσσαλῶν πόλεις ὑπεσπανισμένους
βορᾶς ἐδέξαντ᾽, ἔνθα δὴ πλεῖστοι θάνον   490
δίψηι τε λιμῶι τ᾽· ἀμφότερα γὰρ ἦν τάδε.
Μαγνητικὴν δὲ γαῖαν ἔς τε Μακεδόνων
χώραν ἀφικόμεσθ᾽, ἐπ᾽ Ἀξιοῦ πόρον,
Βόλβης θ᾽ ἕλειον δόνακα Πάγγαιόν τ᾽ ὄρος,
Ἠδωνίδ᾽ αἶαν· νυκτὶ δ᾽ ἐν ταύτηι θεὸς   495
χειμῶν᾽ ἄωρον ὦρσε, πήγνυσιν δὲ πᾶν
ῥέεθρον ἁγνοῦ Cτρυμόνος· θεοὺς δέ τις
τὸ πρὶν νομίζων οὐδαμοῦ τότ᾽ ηὔχετο
λιταῖσι, γαῖαν οὐρανόν τε προσκυνῶν·
ἐπεὶ δὲ πολλὰ θεοκλυτῶν ἐπαύσατο   500
στρατός, περᾶι κρυσταλλοπῆγα διὰ πόρον·
χὤστις μὲν ἡμῶν πρὶν σκεδασθῆναι θεοῦ
ἀκτῖνας ὡρμήθη, σεσωμένος κυρεῖ·
φλέγων γὰρ αὐγαῖς λαμπρὸς ἡλίου κύκλος
μέσον πόρον διῆκε θερμαίνων φλογί·   505
πῖπτον δ᾽ ἐπ᾽ ἀλλήλοισιν, εὐτύχει δέ τοι
ὅστις τάχιστα πνεῦμ᾽ ἀπέρρηξεν βίου.
ὅσοι δὲ λοιποὶ κἄτυχον σωτηρίας,
Θρήικην περάσαντες μόγις πολλῶι πόνωι
ἥκουσιν ἐκφυγόντες, οὐ πολλοί τινες,   510
ἐφ᾽ ἑστιοῦχον γαῖαν, ὡς στένειν πόλιν
Περσῶν ποθοῦσαν φιλτάτην ἥβην χθονός.
ταῦτ᾽ ἔστ᾽ ἀληθῆ, πολλὰ δ᾽ ἐκλείπω λέγων
κακῶν ἃ Πέρσαις ἐγκατέσκηψεν θεός.

Χο. ὦ δυσπόνητε δαῖμον, ὡς ἄγαν βαρὺς   515
ποδοῖν ἐνήλου παντὶ Περσικῶι γένει.

489 πόλεις Schiller : πόλις MBCHaΔ¹OΥΥa, πόλισμ᾽ O² rell.   490 ἐδέ-
ξατ᾽ BCHHaΔNcLcDAᵃᶜO²ᵖᶜPᵖᶜ   491 δίψηι MIΔBHDNcAˢˢᶜʳPˢˢᶜʳ :
δίψει rell.   493 ἀφικόμεθ᾽ plurimi   498 εὔχετο plurimi
501 κρυστ. διὰ πόρον στρατὸς περᾶι Porson, περᾶι στρατός Hartung
505 διῆιξε Blomfield, διῆισσε Broadhead   506 εὐτύχει: εὐτυχεῖ MYa
IʸᵖKQLcLhGFTrPˢˢᶜʳ, -χεῖς HaAᵃᶜ, -χὴς LhˢˢᶜʳAˢˢᶜʳ rell.   510 ἐκ-
φεύγοντες AD   511 αἶαν O   516 ἐνήλλου plurimi

Βα. οἳ 'γὼ τάλαινα διαπεπραγμένου cτρατοῦ,
ὦ νυκτὸc ὄψιc ἐμφανὴc ἐνυπνίων,
ὡc κάρτα μοι cαφῶc ἐδήλωcαc κακά·
ὑμεῖc δὲ φαύλωc αὖτ' ἄγαν ἐκρίνατε.   520
ὅμωc δ', ἐπειδὴ τῆιδ' ἐκύρωcεν φάτιc
ὑμῶν, θεοῖc μὲν πρῶτον εὔξαcθαι θέλω,
ἔπειτα γῆι τε καὶ φθιτοῖc δωρήματα
ἥξω λαβοῦcα, πελανὸν ἐξ οἴκων ἐμῶν,
ἐπίcταμαι μὲν ὡc ἐπ' ἐξειργαcμένοιc,   525
ἀλλ' ἐc τὸ λοιπὸν εἴ τι δὴ λῶιον πέλοι.
ὑμᾶc δὲ χρὴ 'πὶ τοῖcδε τοῖc πεπραγμένοιc
πιcτοῖcι πιcτὰ ξυμφέρειν βουλεύματα·
καὶ παῖδ', ἐάν περ δεῦρ' ἐμοῦ πρόcθεν μόληι,
παρηγορεῖτε καὶ προπέμπετ' ἐc δόμουc,   530
μὴ καί τι πρὸc κακοῖcι προcθῆται κακόν.

Χο.   ὦ Ζεῦ βαcιλεῦ, νῦν ⟨δὴ⟩ Περcῶν
τῶν μεγαλαύχων καὶ πολυάνδρων
cτρατιὰν ὀλέcαc
ἄcτυ τὸ Coύcων ἠδ' Ἀγβατάνων   535
πένθει δνοφερῶι κατέκρυψαc.
πολλαὶ δ' ἀπαλαῖc χερcὶ καλύπτραc
κατερεικόμεναι ⟨   ⟩
διαμυδαλέουc δάκρυcι κόλπουc
τέγγουc' ἄλγουc μετέχουcαι·   540
αἱ δ' ἁβρόγοοι Περcίδεc ἀνδρῶν
ποθέουcαι ἰδεῖν ἀρτιζυγίαν,
λέκτρων εὐνὰc ἁβροχίτωναc,

518 ἐκφανὴc ΔΒΗ   527 ἡμᾶc ΜΥΟᵃᶜ, ὑμῖν GFTr   528 πιcτοῖcι
IHaKPQGFTr : -τοῖc γε Lh, -τοῖcι γῆ Lc, -τοῖc rell.   531 μὴ
καί τι IVWYKPLhᵖᶜGFTr : καὶ μή τι LcQᶜ, μηκέτι rell.   προcθῆται
YaPLhᵖᶜGFTr : πρόcθῇ τι AD, πρόcθητε fere rell.   532 δὴ suppl.
Prien ; νῦν τῶν Περcῶν OY, νῦν *** Περcῶν Q   535 Ἀγβ- Μ : Ἐκβ-
rell.   536 δνοφερῶι : cτυγερῶι XVNNdPKᵞᵖLhᵞᵖ   537 ἀπαλαῖc
F   538 ⟨μητέρεc οἰκτραὶ⟩ suppl. Dindorf   539 διαμυδαλέουc
Hᵃᶜᴾˢˢᶜʳ : διαμυδαλέοιc (Hᵖᶜ) vel διὰ μυδαλέοιc rell.   542 ποθέουc'
ἰδεῖν ΒΗΝcΚQCᶻᵖᶜ; ποθέουcιν ἰδεῖν Blomfield   543 λέκτρων
ΜΙΧVΝΝdΤr : λέκτρων τ' rell.

χλιδανῆς ἥβης τέρψιν, ἀφεῖςαι,
πενθοῦςι γόοις ἀκορεςτοτάτοις.   545
κἀγὼ δὲ μόρον τῶν οἰχομένων
ἄιδω δοκίμως πολυπενθῆ.

νῦν γὰρ δὴ πρόπαςα μὲν ςτένει   [ςτρ. α
γαῖ᾽ Ἀςὶς ἐκκεκενωμένα·
Ξέρξης μὲν ἄγαγεν, ποποῖ,   550
Ξέρξης δ᾽ ἀπώλεςεν, τοτοῖ,
Ξέρξης δὲ πάντ᾽ ἐπέςπε δυςφρόνως
βαρίδεςςι ποντίαις.
τίπτε Δαρεῖος μὲν οὐ καὶ τότ᾽ ἀβλαβὴς ἐπῆν   555
τόξαρχος πολιήταις,
Coυcίδος φίλος ἄκτωρ;

πεζοὺς γάρ τε καὶ θαλαςςίους   [ἀντ. α
λινόπτεροι κυανώπιδες
νᾶες μὲν ἄγαγον, ποποῖ,   560
νᾶες δ᾽ ἀπώλεςαν, τοτοῖ,
νᾶες πανωλέθροιςιν ἐμβολαῖς·
διὰ δ᾽ Ἰαόνων χέρας
τυτθὰ δὴ ᾽κφυγεῖν ἄνακτ᾽ αὐτὸν εἰςακούομεν   565
Θρήικας ἂμ πεδιήρεις
δυςχίμους τε κελεύθους.

544 θ᾽ ἥβης Roussel   547 ἄιδω Blomfield : αἴρω codd.   548 δὴ om.
CGF   549 Ἀςὶς Blomfield : Ἀςίας codd.   ἐκκεκενωμένα Hermann :
ἐκκενουμένα vel -νη codd.   550 μὲν Lc : γὰρ NdGFTr, μὲν γὰρ rell.
ἄγαγεν Tr : ἥγ- rell.   552–61 om. M, in marg. add. Mˢ   553 βα-
ρίδες(ς)ι ποντίαις ΔABCHHaNNcNdXOYYaPD(ποντίοις)WLcLhQ²ʸᵖ :
βαρίδες τε ποντίαι MQGF (πόντ- GF), βαρίδες τε ποντίαις Κ, βαρίδες θ᾽ αἰ
πόντιαι Pʸᵖ, βαρίδεςί τε ποντίαι Ι, βαρίδεςίν γε ποντίαις Tr   554 τίπτε
PTr : τίποτε Pʸᵖ rell.   οὐ καὶ Page : οὕτω codd., quod non intellegitur
556 πολιήταις GFTr : πολήταις M, πολίταις rell.   557 Coυcίδαις
NNcVP, -δαιςι I, -δες Μ(-δος Mˢˢᶜʳ)   558 γάρ τε Tr : τε γὰρ fere
codd. (τε om. GF, γὰρ om. Va)   559 λινόπτεροι Schütz : αἱ δ᾽
ὁμόπτεροι codd.   565 δὴ ᾽κφυγεῖν Bothe : δ᾽ ἐκφ- codd.   εἰςακούο-
μεν Pauw : ὡς ἀκ- codd.   566 Θρήικης codd.   567 δυςχίμους
Arnaldus : δυςχειμέρους codd.

τοὶ δ' ἄρα πρωτομόροιο   [στρ. β
φεῦ
ληφθέντες πρὸς ἀνάγκας
ἠέ
ἀκτὰς ἀμφὶ Κυχρείας   570
ὀᾶ
ἔρρανται· στένε καὶ δακνά-
    ζου, βαρὺ δ' ἀμβόασον
οὐράνι' ἄχη,
ὀᾶ,
τεῖνε δὲ δυςβάυκτον βοᾶτιν τάλαιναν αὐδάν·   575

γναπτόμενοι δ' ἁλὶ δεινᾶι   [ἀντ. β
φεῦ
ςκύλλονται πρὸς ἀναύδων
ἠέ
παίδων τᾶς ἀμιάντου,
ὀᾶ,
πενθεῖ δ' ἄνδρα δόμος στερη-
    θείς, τοκέες δ' ἄπαιδες   580
δαιμόνι' ἄχη,
ὀᾶ,
δυρόμενοι γέροντές τε πᾶν δὴ κλύουσιν ἄλγος.

τοὶ δ' ἀνὰ γᾶν Ἀςίαν δὴν   [στρ. γ
οὐκέτι περσονομοῦνται,   585
οὐδ' ἔτι δασμοφοροῦσιν
δεςποςύνοιςιν ἀνάγκαις,

568 πρωτομόροιο Blomfield: -μοιροι HaP, -μορφοι YGF, -μοροι rell.
569 λειφθέντες MAKYYaONcPDLcLhGFTr (ληφ- sscr. DNcOP) ἀνάγ-
κας Blomfield: -καν vel -κην codd.   571 ἔρρανται, quod post ἄπαιδες
v. 580 habent codd., huc transtulit Hermann   576 γναμπτ-
plerique; κναπτ- Bothe   δεινὰ plerique   577 ςκυλο- plerique
580 post ἄπαιδες habent ἐρα M, ἄρα Ha, ἔρρανται vel ἔρανται fere rell.
(om. GFTr); cf. 571 n.   τοκέες Tr: -κῆες rell.   583 δυρ-
MQHa(ut vid.)FTr: ὀδυρ- rell.   τε Page: τὸ codd.   κλύοντες Pγρ
586 οὐκέτι plurimi   587 δεςποςύνοιςιν MADHaYKQPsscr: -νηςιν
vel -ναιςιν rell.

οὐδ' ἐc γᾶν προπίτνοντεc
ἄζονται, βαcιλεία
γὰρ διόλωλεν ἰcχύc·   590

οὐδ' ἔτι γλῶccα βροτοῖcιν   [ἀντ. γ
ἐν φυλακαῖc· λέλυται γὰρ
λαὸc ἐλεύθερα βάζειν,
ὡc ἐλύθη ζυγὸν ἀλκᾶc·
αἱμαχθεῖcα δ' ἄρουραν   595
Αἴαντοc περικλύcτα
νᾶcοc ἔχει τὰ Περcᾶν.

Βα. φίλοι, κακῶν μὲν ὅcτιc ἔμπειροc κυρεῖ,
     ἐπίcταται βροτοῖcιν ὡc, ὅταν κλύδων
     κακῶν ἐπέλθηι, πάντα δειμαίνειν φιλεῖ,   600
     ὅταν δ' ὁ δαίμων εὐροῆι, πεποιθέναι
     τὸν αὐτὸν αἰὲν ἄνεμον οὐριεῖν τύχηc.
     ἐμοὶ γὰρ ἤδη πάντα μὲν φόβου πλέα
     ἐν ὄμμαcίν τ' ἀνταῖα φαίνεται 'κ θεῶν,
     βοᾶι δ' ἐν ὠcὶ κέλαδοc οὐ παιώνιοc·   605
     τοία κακῶν ἔκπληξιc ἐκφοβεῖ φρέναc.
     τοιγὰρ κέλευθον τήνδ' ἄνευ τ' ὀχημάτων
     χλιδῆc τε τῆc πάροιθεν ἐκ δόμων πάλιν
     ἔcτειλα, παιδὸc πατρὶ πρευμενεῖc χοὰc
     φέρουc', ἅπερ νεκροῖcι μειλικτήρια,   610
     βοόc τ' ἀφ' ἁγνῆc λευκὸν εὔποτον γάλα
     τῆc τ' ἀνθεμουργοῦ cτάγμα, παμφαὲc μέλι,
     λιβάcιν ὑδρηλαῖc παρθένου πηγῆc μέτα,

588 οὐδ' Heath : οὔτ' codd.   προπίτν- LhFTr : προcπίτν- vel προcπίπτ-
(Lh²) rell.   589 ἄζονται Halm : ἄρξονται codd.   591 οὐκέτι ΒΗΔ
595 ἄρουραν Porson : -ρα codd.   597 Περcῶν codd.   598–627 om.
Tr, suppl. man. rec.   598 ἔμπειροc ΔΒΗΟΥΥaLcLhNd² in
marg. : ἔμποροc LcˢˢᶜʳLhˢˢᶜʳ rell.   602 αἰὲν ἄνεμον Weil : αἰεὶ (vel ἀεὶ)
δαίμον' codd.   τύχη ΔΗ, -χηc Ρ   604 'κ θεῶν Blaydes : θεῶν codd.
609 ἔcτειλα ΙΟΥΥaHaLcQKPᵍʳ : ἐcτείλατο Μ, ἐcτειλάμην GF, ἔcτειλα
τῶι rell.   πατρὶ παιδὸc εὐμενεῖc HaQKPᵍʳ, πατρὶ παιδὸc πρευμ. Lc

ἀκήρατόν τε μητρὸς ἀγρίας ἄπο
ποτόν, παλαιᾶς ἀμπέλου γάνος τόδε,   615
τῆς τ' αἰὲν ἐν φύλλοισι θαλλούσης βίον
ξανθῆς ἐλαίας καρπὸς εὐώδης πάρα,
ἄνθη τε πλεκτά, παμφόρου γαίας τέκνα.
ἀλλ', ὦ φίλοι, χοαῖσι ταῖσδε νερτέρων
ὕμνους ἐπευφημεῖτε, τόν τε δαίμονα   620
Δαρεῖον ἀνακαλεῖσθε· γαπότους δ' ἐγὼ
τιμὰς προπέμψω τάσδε νερτέροις θεοῖς.

Χο.   βασίλεια γύναι, πρέσβος Πέρσαις,
      σύ τε πέμπε χοὰς θαλάμους ὑπὸ γῆς,
      ἡμεῖς θ' ὕμνοις αἰτησόμεθα   625
      φθιμένων πομποὺς
      εὔφρονας εἶναι κατὰ γαίας.
      ἀλλά, χθόνιοι δαίμονες ἁγνοί,
      Γῆ τε καὶ Ἑρμῆ, βασιλεῦ τ' ἐνέρων,
      πέμψατ' ἔνερθεν ψυχὴν ἐς φῶς·   630
      εἰ γάρ τι κακῶν ἄκος οἶδε πλέον,
      μόνος ἂν θνητῶν πέρας εἴποι.

      ἦ ῥ' ἀίει μου μακαρίτας ἰσοδαίμων βασιλεὺς   [στρ. α
      βάρβαρα σαφηνῆ   635
      ἱέντος τὰ παναίολ' αἰανῆ δύσθροα βάγματα;
      παντάλαν' ἄχη
      διαβοάσω·
      νέρθεν ἆρα κλύει μου;

      ἀλλὰ σύ μοι, Γᾶ τε καὶ ἄλλοι χθονίων ἀγεμόνες,   [ἀντ. α
      δαίμονα μεγαυχῆ   642
      ἰόντ' αἰνέσατ' ἐκ δόμων, Περσᾶν Σουσιγενῆ θεόν·

620 τόν τε MIAQKN^{pc}NdYaHaLcGF: τόνδε rell. (τόν τ' εὐδαίμονα
Lh² in ras.)   622 προσάψω I^{γρ}   623 πρέσβος MOYaNcGFP^{γρ}:
πρέσβα vel -βυς vel -βις rell.   625 ἡμεῖς δ' plerique   627 γαίας
MIO^cYYaGF: γαίης H, γαῖαν rell.   630 φάος CXLcPVNNd
631 seq. obscuri   634 μου CVNcHaLcLh²QKP^{sscr}GFTr: μοι G^{sscr}
rell.   642 μεγαυχῆ HaQ: μεγαλαυχῆ Q^{2γρ} rell.

πέμπετε δ' ἄνω
οἷον οὔπω   645
Περςὶς αἶ' ἐκάλυψεν.

ἢ φίλος ἀνήρ, ἢ φίλος ὄχθος·   [cτρ. β
φίλα γὰρ κέκευθεν ἤθη.
Ἀιδωνεὺς δ' ἀναπομπὸς ἀνείης, Ἀιδωνεύς,   650
θεῖον ἀνάκτορα Δαριᾶνα·
ἠέ.

οὐδὲ γὰρ ἄνδρας πώποτ' ἀπώλλυ   [ἀντ. β
πολεμοφθόροιςιν ἄταις,
θεομήςτωρ δ' ἐκικλήςκετο Πέρςαις, θεομήςτωρ δ'   655
ἔςκεν ἐπεὶ ςτρατὸν εὖ ποδούχει·
ἠέ.

βαλήν, ἀρχαῖος βαλήν, ἴθι ἱκοῦ,   [cτρ. γ
ἔλθ' ἐπ' ἄκρον κόρυμβον ὄ-
χθου κροκόβαπτον ποδὸς εὔ-   660
μαριν ἀείρων βαςιλείου τιή-
ρας φάλαρον πιφαύςκων·
βάςκε πάτερ ἄκακε Δαριάν· οἴ·

ὅπως κοινὰ γᾶι κλύηις νέα τ' ἄχη,   [ἀντ. γ
δέςποτα δεςποτᾶν φάνη-   666
θι· Cτυγία γάρ τις ἐπ' ἀ-

647 secundum ἦ om. DTr; cf. 652   650 ἀνείης Brunck: ἀνείη
Mᵃᶜᵖˢˢᶜʳ, ἀνίης' O, ἂν εἴη Mᵖᶜ et γρ. IPQ, ἂν εἴην GFTr, ἀνίη vel ἀνίει
rell.   651 θεῖον Schütz: Δαρεῖον οἶον (vel οἷον) codd.   ἀνάκτορα
Δαριᾶνα Dindorf: ἄνακτα Δαρειὰν codd.   652 οὐδὲ Dindorf: οὔτε
codd.   πώποτ' OY: ποτ' rell.; cf. 647   ἀπόλλυ MΔBHY   656 πο-
δούχει Dindorf: ὑπεδώκει Mᵃᶜ, ἐπεδώκει OᵖᶜYYa, ἐποδώκει Mˢᵖᶜ rell.
657 seqq. βαλλὴν bis MHaOYYaQLhGFTr, altero loco etiam H
661 τιάρας plerique   662 πιφαύςκων MIPGFTr: -φάςκων rell.
663 Δαριάν Mᵃᶜ: Δαρειὰν Mˢᵖᶜ rell.   664 seq. κοινὰ Stolberg, γᾶι
Housman: καινά τε codd.   666 δεςποτᾶν Dindorf: -του codd.;
δέςποτ' ὦ Enger

χλὺς πεπόταται· νεολαία γὰρ ἤ-
δη κατὰ πᾶς' ὄλωλεν·   670
βάσκε πάτερ ἄκακε Δαριάν· οἴ·

αἰαῖ αἰαῖ·
ὦ πολύκλαυτε φίλοισι θανών,   [ἐπωιδ.
†τί τάδε δυνάστα δυνάστα   675
περὶ τᾶι cᾶι δίδυμα διαγόεν δ'† ἁμάρτια
πᾶσαι γᾶι τᾶιδ' ἐξέφθινται τρίσκαλμοι
νᾶες ἄναες ἄναες;   680

ΕΙΔΩΛΟΝ ΔΑΡΕΙΟΥ

ὦ πιστὰ πιστῶν ἥλικές θ' ἥβης ἐμῆς,
Πέρσαι γεραιοί, τίνα πόλις πονεῖ πόνον;
στένει κέκοπται καὶ χαράccεται πέδον.
λεύccων δ' ἄκοιτιν τὴν ἐμὴν τάφου πέλας
ταρβῶ, χοὰς δὲ πρευμενὴς ἐδεξάμην.   685
ὑμεῖς δὲ θρηνεῖτ' ἐγγὺς ἑcτῶτες τάφου
καὶ ψυχαγωγοῖς ὀρθιάζοντες γόοις
οἰκτρῶς καλεῖcθέ μ'· ἔcτι δ' οὐκ εὐέξοδον,
ἄλλως τε πάντως χοὶ κατὰ χθονὸς θεοὶ
λαβεῖν ἀμείνους εἰcὶν ἢ μεθιέναι.   690
ὅμως δ' ἐκείνοις ἐνδυναστεύcας ἐγὼ
ἥκω. τάχυνε δ', ὡc ἄμεμπτος ὦ χρόνου·
τί ἐcτὶ Πέρcαις νεοχμὸν ἐμβριθὲς κακόν;

Χο.   cέβομαι μὲν προcιδέcθαι,   [cτρ.
      cέβομαι δ' ἀντία λέξαι   695
      cέθεν ἀρχαίωι περὶ τάρβει.

671 Δαρειὰν codd.   675 seqq. δυνάτα δυνάcτα Η, δυνάτα δυνάτα
MN²ᵖᶜ, δύναcτα (semel) QK, δυνάcτα (semel) NdHa   τᾶι cᾶι vel τὰ
cὰ codd.   διαγόεν δ' Mˢᵖᶜ, διαγόεν Mᵃᶜ, διὰ γόεν θ' Iᵞᵖ, διάγοιεν δ' vel
διάγοιεν fere rell.; fort. περιccὰ (Lachmann) δίδυμα διὰ γοέδν' (G. C. W.
Schneider, vel δὶς γοέδν', Murray) ἁμάρτια   679 ἐξέφθινται Ya: -ιντ'
αἱ vel -ινθ' αἱ fere rell. (ἐξέφυντ' αἱ Μ, ἐξέφοιντ' αἱ Μˢ)   685 πρευ-
μενὴς MHaLhQ KPˢˢᶜʳ: -νεῖc Q²Kˢ rell.   687 ὀρθ- GFTr: ῥοθ- rell.
692 τάχυνε MᵃᶜHᵃᶜPᵞᵖ: -να MᵖᶜHᵖᶜ rell.   693 τί δ' plerique

27

Δα. ἀλλ', ἐπεὶ κάτωθεν ἦλθον coῖc γόοιc πεπειcμένοc,
     μή τι μακιcτῆρα μῦθον ἀλλὰ cύντομον λέγων
     εἰπὲ καὶ πέραινε πάντα τὴν ἐμὴν αἰδῶ μεθείc.

Χο. δίομαι μὲν χαρίcαcθαι,   [ἀντ.
     δίομαι δ' ἀντία φάcθαι   701
     λέξαc δύcλεκτα φίλοιcιν.

Δα. ἀλλ', ἐπεὶ δέοc παλαιόν coι φρενῶν ἀνθίcταται,
     τῶν ἐμῶν λέκτρων γεραιὰ ξύννομ', εὐγενὲc γύναι,
     κλαυμάτων λήξαcα τῶνδε καὶ γόων cαφέc τί μοι   705
     λέξον· ἀνθρώπεια δ' ἄν τοι πήματ' ἂν τύχοι βροτοῖc·
     πολλὰ μὲν γὰρ ἐκ θαλάccηc, πολλὰ δ' ἐκ χέρcου κακὰ
     γίγνεται θνητοῖc, ὁ μάccων βίοτοc ἢν ταθῆι πρόcω.
Βα. ὦ βροτῶν πάντων ὑπερcχὼν ὄλβον εὐτυχεῖ πότμωι,
     ὡc ἕωc τ' ἔλευccεc αὐγὰc ἡλίου ζηλωτὸc ὢν   710
     βίοτον εὐαίωνα Πέρcαιc ὡc θεὸc διήγαγεc,
     νῦν τέ cε ζηλῶ θανόντα πρὶν κακῶν ἰδεῖν βάθοc·
     πάντα γάρ, Δαρεῖ', ἀκούcηι μῦθον ἐν βραχεῖ χρόνωι·
     διαπεπόρθηται τὰ Περcῶν πράγμαθ', ὡc εἰπεῖν ἔποc.
Δα. τίνι τρόπωι; λοιμοῦ τιc ἦλθε cκηπτὸc ἢ cτάcιc πόλει; 715
Βα. οὐδαμῶc, ἀλλ' ἀμφ' Ἀθήναc πᾶc κατέφθαρται cτρατόc.
Δα. τίc δ' ἐμῶν ἐκεῖcε παίδων ἐcτρατηλάτει, φράcον;
Βα. θούριοc Ξέρξηc, κενώcαc πᾶcαν ἠπείρου πλάκα.
Δα. πεζὸc ἢ ναύτηc δὲ πεῖραν τήνδ' ἐμώρανεν τάλαc;
Βα. ἀμφότερα· διπλοῦν μέτωπον ἦν δυοῖν cτρατευμάτοιν. 720
Δα. πῶc δὲ καὶ cτρατὸc τοcόcδε πεζὸc ἤνυcεν περᾶν;
Βα. μηχαναῖc ἔζευξεν Ἕλληc πορθμὸν ὥcτ' ἔχειν πόρον.
Δα. καὶ τόδ' ἐξέπραξεν ὥcτε Βόcπορον κλῆιcαι μέγαν;

697 κάτωθεν ἤκω HaLcQKP   700 et 701 δίομαι LcGPˢˢᶜʳFTr:
δείομαι rell.   704 γύναι: δάμαρ I, fort. recte   706 δ'
ἄν: γάρ Paley   ἐντύχοι HaLcLhQKPʸᵖGFTr   709 εὐτυχῆ
πότμον ΜΔΙᵖᶜΑΗVΝcΝ²ᵖᶜΥaDWPB (-εῖ -ωι sscr. NcWP, -εῖ etiam B)
710 ὃc ἕωc plurimi, ὃc θ' ἕωc QK   τ' ΜΙΑΟΥΥa: om. rell.
714 εἰπεῖν ἔποc HaLcLhKPQGFTr: ἔποc εἰπεῖν rell.   716 πᾶc τιc
ὤιχετο ΟΥ   718–54 om. B, suppl. man. rec.   720 cτρατευμάτοιν
HaLhKQ PGFTr: cτρατηλάταιν ΝcΧWAVOᴵ, -λάτοιν rell.   723 κλῆι-
cαι ΜΥa: κλεῖcαι Μˢ rell.

Βα. ὧδ' ἔχει, γνώμης δέ πού τις δαιμόνων ξυνήψατο.

Δα. φεῦ μέγας τις ἦλθε δαίμων ὥστε μὴ φρονεῖν καλῶς. 725

Βα. ὡς ἰδεῖν τέλος πάρεστιν οἷον ἤνυςεν κακόν.

Δα. καὶ τί δὴ πράξασιν αὐτοῖς ὧδ' ἐπιστενάζετε;

Βα. ναυτικὸς στρατὸς κακωθεὶς πεζὸν ὤλεσε στρατόν.

Δα. ὧδε παμπήδην δὲ λαὸς πᾶς κατέφθαρται δορί;

Βα. πρὸς τάδ' ὡς Coύςων μὲν ἄςτυ πᾶν κενανδρίαν cτέ-
νειν. 730

Δα. ὦ πόποι κεδνῆς ἀρωγῆς κἀπικουρίας στρατοῦ.

Βα. Βακτρίων δ' ἔρρει πανώλης δῆμος οὐδέ †τις γέρων†

Δα. ὦ μέλεος, οἵαν ἄρ' ἥβην ξυμμάχων ἀπώλεσεν.

Βα. μονάδα δὲ Ξέρξην ἐρῆμόν φασιν οὐ πολλῶν μέτα

Δα. πῶς τε δὴ καὶ ποῖ τελευτᾶν; ἔςτι τις cωτηρία; 735

Βα. ἄςμενον μολεῖν γέφυραν, ἓν δυοῖν ζευκτήριον.

Δα. καὶ πρὸς ἤπειρον cεcῶcθαι τήνδε, τοῦτ' ἐτήτυμον;

Βα. ναί, λόγος κρατεῖ σαφηνὴς τοῦτό γ'· οὐκ ἔνι στάσις.

Δα. φεῦ ταχεῖά γ' ἦλθε χρησμῶν πρᾶξις, ἐς δὲ παῖδ' ἐμὸν
Ζεὺς ἀπέσκηψεν τελευτὴν θεσφάτων· ἐγὼ δέ που 740
διὰ μακροῦ χρόνου τάδ' ηὔχουν ἐκτελευτήσειν θεούς·
ἀλλ', ὅταν cπεύδῃ τις αὐτός, χὠ θεὸς cυνάπτεται·
νῦν κακῶν ἔοικε πηγὴ πᾶςιν ηὑρῆσθαι φίλοις·
παῖς δ' ἐμὸς τάδ' οὐ κατειδὼς ἤνυσεν νέωι θράσει,
ὅστις Ἑλλήσποντον ἱρὸν δοῦλον ὡς δεσμώμασιν 745
ἤλπισε σχήσειν ῥέοντα, Βόσπορον ῥόον θεοῦ,
καὶ πόρον μετερρύθμιζε καὶ πέδαις σφυρηλάτοις
περιβαλὼν πολλὴν κέλευθον ἤνυσεν πολλῶι στρατῶι,
θνητὸς ὢν θεῶν δὲ πάντων ὤιετ' οὐκ εὐβουλίαι
καὶ Ποσειδῶνος κρατήσειν. πῶς τάδ' οὐ νόσος φρενῶν 750

730 κενανδρίαις A, -δρία IYGF, -δρία＊ M   στένειν OY : στένει
rell.   731 κενῆς VNNdNcOYADWX et γρ. IPF   732 οὐδέ
τις πέρι Gomperz   735 τελευτᾶν MHΔIγρGFTr : -τᾶ(ι) rell.
736 ἐν . . . ζευκτήριον Page : ἐν . . . ζευκτηρίαν codd. ; γαῖν . . . ζευκτήριον
Askew, sed tum γ' ἐν in codd. exspectasses   738 τοῦτο κοὐκ Dindorf
740 ἀπέςκ- MIAYNcCᵖᶜOᵃᶜHᵃᶜ : ἐπέςκ- rell.   741 ἐκτελευτήςειν
MΔCONcHaGFTr : -ῆςαι Fˢˢᶜʳ rell.   745 ἱρὸν MIANdYaPQDᵖᶜ
LcGFTr : ἱερὸν rell.   post h.v. deficit N, suppl. man. rec.   749 θεῶν
τε NcKQᶜTr

εἶχε παῖδ' ἐμόν; δέδοικα μὴ πολὺς πλούτου πόνος
οὑμὸς ἀνθρώποις γένηται τοῦ φθάσαντος ἁρπαγή.

Βα. ταῦτά τοι κακοῖς ὁμιλῶν ἀνδράσιν διδάσκεται
θούριος Ξέρξης. λέγουσι δ' ὡς σὺ μὲν μέγαν τέκνοις
πλοῦτον ἐκτήσω σὺν αἰχμῇ, τὸν δ' ἀνανδρίας ὕπο   755
ἔνδον αἰχμάζειν, πατρῷον δ' ὄλβον οὐδὲν αὐξάνειν·
τοιάδ' ἐξ ἀνδρῶν ὀνείδη πολλάκις κλύων κακῶν
τήνδ' ἐβούλευσεν κέλευθον καὶ στράτευμ' ἐφ' Ἑλλάδα.

Δα. τοιγάρ σφιν ἔργον ἐστὶν ἐξειργασμένον
μέγιστον, ἀείμνηστον, οἷον οὐδέπω   760
τόδ' ἄστυ Σούσων ⟨τ'⟩ ἐξεκείνωσεν πέδον,
ἐξ οὗτε τιμὴν Ζεὺς ἄναξ τήνδ' ὤπασεν,
ἕν' ἄνδρ' ἁπάσης Ἀσίδος μηλοτρόφου
ταγεῖν ἔχοντα σκῆπτρον εὐθυντήριον.
Μῆδος γὰρ ἦν ὁ πρῶτος ἡγεμὼν στρατοῦ,   765
ἄλλος δ' ἐκείνου παῖς τόδ' ἔργον ἤνυσεν·
τρίτος δ' ἀπ' αὐτοῦ Κῦρος, εὐδαίμων ἀνήρ,
ἄρξας ἔθηκε πᾶσιν εἰρήνην φίλοις,
φρένες γὰρ αὐτοῦ θυμὸν ὠιακοστρόφουν·   [767]
Λυδῶν δὲ λαὸν καὶ Φρυγῶν ἐκτήσατο   770
Ἰωνίαν τε πᾶσαν ἤλασεν βίαι·
θεὸς γὰρ οὐκ ἤχθηρεν, ὡς εὔφρων ἔφυ.
Κύρου δὲ παῖς τέταρτος ηὔθυνε στρατόν,
πέμπτος δὲ Μάρδος ἦρξεν, αἰσχύνη πάτραι
θρόνοισί τ' ἀρχαίοισι· τὸν δὲ σὺν δόλωι   775
Ἀρταφρένης ἔκτεινεν ἐσθλὸς ἐν δόμοις
ξὺν ἀνδράσιν φίλοισιν, οἷς τόδ' ἦν χρέος,

751 πλούτου πόρος ΑΔDXVH^ac   753 τοι Dindorf: τοῖς codd.
(om. D)   755 denuo incipit B   758 Ἑλλάδος ΗαΔDY^pc
761 τ' suppl. Broadhead   ἐξεκέν- plurimi   πέδον Broadhead: πεσὸν
vel πεσσὸν fere codd.   763 ἄνδρ' ἁπάσης MLcLhKQ: ἄνδρα πάσης rell.
Ἀσίδος MIAVXWDNcHaP^γρ: Ἀσίας ΔΒΗ, Ἀσιάδος fere rell. (cf. 249)
764 ἰθυν- plerique   769 post 766 codd., huc transtulit Page   οἰακ-
codd.   772 ἔμφρων ΔΒCHNcLc   773 ηὔθ-: ἤθ- M^acQ, ἴθ- M^pc rell.
774 Μάρδις M^s   πάτραι M^sIHaLcLhKQW^sscrGFTr: πάτρηι MAYWD
O^acP^γρ, πάτρας vel πάτρης rell.   777 post h.v. ἕκτος δὲ Μάραφις ἕβδομος
δ' (vel τ', sed om. plurimi) Ἀρταφρένης habent codd., seclusit Schütz

κἀγώ· πάλου δ' ἔκυρσα τοῦπερ ἤθελον.
κἀπεστράτευσα πολλὰ σὺν πολλῶι στρατῶι, 780
ἀλλ' οὐ κακὸν τοσόνδε προσέβαλον πόλει.
Ξέρξης δ' ἐμὸς παῖς νέος ἔτ' ὢν νέ' ἀφρονεῖ
κοὐ μνημονεύει τὰς ἐμὰς ἐπιστολάς·
εὖ γὰρ σαφῶς τόδ' ἴστ', ἐμοὶ ξυνήλικες,
ἅπαντες ἡμεῖς, οἳ κράτη τάδ' ἔσχομεν, 785
οὐκ ἂν φανεῖμεν πήματ' ἔρξαντες τόσα.

Χο.   τί οὖν, ἄναξ Δαρεῖε; ποῖ καταστρέφεις
λόγων τελευτήν; πῶς ἂν ἐκ τούτων ἔτι
πράσσοιμεν ὡς ἄριστα Περσικὸς λεώς;

Δα.   εἰ μὴ στρατεύοισθ' ἐς τὸν Ἑλλήνων τόπον, 790
μηδ' εἰ στράτευμα πλεῖον ἦι τὸ Μηδικόν·
αὐτὴ γὰρ ἡ γῆ ξύμμαχος κείνοις πέλει.

Χο.   πῶς τοῦτ' ἔλεξας; τίνι τρόπωι δὲ συμμαχεῖ;

Δα.   κτείνουσα λιμῶι τοὺς ὑπερπόλλους ἄγαν.

Χο.   ἀλλ' εὐσταλῆ τοι λεκτὸν ἀροῦμεν στόλον. 795

Δα.   ἀλλ' οὐδ' ὁ μείνας νῦν ἐν Ἑλλάδος τόποις
στρατὸς κυρήσει νοστίμου σωτηρίας.

Χο.   πῶς εἶπας; οὐ γὰρ πᾶν στράτευμα βαρβάρων
περᾶι τὸν Ἕλλης πορθμὸν Εὐρώπης ἄπο;

Δα.   παῦροί γε πολλῶν, εἴ τι πιστεῦσαι θεῶν 800
χρὴ θεσφάτοισιν ἐς τὰ νῦν πεπραγμένα
βλέψαντα· συμβαίνει γὰρ οὐ τὰ μέν, τὰ δ' οὔ.
κεἴπερ τάδ' ἔστι, πλῆθος ἔκκριτον στρατοῦ
λείπει κεναῖσιν ἐλπίσιν πεπεισμένος.
μίμνουσι δ' ἔνθα πεδίον Ἀσωπὸς ῥοαῖς 805
ἄρδει, φίλον πίασμα Βοιωτῶν χθονί,
οὗ σφιν κακῶν ὕψιστ' ἐπαμμένει παθεῖν

779 πάλου τ' PQᶜKᶜ   782 ἔτ' ὢν Martin : ἐὼν MI, ὢν rell.
exceptis LcKˢᵖᶜGFTr (ὢν νέος)   νέ' ἀφρονεῖ Martin : νέα φρονεῖ codd. ;
φρονεῖ νέα Monk   786 φανεῖμεν M : -νῶμεν vel -νῆμεν rell.
790 post h.v. deficit X   794 ὑπερπόλλους Mᵃᶜ : -πώλους Mᵖᶜ
IAYaNdVᵃᶜWDP, -κόμπους fere rell.   795 εὐσταλῆ plerique
τοι MAIHNcOYYaPᶜGFTr : τε rell.   796 νῦν τόποις τῆς Ἑλλάδος
YaᴾᵞᴾGFTr, νῦν Ἑλλ. τόποις ΔBNd   806 φίλος MAHHaYLh(-ον
sscr.)QOᵃᶜBᵃᶜIᵞᴾᴾˢˢᶜʳ   807-82 om. H

ὕβρεως ἄποινα κἀθέων φρονημάτων·
οἳ γῆν μολόντες Ἑλλάδ' οὐ θεῶν βρέτη
ᾐδοῦντο συλᾶν οὐδὲ πιμπράναι νεώς·   810
βωμοὶ δ' ἄιστοι δαιμόνων θ' ἱδρύματα
πρόρριζα φύρδην ἐξανέστραπται βάθρων.
τοιγὰρ κακῶς δράσαντες οὐκ ἐλάσσονα
πάσχουσι, τὰ δὲ μέλλουσι, κοὐδέπω κακῶν
κρηπὶς ὕπεστιν, ἀλλ' ἔτ' †ἐκπαιδεύεται†.   815
τόσος γὰρ ἔσται πελανὸς αἱματοσφαγὴς
πρὸς γῆι Πλαταιῶν Δωρίδος λόγχης ὕπο·
θῖνες νεκρῶν δὲ καὶ τριτοσπόρωι γονῆι
ἄφωνα σημανοῦσιν ὄμμασιν βροτῶν
ὡς οὐχ ὑπέρφευ θνητὸν ὄντα χρὴ φρονεῖν·   820
ὕβρις γὰρ ἐξανθοῦσ' ἐκάρπωσε στάχυν
ἄτης, ὅθεν πάγκλαυτον ἐξαμᾶι θέρος.
τοιαῦθ' ὁρῶντες τῶνδε τἀπιτίμια
μέμνησθ' Ἀθηνῶν Ἑλλάδος τε, μηδέ τις
ὑπερφρονήσας τὸν παρόντα δαίμονα   825
ἄλλων ἐρασθεὶς ὄλβον ἐκχέηι μέγαν.
Ζεύς τοι κολαστὴς τῶν ὑπερκόμπων ἄγαν
φρονημάτων ἔπεστιν, εὔθυνος βαρύς.
πρὸς ταῦτ' ἐκεῖνον †σωφρονεῖν κεχρημένοι†
πινύσκετ' εὐλόγοισι νουθετήμασιν   830
λῆξαι θεοβλαβοῦνθ' ὑπερκόμπωι θράσει.
σὺ δ', ὦ γεραιὰ μῆτερ ἡ Ξέρξου φίλη,
ἐλθοῦσ' ἐς οἴκους κόσμον ὅστις εὐπρεπὴς
λαβοῦσ' ὑπαντίαζε παῖδα· παντὶ γὰρ
κακῶν ὑπ' ἄλγους λακίδες ἀμφὶ σώματι   835

810 πιμπρᾶν νεώς Ya, πιμπρᾶν τοὺς νεώς HaLc(τοὺς θεούς)LhQ̣KPᵞᵖG
FTr   811 θ' ILcLhPᵖᶜK²ᵖᶜQᶜGFTr: om. rell.   815 κρηνὶς
ἀπέσβηκ' Housman   εἰσπαιδεύεται YOᵃᶜ; ἐκπιδύεται Schütz, ἐκπλινθεύε-
ται (melius fort. εἰσπλινθ-) Tucker   816 αἱματοσταγὴς NdPˢˢᶜʳTr
817 Δωρίδος IΔBNcD: Δωριάδος rell.   818 θῖνες δὲ νεκρῶν Tr,
νεκρῶν δὲ θῖνες Hermann   γένει HaDLcLhQKPᵞᵖ   819 σημαινοῦ-
σιν MΔ   829 κεχρημένον IᵞᵖYᵃᶜ et var. lect. in schol. APYYa;
τῶι φρονεῖν κεχρημένοι Stewart   833 οἶκον DHaOYYaPˢˢᶜʳ
834 παῖδα· παντὶ Lobeck: παιδί· πάντα codd.

στημορραγοῦσι ποικίλων ἐσθημάτων.
ἀλλ' αὐτὸν εὐφρόνως σὺ πράυνον λόγοις·
μόνης γάρ, οἶδα, σοῦ κλύων ἀνέξεται.
ἐγὼ δ' ἄπειμι γῆς ὑπὸ ζόφον κάτω.
ὑμεῖς δέ, πρέσβεις, χαίρετ', ἐν κακοῖς ὅμως   840
ψυχῆι διδόντες ἡδονὴν καθ' ἡμέραν,
ὡς τοῖς θανοῦσι πλοῦτος οὐδὲν ὠφελεῖ.

Χο.   ἦ πολλὰ καὶ παρόντα καὶ μέλλοντ' ἔτι
ἤλγης' ἀκούσας βαρβάροισι πήματα.

Βα.   ὦ δαῖμον, ὥς με πόλλ' ἐσέρχεται κακὰ   845
ἄλγη, μάλιστα δ' ἥδε συμφορὰ δάκνει,
ἀτιμίαν γε παιδὸς ἀμφὶ σώματι
ἐσθημάτων κλύουσαν ἥ νιν ἀμπέχει.
ἀλλ' εἶμι καὶ λαβοῦσα κόσμον ἐκ δόμων
ὑπαντιάζειν παιδί μου πειράσομαι·   850
οὐ γὰρ τὰ φίλτατ' ἐν κακοῖς προδώσομεν.

Χο.   ὦ πόποι ἦ μεγάλας ἀγαθᾶς τε πο-   [στρ. α
            λισσονόμου βιοτᾶς ἐπεκύρσαμεν, εὖθ' ὁ γεραιὸς
παντάρκης ἀκάκας ἄμαχος βασιλεὺς   855
ἰσόθεος Δαρεῖος ἆρχε χώρας·

πρῶτα μὲν εὐδοκίμους στρατιὰς ἀπο-   [ἀντ. α
            φαινόμεθ', αἵτε πολίσματα πύργινα πάντ'
ἐπέθυνον,   860
νόστοι δ' ἐκ πολέμων ἀπόνους ἀπαθεῖς
⟨   ⟩ εὖ πράσσοντας ἆγον οἴκους,

841 ψυχὴν (hoc B) . . . ἡδονῆι Pauw   845 ἐσέρχεται GF : ἐπ- Tr,
εἰς- rell.   κακῶν Schütz   850 παιδί μου Burges : ἐμῶι παιδὶ
MIVCWNd, παιδὶ ἐμῶι ΔΑΒΗaNcDOYYaLh, παῖδ' ἐμῶι LcKQᶜ,
παιδί γ' ἐμῶι PLh²GFTr   852 seqq. γηραιὸς CNdYYaKQWDLc
LhFᵃᶜTr   855 ἀκάκας LcPKQ : -κος I, -κης rell.   857 seqq.
εὐδοκίμους στρατιὰς Nd²ᵖᶜ : -μου στρατιᾶς Ndᵃᶜ rell.   ἀπεφαιν- ΔΗaNc
O²ᵖᶜLcLhPʸᵖFᵖᶜ et sscr. INd   860 αἵτε Page : αἰδὲ Δ, ἠδὲ
rell.   πολίσματα Keiper : νομίσματα Aᵃᶜ, νομίματα MYA¹ᵖᶜ, νόμιμα τὰ
fere rell.   ἐπέθυνον Mᵖᶜ(ἐπέ✳θυνον M)KQᵃᶜGF : ἐπέθυνε Qᵖᶜ, ἐπεύθυνον
fere rell.   861 seqq. οἴκους Porson : ἐς οἶκον Ha, ἐς οἴκους rell.

33

ὅσσας θ᾽ εἷλε πόλεις πόρον οὐ διαβὰς Ἅλυος   [στρ. β
   ποταμοῖο
οὐδ᾽ ἀφ᾽ ἑστίας συθείς,   866
οἷαι Στρυμονίου πελάγους Ἀχελωίδες εἰσὶ πάροικοι
Θρηικίων ἐπαύλεις·   870

λίμνας τ᾽ ἔκτοθεν αἱ κατὰ χέρσον ἐληλαμέναι   [ἀντ. β
   πέρι πύργον
τοῦδ᾽ ἄνακτος ἄιον,   875
Ἑλλὰς τ᾽ ἀμφὶ πόρον πλατὺν ἐκχύμεναι μυχία τε
   Προποντὶς
καὶ στόμωμα Πόντου,

νᾳσοί θ᾽ αἱ κατὰ πρῶν᾽ ἅλιον περίκλυστοι   [στρ. γ
τᾶιδε γᾶι προσήμεναι,   881
οἷα Λέσβος ἐλαιόφυτός τε Σάμος, Χίος ἠδὲ Πάρος,
Νάξος, Μύκονος, Τήνωι τε συνάπτους᾽ Ἄνδρος
ἀγχιγείτων·   885

καὶ τὰς ἀγχιάλους ἐκράτυνε μεσάκτους,   [ἀντ. γ
Λῆμνον Ἰκάρου θ᾽ ἕδος   890
καὶ Ῥόδον ἠδὲ Κνίδον Κυπρίας τε πόλεις Πάφον
   ἠδὲ Σόλους
Σαλαμῖνά τε, τᾶς νῦν ματρόπολις τῶνδ᾽ αἰτία
στεναγμῶν·   895

865 ὅσσας MALhKTr : ὅσας rell.   θ᾽ Page : δ᾽ codd. ; intellege πρῶτα
μὲν στρατιάς, ἔπειτα δὲ ὅσας εἷλε πόλεις, ἀποφαίνομεθα (= μαρτυρόμεθα) ; de
πρῶτα μὲν . . ., . . . τε vid. Denniston GP 374 n. 2   865 seq.
ποταμοῖο / οὐδ᾽ Burney : ποταμοῦ οὐδ᾽, ποτάμ᾽ οὐδ᾽, ποταμοῦ δ᾽, ποταμοῦ
γ᾽ οὐδ᾽ codd.   870 Θρηίκων plurimi   ἐπαύλεις Wilamowitz : -λων
MIAOYLhQ, -λέων rell. ; τ᾽ ἐπαύλων Broadhead   876 seqq.
Ἑλλὰς τ᾽ LcKQ : τ᾽ om. rell.   ἐκχύμεναι Broadhead : εὐχόμ- MO²ᵖᶜLh
KQGFTr, αὐχόμ- VWNcNdYaP, αὐχώμ- ICᵖᶜ, ἐρχόμ- CHaLcIᵞᵖᴾᵞᴾ,
ἐχόμ- ΔABDYOᵃᶜ, ἐλκόμ- Pᵍˡ ; ἀρχόμεναι Blomfield   883 denuo
incipit H   885 Ἄνδρος IA : ἀνδρῶν M, ἀνδρὸς Mˢ, ἄντρος fere rell.
886 seqq. μες(ς)άγκτους plerique   895 ματροπόλεις plerique
στεναγμῶν Tr : -μάτων rell.

ΠΕΡΣΑΙ

καὶ τὰς εὐκτεάνους κατὰ κλῆρον Ἰαόνιον πολυάν-
δρους   [ἐπῳδ.
Ἑλλάνων ἐκράτυνε ⟨πόλεις⟩ cφετέραις φρεcίν,   900
ἀκάματον δὲ παρῆν cθένος ἀνδρῶν τευχηςτήρων
παμμείκτων τ' ἐπικούρων·
νῦν δ' οὐκ ἀμφιλόγως θεότρεπτα τάδ' αὖ φέρομεν
πολέμοιcι,   905
δμαθέντες μεγάλως πλαγαῖcι ποντίαιcιν.

ΞΕΡΞΗΣ

ἰώ·
δύcτηνος ἐγὼ cτυγερᾶς μοίρας
τῆςδε κυρήcας ἀτεκμαρτοτάτης,   910
ὡς ὠμοφρόνως δαίμων ἐνέβη
Περcῶν γενεᾶι· τί πάθω τλήμων;
λέλυται γὰρ ἐμοὶ γυίων ῥώμη
τήνδ' ἡλικίαν ἐcιδόντ' ἀcτῶν·
εἴθ' ὄφελε, Ζεῦ, κἀμὲ μετ' ἀνδρῶν   915
τῶν οἰχομένων
θανάτου κατὰ μοῖρα καλύψαι.

Χο.   ὀτοτοῖ, βαcιλεῦ, cτρατιᾶc ἀγαθῆc
καὶ περcονόμου τιμῆc μεγάληc
κόcμου τ' ἀνδρῶν,   920
οὓc νῦν δαίμων ἐπέκειρεν.
γᾶ δ' αἰάζει τὰν ἐγγαίαν

896 seqq. Ἰαόνιον Hermann : Ἰώνιον ΔΙˢˢᶜʳ, Ἰόνιον rell.   900 πόλειc
suppl. Schütz   901 seqq. παμμείκτων ἐπικ. sinc τε ΔΒCH
NdDP   905 ἀμφιβόλως CVNcᵖᶜNdW, schol. in I et gl. in P
θεότρεπτα ΜΙᵃᶜVᵃᶜOᵃᶜNdᵃᶜLcGF, -θρεπτα QPᵍˡ   πολέμοιο Weil
906 seqq. δμαcθέντεc ΔΡ, δαμαcθέντεc ΙΗα(δαμαθ-)LcLhKQG et gl. in
ΑΥα   908 ἰὼ bis Tr   913 ἐμοὶ Schütz : ἐμῶν codd.
γυίων: μελέων ACWGFTr et gl. in IH   915 ὄφελε(ν) ΜᵖᶜGFTr :
ὤφ- fere rell.   Ζεῦ ΜΝdYaQGFTr et fort. Iᵃᶜ : Ζεὺc rell.   918 ὀτοτοῖ
ΑΙLhᵖᶜGTr : diverse rell.   βαcιλεῦc ΜΗ   921 ἀπέκειρε(ν)
ΑVCΝdPˢˢᶜʳLcLh, ἀπέκρινε Νc   922 γαῖα δ' plerique ; γαῖ' sine
δ' Schneider

35

ἦβαν Ξέρξαι κταμέναν, Ἅιδου
cάκτορι Περcᾶν· †ἀγδαβάται† γὰρ
πολλοὶ φῶτες, χώρας ἄνθος,   925
τοξοδάμαντες, πάνυ ταρφύς τις
μυριὰς ἀνδρῶν, ἐξέφθινται.
αἰαῖ ⟨αἰαῖ⟩ κεδνᾶ· ἀλκᾶc·
Ἀcία δὲ χθών, βασιλεῦ γαίαc,
αἰνῶc αἰνῶc ἐπὶ γόνυ κέκλιται.   930

Ξε.   ὅδ' ἐγὼν οἰοῖ αἰακτός,   [cτρ. α
         μέλεος γένναι γᾶι τε πατρωιαι
         κακὸν ἄρ' ἐγενόμαν.

Χο.   πρόcφθογγόν cοι νόcτου ταύταν   935
         κακοφάτιδα βοάν, κακομέλετον ἰὰν
         Μαριανδυνοῦ θρηνητῆρος
         πέμψω πολύδακρυν ἰαχάν.   940

Ξε.   ἵετ' αἰανῆ πάνδυρτον   [ἀντ. α
         δύcθροον αὐδάν, δαίμων γὰρ ὅδ' αὖ
         μετάτροπος ἐπ' ἐμοί.

Χο.   ἥcω τοι †καὶ ⟨   ⟩† πάνδυρτον,
         λαοπαθέα cέβων ἀλίτυπά τε βάρη   945
         πόλεως γέννας πενθητῆρος·
         κλάγξω δ' αὖ γόον ἀρίδακρυν.

924 Ἁιδοβάται Hermann   926 ταρφύς τις Franz: γὰρ φύcτις
codd.   928 αἰαῖ semel codd.   931 ἐγὼ Nd²ᵖᶜ, ἀγὼν YOᵃᶜ
932 πατρώιαι DTr: πατρίδι Ya, πατρίαι rell.   935 πρόcφθογγόν
KQP: προcφθόγγου HaLcLhGFTr, πρὸ φθόγγου vel προφθόγγου rell.
ταύταν Page: τὰν codd.   940 πέμψω semel Ya: bis rell.   941 αἰανῆ
Passow: αἰανῆ καὶ codd. πάνδυρτον Blomfield: πανόδ- codd.   944 καὶ
non intellegitur; etiam deest syllaba; κἀγὼ Paley, καὶ ⟨τὰν⟩ anon.
πάνδυρτον Blomfield: πανόδ- codd.   945 λαοπαθέα cέβων Prien (λᾱο-
sicut in P. Oxy. 2320. 19): λαοπαθῆ cεβίζων IVNd, λαοπαθῆ τε cεβίζων
rell.   947 δὲ γόον Ya; ⟨κλάγξω⟩ κλάγξω δὲ γόον Hermann

Ξε.   Ἰάων γὰρ ἀπηύρα,   [στρ. β
        Ἰάων ναύφαρκτος Ἄρης ἑτεραλκὴς   951
        νυχίαν πλάκα κερσάμενος δυσδαίμονά τ' ἀκτάν.

Χο.   οἰοιοῖ βόα καὶ πάντ' ἐκπεύθου.   955
        ποῦ δὲ φίλων ἄλλος ὄχλος;
        ποῦ δέ σοι παραστάται
        οἷος ἦν Φαρανδάκης,
        Σούσας, Πελάγων ἠδ' Ἀγαβάτας,
        Δοτάμας, Ψάμμις, Σουσισκάνης τ'   960
        Ἀγβάτανα λιπών;

Ξε.   ὀλοοὺς ἀπέλειπον   [ἀντ. β
        Τυρίας ἐκ ναὸς ἔρροντας ἐπ' ἀκταῖς
        Σαλαμινιάσι, στυφελοῦ θείνοντας ἐπ' ἀκτᾶς.   965

Χο.   οἰοιοῖ †ποῦ δέ† σοι Φαρνοῦχός τ'
        Ἀριόμαρδός τ' ἀγαθός;
        ποῦ δὲ Σευάλκης ἄναξ
        ἢ Λίλαιος εὐπάτωρ,
        Μέμφις, Θάρυβις καὶ Μασίστρας   970
        Ἀρτεμβάρης τ' ἠδ' Ὑσταίχμας;
        τάδε σ' ἐπανερόμαν.

Ξε.   ἰὼ ἰώ μοι,   [στρ. γ
        τὰς ὠγυγίους † κατιδόντες   975

950 Ἰάων Blomfield : Ἰάνων vel Ἰώνων vel Ἰαόνων codd.   951 Ἰάων
M : Ἰάνων M^isscr, reliqui ut supra   951 -φρακτος codd.
959–60 ita Wellauer : Σους. Πελ. καὶ Δοτ. ἠδ' Ἀγ. Ψάμμ. Σουσισκ. fere
codd.   Ἀγδαβάτας ΔBLcG   960–1 -κάνης τ' Ἀγβάτ- : -κάνης τἀγβάτ-
MD, -κάνης τἀκβάτ- fere rell.   962 ἀπέλειπον M : -λιπον rell.
(ἔλιπον GFTr)   965 Σαλαμινιάσι Hermann : -νῖσιν M, -νίσι
vel -νῖσι rell. (-νίτισιν Tr)   στυφέλους ΔBCHYa   ἐπ' ἀκταῖς VNd
966 ποῦ δὴ P^sscr   fort. ποῦ δὴ ποῦ σοι   966–7 Φαρνοῦχός τ' Ἀριό- Lach-
mann : -χος κἀριό- codd.   973 ἐπανερόμαν Meineke : -ομαι codd.
974 μοι semel ΔBHNcGFTr : bis rell.   975 excidit aliquid ante
aut post κατιδόντες

cτυγνὰc Ἀθάναc πάντεc ἑνὶ πιτύλωι,
ἑἓ ἑἓ, τλάμονεc ἀcπαίρουcι χέρcωι.

Χο. ἦ καὶ Περcᾶν τὸν ἄωτον,
τὸν còν πιcτὸν πάντ' ὀφθαλμόν,
μυρία μυρία πεμπαcτάν,   980
Βατανώχου παῖδ' Ἄλπιcτον
 ⟨   ⟩
τοῦ Cηcάμα τοῦ Μεγαβάτα
Πάρθον τε μέγαν τ' Οἰβάρην
ἔλιπεc ἔλιπεc; ὤ ὤ ⟨ὤ⟩ δάιων· 985
Πέρcαιc ἀγαυοῖc κακὰ πρόκακα λέγειc.

Ξε. ἱυγγά μοι δῆτ'   [ἀντ. γ
ἀγαθῶν ἑτάρων ὑπομιμνήcκειc
⟨ἄλαcτ'⟩ ἄλαcτα cτυγνὰ πρόκακα λέγων· 990
βοᾶι βοᾶι ⟨μοι⟩ μελέων ἔντοcθεν ἦτορ.

Χο καὶ μὰν ἄλλον γε ποθοῦμεν,
Μάρδων ἀνδρῶν μυριοταγὸν
Ξάνθην, Ἄριόν τ' Ἀγχάρην
Δίαιξίν τ' ἠδ' Ἀρcάκην   995
ἱππιάνακταc,
κ'Ηγδαδάταν καὶ Λυθίμναν
Τόλμον τ' αἰχμᾶc ἀκόρεcτον·
ἔταφον ἔταφον οὐκ ἀμφὶ cκηναῖc 1000
τροχηλάτοιcιν ὄπιθεν ἑπομένουc.

977 ἓ quater GFK²ᵖᶜ: bis IΔYaVa, ter fere rell. 978 Περcᾶν
τὸν ἄωτον Page: τὸν (vel τῶν) Περcῶν αὐτοῦ codd. 979–1018 defi-
cit P 981 post h.v. lacunam statuit Hermann 984 Οἰβάρην
YaGFTr: -ρην τ' fere rell. 985 ὤ ter Hermann: bis fere codd.
990 ἄλαcτ' suppl. Hermann 991 μοι suppl. Dindorf ἔντοcθεν
Blomfield: ἔνδοθεν codd. 992 μὴν codd. ἄλλον Iᵖᶜ: ἄλλο Iᵃᶜ rell.
(ἄλλο γέ τι LcGFTr); ἄλλουc Prien 993 μυριοταγὸν Dindorf: -όταρχον
Mᵃᶜ H, -όναρχον FTr, -όνταρχον Mᵖᶜ rell. 994 Ἄριόν H. L. Ahrens:
ἄρειόν codd.; Ἀρίων Wilamowitz 995 Ἀρcάμην Burney 997 καὶ
Δαδάκην Weil 999 τ' LcKQGFTr: om. rell. 1001 -τοιcι δ'
OYDW ὄπιθεν Hartung: ὄπιcθεν OY, ὄπιcθε δ' vel ὄπιcθεν δ' rell.
ἑπομένουc Hartung: -νοι codd.

Ξε.   βεβᾶσι γὰρ τοίπερ ἀγρέται στρατοῦ.   [στρ. δ
Χο.   βεβᾶσιν οἱ νώνυμοι.
Ξε.   ἰὴ ἰὴ ἰὼ ἰώ.
Χο.   ἰὼ ἰώ, δαίμονες   1005
        ἔθεντ' ἄελπτον κακὸν
        διαπρέπον, οἷον δέδορκεν Ἄτα.

Ξε.   πεπλήγμεθ' †οἷαι δι' αἰῶνος τύχαι†.   [ἀντ. δ
Χο.   πεπλήγμεθ', εὔδηλα γάρ,
Ξε.   νέαι νέαι δύαι δύαι.   1010
Χο.   Ἰαόνων ναυβατᾶν
        κύρσαντες οὐκ εὐτυχῶς·
        δυσπόλεμον δὴ γένος τὸ Περσᾶν.

Ξε.   πῶς δ' οὔ; στρατὸν μὲν τοσοῦτον τάλας πέ-   [στρ. ε
        πληγμαι.
Χο.   τί δ' οὐκ ὄλωλεν, μεγάλατε Περσᾶν;   1016
Ξε.   ὁρᾷς τὸ λοιπὸν τόδε τᾶς ἐμᾶς στολᾶς;
Χο.   ὁρῶ ὁρῶ.
Ξε.   τόνδε τ' ὀιστοδέγμονα   1020
Χο.   τί τόδε λέγεις σεσωμένον;
Ξε.   θησαυρὸν βελέεσσιν.
Χο.   βαιά γ' ὡς ἀπὸ πολλῶν.
Ξε.   ἐσπανίσμεθ' ἀρωγῶν.
Χο.   Ἰάνων λαὸς οὐ φυγαίχμας.   1025

Ξε.   ἄγαν ἄρειος· κατεῖδον δὲ πῆμ' ἄελπτον.   [ἀντ. ε

1002 τοίπερ Passow: οἵπερ codd.   ἀγρέται Toup: ἀγρόται codd.
1006 ἔθεντ' D: ἔθετ' rell. (ἔλθετ' fere ΔCHHaYYa)   1007 ζαπρέπον
Dindorf   1008 om. M, in marg. add. Mˢ   δαίμονος pro δι' αἰῶνος
Mˢʸʳᴵʸʳ; αἰαῖ διαίμονος τύχας Kock   1011 Ἰαόνων ΔBCYaHaˢˢᶜʳ
WDLcTr: Ἰαώνων V, Ἰάνων fere rell.   ναυβατᾶν HaGF: ναυβατῶν vel
ναυατᾶν fere rell.   1013 Περσῶν plurimi   1016 μεγάλατε ΜΔ
BH: μεγάλως τὰ Lc, μεγάλα τὰ rell.   Περσῶν plurimi   1020 τόνδε
Porson: τάνδε codd.   1022 βελέεσσι(ν) YaTr: -λεσι(ν) vel -λεσσι(ν)
rell. (om. GF)   1025 Ἰάνων IG: Ἰαόνων rell.; Ἰαόνων δὲ λαὸς
οὐ φυγαιχμίας Tr, cum schol. οὕτως εὑρέθη ὁ στίχος ἔν τινι λίαν παλαιῶι
βιβλίωι   1026 ἄγαν ἄρειος Wellauer: ἀγανόρειος vel -όριος codd.

Χο.	τραπέντα ναύφαρκτον ἐρεῖς ὅμιλον;	
Ξε.	πέπλον δ' ἐπέρρηξ' ἐπὶ cυμφορᾶι κακοῦ.	1030
Χο.	παπαῖ παπαῖ.	
Ξε.	καὶ πλέον ἢ παπαῖ μὲν οὖν.	
Χο.	δίδυμα γάρ ἐστι καὶ τριπλᾶ.	
Ξε.	λυπρά, χάρματα δ' ἐχθροῖc.	
Χο.	καὶ cθένοc γ' ἐκολούθη.	1035
Ξε.	γυμνόc εἰμι προπομπῶν.	
Χο.	φίλων ἄταιcι ποντίαιcιν.	

Ξε.	δίαινε δίαινε πῆμα, πρὸc δόμουc δ' ἴθι.	[cτρ. ζ
Χο.	αἰαῖ αἰαῖ δύα δύα.	
Ξε.	βόα νυν ἀντίδουπά μοι.	1040
Χο.	δόcιν κακὰν κακῶν κακοῖc.	
Ξε.	ἴυζε μέλοc ὁμοῦ τιθείc.	
Χο.	ὀτοτοτοτοῖ·	
	βαρεῖά γ' ἅδε cυμφορά·	
	οἳ μάλα καὶ τόδ' ἀλγῶ.	1045

Ξε.	ἔρεcc' ἔρεccε καὶ cτέναζ' ἐμὰν χάριν.	[ἀντ. ζ
Χο.	διαίνομαι γοεδνὸc ὤν.	
Ξε.	βόα νυν ἀντίδουπά μοι.	
Χο.	μέλειν πάρεcτι, δέcποτα.	
Ξε.	ἐπορθίαζέ νυν γόοιc.	1050
Χο.	ὀτοτοτοτοῖ·	
	μέλαινα δ' αὖ μεμείξεται	
	οἳ cτονόεccα πλαγά.	

1029 -φρακτον codd.   1030 κακῶν WK^sscrP^sscr   1035 ἐκολούθη
VCNcHaDWQ: -ούcθη rell.   1038 τ' ἴθι AVCNdYD   1039 et
1047 invicem transposuit Butler   1043 ὀτοτοτοτοῖ MIHGFTr:
diverse rell.   1044 post h.v. deficit H   1045 οἴμοι μάλα
ΔABCHaYaWDLcP^γρGFTr   1046 ἐμὴν codd.   1049 μέλειν
MO^2pcYYaWP^γρGFTr: μέλλειν rell.   1051 ὀτοτοτοτοῖ MIAVaG
FTr: diverse rell.   1052 αὖ μεμίξεται codd.; ἀμμεμείξεται Dindorf
1053 οἳ Lachmann: μοι καὶ GFTr, μοι rell.

Ξε.   καὶ στέρν' ἄρασσε κἀπιβόα τὸ Μύσιον.   [στρ. η
Χο.   ἀνία ἀνία.   1055
Ξε.   καί μοι γενείου πέρθε λευκήρη τρίχα.
Χο·   ἄπριγδ' ἄπριγδα μάλα γοεδνά.
Ξε·   ἀύτει δ' ὀξύ. Χο. καὶ τάδ' ἔρξω.

Ξε.   πέπλον δ' ἔρεικε κολπίαν ἀκμᾶι χερῶν.   [ἀντ. η
Χο.   ἀνία ἀνία.   1061
Ξε.   καὶ ψάλλ' ἔθειραν καὶ κατοίκτισαι στρατόν.
Χο.   ἄπριγδ' ἄπριγδα μάλα γοεδνά.
Ξε.   διαίνου δ' ὄσσε. Χο. τέγγομαί τοι.   1065

Ξε.   βόα νυν ἀντίδουπά μοι.   [ἐπωιδ.
Χο.   οἰοῖ οἰοῖ.
Ξε.   αἰακτὸς ἐς δόμους κίε.
Χο.   ἰὼ ἰὼ Περςὶς αἶα δύςβατος.   1070
Ξε.   ἰωὰ δὴ κατ' ἄςτυ.
Χο.   ἰωὰ δῆτα, ναὶ ναί.
Ξε.   γοᾶςθ' ἀβροβάται.
Χο.   ἰὼ ἰὼ Περςὶς αἶα δύςβατος.
Ξε.   ἠὴ ἠὴ τριςκάλμοιςιν   1075
    ἠὴ ἠὴ βάριςιν ὀλόμενοι.
Χο.   πέμψω τοί ςε δυςθρόοις γόοις.

1054 κἀπιβόα trisyll.; κἀπιβῶ Dindorf, καὶ βόα Hermann ex Eust. ad Dionys. p. 791 Αἰςχύλος φηςί· βόα τὸ Μύςιον   1055 ἄνια ἄνια codd. 1056 πέρθε LcKGFTt: ὑπερθε(ν) rell.   1058–63 om. C 1060 ἔρειδε MOYDP^sscrGF (ἔρεικε sscr. GF) ἀκμῆι codd.   1061 ἄνια ἄνια codd.   1062 post ἔθειραν deficit B   1065 post ὄσσε deficit Lc, post τοι C   1070 δυςβάϊκτος P^γρ, etiam 1074 δυςβάικτος P, δύςβακτος P^γρQK; cum valde sit incertum quid significet hoc loco δύςβατος, lectio δυςβάυκτος (Dawe) nequaquam spernenda   1071–4 om. Ha 1071 et 1072 ἰὼ ἆ vel ἰὼ vel ἰὼ ἰὼ plerique   1074 vid. 1070 n.

ΕΠΤΑ ΕΠΙ ΘΗΒΑC

ΕΠΤΑ ΕΠΙ ΘΗΒΑC

ὑπόθεcιc τῶν Ἑπτὰ ἐπὶ Θήβας· ἡ μὲν cκηνὴ τοῦ δράματος ἐν
Θήβαις ὑπόκειται, ὁ δὲ χορὸς ἐκ Θηβαίων ἐcτὶ παρθένων. ἡ δὲ
ὑπόθεcιc· cτρατεία Ἀργείων πολιορκοῦcα Θηβαίους, τοὺς καὶ
νικήcαντας, καὶ θάνατος Ἐτεοκλέους καὶ Πολυνείκους. ἐδιδάχθη
5 ἐπὶ Θεαγενίδου ὀλυμπιάδι ‹η. ἐνίκα Αἰcχύλος Λαΐωι Οἰδίποδι
Ἑπτὰ ἐπὶ Θήβας Cφιγγὶ cατυρικῆι, δεύτερος Ἀριcτίας ταῖc
τοῦ πατρὸς αὐτοῦ τραγωιδίαιc Περcεῖ Ταντάλωι ‹   ›
Παλαιcταῖc cατύροις, τρίτος Πολυφράcμων Λυκουργείαι τετρα-
λογίαι.
10 τὰ τοῦ δράματος πρόcωπα· Ἐτεοκλῆς Ἀντιγόνη ἄγγελος
κατάcκοπος Ἰcμήνη χορὸς παρθένων κῆρυξ.

1–4 ita M; nil memorabile in reliquis repperi   5–9 ita P. Oxy.
2256 fr. 2 sub titulo Οἰδίπο]υ[c nisi quod Περcεῖ ... cατύροιc non habet;
haec supplet M, qui scribit β Ἀριcτίων Περcεῖ Ταντάλωι Παλαιcταῖc
cατύροιc τοῖc Πρατίνου πατρός   5 Θεαγενίδου P. Oxy.: Θεαγένους
M   Αἰcχύλος om. M   6 Θήβαιc P. Oxy.[sscr]   10–11 ita M

fabula acta anno 467 a.C.

codd. omnes qui in catalogo commemorantur excepto E[1]; vid.
etiam v. 1 n.

[1] ScT 1025–43 habet cod. E; incassum contuli

44

ΕΠΤΑ ΕΠΙ ΘΗΒΑΣ

ΕΤΕΟΚΛΗΣ

Κάδμου πολῖται, χρὴ λέγειν τὰ καίρια
ὅςτις φυλάςςει πρᾶγος ἐν πρύμνηι πόλεως
οἴακα νωμῶν, βλέφαρα μὴ κοιμῶν ὕπνωι.
εἰ μὲν γὰρ εὖ πράξαιμεν, αἰτία θεοῦ·
εἰ δ' αὖθ', ὃ μὴ γένοιτο, cυμφορὰ τύχοι,   5
Ἐτεοκλέης ἂν εἷς πολὺς κατὰ πτόλιν
ὑμνοῖθ' ὑπ' ἀςτῶν φροιμίοιc πολυρρόθοιc
οἰμώγμαςίν θ', ὧν Ζεὺς ἀλεξητήριος
ἐπώνυμος γένοιτο Καδμείων πόλει.
ὑμᾶc δὲ χρὴ νῦν, καὶ τὸν ἐλλείποντ' ἔτι   10
ἥβης ἀκμαίας, καὶ τὸν ἔξηβον χρόνωι,
ὥραν τ' ἔχονθ' ἕκαστον, ὣc τι cυμπρεπέc,   [13]
βλαστημὸν ἀλδαίνοντα cώματοc πολύν,   [12]
πόλει τ' ἀρήγειν καὶ θεῶν ἐγχωρίων
βωμοῖcι, τιμὰc μὴ 'ξαλειφθῆναί ποτε,   15
τέκνοιc τε γῆι τε μητρί, φιλτάτηι τροφῶι·
ἣ γὰρ νέουc ἕρπονταc εὐμενεῖ πέδωι,
ἅπαντα πανδοκοῦcα παιδείαc ὄτλον,
ἐθρέψατ' οἰκητῆραc ἀcπιδηφόρουc,
πιστοί θ' ὅπωc γένοιcθε πρὸc χρέοc τόδε.   20
καὶ νῦν μὲν ἐc τόδ' ἦμαρ εὖ ῥέπει θεόc·
χρόνον γὰρ ἤδη τόνδε πυργηρουμένοιc
καλῶc τὰ πλείω πόλεμοc ἐκ θεῶν κυρεῖ.

1–444 om. A; 1–489 om. N, suppl. man. rec.   4 θεόc D^sscr
6 Ἐτεοκλέης M²HaPOKLcLhGFTr: -κλῆc rell.   7 πολυ- su-
spectum; παλι- D, κακο- Maas   9 ἐπωνύμωc Blomfield   12–
13 hoc ordine A. Y. Campbell   12 ὥραν M^pcQ   τ' M²NcNd
VHaYYaWDP^γρ: δ' Tr, om. M rell.   ὥcτι fere codd., sed ὣ τι* M^ac
13 βλαστημὸν(βλάcτ- omnes)MI^acXOLcGP^sscr: βλάcτιμον I^pc fere rell.
πολύν MODXNd^acP^γρ: πολὺ vel πολλήν fere rell.   19 οἰκηcτ- vel οἰκιcτ-
codd.   20 πιcτοί θ' M. Schmidt: πιcτοὺc codd.

45

νῦν δ' ὡς ὁ μάντις φησίν, οἰωνῶν βοτήρ,
ἐν ὠcὶ νωμῶν καὶ φρεcὶν πυρὸς δίχα   25
χρηcτηρίους ὄρνιθας ἀψευδεῖ τέχνηι,
οὗτος τοιῶνδε δεςπότης μαντευμάτων
λέγει μεγίςτην προcβολὴν Ἀχαιίδα
νυκτηγορεῖcθαι κἀπιβούλευςιν πόλει.
ἀλλ' ἔς τ' ἐπάλξεις καὶ πύλας πυργωμάτων   30
ὁρμᾶcθε πάντες, cοῦcθε cὺν παντευχίαι·
πληροῦτε θωρακεῖα, κἀπὶ cέλμαcιν
πύργων cτάθητε, καὶ πυλῶν ἐπ' ἐξόδοις
μίμνοντες εὖ θαρςεῖτε, μηδ' ἐπηλύδων
ταρβεῖτ' ἄγαν ὅμιλον. εὖ τελεῖ θεός.   35
cκοποὺς δὲ κἀγὼ καὶ κατοπτῆρας cτρατοῦ
ἔπεμψα, τοὺς πέποιθα μὴ ματᾶν ὁδῶι·
καὶ τῶνδ' ἀκούcας οὔ τι μὴ ληφθῶ δόλωι.

ΑΓΓΕΛΟC ΚΑΤΑCΚΟΠΟC

Ἐτεόκλεες, φέριcτε Καδμείων ἄναξ,
ἥκω cαφῆ τἀκεῖθεν ἐκ cτρατοῦ φέρων,   40
αὐτὸς κατόπτης δ' εἴμ' ἐγὼ τῶν πραγμάτων·
ἄνδρες γὰρ ἑπτά, θούριοι λοχαγέται,
ταυροςφαγοῦντες ἐς μελάνδετον cάκος,
καὶ θιγγάνοντες χερcὶ ταυρείου φόνου,
Ἄρην Ἐνυὼ καὶ φιλαίματον Φόβον   45
ὡρκωμότηςαν, ἢ πόλει καταςκαφὰς
θέντες λαπάξειν ἄςτυ Καδμείων βίαι,
ἢ γῆν θανόντες τήνδε φυράςειν φόνωι·
μνημεῖά θ' αὑτῶν τοῖς τεκοῦςιν ἐς δόμους
πρὸς ἄρμ' Ἀδράςτου χερcὶν ἔςτεφον, δάκρυ   50
λείβοντες, οἶκτος δ' οὔτις ἦν διὰ cτόμα·

29 κἀπιβούλευςιν Dindorf: -βουλεύειν NcOLcF, -βουλεύςειν Fsscr rell.
30 πυλῶν πυργώματα M²sscr   42–6 Longin. sublim. 15, 42–56
Stob. ecl. 3. 7. 10   44 χειρὶ Stob.   45 Ἄρην Turnebus:
Ἄρη τ' MIacLhpcFac Longin. Stob., Ἄρην τ' IpcLhac rell.; vid. schol. Hom.
Il. 5. 909; veri simile est Aeschylum Ἄρην ab Homero accepisse   φόνον
plerique   48 τήνδε: πρόcθε Stob.   49 cημεῖα δ' Stob. (δ' etiam
YFTr)   51 διὰ: ἀνὰ Stob.

cιδηρόφρων γὰρ θυμὸς ἀνδρείαι φλέγων
ἔπνει λεόντων ὡς Ἄρη δεδορκότων.
καὶ τῶνδε πύcτιc οὐκ ὄκνωι χρονίζεται,
κληρουμένουc δ' ἔλειπον, ὡc πάλωι λαχὼν   55
ἕκαcτοc αὐτῶν πρὸc πύλαc ἄγοι λόχον.
πρὸc ταῦτ' ἀρίcτουc ἄνδραc ἐκκρίτουc πόλεωc
πυλῶν ἐπ' ἐξόδοιcι τάγευcαι τάχοc·
ἐγγὺc γὰρ ἤδη πάνοπλοc Ἀργείων cτρατὸc
χωρεῖ, κονίει, πεδία δ' ἀργηcτὴc ἀφρὸc   60
χραίνει cταλαγμοῖc ἱππικῶν ἐκ πλευμόνων.
cὺ δ' ὥcτε ναὸc κεδνὸc οἰακοcτρόφοc
φάρξαι πόλιcμα πρὶν καταιγίcαι πνοὰc
Ἄρεωc· βοᾶι γὰρ κῦμα χερcαῖον cτρατοῦ.
καὶ τῶνδε καιρὸν ὅcτιc ὤκιcτοc λαβέ,   65
κἀγὼ τὰ λοιπὰ πιcτὸν ἡμεροcκόπον
ὀφθαλμὸν ἕξω, καὶ cαφηνείαι λόγου
εἰδὼc τὰ τῶν θύραθεν ἀβλαβὴc ἔcηι.

Ετ. ὦ Ζεῦ τε καὶ Γῆ καὶ πολιccοῦχοι θεοί,
Ἀρά τ' Ἐρινὺc πατρὸc ἡ μεγαcθενήc,   70
μή μοι πόλιν γε πρυμνόθεν πανώλεθρον
ἐκθαμνίcητε δηιάλωτον Ἑλλάδοc,
[φθόγγον χέουcαν] καὶ δόμουc ἐφεcτίουc]
ἐλευθέραν δὲ γῆν τε καὶ Κάδμου πόλιν
ζυγοῖcι δουλίοιcι μὴ δῶτε cχεθεῖν·   75
γένεcθε δ' ἀλκή· ξυνὰ δ' ἐλπίζω λέγειν,
πόλιc γὰρ εὖ πράccουcα δαίμοναc τίει.

Χο.   θρεῦμαι φοβερὰ μεγάλ' ἄχη.

53 Ἄρη MI^ac: -ην I^pc rell.   54 πίcτιc I^sscrΟ^acK^acQ^pc Stob.
χαρίζεται K Stob.   61 πλευ- M: πνευ- rell.   62 νηὸc plerique
63 φράξ- codd.   64 Ἄρεωc MVHaYa^sscr: Ἄρεοc Ya rell.
64 χερcαίου plerique   65 τῶνδε MIΔNd et sscr. Ο^ιC²Ya²: τόνδε Δ^sscr
rell.   71 πρεμνόθεν H^acLc^sscrPsscrTr   73 ὄλβον ῥέοντα καὶ
δόμουc M^syp in marg.; versum del. Dawe   75 ζυγοῖcι: ζεύγλη(ι)cι
VPONcHaYaD, et H in marg.: δουλί- D, et H in marg.: δουλεί-
rell.   δῶτε Page (δότε iam Butler): ποτε codd.   78–149 lectio
multis in locis incertissima   78 θρεῦμαι ΔLhP^yρKQFTr: θρέομαι
rell. μεγάλα τ' ἄχη plurimi

μεθεῖται cτρατὸc cτρατόπεδον λιπών·
ῥεῖ πολὺc ὅδε λεὼc πρόδρομοc ἱππόταc·   80
αἰθερία κόνιc με πείθει φανεῖc'
ἄναυδοc cαφὴc ἔτυμοc ἄγγελοc·
†ἔλετ† δὲ γᾶc ἐμᾶc πεδί' ὁπλόκτυπ' ὠ-
τὶ χρίμπτει βοάν·
ποτᾶται, βρέμει δ' ἀμαχέτου δίκαν   85
ὕδατοc ὀροτύπου.
ἰὼ ἰὼ θεοὶ θεαί τ' ὀρόμενον
κακὸν ἀλεύcατε.
ὀᾶ·
ὑπὲρ τειχέων ὁ λεύκαcπιc ὄρ-   90
νυται λαὸc εὐτρεπεῖc ἐπὶ πόλιν
διώκων ⟨πόδαc⟩·
τίc ἄρα ῥύcεται, τίc ἄρ' ἐπαρκέcει
θεῶν ἢ θεᾶν;
πότερα δῆτ' ἐγὼ ⟨πάτρια⟩ ποτιπέcω   95
βρέτη δαιμόνων;
ἰὼ
μάκαρεc εὔεδροι,
ἀκμάζει βρετέων ἔχεcθαι· τί μέλ-
λομεν ἀγάcτονοι;
ἀκούετ' ἢ οὐκ ἀκούετ' ἀcπίδων κτύπον;   100

80 ὅδε MB^{pc}Y^{i}KQ: δ' ὅδε vel δ' ὧδε vel ὦδε rell.   83–4 ita fere
legisse M^{Σ} viderunt Paley, alii (καὶ τὰ τῆc γῆc δέ μου πεδία κατακτυ-
πούμενα τοῖc ποcὶ τῶν ἵππων ποιεῖ μου προcπελάζειν τὸν ἦχον τοῖc ὠcίν,
M^{Σ}) ἐλεδεμνὰc vel -δαμνὰc (ἐλεδεμὰc M^{ac}) fere codd. πεδιοπλόκτυποc
codd. (-οκτύπόc M) inter πεδιοπλ. et χρίμπτ. habent ὠτὶ ΔΙ et M^{sscr} ut
vid., τε ὠτὶ NcPY^{2pc}, τι ὠτὶ P^{γρ}, δὲ ὠτὶ H^{sscr}, τε ὠcὶ GKQ^{2pc}P^{sscr}, δὲ CH,
τι M, τε (vel τ' ἐγχρ-) rell.   χρίμπτει Hermann: χρίμπτεται codd.
(ἐγχρίμπτεται OLhFTr) βοάν: βοᾶν M^{ac}, βοὰ vel βοᾶ M^{pc} rell.
86 ὀροτύπου MI^{γρ}: -οκτύπου rell.   87 ἰὼ bis CGNd: ter fere
rell. ὀρόμενον MΔIBCNc: ὀρρό- fere rell.   89 ὀᾶ Maas: βοᾶ codd.
91 εὐτρεπεῖc Page: εὐτρεπὴc vel εὐπρεπὴc codd.   πτόλιν MITr
92 πόδαc suppl. Page (πόδα iam Weil)   94 θεᾶν MΔIVO^{ac}NcXFTr:
θεανῶν vel θεαινῶν vel θεαινᾶν rell.   96 πάτρια suppl. Volckmann
ex M^{Σ} τῶν πατρώιων ξοάνων   98 δ' ἔχεcθαι plerique

πέπλων καὶ στεφέων πότ᾽ εἰ μὴ νῦν †ἀμ-
φὶ λιτὰν† ἕξομεν;
κτύπον δέδορκα· πάταγος οὐχ ἑνὸς δορός·
τί ῥέξεις; προδώςεις, παλαίχθων
Ἄρης, τὰν τεάν;   105
ὦ χρυςοπήληξ δαῖμον, ἔπιδ᾽ ἔπιδε πόλιν
ἄν ποτ᾽ εὐφιλήταν ἔθου.

θεοὶ πολιάοχοι χθονὸς ἴτ᾽ ἴτε πάντες,   [ϲτρ. α
ἴδετε παρθένων   110
ἱκέϲιον λόχον δουλοϲύναϲ ὕπερ·
κῦμα περὶ πτόλιν δοχμολόφων ἀνδρῶν
καχλάζει πνοαῖϲ Ἄρεος ὀρόμενον.   115
ἀλλ᾽ ὦ Ζεῦ ⟨   ⟩ πάτερ παντελέϲ,
πάντωϲ ἄρηξον δαΐων ἅλωϲιν·
Ἀργεῖοι γὰρ πόλιϲμα Κάδμου   120
κυκλοῦνται, φόβοϲ δ᾽ ἀρείων ὅπλων
⟨   ⟩, διὰ δέ τοι γενύων ἱππίων
κινύρονται φόνον χαλινοί·
ἑπτὰ δ᾽ ἀγήνορεϲ πρέποντεϲ ϲτρατοῦ
δορυϲϲοῖϲ ϲαγαῖϲ πύλαιϲ †ἑβδόμαιϲ†   125
προϲίϲτανται πάλωι λαχόντεϲ.

101 seq. ἀμφὶ λιτάν᾽ ἕξομεν Seidler   ἕξομεν defuisse dicit Tr ἔν τινι τῶν
ἄγαν παλαιῶν ἀντιγράφων   103 δέδοικα Askew   πάταγον VDYa
Ypc(vel Yac)KcHac   δ᾽ οὐχ plerique   104 παλαῖχθον plurimi
105 τὰν τεάν MIB²pcTr : γᾶν τεάν XHB¹pc, γῆν τεάν C, diverse rell. (τὰν
τεὰν γᾶν, τὰν cὰν γᾶν, sim.)   106 χρυϲεοπ- plurimi   107 fort.
τάν ποτ᾽   109–49 stropham antistrophamque quamvis corruptas
repraesentari veri simile est   109 πολιάοχοι ΜΙΤr : πολιοῦχοι vel
πολιϲ(c)οῦχοι fere rell.   fort. χθονὸϲ πάντεϲ ἴτ᾽ ἴτ᾽, ut tollatur illicita
brevis pro longa inter dochmios; vid. Eum. 149 n.   114 κῦμα Y :
κῦμα γὰρ rell.   πόλιν plurimì   115 ὀρό- MC : ὀρρό-
rell.   116 ⟨φεῦ φεῦ⟩ suppl. Schneider coll. v. 135, ⟨πάτερ⟩ Dindorf
121 ἀρηίων codd.   122 lacunam statuit Dindorf   διὰ δέ τοι MVHaY
Oac (et Osyr)Pyp : διάδετοι fere rell.   ἱππείων codd.   123 φόβον
plurimi   125 δορυϲϲόοιϲ fere codd.   ἑβδόμαιϲ pro ἑπτά vix credi-
bile ; ἔφθ᾽ ὁμῶϲ Lowinski, lacunam post h.v. statuit Sidgwick ; cf. 146–9

cύ τ' ὦ Διογενὲς φιλόμαχον κράτος   [ἀντ. α
ῥυσίπολις γενοῦ
Παλλάς, ὅ θ' ἵππιος ποντομέδων ἄναξ   130
ἰχθυβόλωι †μαχαναῖ Ποσειδὰν†
ἐπίλυσιν φόβων ἐπίλυσιν δίδου·
cύ τ' Ἄρης φεῦ φεῦ πόλιν ἐπώνυμον   135
Κάδμου φύλαξον κήδεσαί τ' ἐναργῶς·
καὶ Κύπρις, ἅτ' εἶ γένους προμάτωρ,   140
ἄλευσον, cέθεν γὰρ ἐξ αἵματος
γεγόναμεν· λιταῖς cε ⟨   ⟩ θεοκλύτοις
ἀυτοῦcαι πελαζόμεcθα.
καὶ cύ, Λύκει' ἄναξ, Λύκειος γενοῦ   145
cτρατῶι δαΐωι †cτόνων ἀυτᾶc†, cύ τ' ὦ Λατογένει-
α κούρα, τόξον εὐτυκάζου.

ἒ ἒ ἒ ἔ·   [cτρ. β
ὄτοβον ἁρμάτων ἀμφὶ πόλιν κλύω·   151
ὦ πότνι' Ἥρα·
ἔλακον ἀξόνων βριθομένων χνόαι·
Ἄρτεμι φίλα·
δοριτίνακτος αἰθὴρ ἐπιμαίνεται·   155
τί πόλις ἄμμι πάσχει, τί γενήσεται;
ποῖ δ' ἔτι τέλος ἐπάγει θεός;

129 ῥυσίπολις ΔHaNcYO^ac: -πτολις O^pc rell.   131 seq. ἰχθυβόλωι ⟨νέμων κράτος⟩ μαχαναῖ | Ποσειδὰν φόβων ἐπίλυσιν δίδου Weilium secutus scribere possis   Ποσειδᾶν (hoc accentu) MBC¹HNc: -δῶν rell. 132 φόβων MHaYaLhKQPGFTr: -βου M^sP^sscr F^sscr rell.   135-7 πόλ. ἐπ. Κάδ. Tucker: ἐπ. Κάδ. πόλ. M, Κάδ. ἐπ. πόλ. rell.   140 ἅτ' εἶ Dindorf: ἅτε codd.   141 cέθεν γὰρ X^pcCLcLhQP^pcGF^ac: cέθεν rell.   143 λιταῖς δὲ (om. cε) WD; fort. ⟨cὺν⟩   144 ἀυτοῦcαι Seidler: ἀπύουcαι codd.   -όμεθα plurimi   146 seqq. cτόνων ἀυτᾶc tamquam e schol. ad ἀυτοῦcαι del. Murray   εὐτυκάζου Dindorf: ἐντυκάζου (non ἐνcτ-) MIXNcP^γρ, εὖ πυκάζου fere rell.   post εὐτυκ. habent codd. Ἄρτεμι φίλα (cf. 154), del. Seidler   151 ὄτοβον MO: ὄττο- rell.   154 post Ἄρτ. φίλα habent ἒ ἒ ἒ ἔ fere codd., del. Tr 155 δοριτ- M: δορυτ- rell.   αἰθὴρ Q: δ' αἰθὴρ rell.   incipit P. Oxy. 2179

ἒ ἒ ἒ ἔ·   [ἀντ. β
ἀκροβόλος δ' ἐπάλξεων λιθὰς ἔρχεται·
ὦ φίλ' Ἄπολλον·
κόναβος ἐν πύλαις χαλκοδέτων σακέων·   160
παῖ Διός, ὅθεν
πολεμόκραντον ἁγνὸν τέλος ἐν μάχαι,
σύ τε μάκαιρ' ἄνασσ' Ὄγκα, πρὸ πόλεως
ἑπτάπυλον ἕδος ἐπιρρύου.   165

ἰὼ παναλκεῖς θεοί,   [στρ. γ
ἰὼ τέλειοι τέλειαί τε γᾶς
τᾶσδε πυργοφύλακες,
πόλιν δορίπονον μὴ προδῶθ'
ἑτεροφώνωι στρατῶι·   170
κλύετε παρθένων κλύετε πανδίκως
χειροτόνους λιτάς.

ἰὼ φίλοι δαίμονες,   [ἀντ. γ
λυτήριοί ⟨τ'⟩ ἀμφιβάντες πόλιν   175
δείξαθ' ὡς φιλοπόλεις
μέλεσθέ θ' ἱερῶν δημίων,
†μελόμενοι δ' ἀρήξατε†·
φιλοθύτων δέ τοι πόλεος ὀργίων
μνήστορες ἔστε μοι.   180

Ετ.   ὑμᾶς ἐρωτῶ, θρέμματ' οὐκ ἀνασχετά,
       ἦ ταῦτ' ἄριστα καὶ πόλει σωτήρια

158 ἀκροβόλος Ludwig: -λων codd.; sc. τὰ ἄκρα τῶν ἐπάλξεων βαλοῦσα
λιθάς; tantum]ων λιθας[P. Oxy.; ἀκροβόλων ἐπάλξεις Wilamowitz
161 παῖ Διὸς ὅθεν von den Bergh: καὶ Διόθεν codd.   163–4 μάχαι,
σύ τε Hermann (σύ τε iam Tr): μάχαισί τε codd.   ]γκαι προ πο[λεως P.
Oxy. (hic deficit)   166 παναρκεῖς M(λ sscr. M²)IP^γρ   168 τᾶσδέ
γε πυργ- M   169 δορύπ- plurimi   171 πανδίκους M^ac(corr.
M¹)LcLhKF(corr.F^sscr), πανδόκους Δ^pc   175 τ' suppl. Seidler
176 δείξαθ' MWCNdYaP²pc   φιλοπόλεις Wunderlich: -λιεῖς Δ^c, -λιες
fere rell.   177 μέλεσθέ θ' ΔQ: μέλεσθε δ' vel μέλεσθ' rell.
178 ἀρκέσατε Bothe, ἀλέξατε Maas; languet μελόμενοι, fort. -μένοις τ'
(sc. ἡμῖν τῶν ἱερῶν)   179 πόλεος Tr: πόλιος W, πόλεως rell.
180 μνήστορες P^γρ   183 ἄριστα: ἀρωγὰ Weil

AICXYΛOY

στρατῶι τε θάρσος τῶιδε πυργηρουμένωι,
βρέτη πεσούσας πρὸς πολισσούχων θεῶν   185
ἀύειν, λακάζειν, σωφρόνων μισήματα;
μήτ' ἐν κακοῖσι μήτ' ἐν εὐεστοῖ φίληι
ξύνοικος εἴην τῶι γυναικείωι γένει·
κρατοῦσα μὲν γὰρ οὐχ ὁμιλητὸν θράσος,
δείσασα δ' οἴκωι καὶ πόλει πλέον κακόν.   190
καὶ νῦν πολίταις τάσδε διαδρόμους φυγὰς
θεῖσαι διερροθήσατ' ἄψυχον κάκην,
τὰ τῶν θύραθεν δ' ὡς ἄριστ' ὀφέλλετε,
αὐτοὶ δ' ὑπ' αὐτῶν ἔνδοθεν πορθούμεθα.
τοιαῦτά τἂν γυναιξὶ συνναίων ἔχοις.   195
κεἰ μή τις ἀρχῆς τῆς ἐμῆς ἀκούσεται
ἀνὴρ γυνή τε χὤ τι τῶν μεταίχμιον,
ψῆφος κατ' αὐτῶν ὀλεθρία βουλεύσεται,
λευστῆρα δήμου δ' οὔ τι μὴ φύγηι μόρον.
μέλει γὰρ ἀνδρί, μὴ γυνὴ βουλευέτω,   200
τἄξωθεν· ἔνδον δ' οὖσα μὴ βλάβην τίθει.
ἤκουσας ἢ οὐκ ἤκουσας, ἢ κωφῆι λέγω;

Χο. ὦ φίλον Οἰδίπου τέκος, ἔδεισ' ἀκού-   [στρ. α
      σασα τὸν ἁρματόκτυπον ὄτοβον ὄτοβον
      ὅτε τε σύριγγες κλάγξαν ἑλικότροχοι   205
      ἱππικῶν τ' †ἀύπνων† πηδαλίων δία στόμια
      πυριγενετᾶν χαλινῶν.
Ετ. τί οὖν; ὁ ναύτης ἄρα μὴ 'ς πρῶιραν φυγὼν
      πρύμνηθεν ηὗρε μηχανὴν σωτηρίας

191 φυγὰς: βοὰς OYaBᵍˡ et γρ. HDNc   193 ὀφέλλεται
MΔᵃᶜVCYaNcHa   194 ὑπ' αὐτῶν XQ²ᵞʳ: ὑφ' αὐτῶν rell.
195 τοιαῦτά τἂν Blomfield: τοιαῦτά γ' ἂν LcQ²ᵖᶜGFᵖᶜTr, τοιαῦτ' ἂν fere
rell.   hunc versum om. M   204 ὄτοβον semel MHᵃᶜFᵖᶜTr; ὅττο-
codd. exceptis MO (ὅττοβον ὄτο- I)   205 ὅτε Ha (sed sequens τε
om.): ὅτι rell.   κλάγξαν anon.: ἔκλαγξαν codd.   ἑλικότροχοι Lowin-
ski: ἐλίτροχοι codd., sed abnorme ἐλίτρ- in dochm., et ἑλι- non intelle-
gitur   206-7 lectio incerta; pro ἀύπνων desideratur verb. aorist.
(non imperf.; ἄπνον Lachmann), e.g. ἔβραχεν   δία στόμια Lachmann:
διὰ στόμα codd.   208 μὴ 'ς M: μὴ εἰς, μ' εἰς, γ' εἰς fere rell.

52

νεὼς καμούςης ποντίωι ςὺν κύματι;　　　　　　　　　　210

Χο.　ἀλλ' ἐπὶ δαιμόνων πρόδρομος ἦλθον ἀρ-　　　[ἀντ. α
　　　χαῖα βρέτη θεοῖς πίςυνος ὅτ' ὀλοᾶς
　　　νειφομένας λιθάδος ⟨ἦν⟩ βρόμος ἐν πύλαις·
　　　δὴ τότ' ἤρθην φόβωι πρὸς μακάρων λιτάς, πόλεος
　　　ἵν' ὑπερέχοιεν ἀλκάν.　　　　　　　　　215
Ετ.　πύργον ςτέγειν εὔχεςθε πολέμιον δόρυ·
　　　οὐκοῦν τάδ' ἔςται πρὸς θεῶν· ἀλλ' οὖν θεοὺς
　　　τοὺς τῆς ἁλούςης πόλεος ἐκλείπειν λόγος.

Χο.　μήποτ' ἐμὸν κατ' αἰῶνα λίποι θεῶν　　　　[ςτρ. β
　　　ἅδε πανάγυρις, μηδ' ἐπίδοιμι τάνδ'　　　　220
　　　ἀςτυδρομουμέναν πόλιν καὶ ςτράτευμ'
　　　ἁπτόμενον πυρὶ δαΐωι.
Ετ.　μή μοι θεοὺς καλοῦςα βουλεύου κακῶς·
　　　πειθαρχία γάρ ἐςτι τῆς εὐπραξίας
　　　μήτηρ †γυνή† ςωτῆρος· ὧδ' ἔχει λόγος.　　225

Χο.　ἔςτι· θεοῦ δ' ἔτ' ἰςχὺς καθυπερτέρα,　　　[ἀντ. β
　　　πολλάκι δ' ἐν κακοῖςι τὸν ἀμήχανον
　　　κἀκ χαλεπᾶς δύας ὕπερθ' ὀμμάτων
　　　κριμναμενᾶν νεφελᾶν ὀρθοῖ.

210 ςὺν Page (cf. e.g. S. *Ant.* 172): ἐν M^s(in ras.)ΔIXWBYNd et sscr. LhPF, πρὸς rell.　　　212–13 θεοῖς πίς. Seidler: πίς. θεοῖς codd. ὅτ'... βρόμος: νιφάδος ὅτ' ὀλοᾶς νειφ. (M; νιφ- rell.) βρόμος codd.; λιθάδος pro νιφάδος coni. et transposuit (sed post βρόμος) Naber, ἦν suppl. M. Schmidt　　　fort. etiam ὀλοᾶς scribendum　　　πόλεως codd. 217 οὔκουν an οὐκοῦν anceps; οὐκοῦν... θεῶν choro tribuunt codd. praeter M (ubi Χο. ante οὐκοῦν, Ἐτεοκλ. ante ἀλλ' scripsit man. rec.) 218 πόλεος GF^{sscr}Tr: πόλεως rell.　　　220 πανάγ- MQ: πανήγ- rell. 221–2 -δρομουμένην plurimi　　ἁπτόμενον: τυφόμενον M^{sγρ}Y^{g1}; ςτρατοῦ / δαπτομέναν πυρὶ δαΐου Prien, sed πόλιν et ςτρατ. = τῶν Καδμείων sicut in 302 seq.　　225 γύναι GF^{pc}Tr; γονῆς Hermann　　226 θεοῦ M et Marcell. vit. Thuc. 5: θεοῖς M^s rell.　　　227 πολλάκις δ' plerique; fort. πολλάκις sine δ' scribendum　　τὸν M^Σ et Marcell.: τὴν Q, τὰν rell. 229 κριμναμέναν hoc accentu M: κρημ. M^{2pc} et fere rell.　　νεφέλαν hoc accentu codd. excepto Ha (-μένᾶν νεφέλᾶν)　　caoῖ Hermann ut v. 222 respondeat

Ετ. ἀνδρῶν τάδ' ἐστί, σφάγια καὶ χρηστήρια   230
 θεοῖσιν ἔρδειν πολεμίων πειρωμένους,
 σὸν δ' αὖ τὸ σιγᾶν καὶ μένειν εἴσω δόμων.

Χο. διὰ θεῶν πόλιν νεμόμεθ' ἀδάματον,   [στρ. γ
 δυσμενέων δ' ὄχλον πύργος ἀποστέγει·
 τίς τάδε νέμεσις στυγεῖ;   235
Ετ. οὔτοι φθονῶ σοι δαιμόνων τιμᾶν γένος,
 ἀλλ' ὡς πολίτας μὴ κακοσπλάγχνους τιθῆις
 εὔκηλος ἴσθι μηδ' ἄγαν ὑπερφοβοῦ.

Χο. ποταινεῖ κλύουσα πάταγον ἀνάμιγα   [ἀντ. γ
 ταρβοσύνωι φόβωι τάνδ' ἐς ἀκρόπολιν,   240
 τίμιον ἕδος, ἱκόμαν.
Ετ. μή νυν, ἐὰν θνήισκοντας ἢ τετρωμένους
 πύθησθε, κωκυτοῖσιν ἁρπαλίζετε·
 τούτωι γὰρ Ἄρης βόσκεται, φόνωι βροτῶν.

Χο. καὶ μὴν ἀκούω γ' ἱππικῶν φρυαγμάτων.   245
Ετ. μή νυν ἀκούουσ' ἐμφανῶς ἄκου' ἄγαν.
Χο. στένει πόλισμα γῆθεν ὡς κυκλουμένων.
Ετ. οὐκοῦν ἔμ' ἀρκεῖ τῶνδε βουλεύειν πέρι.
Χο. δέδοικ', ἀραγμὸς δ' ἐν πύλαις ὀφέλλεται.
Ετ. οὐ σῖγα μηδὲν τῶνδ' ἐρεῖς κατὰ πτόλιν;   250
Χο. ὦ ξυντέλεια, μὴ προδῶις πυργώματα.
Ετ. οὐκ ἐς φθόρον σιγῶσ' ἀνασχήσηι τάδε;
Χο. θεοὶ πολῖται, μή με δουλείας τυχεῖν.
Ετ. αὐτὴ σὲ δουλοῖς κἀμὲ καὶ πᾶσαν πόλιν.

231 πειρωμένους Weil: -νοις MBHNdY, -νων rell. et sscr. M²H¹
232 ἔσω ΔQGF   233 ἀδάματον Pauw: -μαντον vel -μαστον codd.
235 τίς Heath: τί codd.   236 οὗτοι MXBKQTr: οὗτι rell.   τίειν
γένος Y   238 ἔκηλος GKᶜᴾᵧᵣᵧΣ   239 ποταινεῖ Stinton:
ποταίνιον codd.   ἀνάμιγα Lowinski: ἄμμιγα M, σύναμα FˢˢᶜʳTr, ἄμα
rell.   240 -πτολιν Tr : -πολιν rell.   242 τετραμμένους plerique
247 δῆθεν plerique   κυκλούμενον ΔXNcCˢˢᶜʳF (ω sscr. ΔXNcF)
249 δ' om. Nd   251 ὦ Ζεῦ τέλειε Meineke   254 σὲ Blom-
field: σὺ codd.   κἀμὲ καὶ σὲ καὶ πόλιν ΔGKᵧᵖFᵃᶜ et fort. Qᵃᶜ, ἐμὲ καὶ
σὲ καὶ πᾶσαν πόλιν Lh   πτόλιν M

Χο. ὦ παγκρατὲς Ζεῦ, τρέψον εἰς ἐχθροὺς βέλος.   255
Ετ. ὦ Ζεῦ, γυναικῶν οἷον ὤπασας γένος.
Χο. μοχθηρόν, ὥσπερ ἄνδρας ὧν ἁλῶι πόλις.
Ετ. παλινστομεῖς αὖ θιγγάνους᾽ ἀγαλμάτων;
Χο. ἀψυχίαι γὰρ γλῶσσαν ἁρπάζει φόβος.
Ετ. αἰτουμένωι μοι κοῦφον εἰ δοίης τέλος.   260
Χο. λέγοις ἂν ὡς τάχιστα καὶ τάχ᾽ εἴσομαι.
Ετ. σίγησον, ὦ τάλαινα, μὴ φίλους φόβει.
Χο. σιγῶ· σὺν ἄλλοις πείσομαι τὸ μόρσιμον.
Ετ. τοῦτ᾽ ἀντ᾽ ἐκείνων τοὔπος αἱροῦμαι σέθεν·
      καὶ πρός γε τούτοις ἐκτὸς οὖσ᾽ ἀγαλμάτων   265
      εὔχου τὰ κρείσσω, ξυμμάχους εἶναι θεούς.
      κἀμῶν ἀκούσας᾽ εὐγμάτων ἔπειτα σὺ
      ὀλολυγμὸν ἱερὸν εὐμενῆ παιώνισον,
      Ἑλληνικὸν νόμισμα θυστάδος βοῆς,
      θάρσος φίλοις, λύουσα πολεμίων φόβον.   270
      ἐγὼ δὲ χώρας τοῖς πολισσούχοις θεοῖς,
      πεδιονόμοις τε κἀγορᾶς ἐπισκόποις,
      Δίρκης τε πηγαῖς ὕδατί τ᾽ Ἰσμηνοῦ λέγω,
      εὖ ξυντυχόντων καὶ πόλεως σεσωμένης
      †μήλοισιν αἱμάσσοντας ἑστίας θεῶν   275
      ταυροκτονοῦντας θεοῖσιν ὧδ᾽ ἐπεύχομαι
      θήσειν τροπαῖα πολεμίων δ᾽ ἐσθήμασι
      λάφυρα δαΐων δουρίπληχθ᾽ ἁγνοῖς δόμοις
      στέψω πρὸ ναῶν πολεμίων δ᾽ ἐσθήματα†.   278ᵃ
      τοιαῦτ᾽ ἐπεύχου μὴ φιλοστόνως θεοῖς,
      μηδ᾽ ἐν ματαίοις κἀγρίοις ποιφύγμασιν·   280

255 Ζεῦ στρέψον ΙΗ, Ζεὺς τρέψον DVNdK   257 ἄνδρας ΜΙΔΟ
WLcKFTr: ἄνδρες Iˢˢᶜʳ rell.   260 τέλος: λόγον Μˢʸʳ   261 τάχ᾽:
τότ᾽ Meineke   266 συμμάχους plurimi   268 παιών-
ΜᵃᶜΟᵃᶜLcFᵖᶜTr: παιάν- Μ²ᵖᶜΟ²ᵖᶜFᵃᶜLcˢˢᶜʳ rell.   270 πολεμίων G:
πολέμιον rell.   273 πηγῆς plerique   ὕδατί τ᾽ Geel: οὐδ᾽ ἀπ᾽ codd.
274 σέσωμ- Wᵃᶜ: σέσωσμ- rell.   275–278ᵃ ita Μ, sed 277 ἐσθήματα
Μˢˢˢᶜʳ et 278ᵃ τ᾽ supra δ᾽ scr.; locus graviter corruptus   277 θύ-
σειν Ο   ἐσθήμασι ΜΙΣ: -μάτων Υ, -ματα rell.   278 δουρί-
πηχθ᾽ Dindorf   278ᵃ alii post ναῶν deficiunt, alii versum totum
omittunt

οὐ γάρ τι μᾶλλον μὴ φύγηις τὸ μόρσιμον.
ἐγὼ δέ γ' ἄνδρας ἓξ ἐμοὶ cὺν ἑβδόμωι
ἀντηρέτας ἐχθροῖcι †τὸν μέγαν τρόπον†
εἰc ἑπτατειχεῖc ἐξόδουc τάξω μολών,
πρὶν ἀγγέλου cπερχνούc τε καὶ ταχυρρόθουc   285
λόγουc ἱκέcθαι καὶ φλέγειν χρείαc ὕπο.

Χο.   μέλει, φόβωι δ' οὐχ ὑπνώccει κέαρ,   [cτρ. α
      γείτονεc δὲ καρδίαc
      μέριμναι ζωπυροῦcι τάρβοc   290
      τὸν ἀμφιτειχῆ 'c λεών, δράκονταc ὧc τιc τέκνων
      ὑπερδέδοικεν λεχαίων δυcευνήτοραc
      πάντρομοc πελειάc·
      τοὶ μὲν γὰρ ποτὶ πύργουc   295
      πανδημεὶ πανομιλεὶ
      cτείχουcιν· τί γένωμαι;
      τοὶ δ' ἐπ' ἀμφιβόλοιcιν
      ἰάπτουcι πολίταιc
      χερμάδ' ὀκριόεccαν.   300
      παντὶ τρόπωι, Διογενεῖc
      θεοί, πόλιν καὶ cτρατὸν
      Καδμογενῆ ῥύεcθε.

      ποῖον δ' ἀμείψεcθε γαίαc πέδον   [ἀντ. α
      τᾶcδ' ἄρειον, ἐχθροῖc   305
      ἀφέντεc τὰν βαθύχθον' αἶαν
      ὕδωρ τε Διρκαῖον, εὐτραφέcτατον πωμάτων

282 δέ γ' Aldinae margo: δ' ἐπ' codd.   283 τὸν μέγαν τρόπον
non intellegitur   284 ἐc QGPᵞᵖ   ἑπτὰ τείχουc Tucker ex PᵞᵖQ² ἑπτα-
τείχουc   285 ἀγγέλου NcΔ(fort.ᵖᶜ)OˢᵖᶜPᵞᵖ: -λουc rell.   287 ὑπνώcει
plerique   288 καρδίαc: cf. ad Suppl. 71 seqq.   291 'c λεών
Blaydes: λεών codd.   δράκονταc Bothe: -κονθ' CHWD, -κοντα δ' rell.
293 λεχαίων Lachmann: λεχέων codd.   δυcευνήτοραc M et M��:
-ευνήτειρα M²ˢˢᶜʳ et fere rell.   294 πάντρομοc M (ἁ πάν.; ἡ πάντροφοc
M²ˢˢᶜʳ): -τροφοc M�� rell.   296 πανδαμ- Y   299 πολῖται Bücheler
300 ὀκρυό- plerique   308 εὐτραφ- ΔXNdNcHaDYaLcLhPQGF:
εὐτρεφ- rell.   πωμάτων MILc: πομ- rell.

ὅcων ἵηcιν Ποcειδὰν ὁ γαιάοχος   310
Τηθύος τε παῖδες·
πρὸς τάδ', ὦ πολιοῦχοι
θεοί, τοῖσι μὲν ἔξω
πύργων ἀνδρολέτειραν
καταρρίψοπλον ἄταν   315
ἐμβαλόντες ἄροιcθε
κῦδος τοῖcδε πολίταιc,
καὶ πόλεως ῥύτορες ⟨ἔcτ'⟩
εὔεδροί τε cτάθητ'
ὀξυγόοις λιταῖcιν.   320

οἰκτρὸν γὰρ πόλιν ὧδ' ὠγυγίαν   [cτρ. β
Ἀίδαι προϊάψαι, δορὸς ἄγραν
δουλίαν, ψαφαρᾶι cποδῶι
ὑπ' ἀνδρὸς Ἀχαιοῦ θεόθεν
περθομέναν ἀτίμως,   325
τὰς δὲ κεχειρωμέναc ἄγεcθαι,
ἒ ἔ, νέας τε καὶ παλαιὰς
ἱππηδὸν πλοκάμων, περιρ-
ρηγνυμένων φαρέων· βοᾶι
δ' ἐκκενουμένα πόλιc   330
λαΐδος ὀλλυμέναc μειξοθρόου.
βαρείαc τοι τύχας προταρβῶ.

κλαυτὸν δ' ἀρτιτρόφοις ὠμοδρόπωc   [ἀντ. β
νομίμων προπάροιθεν διαμεῖψαι

310 Ποcειδὼν vel -δῶν plurimi   315 καταρρίψοπλον Μᵃᶜ (κατα-
ρίψ-) : καὶ τὰν ῥίψοπλον Μˢᵖᶜ fere rell.   318 ῥύτορες MIXGQ²FTr :
ῥυτῆρες rell. et sscr. Μ²G¹F¹   ἔcτ' suppl. Headlam   321 ὧδ' ΜΔ
IQLcPᵞᵖFTr : τήνδ' Μˢ rell.   323 δουλείαν codd.   324 πεδό-
θεν Heimsoeth   326 κεχηρ- Μ(ει Μ²ˢˢᶜʳ)Ιˢˢᶜʳ quater plurimi   327 ἒ ter vel
καπνῶι δὲ χραίνεται   329-30 fort. hic βοᾶι δὲ κἀκκενουμένα, 341-2
ΜˢPᵞᵖ, -τρόποιc rell. ; fort. -τρόφους   333 ἀρτιτρόφοιc Schneider : -δρόποιc
vel -τρόπων codd.   ὠμοδρόπωc Lowinski : -δρόπων

δωμάτων ϲτυγερῶν ὀδόν.
ἦ τὸν φθίμενον γὰρ προλέγω
βέλτερα τῶνδε πράϲϲειν·
πολλὰ γάρ, εὖτε πτόλιϲ δαμαϲθῆι,
ἒ ἕ, δυϲτυχῆ τε πράϲϲει,
ἄλλοϲ δ' ἄλλον ἄγει, φονεύ-
ει, τὰ δὲ πυρφορεῖ· καπνῶι
χραίνεται πόλιϲμ' ἅπαν,
μαινομένοιϲ δ' ἐπιπνεῖ λαοδάμαϲ
μιαίνων εὐϲέβειαν Ἄρηϲ.

κορκορυγαὶ δ' ἀν' ἄϲτυ, ποτὶ δ' ὁρκάνα [*ϲτρ. γ*
πυργῶτιϲ, πρὸϲ ἀνδρὸϲ δ' ἀνὴρ ⟨ ⟩ δορὶ καίνεται,
βλαχαὶ δ' αἱματόεϲϲαι
τῶν ἐπιμαϲτιδίων
ἀρτιτρεφεῖϲ βρέμονται.
ἁρπαγαὶ δὲ διαδρομᾶν ὁμαίμονεϲ·
ξυμβολεῖ φέρων φέροντι
καὶ κενὸϲ κενὸν καλεῖ
ξύννομον θέλων ἔχειν,
οὔτε μεῖον οὔτ' ἴϲον λελιμμένοϲ·
†τίν' ἐκ τῶνδ' εἰκάϲαι λόγοϲ† πάρα;

335 *ϲτυγερῶν* Meineke: *-ρὰν* codd. *ὀδὸν* ΔDG: *ὁδὸν* rell. 336 *ἦ* Page: *τί* codd. (*τί; τὸν κτλ.* edd., ita ut voc. *τί* sensu omnino careat) 338 *εὖτε πτόλιϲ* F^{1pc}: *εὖτ' ἂν πόλιϲ* Tr, *εὖτε πόλιϲ* F^{ac} rell. 342 *καπνῶι* Brunck: *καπνῶι δὲ* codd.; vid. 329–30 n. 343 *μαινομένοιϲ* Page: *-όμενοϲ* codd. *δὲ πιτνεῖ* $LcQP^{γρ}G$, *δ' ἐπιτνεῖ* WH, *δ' ἐπιπιτνεῖ* K 345 *ποτὶ δ' ὁρκάνα* Hermann: *ποτὶ πόλιν* (*πτόλιν* MINcHa) *δ' ὁρκάνα* (vel *-νη*) fere codd. 346 ⟨*ἀμφὶ*⟩ suppl. Hermann, *δουρὶ* ⟨*κατα*⟩*καίνεται* Paley 348–50 si sinceri, audacissime dicti *ἀρτιβρεφεῖϲ* VWDYaP 351 fort. *ἁρπαγᾶι . . . ὁμαίμονι*, sine pausa 352 *ξυμβαλεῖ* vel *-βάλλει* plurimi 355 *λελιμμένοϲ* XV^{1sscr}: *λελιμμένοι, λελημμένοι* vel *-νοιϲ, λελειμμένοι* rell.; *λελιμμένον* Verrall 356 *τίν'* codd. exceptis M (*τί** : *τίν'* M^2 marg.) et Y^{ac} (*τίϲ* ut vid.); *τί δ'* Heimsoeth, *τί* Headlam *λόγοϲ*: *τί δεῖ ὑπονοῆϲαι ἐκ τούτων ἢ πένθη ἢ ϲυμφοράϲ* $M^{Σ}$, legit igitur e.g. *τί* (ubi *τίν'* legendum) *ἐκ τῶνδ' εἰκάϲαι γόον πάρα*, vel (Stinton) *τί ἐκ τῶνδ' ἄλγοϲ εἰκάϲαι πάρα*

παντοδαπὸϲ δὲ καρπὸϲ χαμάδιϲ πεϲὼν   [ἀντ. γ
ἀλγύνει κύρηϲαν πικρῶν δῶμα θαλαμηπόλων,
πολλὰ δ' ἀκριτόφυρτοϲ   360
γᾶϲ δόϲιϲ οὐτιδανοῖϲ
ἐν ῥοθίοιϲ φορεῖται·
δμωΐδεϲ δὲ καινοπήμονεϲ ⟨   ⟩
⟨   ⟩ εὐνὰν αἰχμάλωτον
ἀνδρὸϲ εὐτυχοῦντοϲ, ὡϲ   365
δυϲμενοῦϲ ὑπερτέρου
ἐλπίϲ ἐϲτι νύκτερον τέλοϲ μολεῖν,
παγκλαύτων ἀλγέων ἐπίρροθον.

Ημιχ.   ὅ τοι κατόπτηϲ, ὡϲ ἐμοὶ δοκεῖ, ϲτρατοῦ
πευθώ τιν' ἡμῖν, ὦ φίλαι, νέαν φέρει,   370
ϲπουδῆι διώκων πομπίμουϲ χνόαϲ ποδῶν.
Ημιχ.   καὶ μὴν ἄναξ ὅδ' αὐτὸϲ Οἰδίπου τόκοϲ
εἰϲ' ἀρτίκολλοϲ ἀγγέλου λόγον μαθεῖν·
ϲπουδὴ δὲ καὶ τοῦδ' †οὐκ ἀπαρτίζει† πόδα.

Αγγ.   λέγοιμ' ἂν εἰδὼϲ εὖ τὰ τῶν ἐναντίων   375
ὥϲ τ' ἐν πύλαιϲ ἕκαϲτοϲ εἴληχεν πάλον.
Τυδεὺϲ μὲν ἤδη πρὸϲ πύλαιϲι Προιτίϲιν
βρέμει, πόρον δ' Ἰϲμηνὸν οὐκ ἐᾶι περᾶν
ὁ μάντιϲ· οὐ γὰρ ϲφάγια γίγνεται καλά·
Τυδεὺϲ δὲ μαργῶν καὶ μάχηϲ λελιμμένοϲ   380
μεϲημβριναῖϲ κλαγγαῖϲιν ὡϲ δράκων βοᾷ,

359 κύρηϲαν πικρῶν Hoernle: -αϲ πικρὸν codd.   δῶμα Page: δ'
ὄμμα codd.   363 seq. καινοπήμονεϲ νέαι τλήμονεϲ codd. (νέαι
om. G) ; veram lectionem summovit gloss. νέαι τλήμ.   fort. ordo αἰχμ.
εὐνάν praeferendus   365 seqq. αἶϲ ... ἐλπίϲ Butler   368 παν-
οίκτων Heimsoeth ut v. 356 respondeat   369 et 372 'Ημιχ. et
paragr. praefixit M   372 τόκοϲ MIXNcNdQFˢˢᶜʳTr: τέκοϲ rell.
373 ἀρτίκολλοϲ Paley: -ον codd.   374 οὐ καταρτίζει fort. GQᵃᵉ;
εὖ καταρτίζει Weil, οὐ καταργίζει Hermann   375–696 vid. Ed.
Fraenkel SBBA 1957. 3 pp. 3–56   376 ὅτ' ἐν Mᵖᶜ ut vid., πῶϲ τ' ἐν
Oˢˢᶜʳ; ὡϲ ἐν Blomfield

θείνει δ' ὀνείδει μάντιν Οἰκλείδην σοφόν,
σαίνειν μόρον τε καὶ μάχην ἀψυχίαι.
τοιαῦτ' αὐτῶν τρεῖς κατασκίους λόφους
σείει, κράνους χαίτωμ', ὑπ' ἀσπίδος δὲ τῶι   385
χαλκήλατοι κλάζουσι κώδωνες φόβον.
ἔχει δ' ὑπέρφρον σῆμ' ἐπ' ἀσπίδος τόδε,
φλέγονθ' ὑπ' ἄστροις οὐρανὸν τετυγμένον·
λαμπρὰ δὲ πανσέληνος ἐν μέσωι σάκει,
πρέσβιστον ἄστρων, νυκτὸς ὀφθαλμός, πρέπει.   390
τοιαῦτ' ἀλύων ταῖς ὑπερκόμποις σαγαῖς
βοᾶι παρ' ὄχθαις ποταμίαις μάχης ἐρῶν,
ἵππος χαλινῶν ὡς κατασθμαίνων μένει,
ὅστις βοὴν σάλπιγγος ὁρμαίνει κλύων.
τίν' ἀντιτάξεις τῶιδε; τίς Προίτου πυλῶν   395
κλήιθρων λυθέντων προστατεῖν φερέγγυος;
Ετ. κόσμον μὲν ἀνδρὸς οὔτιν' ἂν τρέσαιμ' ἐγώ,
οὐδ' ἑλκοποιὰ γίγνεται τὰ σήματα·
λόφοι δὲ κώδων τ' οὐ δάκνους' ἄνευ δορός·
καὶ νύκτα ταύτην ἣν λέγεις ἐπ' ἀσπίδος   400
ἄστροισι μαρμαίρουσαν οὐρανοῦ κυρεῖν,
τάχ' ἂν γένοιτο μάντις ἀνοία τινί·
εἰ γὰρ θανόντι νὺξ ἐπ' ὀφθαλμοῖς πέσοι,
τῶι τοι φέροντι σῆμ' ὑπέρκομπον τόδε
γένοιτ' ἂν ὀρθῶς ἐνδίκως τ' ἐπώνυμον,   405
καὐτὸς κατ' αὑτοῦ τὴν ὕβριν μαντεύσεται.
ἐγὼ δὲ Τυδεῖ κεδνὸν Ἀστακοῦ τόκον
τῶνδ' ἀντιτάξω προστάτην πυλωμάτων,
μάλ' εὐγενῆ τε καὶ τὸν Αἰσχύνης θρόνον

382 θείνει CHaWDLcLhQ^ac P^sscr GFTr : θύνει H, θένει rell.   385 δ'
ἐσώ M(corr. M^2γρ)Q^2pc, δὲ τοῦ YaH^isscr   390 ἄστρον M^ac IYQ et
sscr. CHWPLcLhF   393 ὡς MIYOKQG : δ' ὡς rell.   394 ὁρμαίνει
κλύων Tyrwhitt ex M^Σ (σάλπιγγος ἀκούων) : ὁρμαίνων μένει ΔLcLh
PKQ^2sscr GFTr, ὁρμαίνει μένων P^γρ rell.   396 κλήιθ- MI : κλείθ- rell.
402 ἀνοία : ἡ ἀνοία M^pc, ἡ ἄνοια (ἀνοία M^ac) fere rell. (ἡ om. Δ^ac NdF ;
ἀγνοίας KG)   403 ὄμμασιν M^Σ   406 αὑτοῦ YOB : αὐ- rell.
τήνδ' MHaLcKQP^pc F^pc Tr   μαντεύεται M^ac XNcCH^ac (corr. M^1 H^2)
408 τῶνδ' Grotius : τόνδ' codd.

τιμῶντα καὶ στυγοῦνθ' ὑπέρφρονας λόγους·   410
αἰσχρῶν γὰρ ἀργός, μὴ κακὸς δ' εἶναι φιλεῖ.
cπαρτῶν δ' ἀπ' ἀνδρῶν, ὧν Ἄρης ἐφείσατο,
ῥίζωμ' ἀνεῖται, κάρτα δ' ἔcτ' ἐγχώριος,
Μελάνιππος· ἔργον δ' ἐν κύβοις Ἄρης κρινεῖ.
Δίκη δ' ὁμαίμων κάρτα νιν προστέλλεται   415
εἴργειν τεκούσηι μητρὶ πολέμιον δόρυ.

Χο.   τὸν ἀμόν νυν ἀντίπαλον εὐτυχεῖν   [cτρ. α
θεοὶ δοῖεν, ὡς δικαίως πόλεως
πρόμαχος ὄρνυται. τρέμω δ' αἱματη-
φόρους μόρους ὑπὲρ φίλων   420
ὀλομένων ἰδέcθαι.

Αγγ. τούτωι μὲν οὕτως εὐτυχεῖν δοῖεν θεοί·
Καπανεὺς δ' ἐπ' Ἠλέκτραιcιν εἴληχεν πύλαις,
γίγας ὅδ' ἄλλος, τοῦ πάρος λελεγμένου
μείζων, ὁ κόμπος δ' οὐ κατ' ἄνθρωπον φρονεῖ,   425
πύργοις δ' ἀπειλεῖ δείν', ἃ μὴ κραίνοι τύχη·
θεοῦ τε γὰρ θέλοντος ἐκπέρσειν πόλιν
καὶ μὴ θέλοντός φησιν, οὐδὲ τὴν Διὸς
Ἔριν πέδοι cκήψασαν ἐμποδὼν cχεθεῖν.
τὰς δ' ἀστραπάς τε καὶ κεραυνίους βολὰς   430
μεcημβρινοῖcι θάλπεcιν προσήικασεν.
ἔχει δὲ cῆμα γυμνὸν ἄνδρα πυρφόρον,
φλέγει δὲ λαμπὰς διὰ χερῶν ὡπλιcμένη,
χρυσοῖc δὲ φωνεῖ γράμμασιν "πρήcω πόλιν."
τοιῶιδε φωτὶ πέμπε· τίς ξυστήσεται;   435
τίς ἄνδρα κομπάζοντα μὴ τρέcας μενεῖ;

Ετ.   καὶ τῶιδε κέρδει κέρδος ἄλλο τίκτεται·
τῶν τοι ματαίων ἀνδράcιν φρονημάτων

415 ὁμαίμων MIᵃᶜHLcˢˢᶜʳLhˢˢᶜʳPᵞᵖGFᵖᶜ: ὁ δαίμων M²ˢˢᶜʳIᵖᶜFᵃᶜ rell.
417 ἀμόν MᵖᶜI: ἐμὸν XYLhQG, ἀμὸν Mᵃᶜ rell.   418 δίκαιος Porson
422 δοῖεν θεοί MˢHaNdLcLhPQKᶜGFTr: θεοὶ δοῖεν rell.   426 κραί-
νοι MNcLhᵖᶜCQ²ˢˢᶜʳG: κράνοι rell.   428 οὐδὲ τὴν: οὐδ' ἄν
νιν Madvig, οὐδέ νιν Weil   429 πέδω codd. ἐκποδὼν plurimi
431 προσήικασεν M: προσείκ- fere rell.   433 χεροῖν Dindorf
436 κομπάσαντα plerique   437 κόμπωι κέρδος Keck

ἡ γλῶσσ' ἀληθὴς γίγνεται κατήγορος.
Καπανεὺς δ' ἀπειλεῖ δρᾶν παρεσκευασμένος·   440
θεοὺς ἀτίζων κἀπογυμνάζων στόμα
χαρᾶι ματαίαι θνητὸς ὢν ἐς οὐρανὸν
πέμπει γεγωνὰ Ζηνὶ κυμαίνοντ' ἔπη.
πέποιθα δ' αὐτῶι ξὺν δίκηι τὸν πυρφόρον
ἥξειν κεραυνὸν οὐδὲν ἐξηικασμένον   445
μεσημβρινοῖσι θάλπεσιν τοῖς ἡλίου·
ἀνὴρ δ' ἐπ' αὐτῶι, κεἰ στόμαργός ἐστ' ἄγαν,
αἴθων τέτακται λῆμα, Πολυφόντου βία,
φερέγγυον φρούρημα προστατηρίας
Ἀρτέμιδος εὐνοίαισι σύν τ' ἄλλοις θεοῖς.   450
λέγ' ἄλλον ἄλλαις ἐν πύλαις εἰληχότα.

Χο.   ὄλοιθ', ὃς πόλει μεγάλ' ἐπεύχεται,   [ἀντ. α
κεραυνοῦ δέ νιν βέλος ἐπισχέθοι,
πρὶν ἐμὸν ἐσθορεῖν δόμον πωλικῶν θ'
ἑδωλίων ⟨μ'⟩ ὑπερκόπωι   455
δορί ποτ' ἐκλαπάξαι.

Αγγ.   [καὶ μὴν τὸν ἐντεῦθεν λαχόντα πρὸς πύλαις]
λέξω· τρίτωι γὰρ Ἐτεόκλωι τρίτος πάλος
ἐξ ὑπτίου 'πήδησεν εὐχάλκου κράνους,
πύλαισι Νηίστηισι προσβαλεῖν λόχον.   460
ἵππους δ' ἐν ἀμπυκτῆρσιν ἐμβριμωμένας
δινεῖ θελούσας πρὸς πύλαις πεπτωκέναι.
φιμοὶ δὲ συρίζουσι βάρβαρον βρόμον
μυκτηροκόμποις πνεύμασιν πληρούμενοι.
ἐσχημάτισται δ' ἀσπὶς οὐ σμικρὸν τρόπον·   465

441 θεοὺς δ' Weil   443 γεγωνᾶ(ι) codd.   445 ἐξηικασμένον
M: ἐξεικ- rell.   incipit A   446 del. Verrall   450 τ' ἄλλων
θεῶν Cᵃˢˢᶜʳ   453 μιν codd.   455 μ' suppl. Hermann   ὑπερ-
κόπωι Oᵃᶜ: -κόμπωι O²ᵖᶜ rell.   457 del. Wolf   460 Νηίστηισι
fort. Mᵃᶜ et V, Νηίστ- fort. etiam Xᵖᶜ: Νηίτηισι Mᵖᶜ plerique, Νηίτισι
vel -ταισι, -τοισι rell.   463 βρόμον Schütz ex MΣ (ἀπηνῆ ἦχον):
τρόπον codd.   465 εἰσημάτιστα Mᵃᶜ (ἐσχημάτισται Mᵖᶜ, ἐσχημ- M²),
ἐσχημάτισται I; σεσημάτισται Weil   σμικρὸν YQ: μι- rell.

ἀνὴρ ὁπλίτης κλίμακος προσαμβάσεις
στείχει πρὸς ἐχθρῶν πύργον, ἐκπέρσαι θέλων·
βοᾶι δὲ χοῦτος γραμμάτων ἐν ξυλλαβαῖς
ὡς οὐδ' ἂν Ἄρης σφ' ἐκβάλοι πυργωμάτων.
καὶ τῶιδε φωτὶ πέμπε τὸν φερέγγυον   470
πόλεως ἀπείργειν τῆςδε δούλιον ζυγόν.

Ετ.   [πέμποιμ' ἂν ἤδη τόνδε, σὺν τύχηι δέ τωι]
καὶ δὴ πέπεμπται κόμπον ἐν χεροῖν ἔχων
Μεγαρεύς, Κρέοντος σπέρμα τοῦ σπαρτῶν γένους,
ὃς οὔτι μάργον ἱππικῶν φρυαγμάτων   475
βρόμον φοβηθεὶς ἐκ πυλῶν χωρήσεται,
ἀλλ' ἢ θανὼν τροφεῖα πληρώσει χθονὶ
ἢ καὶ δύ' ἄνδρε καὶ πόλισμ' ἐπ' ἀσπίδος
ἑλὼν λαφύροις δῶμα κοσμήσει πατρός.
κόμπαζ' ἐπ' ἄλλωι, μηδέ μοι φθόνει λέγων.   480

Χο.   ἐπεύχομαι δὴ τὰ μὲν εὐτυχεῖν, ἰώ,   [στρ. β
πρόμαχ' ἐμῶν δόμων, τοῖσι δὲ δυστυχεῖν·
ὡς δ' ὑπέραυχα βάζουσιν ἐπὶ πτόλει
μαινομέναι φρενί, τώς νιν
Ζεὺς νεμέτωρ ἐπίδοι κοταίνων.   485

Αγγ.   τέταρτος ἄλλος γείτονας πύλας ἔχων
Ὄγκας Ἀθάνας ξὺν βοῆι παρίσταται,
Ἱππομέδοντος σχῆμα καὶ μέγας τύπος.
ἅλω δὲ πολλήν, ἀσπίδος κύκλον λέγω,
ἔφριξα δινήσαντος, οὐκ ἄλλως ἐρῶ.   490

466 ἀνὴρ Blomfield: ἀνὴρ δ' codd.   προσαμβάσεις HaLcLh^ac: πρὸς ἀμβάσεις rell.   467 ἐκπρῆσαι BHP^γρ   468 συλλ- plurimi 469 Ἄρης ἂν Blaydes   ἐκβάλλοι vel -βάλη plurimi   471 δούλιον O^ac ut vid.: -λειον O^pc rell.   ξυντύχοι P^γρ δ' ἴτω Butler   473 πέπεμπται Q^γρP^sscr: πέπεμπτ' οὐ vel πέμπετ' οὐ fere rell.   475 μάργον Schütz: -γων codd.   480 ἄλλον NcLcGP^γρF^sscrTr   φθόνει λίαν ΔLhK^sP^γρF; λόγων Valckenaer 481 τὰ Wilamowitz: τῶιδε ΔLcLhKQ^cGF^ac, τάδε rell.   483 βάζουσιν ΔCLhQ^cFTr: -ουσ' rell.   πτόλει ΜΔIQGTr: πόλιν ONc, πόλει rell. 490 incipit N

ὁ σηματουργὸς δ' οὔ τις εὐτελὴς ἄρ' ἦν
ὅςτις τόδ' ἔργον ὤπαςεν πρὸς ἀςπίδι,
Τυφῶν' ἱέντα πύρπνοον διὰ ςτόμα
λιγνὺν μέλαιναν, αἰόλην πυρὸς κάςιν·
ὄφεων δὲ πλεκτάναιςι περίδρομον κύτος   495
προςηδάφιςται κοιλογάςτορος κύκλου.
αὐτὸς δ' ἐπηλάλαξεν, ἔνθεος δ' Ἄρει
βακχᾶι πρὸς ἀλκήν, θυιὰς ὥς, φόβον βλέπων.
τοιοῦδε φωτὸς πεῖραν εὖ φυλακτέον,
Φόβος γὰρ ἤδη πρὸς πύλαις κομπάζεται.   500

Ετ. πρῶτον μὲν "Ογκα Παλλάς, ἥτ' ἀγχίπτολις
πύλαιςι γείτων, ἀνδρὸς ἐχθαίρους' ὕβριν,
εἵρξει νεοςςῶν ὡς δράκοντα δύςχιμον·
'Υπέρβιος δέ, κεδνὸς Οἴνοπος τόκος,
ἀνὴρ κατ' ἄνδρα τοῦτον ἡιρέθη, θέλων   505
ἐξιςτορῆςαι μοῖραν ἐν χρείαι τύχης,
οὔτ' εἶδος οὔτε θυμὸν οὐδ' ὅπλων ςχέςιν
μωμητός· 'Ερμῆς δ' εὐλόγως ςυνήγαγεν·
ἐχθρὸς γὰρ ἀνὴρ ἀνδρὶ τῶι ξυςτήςεται,
ξυνοίςετον δὲ πολεμίους ἐπ' ἀςπίδων   510
θεούς· ὁ μὲν γὰρ πύρπνοον Τυφῶν' ἔχει,
'Υπερβίωι δὲ Ζεὺς πατὴρ ἐπ' ἀςπίδος
ςταδαῖος ἧςται διὰ χερὸς βέλος φλέγων·
κοὔπω τις εἶδε Ζῆνά που νικώμενον.
τοιάδε μέντοι προςφίλεια δαιμόνων·   515
πρὸς τῶν κρατούντων δ' ἐςμέν, οἳ δ' ἡςςωμένων.
εἰκὸς δὲ πράξειν ἄνδρας ὧδ' ἀντιςτάτας,
εἰ Ζεύς γε Τυφῶ καρτερώτερος μάχηι·

491 ἄρ' ἦν: ἀνὴρ ΔΝc^{pc}HaLhQK^{sγρ}Pg^l   492 fort. ὤπλιcεν
497 Ἄρει Νc HaYN^{pc}LcLh^{pc}KQGFlr: Ἄρη MIAO^{pc}XDLh^{ac}, Ἄρην
fere rell.   498 incipit P. Oxy. 2334 col. i   θυιὰς Tr: θυὰc rell.
500 φόβον plerique   501 πρῶτον MΔKGQ^{ac}P^{sscr}Tr: πρῶτα rell.
503 desinit P. Oxy.   507 οὔθ' ὅπλων ΔLhKQGFTr   508 ξυν-
ήγ- ΔQPLcLhGF   513 φλέγον I^{sscr}P^{sscr}, φέρων ΔP^{γρ}K^{γρ}Q^cGF (φλέ-
γων F^{γρ})   514 οἶδε YLcK   516 prius δ' om. OYG   517 hoc
loco M^{pc}: post 519 M^{ac} et plurimi; versum om. AI^{ac}, post 518 habent
I^{1pc}O^{2pc}PQ^{ac}   γε πρᾶξιν M (corr. M²)   ἀντηρέτας Δ

Ὑπερβίωι δὲ πρὸς λόγον τοῦ σήματος
σωτὴρ γένοιτ' ἂν Ζεὺς ἐπ' ἀσπίδος τυχών.   520

Χο. πέποιθά ⟨τοι⟩ τὸν Διὸς ἀντίτυπον ἔχοντ'   [ἀντ. β
     ἄφιλον ἐν σάκει τοῦ χθονίου δέμας
     δαίμονος, ἐχθρὸν εἴκασμα βροτοῖς τε καὶ
     δαροβίοισι θεοῖσιν,
     πρόσθε πυλᾶν κεφαλὰν ἰάψειν.   525

Αγγ. οὕτως γένοιτο. τὸν δὲ πέμπτον αὖ λέγω
      πέμπταισι προσταχθέντα Βορραίαις πύλαις
      τύμβον κατ' αὐτὸν Διογενοῦς Ἀμφίονος·
      ὄμνυσι δ' αἰχμὴν ἣν ἔχει, μᾶλλον θεοῦ
      σέβειν πεποιθὼς ὀμμάτων θ' ὑπέρτερον,   530
      ἦ μὴν λαπάξειν ἄστυ Καδμείων βίαι
      Διός· τόδ' αὐδᾶι μητρὸς ἐξ ὀρεσκόου
      βλάστημα καλλίπρωιρον, ἀνδρόπαις ἀνήρ·
      στείχει δ' ἴουλος ἄρτι διὰ παρηίδων
      ὥρας φυούσης, ταρφὺς ἀντέλλουσα θρίξ.   535
      ὁ δ' ὠμόν, οὔ τι παρθένων ἐπώνυμον
      φρόνημα, γοργὸν δ' ὄμμ' ἔχων, προσίσταται·
      οὐ μὴν ἀκόμπαστός γ' ἐφίσταται πύλαις,
      τὸ γὰρ πόλεως ὄνειδος ἐν χαλκηλάτωι
      σάκει, κυκλωτῶι σώματος προβλήματι,   540
      Σφίγγ' ὠμόσιτον προσμεμηχανημένην
      γόμφοις ἐνώμα, λαμπρὸν ἔκκρουστον δέμας,
      φέρει δ' ὑφ' αὑτῆι φῶτα, Καδμείων ἕνα,

519 δὲ Butler: τε codd.   520 ἂν om. ΔQ   521 τοι suppl.
Blaydes, δὴ FᵖᶜTr   523 δαίμονος Brunck: δαίμοσιν codd.   βρο-
τοῖς G: -οῖσι rell.   τε om. OTr   527 Βορραίαις: Βοραίαις K,
Βορέαις vel Βορρέαις rell.   529 incipit P. Oxy. 2334 col. ii
532 Διός: δορός P. Oxy. ALhFYᵖᶜ et γρ. IDPQK   μητρὸς BDH
VTr: ματρὸς fere rell.   536 οὗτοι Tr   537 φρούρημα P. Oxy.
post h.v. 547–9 inseruit Kirchhoff ne Parthenopaei nomen diutius
exspectaretur   542 init.]τοις εν[P. Oxy.; γόμφοισι νωμᾶι
Wakefield   543 ὑπ' αὑτῆι P. Oxy. BHNcYaFˢˢᶜʳ

ὡς πλεῖϲτ᾽ ἐπ᾽ ἀνδρὶ τῶιδ᾽ ἰάπτεϲθαι βέλη.
ἐλθὼν δ᾽ ἔοικεν οὐ καπηλεύϲειν μάχην,　　　　　　545
μακρᾶς κελεύθου δ᾽ οὐ καταιϲχυνεῖν πόρον,
Παρθενοπαῖος Ἀρκάς· ὁ δὲ τοιόϲδ᾽ ἀνήρ,
μέτοικος, Ἄργει δ᾽ ἐκτίνων καλὰς τροφάς,
πύργοις ἀπειλεῖ τοῖϲδ᾽ ἃ μὴ κραίνοι θεός.

Ετ.　εἰ γὰρ τύχοιεν ὧν φρονοῦϲι πρὸς θεῶν　　　　　　550
αὐτοῖς ἐκείνοις ἀνοϲίοις κομπάϲμαϲιν·
ἦ τἂν πανώλεις παγκάκως τ᾽ ὀλοίατο.
ἔϲτιν δὲ καὶ τῶιδ᾽, ὃν λέγεις τὸν Ἀρκάδα,
ἀνὴρ ἄκομπος, χεὶρ δ᾽ ὁρᾶι τὸ δράϲιμον,
Ἄκτωρ, ἀδελφὸς τοῦ πάρος λελεγμένου,　　　　　　555
ὃς οὐκ ἐάϲει γλῶϲϲαν ἐργμάτων ἄτερ
ἔϲω πυλῶν ῥέουϲαν ἀλδαίνειν κακά,
οὐδ᾽ εἰϲαμεῖψαι τεῖχος ἐχθίϲτου δάκους
εἰκὼ φέροντα πολεμίας ἐπ᾽ ἀϲπίδος
ἔξωθεν εἴϲω· τῶι φέροντι μέμψεται　　　　　　560
πυκνοῦ κροτηϲμοῦ τυγχάνουϲ᾽ ὑπὸ πτόλιν.
θεῶν θελόντων τἂν ἀληθεύϲαιμ᾽ ἐγώ.

Χο.　ἱκνεῖται λόγος διὰ ϲτηθέων,　　　　　　　[ϲτρ. γ
τριχὸς δ᾽ ὀρθίας πλόκαμος ἵϲταται
μεγάλα μεγαληγόρων κλυούϲαι　　　　　　565
ἀνοϲίων ἀνδρῶν· εἴθε ⟨　⟩ θεοὶ
τούϲδ᾽ ὀλέϲειαν ἐν γᾶι.

547 ὁ Παρθ- ΔGFTr　　　549 τοῖϲδ᾽ ἇ: δείν᾽ ἇ ΔHaLhGFP^{γρ}, δεινὰ
Q^{2γρ}O in marg.　　　κραίνοι ΜΔ(κρέν-)ADNcLhG: κραίνει HaQ,-ηι X,
κράνοι rell.　　　551–2 inverso ordine Doederlein　　　552 τ᾽ om.
IO^{ac}LhTr, fort. recte　post h.v. desinit P. Oxy. 2334　　　554 δὲ δρᾶι
Winckelmann　　557 ἔξω ΔQP^{γρ}GF^{sscr}　　558 τεῖχος Francken:
θηρὸς codd., prob. e gl. ad δάκους　　δάκος VK^{pc}　　559 del. Weil,
sed voc. εἰκὼ respicit τυγχάνουϲα infra　　561 πικροῦ DNcK^{γρ}P^{γρ}
562 τἂν NP^{sscr}: δ᾽ ἂν vel ἂν rell.; πᾶν Zakas　　564 ὄρθιος Blaydes
565–614 om. H　　565 κλυούϲαι Hermann: κλύουϲα I^{pc}, κλύους᾽
XCNc, ἀλύουϲα B^{sγρ}, κλύων fere rell.　　566 εἰ θεοὶ θεοὶ MI^{γρ}Nc (ut
vid.), εἴθε γὰρ θεοὶ ΔLcKPQG, εἴθε οἱ θεοὶ rell.; εἴθε μοι θεοὶ W. Schwarz

Αγγ. ἕκτον λέγοιμ' ἂν ἄνδρα cωφρονέcτατον,
ἀλκὴν ἄριcτον μάντιν, Ἀμφιάρεω βίαν·
Ὁμολωίcιν δὲ πρὸc πύλαιc τεταγμένοc   570
κακοῖcι βάζει πολλὰ Τυδέωc βίαν,
τὸν ἀνδροφόντην, τὸν πόλεωc ταράκτορα,
μέγιcτον Ἄργει τῶν κακῶν διδάcκαλον,
Ἐρινύοc κλητῆρα, πρόcπολον φόνου,
κακῶν δ' Ἀδράcτωι τῶνδε βουλευτήριον·   575
καὶ τὸν cὸν †αὖθιc πρὸc μόραν† ἀδελφεόν,
ἐξυπτιάζων ὄνομα, Πολυνείκουc βίαν,
†δίc τ' ἐν τελευτῆι† τοὔνομ' ἐνδατούμενοc
καλεῖ, λέγει δὲ τοῦτ' ἔποc διὰ cτόμα·
"ἦ τοῖον ἔργον καὶ θεοῖcι προcφιλέc,   580
καλόν τ' ἀκοῦcαι καὶ λέγειν μεθυcτέροιc,
πόλιν πατρώιαν καὶ θεοὺc τοὺc ἐγγενεῖc
πορθεῖν, cτράτευμ' ἐπακτὸν ἐμβεβληκότα;
μητρόc τε πηγὴν τίc καταcβέcει δίκη,
πατρίc τε γαῖα cῆc ὑπὸ cπουδῆc δορὶ   585
ἁλοῦcα πῶc coι ξύμμαχοc γενήcεται;
ἔγωγε μὲν δὴ τήνδε πιανῶ χθόνα
μάντιc κεκευθὼc πολεμίαc ὑπὸ χθονόc·
μαχώμεθ'· οὐκ ἄτιμον ἐλπίζω μόρον."
τοιαῦθ' ὁ μάντιc ἀcπίδ' εὐκήλωc ἔχων   590
πάγχαλκον ηὔδα. cῆμα δ' οὐκ ἐπῆν κύκλωι·
οὐ γὰρ δοκεῖν ἄριcτοc ἀλλ' εἶναι θέλει,
βαθεῖαν ἄλοκα διὰ φρενὸc καρπούμενοc,

---

568 cωφρονέcτερον plurimi   569 ἀλκὴν V: -κήν τ' rell.
575 κακῶν τ' plerique   576 πρὸc μόραν MᵃᶜA, προcμόραν Mᵖᶜ, πρὸc
μόρον vel πρόcμορον rell. (πρὸc μόρον τ' Fᵖᶜ, προcμόρων Tr; πρὸc πόρον
vel πρόcπορον γρ. vel sscr. IBWP); προcμολὼν Aldinae margo   ἀδελφὸν
OYaYᵃᶜC²ᵖᶜ (ut vid.); ὁμόcπορον Burges   578 δὶc ἐν Francken,
δίχ' ἐν Groeneboom; fort. δίcc' ἐν; ἐν τελευτῆι non intelligitur   580–
885 om. Nc   584 μητρὸc δὲ I   585 πατρόc plerique τε AHa
DVOYYaKPᵞʳ: δὲ rell.   586 cύμμ- plurimi   588 ὑπὸ: ἐπὶ
plurimi   590 εὐκήλωc Donner: εὔκηλον M, εὔκυκλον Mˢʸᵖ rell.
(ἔγκυκλον schol. E. Phoen. 1111)   ἔχων MXBCPᵞʳ schol. E. Phoen.:
νέμων Mˢʸᵖ et fere rell.; εὔκηλοc νέμων Prien

ἐξ ἧς τὰ κεδνὰ βλαστάνει βουλεύματα.
τούτωι σοφούς τε κἀγαθοὺς ἀντηρέτας   595
πέμπειν ἐπαινῶ· δεινὸς ὃς θεοὺς σέβει.

Ετ. φεῦ τοῦ ξυναλλάσσοντος ὄρνιθος βροτοῖς
δίκαιον ἄνδρα τοῖσι δυσσεβεστέροις.
ἐν παντὶ πράγει δ' ἔσθ' ὁμιλίας κακῆς
κάκιον οὐδέν, καρπὸς οὐ κομιστέος.   600
ἄτης ἄρουρα θάνατον ἐκκαρπίζεται·
ἢ γὰρ ξυνεισβὰς πλοῖον εὐσεβὴς ἀνὴρ
ναύτηισι θερμοῖς καὶ πανουργίαι τινὶ
ὄλωλεν ἀνδρῶν σὺν θεοπτύστωι γένει,
ἢ ξὺν πολίταις ἀνδράσιν δίκαιος ὢν   605
ἐχθροξένοις τε καὶ θεῶν ἀμνήμοσιν,
ταὐτοῦ κυρήσας ἐκδίκοις ἀγρεύματος,
πληγεὶς θεοῦ μάστιγι παγκοίνωι 'δάμη.
οὕτως δ' ὁ μάντις, υἱὸν Οἰκλέους λέγω,
σώφρων δίκαιος ἀγαθὸς εὐσεβὴς ἀνήρ,   610
μέγας προφήτης, ἀνοσίοισι συμμιγεὶς
θρασυστόμοισιν ἀνδράσιν βίαι φρενῶν,
τείνουσι πομπὴν τὴν μακρὰν πάλιν μολεῖν,
Διὸς θέλοντος συγκαθελκυσθήσεται.
δοκῶ μὲν οὖν σφε μηδὲ προσβαλεῖν πύλαις,   615
οὐχ ὡς ἄθυμον οὐδὲ λήματος κάκηι,
ἀλλ' οἶδεν ὥς σφε χρὴ τελευτῆσαι μάχηι,
εἰ καρπὸς ἔσται θεσφάτοισι Λοξίου·
[φιλεῖ δὲ σιγᾶν ἢ λέγειν τὰ καίρια.]
ὅμως δ' ἐπ' αὐτῶι φῶτα, Λασθένους βίαν,   620
ἐχθρόξενον πυλωρὸν ἀντιτάξομεν,

597 βροτοὺς M^{ac}XV^{ac}N^{pc}D^{isscr}W (-οῖς W^{sscr})   598 -βεστάτοις
plerique   601 seclusit Valckenaer   603 καὶ· ἐν ΔGKQ²ʸᵖ;
κἂν Stanley   παν. τινί suspectum   607 ἐκδίκοις Prien: ἐκδίκως
MΔXHaOLcLhQP^{γρ}FTr, ἐνδίκως rell.   609 οὕτως M^{ac}ILc
Lh^{sscr}Q^{pc}P^{sscr}F: οὕτω Q^{ac}K^{γρ}F^{sscr}, οὗτος M^{pc} rell.   δ' del. Brunck
610 εὐσεβὴς: εὐγενὴς HaLhFQP^{γρ}C²ˢˢᶜʳ   613 πάλιν MIHaAB^{sγρ}:
πόλιν rell.   615 denuo incipit H   616–57 deficit Ha   616 ἄ-
θυμον GP^{sscr}: -μος P rell.   618 ἔστι M^ΣCQ   619 del. I. Pearson
621 incipit P. Oxy. 2333

γέροντα τὸν νοῦν, σάρκα δ' ἡβῶcαν φύει,
ποδῶκεc ὄμμα, χειρὶ δ' οὐ βραδύνεται
παρ' ἀcπίδοc γυμνωθὲν ἀρπάcαι δόρυ.
θεοῦ δὲ δῶρόν ἐcτιν εὐτυχεῖν βροτούc.   625

Χο. κλύοντεc θεοὶ δικαίουc λιτὰc   [ἀντ. γ
     ἡμετέραc τελεῖθ', ὡc πόλιc εὐτυχῆι,
     δορίπονα κάκ' ἐκτρέποντεc ⟨ἐc⟩ γᾶc
     ἐπιμόλουc· πύργων δ' ἔκτοθεν βαλὼν
     Ζεύc cφε κάνοι κεραυνῶι.   630

Αγγ. τὸν ἕβδομον δὴ τόν τ' ἐφ' ἑβδόμαιc πύλαιc
     λέξω, τὸν αὐτοῦ coῦ καcίγνητον, πόλει
     οἵαc ἀρᾶται καὶ κατεύχεται τύχαc,
     πύργοιc ἐπεμβὰc κἀπικηρυθεὶc χθονί,
     ἁλώcιμον παιᾶν' ἐπεξιακχάcαc,   635
     coὶ ξυμφέρεcθαι καὶ κτανὼν θανεῖν πέλαc
     ἢ ζῶντ' ἀτιμαcτῆρα τὼc ἀνδρηλατῶν
     φυγῆι τὸν αὐτὸν τόνδε τείcαcθαι τρόπον.
     τοιαῦτ' αὐτεῖ καὶ θεοὺc γενεθλίουc
     καλεῖ πατρώιαc γῆc ἐποπτῆραc λιτῶν   640
     τῶν ὦν γενέcθαι πάγχυ Πολυνείκουc βία.
     ἔχει δὲ καινοπηγὲc εὔκυκλον cάκοc
     διπλοῦν τε cῆμα προcμεμηχανημένον·

622 φύει I ut vid.: φύcει P. Oxy. ΜΥΥαΟᶜLhΚQΒˢʸ͏ᵖΡʸͬΡFTr, φέρει
Μ²ˢˢᶜͬFʸ͏ᵖ rell.   623 οἶμα Weil   χειρὶ Hartung: -ρα codd.
625 βροτοῖc P. Oxy.   626 δικαίουc P. Oxy. et codd. exceptis
ΜΔΟΥαLcLhʸ͏ᵖQGTr δικαίαc (-ουc sscr. Μ²Υα²); δικαίωc Dawe coll.
171   λόγουc Μ²ˢˢᶜͬLhYα²ʸ͏ᵖF   628 ἐc γᾶc Hermann: γᾶc πρὸc
vel γᾶc codd. (γᾶc εἰc sscr. Μ²I²)   629 ἔκτοθεν in fine versus P.
Oxy.; fort. habuit πύργων βαλὼν ἔκτοθεν, om. δ'   631 τόν τ' Blom-
field: τόνδ' codd.   633 οἵαc ΙΝdΚᵃᶜQ²ᵖᶜTr: οἵαc γ' vel οἷά γ'
fere rell.   634 κἀπιγηρυθεὶc Dawe:]ι in fine versus tantum P. Oxy.,
in marg. .[.]ηρυθειc, cf. Ρʸ͏ᵖ κἀπιγυρωθεὶc; κἀπικηρυχθεὶc rell.; ἀποκηρυ-
χθεὶc Weil   636 cυμφ- plurimi   637 lectio incerta: ζῶν Schütz
τὼc ΜΙΔ(τὼc')ΧΒΟΝdTr: τώc c' fere rell.   ἀνδρηλατῶν Blomfield:
-λάτην codd.   642 εὔκυκλον: εὔθετον QΥαF et γρ. C²P et in schol.
ΜΙΗ   643 -μηχανευμένον plerique

χρυσήλατον γὰρ ἄνδρα τευχηςτὴν ἰδεῖν
ἄγει γυνή τις ςωφρόνως ἡγουμένη·   645
Δίκη δ' ἄρ' εἶναί φηςιν, ὡς τὰ γράμματα
λέγει· "κατάξω δ' ἄνδρα τόνδε, καὶ πόλιν
ἕξει πατρῴαν δωμάτων τ' ἐπιστροφάς."
τοιαῦτ' ἐκείνων ἐςτὶ τἀξευρήματα.
cὺ δ' αὐτὸς ἤδη γνῶθι τίνα πέμπειν δοκεῖ,   650
ὡς οὔποτ' ἀνδρὶ τῷδε κηρυκευμάτων
μέμψῃι· cὺ δ' αὐτὸς γνῶθι ναυκληρεῖν πόλιν.

Ετ. ὦ θεομανές τε καὶ θεῶν μέγα ςτύγος,
ὦ πανδάκρυτον ἁμὸν Οἰδίπου γένος·
ὤμοι πατρὸς δὴ νῦν ἀραὶ τελεςφόροι.   655
ἀλλ' οὔτε κλαίειν οὔτ' ὀδύρεςθαι πρέπει,
μὴ καὶ τεκνωθῆι δυςφορώτερος γόος.
ἐπωνύμωι δὲ κάρτα, Πολυνείκη λέγω,
τάχ' εἰςόμεςθα τοὐπίςημ' ὅποι τελεῖ,
εἴ νιν κατάξει χρυςότευκτα γράμματα   660
ἐπ' ἀςπίδος φλύοντα cὺν φοίτωι φρενῶν.
εἰ δ' ἡ Διὸς παῖς παρθένος Δίκη παρῆν
ἔργοις ἐκείνου καὶ φρεςίν, τάχ' ἂν τόδ' ἦν·
ἀλλ' οὔτε νιν φυγόντα μητρόθεν ςκότον
οὔτ' ἐν τροφαῖςιν οὔτ' ἐφηβήςαντά πω   665
οὔτ' ἐν γενείωι ξυλλογῆι τριχώματος
Δίκη προςεῖδε καὶ κατηξιώςατο,
οὐδ' ἐν πατρῴας μὴν χθονὸς κακουχίαι
οἶμαί νιν αὐτῶι νῦν παραστατεῖν πέλας.

644 τευχηςτὴν ΜΔΙGTr: -χιςτ- fere rell.   647 λέξει ΜΙΑΟΥa
DLh^ac   648 πατρῴαν ΔLcLh^pcQ KGF^sscr: πατρῴων rell.
650 δοκεῖ ΜΑDΝΡΟ^acQ^acG (ut vid.): δοκεῖ cοι CVaH^ipcB^pc, δοκεῖc rell.
651 τῶνδε CPOKH^ipcQ^2pc   652 πόλιν: πά[τραν P. Oxy.
654 ἁμὸν ΜΚ: ἀμὸν fere rell.   656 desinit P. Oxy. 2333
657 -φορώτατος plerique   658 -νείκη Μ^ac(ut vid.)VHLcCN^acQGF:
-νείκει Μ^cC^sscr rell.   denuo incipit Ha   659 -όμεθα plurimi
ὅποι ΜΙΧΒCΟΥa^2sscrF^sscr: ὅπηι vel ὅπου rell.   666 ξυλλ- Μ:
cυλλ- Μ^a rell.   667 προςεῖδε Meineke ex Μ^Σ (εἶδεν αὐτὸν): προς-
εῖπε codd.   668 οὐδ' HaLcPQGK: οὔτ' P^γρ rell.   669 αὐτῶι παρα-
YaD, αὐτῶι cυμπαρα- HaΔLhF (νῦν F^γρ)

   ἢ δῆτ' ἂν εἴη πανδίκως ψευδώνυμος   670
   Δίκη, ξυνοῦσα φωτὶ παντόλμωι φρένας.
   τούτοις πεποιθὼς εἶμι καὶ ξυστήσομαι
   αὐτός· τίς ἄλλος μᾶλλον ἐνδικώτερος;
   ἄρχοντί τ' ἄρχων καὶ κασιγνήτωι κάσις,
   ἐχθρὸς σὺν ἐχθρῶι στήσομαι. φέρ' ὡς τάχος   675
   κνημῖδας, αἰχμῆς καὶ πέτρων προβλήματα.

Χο. μή, φίλτατ' ἀνδρῶν, Οἰδίπου τέκος, γένηι
   ὀργὴν ὁμοῖος τῶι κάκιστ' αὐδωμένωι·
   ἀλλ' ἄνδρας Ἀργείοισι Καδμείους ἅλις
   ἐς χεῖρας ἐλθεῖν· αἷμα γὰρ καθάρσιον.   680
   ἀνδροῖν δ' ὁμαίμοιν θάνατος ὧδ' αὐτοκτόνος,
   οὐκ ἔστι γῆρας τοῦδε τοῦ μιάσματος.

Ετ. εἴπερ κακὸν φέροι τις, αἰσχύνης ἄτερ
   ἔστω· μόνον γὰρ κέρδος ἐν τεθνηκόσιν,
   κακῶν δὲ κᾀσχρῶν οὔτιν' εὐκλείαν ἐρεῖς.   685

Χο. τί μέμονας, τέκνον; μή τί σε θυμοπλη-   [στρ. α
   θὴς δορίμαργος ἄτα φερέτω· κακοῦ δ'
   ἔκβαλ' ἔρωτος ἀρχάν.

Ετ. ἐπεὶ τὸ πρᾶγμα κάρτ' ἐπισπέρχει θεός,
   ἴτω κατ' οὖρον, κῦμα Κωκυτοῦ λαχὸν   690
   Φοίβωι στυγηθὲν πᾶν τὸ Λαΐου γένος.

Χο. ὠμοδακής σ' ἄγαν ἵμερος ἐξοτρύ-   [ἀντ. α
   νει πικρόκαρπον ἀνδροκτασίαν τελεῖν
   αἵματος οὐ θεμιστοῦ.

Ετ. φίλου γὰρ ἐχθρά μοι πατρὸς †τελεῖ† ἀρὰ   695

676 αἰχμῆς MAB^{ac}CHXHaWDPQ^{ac}F: -μὰς I, -μὴν W^{sscr}B^{1pc}Q^{2pc}P^{γρ}
rell. πτερῶν ADF^{γρ}C^{2γρ}K^{sγρ}H^{ac}   681 αὐτοκτόνως plerique   683 φέ-
ρει ΔIBDOYYaLcLhG   684 ἐν: ἓν M^{2pc} plurimi   685 φέρεις Halm
686 μέμονας MIO^{ac}LhF et Tr (ἐκμέμονας): μέμηνας M^{2}O^{1pc}F^{sscr}Lh^{sscr}
rell.   τί σε Lc: τίς σε rell.   694 θεμιστοῦ MOFTr et P^{γρ} (ἀθεμί-
στου om. οὐ): -μιτοῦ rell.   695 ἐχθρὰ ΔBCHaOYaD^{γρ}LcLhKQP^{γρ}G
FTr; αἰσχρὰ B^{γρ}Ya^{γρ} rell.   τελεῖ MIBCHDWNNdVO^{pc}P^{γρ}, τελεῖ' (var.
accent.) fere rell.; τάλαιν' Wordsworth, μέλαιν' Weil, τελεῖν Turnebus

AICXYΛOΥ

ξηροῖς ἀκλαύτοις ὄμμασιν προσιζάνει
λέγουσα κέρδος πρότερον ὑστέρου μόρου.

Χο. ἀλλὰ σὺ μὴ 'ποτρύνου· κακὸς οὐ κεκλή-   [στρ. β
σῃ βίον εὖ κυρήσας. μελάναιγις ἔξ-
εισι δόμων 'Ερινὺς ὅταν ἐκ χερῶν   700
θεοὶ θυσίαν δέχωνται.

Ετ. θεοῖς μὲν ἤδη πως παρημελήμεθα,
χάρις δ' ἀφ' ἡμῶν ὀλομένων θαυμάζεται·
τί οὖν ἔτ' ἂν σαίνοιμεν ὀλέθριον μόρον;

Χο. νῦν ὅτε σοι †παρέστακεν†, ἐπεὶ δαίμων   [ἀντ. β
λήματος ἂν τροπαίαι χρονίαι μεταλ-   706
λακτὸς ἴσως ἂν ἔλθοι θελεμωτέρωι
πνεύματι· νῦν δ' ἔτι ζεῖ.

Ετ. ἐξέζεσεν γὰρ Οἰδίπου κατεύγματα·
ἄγαν δ' ἀληθεῖς ἐνυπνίων φαντασμάτων   710
ὄψεις, πατρώιων χρημάτων δατήριοι.

Χο. πείθου γυναιξὶ καίπερ οὐ στέργων ὅμως.
Ετ. λέγοιτ' ἂν ὧν ἄνη τις· οὐδὲ χρὴ μακράν.
Χο. μὴ ἔλθῃς ὁδοὺς σὺ τάσδ' ἐφ' ἑβδόμαις πύλαις.
Ετ. τεθηγμένον τοί μ' οὐκ ἀπαμβλυνεῖς λόγωι.   715
Χο. νίκην γε μέντοι καὶ κακὴν τιμᾶι θεός.
Ετ. οὐκ ἄνδρ' ὁπλίτην τοῦτο χρὴ στέργειν ἔπος.
Χο. ἀλλ' αὐτάδελφον αἷμα δρέψασθαι θέλεις;
Ετ. θεῶν διδόντων οὐκ ἂν ἐκφύγοις κακά.

696 ἀκλαύστ- codd. ἄκλαυτος Butler   699 seq. ἔξεισι Weil: δ' οὐκ
εἶσι codd. δόμων MQTr: δόμον rell. ὅταν MᵃᶜLcLhFᵧᵖTr: οὔ τ' ἂν
M²ᵖᶜ et fere rell.   705 fort. πάρεστ', εἶξον vel πάρεστ', εἶκ'· ἐπί τοι
δαίμων   706 ἀντροπαῖα var. accent. fere codd.   707 θελεμωτέρωι
Conington: θαλερωτ- codd.   709 ἐξέζεσαν plerique   710 φασμά-
των ἐνυπνίων HaLcQKᵃᶜGFᵃᶜ, φαντασμάτων ἐνυπνίων ΔLh, ἐνυπνίων
φασμάτων I   712 πιθοῦ Blomfield   713 ἄνη τις M: ἄνυσις
(M²ˢˢᶜʳ) vel ἄνυτις rell.   719 ἐκφύγοις M: -γοι (M²ˢˢᶜʳ) vel -γη rell.

72

Χο.   πέφρικα τὰν ὠλεσίοικον   [*cτρ. α*
        θεὸν οὐ θεοῖc ὁμοίαν,   721
        παναληθῆ κακόμαντιν
        πατρὸc εὐκταίαν Ἐρινὺν
        τελέcαι τὰc περιθύμουc
        κατάραc Οἰδιπόδα βλαψίφρονοc·   725
        παιδολέτωρ δ' ἔριc ἅδ' ὀτρύνει.

        ξένοc δὲ κλήρουc ἐπινωμᾶι   [*ἀντ. α*
        Χάλυβοc Cκυθῶν ἄποικοc,
        κτεάνων χρηματοδαίταc
        πικρόc, ὠμόφρων cίδαροc,   730
        χθόνα ναίειν διαπήλαc
        ὁπόcαν καὶ φθιμένουc ἐγκατέχειν
        τῶν μεγάλων πεδίων ἀμοίρουc.

        ἐπεὶ δ' ἂν αὐτοκτόνωc   [*cτρ. β*
        αὐτοδάικτοι θάνωcι καὶ γαῖα κόνιc   735
        πίηι μελαμπαγὲc αἷμα φοίνιον,
        τίc ἂν καθαρμοὺc πόροι;
            τίc ἄν cφε λούcειεν; ὦ
        πόνοι δόμων νέοι παλαι-   740
        οῖcι cυμμιγεῖc κακοῖc.

        παλαιγενῆ γὰρ λέγω   [*ἀντ. β*
        παρβαcίαν ὠκύποινον, αἰῶνα δ' ἐc τρίτον

720 ὠλεcί- MBCO : οὐλεcί- H, ὀλεcί- Cissᴄʳ rell.   721 post ὁμοίαν, schol.
ἃ γὰρ νύκτωρ παρεκελεύcατο καὶ γέγονε in textu habent codd. exceptis
MK; scr. et del. FTr, add. K in marg.   725 Οἰδ. βλαψ. Tr : βλαψ.
Οἰδ. rell.   727 κλήρουc ΔLcLhFPssᴄʳ et fort. Mᵃᶜ : -ρον Tr, -ροιc
Mᵖᶜ rell.   733 φθιμένουc Stanley, ἐγκατέχειν Headlam : φθιμένοιcι
κατέχειν codd.   734 αὐτοκτόνωc ΔHaLcLhKQGFTr : αὐτοκτάνωcι(ν)
MᵃᶜI, αὐτοὶ κτάνωcι(ν) Mᵖᶜ rell.   735 γαῖα Hermann : χθονία
codd.   737 καθαρμὸν Mᶻssᴄʳ (καθαρ** M, κάθαρμα Mˢ) XWVPN
NdG   738 λύcειεν legit Mᶻ (τίc . . . ἐκλύcει)   744 παρβ- Por-
son : παραιβ- vel παραβ- codd.   744 ὀξύποινον Weil

μένειν, Ἀπόλλωνος εὖτε Λάιος   745
βίαι τρὶς εἰπόντος ἐν
μεσομφάλοις Πυθικοῖς
χρηστηρίοις θνάισκοντα γέν-
νας ἄτερ σώιζειν πόλιν,

κρατηθεὶς ἐκ φιλᾶν ἀβουλιᾶν   [στρ. γ
ἐγείνατο μὲν μόρον αὑτῶι,   751
πατροκτόνον Οἰδιπόδαν, ὅστε ματρὸς ἁγνὰν
σπείρας ἄρουραν ἵν' ἐτράφη
ῥίζαν αἱματόεσσαν   755
ἔτλα· παράνοια συνᾶγε
νυμφίους φρενώλης.

κακῶν δ' ὥσπερ θάλασσα κῦμ' ἄγει,   [ἀντ. γ
τὸ μὲν πίτνον, ἄλλο δ' ἀείρει
τρίχαλον, ὃ καὶ περὶ πρύμναν πόλεως καχλάζει.   760
μεταξὺ δ' ἄλκαρ ὅδ' ὀλίγωι
τείνει πύργος ἐν εὔρει.
δέδοικα δὲ σὺν βασιλεῦσι
μὴ πόλις δαμασθῆι.   765

τέλειαι γὰρ παλαιφάτων ἀρᾶν   [στρ. δ
βαρεῖαι καταλλαγαί·
τὰ δ' ὀλοὰ †πελόμεν'† οὐ παρέρχεται,
πρόπρυμνα δ' ἐκβολὰν φέρει

745 μένειν Wilamowitz: μένοι GQᵖᶜPˢˢᶜʳ, μένει rell.   748 θνή-
plurimi   750 ἐκ I: δ' ἐκ rell.   φίλων codd.   ἀβουλίαν (hoc
accentu) M: -λία(ι) vel -λίας vel -λίαις rell.   751 ἐγείνατο ΔHaFᵃᶜ
(ut vid.) Tr: *γείνατο Q, γείνατο rell.   752 Οἰδίποδα plurimi
753 ματρὸς ΜΙʸᵖΧ(μητρὸς)OᵃᶜG: ματρὸς πρὸς Y, μὴ πρὸς fere rell.
756 συνάγαγε vel -ήγαγε plerique   757 φρενώλης M: πανώλης I,
φρενώλεις Μⁱˢˢᶜʳ rell.   761 seq. ἄλκαρ Blomfield: ἀλκὰ codd.
ὅδ' ὀλίγωι Weil: δι' ὀλίγου codd.   πύργου ΥΙⁱˢˢᶜʳPʸᵖ   766 τέλεια
ΜΣΙΡ, τέλειοι YLc   -φάτων ΜΙΒᵃᶜ: -φατοι Β²ᵖᶜ rell.   ἀρᾶν Bothe:
ἀραὶ codd.   768 πελόμεν' ΜᵃᶜΙΡʸᵖLhˢˢᶜʳ, τελόμεν' vel τελούμεν'
vel τελλόμεν' rell.; cf. ΜΣ τὰ δεινὰ τελούμενα οὐ παρέρχεται

ἀνδρῶν ἀλφηστᾶν   770
ὄλβος ἄγαν παχυνθείς.

τίν' ἀνδρῶν γὰρ τοσόνδ' ἐθαύμασαν   [ἀντ. δ
θεοὶ καὶ ξυνέστιοι †πόλεωϲ†
πολύβατός τ' ἀγὼν βροτῶν,
ὅσον τότ' Οἰδίπουν τίον   775
τὰν ἀρπαξάνδραν
κῆρ' ἀφελόντα χώρας;

ἐπεὶ δ' ἀρτίφρων   [ϲτρ. ε
ἐγένετο μέλεος ἀθλίων
γάμων, ἐπ' ἄλγει δυσφορῶν   780
μαινομέναι κραδίαι
δίδυμα κάκ' ἐτέλεσεν,
πατροφόνωι χερὶ †τῶν
κρειϲϲοτέκνων δ' ὀμμάτων† ἐπλάγχθη.

τέκνοις δ' ἀρχαίας   [ἀντ. ε
ἐφῆκεν ἐπίκοτος τροφᾶς,   786
αἰαῖ, πικρογλώϲϲους ἀράς,
καί ϲφε ϲιδαρονόμωι
διὰ χερί ποτε λαχεῖν
κτήματα. νῦν δὲ τρέω   790
μὴ τελέϲηι καμψίπους Ἐρινύϲ.

770 ἀλφηϲτᾶν M: -τάων YaP^{γρ}, -τῶν rell.   773 vocc. πόλεωϲ
hic, πελόμεν' 768 deletis, fort. τὰ δ' ὀλό' οὐ παρέρχεται = πολύβατός τ'
ἀγὼν βροτῶν   πολύβατός ut vid. M^Σ (ἐμβατευόμενος): -βοτός codd.
ἀγὼν Weil: αἰὼν codd.; cf. Pind. fr. 75. 3 πολύβατον . . . ἀγοράν
776 τὰν ἀρπ- Hermann: ἀναρπ- codd. -ανδρον Blomfield   781 κραδίαι
Tr: κραδίη O, καρδίαι rell.   784 κρειϲϲοτέκνων M^sΔILcPKQTr,
κρείϲϲω τέκνων MABHVNYaHaDWLhF, κρείϲϲων τέκνων XC, κρειϲ-
ϲόνων τέκνων OYG   δ' ὀμμάτων HaQTr (qui etiam δ' omittit): δ'
ἀπ' ὀμμ. rell.; δωμάτων Hoernle   785 ἀρχαίας Wilamowitz coll.
schol. S. OC 1375: ἀραίας codd.; ἀγρίας Francken   786 ἐπίκοτος
Heath: -κότους codd.   τροφᾶς XWDABCP^{γρ}: -φὰς rell. (utrum-
que B)   788 καί suspectum; ἢ Heimsoeth (ἢ Δ)   789 διὰ χερί
Porson: διαχερίαι HaTr, -χειρία(ι) rell.

Αγγ. θαρςεῖτε, παῖδεϲ μητέρων τεθραμμέναι·
πόλιϲ πέφευγεν ἥδε δούλιον ζυγόν.
πέπτωκεν ἀνδρῶν ὀβρίμων κομπάϲματα,
πόλιϲ δ' ἐν εὐδίαι τε καὶ κλυδωνίου   795
πολλαῖϲι πληγαῖϲ ἄντλον οὐκ ἐδέξατο.
ϲτέγει δὲ πύργοϲ, καὶ πύλαϲ φερεγγύοιϲ
ἐφαρξάμεϲθα μονομάχοιϲι προϲτάταιϲ.
καλῶϲ ἔχει τὰ πλεῖϲτ' ἐν ἓξ πυλώμαϲιν,
τὰϲ δ' ἑβδόμαϲ ὁ ϲεμνὸϲ ἑβδομαγέταϲ   800
ἄναξ Ἀπόλλων εἵλετ', Οἰδίπου γένει
κραίνων παλαιὰϲ Λαΐου δυϲβουλίαϲ.
Χο.   τί δ' ἐϲτὶ πρᾶγοϲ νεόκοτον πόλει πλέον;   803
Αγγ. ἄνδρεϲ τεθνᾶϲιν ἐκ χερῶν αὐτοκτόνων.   805
Χο.   τίνεϲ; τί δ' εἶπαϲ; παραφρονῶ φόβωι λόγου.
Αγγ. φρονοῦϲα νῦν ἄκουϲον· Οἰδίπου γένοϲ
Χο.   οἲ 'γὼ τάλαινα, μάντιϲ εἰμὶ τῶν κακῶν.
Αγγ. οὐδ' ἀμφιλέκτωϲ μὴν κατεϲποδημένοι
Χο.   ἐκεῖθι κεῖϲθον; βαρέα δ' οὖν ὅμωϲ φράϲον.   810
Αγγ. αὐτοὺϲ ἀδελφαῖϲ χερϲὶν ἠναίρονθ' ἅμα.

πόλιϲ ϲέϲωται, βαϲιλέοιν δ' ὁμοϲπόροιν   [820]
πέπωκεν αἷμα γαῖ' ὑπ' ἀλλήλων φόνωι·   [821]
οὕτωϲ ὁ δαίμων κοινὸϲ ἦν ἀμφοῖν ἄγαν,   [812]
αὐτὸϲ δ' ἀναλοῖ δῆτα δύϲποτμον γένοϲ.   [813] 815
τοιαῦτα χαίρειν καὶ δακρύεϲθαι πάρα,   [814]

793 δούλιον HK : -λειον rell.   794 πέπτωκεν δ' M; πέπτωκε δ'
Burgard   798 ἔφραξ- codd.   -μεϲθα LhGPTr : -μεθα rell.
799 καλῶϲ δ' MˢCLcGPQ   800 -γέτηϲ ΔLhˢˢᶜʳ; -γενήϲ Burton ex
Mᶻ (ἑβδόμῃ γὰρ ἐγεννήθη Ἀπόλλων)   803 πρᾶγοϲ HaLcPQGFTr :
πρᾶγμα rell.   πλέον MABᵃᶜCHΔYYaPᵞʳHaLcTr : παρόν B²ᵞʳH²ᵞʳ rell.
post h.v. πόλιϲ ϲέϲωται βαϲιλεῖϲ δ' ὁμόϲποροι (sic fere codd.; cf. 812)
omnes excepto I; del. Porson   810 ἐκεῖθι = ἐκεῖ (Hom. Il. 3. 402,
Od. 17. 10)   κεῖϲθον M : κῆλθον Mˢ rell.   811 αὐτοὺϲ Hartung :
οὕτωϲ codd.   ἅμα Nauck : ἄγαν codd.; cf. 814   812–13 post 821
habent codd.; alii aliter disponunt   812 βαϲιλέων, -είων, -έοιν,
-είοιν fere codd.   813 πέπωκεν MAXDYaB¹FTr et γρ. OPK :
πέπτωκεν rell.   814 ἄγαν Nauck : ἅμα codd.; cf. 811   815 δὴ
τὸ Heimsoeth; cf. Denniston GP 277   816 δακρύεϲθαι MILhPK
QTr : δακρύϲεϲθαι (Mˢ) vel -ϲαϲθαι rell.

πόλιν μὲν εὖ πράccουcαν, οἱ δ' ἐπιcτάται   [815]
διccὼ cτρατηγὼ διέλαχον cφυρηλάτωι   [816]
Cκύθηι cιδήρωι κτημάτων παμπηcίαν·   [817]
ἕξουcι δ' ἢν λάβωcιν ἐν ταφῆι χθόνα   [818] 820
πατρὸc κατ' εὐχὰc δυcπότμωc φορούμενοι.   [819]

Χο.   ὦ μεγάλε Ζεῦ καὶ πολιοῦχοι
       δαίμονεc, †οἵ δὴ Κάδμου πύργουc
       τούcδε ῥύεcθαι†,
       πότερον χαίρω κἀπολολύξω   825
       πόλεωc ἀcινεῖ cωτῆρι ⟨   ⟩
       ἢ τοὺc μογεροὺc καὶ δυcδαίμοναc
       ἀτέκνουc κλαύcω πολεμάρχουc,
       οἳ δῆτ' ὀρθῶc κατ' ἐπωνυμίαν
       ⟨   ⟩ καὶ πολυνεικεῖc   830
       ὤλοντ' ἀcεβεῖ διανοίαι;

       ὦ μέλαινα καὶ τελεία   [cτρ. α
       γένεοc Οἰδίπου τ' ἀρά,
       κακόν με καρδίαν τι περιπίτνει κρύοc.
       ἔτευξα τύμβωι μέλοc   835
       θυιὰc αἱματοcταγεῖc
       νεκροὺc κλύουcα δυcμόρωc
       θανόνταc· ἦ δύcορνιc ἄ-
       δε ξυναυλία δορόc.

820 λάχωcι Verrall   χθόνα Y: -νὸc rell.   821 δυcπότμωc LcYa
(et Cˢˢᶜʳ, nisi -μων): -μονc Lcˢˢᶜʳ rell.   822–31 versus Aeschylo
parum dignos del. Verrall; si ῥύεcθε legis et v. 826 tamquam paroemia-
cum retines, interpolatori tribuere necesse erit; porro inauditus vocativus
μεγάλε, abnormis rhythmus in vv. 827–8   822 πολιοῦχοι Pauw:
πολιc(c)οῦχοι codd.   823–4 fort. e.g. οἵc . . . ῥύεcθαι ⟨δεδόκηκεν⟩;
ῥύεcθαι MᵃᶜΔQ²ᵖᶜ: -θε MᴵᵖᶜQᵃᶜ rell.   826 ⟨βοήν⟩ suppl. anon.
830 ⟨ἐτεόκλειτοι⟩ suppl. Wecklein, ⟨ἐτεὸν κλεινοὶ⟩ Prien   833 γ'
ἀρά LcLh   Οἰδίποδοc ἀρά Blaydes   834 με ΜΙΑΗαDOᴵᵖᶜBˢʸᵖ
LcˢˢᶜʳLhPFTr: μοι ΔBCH, μου Aᴵˢˢᶜʳ rell.   καρδίαν Lcˢˢᶜʳ: -δία vel
-δίαι Lc rell.   836 θυιὰc MᶜΙΑΤr: θυὰc rell.   837 δυcμόρωc
MΣΙΗαWDYC²ʸᵖLcLhV^g1QᴵˢˢᶜʳGFTr:-μόρουc YaH^g1LcˢˢᶜʳKQPʸᵖFˢˢᶜʳ,
-φόρωc MΔONdBᵃᶜPˢˢᶜʳ, -φόρουc XVABᴵᵖᶜCHNP

ἐξέπραξεν, οὐδ' ἀπεῖπε   [ἀντ. α
πατρόθεν εὐκταία φάτις·   841
βουλαὶ δ' ἄπιςτοι Λαΐου διήρκεςαν.
μέριμνα δ' ἀμφὶ πτόλιν·
θέςφατ' οὐκ ἀμβλύνεται.
ἰὼ πολύςτονοι, τόδ' εἰρ-   845
   γάςαςθ' ἄπιςτον· ἦλθε δ' αἰ-
   ακτὰ πήματ' οὐ λόγωι.

τάδ' αὐτόδηλα· προὖπτος ἀγγέλου λόγος·
διπλᾶ μερίμναιν διδύμαιν ὁρᾶν κακά,
αὐτοφόνα δίμορα τέλεα τάδε πάθη. τί φῶ;   850
τί δ' ἄλλο γ' ἢ πόνοι πόνων ἐφέςτιοι;
ἀλλὰ γόων, ὦ φίλαι, κατ' οὖρον
ἐρέςςετ' ἀμφὶ κρατὶ πόμπιμον χεροῖν   855
πίτυλον, ὃς αἰὲν δι' Ἀχέροντ' ἀμείβεται
τὰν ἄςτολον μελάγκροκον θεωρίδα,
τὰν ἀςτιβῆ Ἀπόλλωνι, τὰν ἀνάλιον,
πάνδοκον εἰς ἀφανῆ τε χέρςον.   860

ἀλλὰ γὰρ ἥκους' αἵδ' ἐπὶ πρᾶγος
πικρὸν Ἀντιγόνη τ' ἠδ' Ἰςμήνη·
θρῆνον ἀδελφοῖν οὐκ ἀμφιβόλως

843 μέριμναι plerique πόλιν plurimi   844 θέςφατ' ΜΙΔΒΟΟΥa
Tr: καὶ θέςφατ' rell.   848–60 lectio nonnullis in locis incertissima
849 διπλᾶ μερίμναιν Tucker: διπλαῖν μερίμναιν Μ^{ac}, διπλαῖ μέριμναι Μ^{pc}
rell.   διδύμαιν ὁρᾶν Tucker: δίδυμ' ἀνορέα(ι) vel διδυμανορεα variis
accent. fere codd.   850 δίμορα Hermann: δίμοιρα codd.   τέλεα
Hermann: τέλεια codd.   τάδε HaLcLhKQ^{sscr}GFTr: om. IN, τὰ rell.
851 πόνων δόμων (δόμον G, δωμάτων F^{pc}Tr) ἐφέςτιοι codd., δόμων del.
Heimsoeth   854 γόων ILcLhQ^{2pc}P^{sscr}F: γόον F^{sscr}Lh^{sscr} et fere
rell.   856 ὃς αἰὲν: displicet ὃς pro οἶος vel ὁποῖος, languet αἰέν
857 τὰν ἄςτολον Lh^{sscr} et schol. LhF (ἄςτονον . . . ἢ ἄςτολον): τὰν ναύςτολον
FTr, τὰν ἄςτονον Lh rell.   ναύςτολον θεωρίδα codd., ναύςτ. del. FTr
858 Ἀπόλλωνι: Παιῶνι H. L. Ahrens; aphaeresis litterae α in tragicis
nusquam alibi admittitur nisi in ἀπο- et ἀνα-   861–1078   861–
74 et 961–1078 Bergkium secutus Aeschylo abiudicandos esse cen-
seo; in 875–960 haesito; aliter iudicat Lloyd-Jones CQ N.s. 9. 80 seqq.
862 τ' ἠδ': θ' ἠδ' plurimi   863 ἀμφιλόγως G

οἶμαί cφ᾽ ἐρατῶν ἐκ βαθυκόλπων
cτηθέων ἥcειν, ἄλγος ἐπάξιον.   865
ἡμᾶς δὲ δίκη πρότερον φήμης
⟨   ⟩
τὸν δυcκέλαδόν θ᾽ ὕμνον Ἐρινύοc
ἀχεῖν Ἀίδα τ᾽
ἐχθρὸν παιᾶν᾽ ἐπιμέλπειν.   870
ἰὼ
δυcαδελφόταται παcῶν ὁπόcαι
cτρόφον ἐcθῆcιν περιβάλλονται·
κλαίω cτένομαι, καὶ δόλος οὐδεὶc
μὴ ᾽κ φρενὸς ὀρθῶς με λιγαίνειν.

— ἰὼ ἰὼ δύcφρονεc,   [cτρ. α
    φίλων ἄπιcτοι καὶ κακῶν ἀτρύμονεc,   876
    δόμουc ἑλόντεc πατρώι-
        ουc μέλεοι cὺν ἀλκᾶι.
— μέλεοι δῆθ᾽ οἳ μελέουc θανάτουc
    ηὕροντο δόμων ἐπὶ λύμηι.   880

— ἰὼ ἰὼ δωμάτων   [ἀντ. α
    ἐρειψίτοιχοι καὶ πικρὰc μοναρχίαc
    ἰδόντεc, ἤδη διήλ-
        λαχθε cὺν cιδάρωι.

866–7 lacunam statuit Weil   869 ἀχεῖν Lachmann : ἰαχεῖν codd.
875–960 ambigitur chorone an sororibus Ant. et Ism. adscribendi sint ;
vid. Lloyd-Jones l.c. 104 seq.; ante 875, 879 et 922 ἡμιχ. scripsit M ; ante
941, Χο. et paragr.; ante 881, 886, 895, 900, 911, 915, 926 (etiam ante
πεπλαγμένουc 896 et ἀναυδάτωι 897), paragraphum tantum ; ante 933
et 951, Ἰcμ(ήνη) ; ante 947, Ἀντ(ιγόνη) ; ante 888, 906 et 937, personae
notam nullam. vix credibile videtur, si 875–960 sororibus tribuendi
sint, nihil inesse quod sororibus unice conveniat   876 φίλων τ᾽ Ya
877 δόμ. ἑλ. πατρ. Weil: δόμ. πατρ. ἑλ. Tr, πατρ. δόμ. ἑλ. rell.
878 μελέαι Iᵞ ᵖ   ἀλκᾶι : αἰχμᾶι Mˢᵞ ᵖXPFᵞ ᵖTr, αἰχμῆι C²ᵞ ᵖYaˢᵞ ᵖ, αἰχεᾶ Ya,
ἀκμῆι (sscr. ἀλκῆι) Q   880 λύμαι LcPG   881 δόμων AHNV
YWDKPᵞ ᵖ   884 post cιδάρωι schol. in textu οὐκέτ᾽ ἐπὶ φιλίαι ἀλλ᾽
ἐπὶ φόναι διεκρίθητε habent omnes exceptis QTr (abesse a multis libris
notat F)

— κάρτα δ' ἀληθῆ πατρὸς Οἰδιπόδα   885
πότνι' Ἐρινὺς ἐπέκρανεν.

⟨—⟩ δι' εὐωνύμων τετυμμένοι,   [cτρ. β
τετυμμένοι δῆθ' ὁμο-
       cπλάγχνων τε πλευρωμάτων   890
     ⟨   ⟩

αἰαῖ δαιμόνιοι,
αἰαῖ δ' ἀντιφόνων θανάτων ἀραί.

— διανταίαν λέγεις δόμοιcι καὶ   895
     cώμαcιν πεπλαγμένους
ἀναυδάτωι μένει
ἀραίωι τ' ἐκ πατρὸς
⟨κοὖ⟩ διχόφρονι πότμωι.

— διήκει δὲ καὶ πόλιν cτόνος·   [ἀντ. β
cτένουcι πύργοι, cτένει   901
       πέδον φίλανδρον· μένει
κτέανα τοῖc ἐπιγόνοις,
δι' ὧν αἰνομόροιс,
δι' ὧν νεῖκος ἔβα θανάτου τέλος.   905

⟨—⟩ ἐμοιράcαντο δ' ὀξυκάρδιοι
       κτήμαθ' ὥcτ' ἴcον λαχεῖν·
διαλλακτῆρι δ' οὐκ
ἀμεμφεία φίλοις,
οὐδ' ἐπίχαρις Ἄρης.   910

— cιδηρόπληκτοι μὲν ὧδ' ἔχουσιν,   [cτρ. γ
†cιδηρόπληκτοι δὲ τοὺς μένουcιν,

885 ἀληθῶc Lc   886 denuo incipit Nc   890 post h.v.
lacunam statuit Elmsley   895 seq. lectio incerta; πλαγὰν post λέγειc
et ἐν(ν)έπω post πεπλαγμ. habent codd., del. Elmsley; fort. διανταί'
ἐννέπεις δόμοιcι κτλ.   899 κοὖ suppl. Page (καὶ F²ˢˢᶜʳ); δ' οὐ
Murray, sed ἀραίωι cum ἐκ πατρόc coniungendum est   902 μενεῖ
codd.   903 τοῖc Page: τ' codd. exceptis QFᵖᶜ (κτέαν' ἐπιγόνοις)
905 θανάτου Haupt: καὶ θαν. codd.   909 ἀμεμφία codd.
911 cιδαρό- LcPQG   912–14 non intelleguntur   cιδαρό- MLcPQGF
cιδαροπλήκτους Schütz, tum δέ τοι Robertson   post μένουcιν, repetit
τετυμμένοι δῆθ' ὁμοῦ M ex 889

τάχ' ἄν τις εἴποι, τινὲς
τάφων πατρώιων λαχαί†.
— †δόμων μάλ' ἀχάεσσα τοὺς†   915
προπέμπει δαϊκτὴρ
γόος αὐτόστονος αὐτοπήμων,
δαΐόφρων, οὐ φιλογα-
        θής, ἐτύμως δακρυχέων
        ἐκ φρενός, ἃ κλαιομένας μου μινύθει   920
τοῖνδε δυοῖν ἀνάκτοιν.

— πάρεστι δ' εἰπεῖν ἐπ' ἀθλίοισιν   [ἀντ. γ
ὡς ἐρξάτην πολλὰ μὲν πολίτας
ξένων τε πάντων στίχας
πολυφθόρους ἐν δαΐ.   925
— δυσδαίμων σφιν ἁ τεκοῦσα
πρὸ πασᾶν γυναικῶν
ὁπόσαι τεκνογόνοι κέκληνται·
παῖδα τὸν αὑτᾶς πόσιν αὑ-
        τᾶι θεμένα τούςδ' ἔτεχ', οἱ δ'
        ὧδ' ἐτελεύτασαν ὑπ' ἀλλαλοφόνοις   930
χερσὶν ὁμοςπόροισιν.

— ὁμόςποροι δῆτα καὶ πανώλεθροι   [cτρ. δ
διατομαῖς οὐ φίλαις
ἔριδι μαινομέναι   935
νείκεος ἐν τελευτᾶι.
⟨—⟩ πέπαυται δ' ἔχθος, ἐν δὲ γαίαι
ζόα φονορύτωι

915 desperatus; ἀχάεσσα τοὺς M, ἀχάεις (sscr. -ήεις) τοὺς I, ἀχὼ ἐς (vel
ἐπ') αὐτοὺς vel ἀχὼ αὐτοὺς fere rell.   918 δαϊόφρων Blomfield:
δαΐφρων codd.   οὐ XNdPᵖᶜ: δ' οὐ rell.   φιλογαθὴς MᵖᶜIAXLcLhPᵃᶜ
Tr: φιλαγαθὴς MᵃᶜPᵖᶜ et fere rell.   920 ἐκ AHaWDYVNPKQG:
δ' ἐκ rell.   923 seqq. phrasis perobscura   923 πολίτας I: -ταις rell.
924 τε MICOYYaN²ᵖᶜLcLhQFTr: δὲ PᵛᵖG, τ' ἐς rell.   τ' ἐπακτῶν
Meineke; non intellegitur hic versiculus   925 δαΐ MIAPFᵖᶜTr: δαΐδι
fere rell.   926 δυσαίων Dindorf   927 προπασᾶν (sic) Mᵃᶜ: -cῶν Mᵖᶜ
rell.   934 διαρταμαῖς E. A. I. Ahrens (vid. 948)   939 ζόα
M: ζωὰ rell.   φονορύτωι QᵃᶜTr: -ορρύτωι rell.

μέμεικται· κάρτα δ' εἷς' ὅμαιμοι.   940
πικρὸς λυτὴρ νεικέων ὁ πόντιος
ξεῖνος ἐκ πυρὸς cυθείς,
θηκτὸς cίδαρος, πικρὸς δ' ὁ χρημάτων
κακὸς δατητὰς Ἄρης, ἀρὰν πατρώι-   945
αν τιθεὶς ἀλαθῆ.

— ἔχουσι μοῖραν λαχόντες ὦ μέλεοι   [ἀντ. δ
διοδότων ἀχθέων,
ὑπὸ δὲ cώματι γᾶς
πλοῦτος ἄβυσσος ἔσται.   950
— ἰὼ πολλοῖς ἐπανθίσαντες
πόνοισι γενεάν·
τελευταῖαι δ' ἐπηλάλαξαν
Ἀραὶ τὸν ὀξὺν νόμον, τετραμμένου
παντρόπωι φυγᾶι γένους·   955
ἔστακε δ' Ἄτας τροπαῖον ἐν πύλαις
ἐν αἷς ἐθείνοντο, καὶ δυοῖν κρατή-
cας ἔληξε δαίμων.   960

Αντ.   παιθεὶς ἔπαισας.   Ιcμ. cὺ δ' ἔθανες κατακτανών.
Αντ.   δορὶ δ' ἔκανες. Ιcμ. δορὶ δ' ἔθανες.
Αντ.   μελεοπόνος   Ιcμ. μελεοπαθὴς

944 δ' ὁ Page: δὲ codd.   945 πατρώιαν Bothe: πατρὸς codd.;
γε πατρὸς Schütz   946 ἀλαθῆ MˢAHDW: ἀληθῆ MDˢˢᶜʳ rell.
947 ὦ om. MFTr   οἱ μέλεοι Wilamowitz   948 διοδότων X: διοc-
δότων rell.   ἀχθέων Wecklein: ἀχέων codd.   951 ἐπανθίcαντεc O:
ἐπανθής- rell.   952 πόνοιcι γενεὰν M, qui pergit πόνοιcί γε δόμουc,
quod del. Hermann: tantum πόνοιcι γε δόμουc (vel δόμοι vel δόμοιc) rell.
953 τελευταῖαι δ' Hermann: τελευτᾶ δ' αἵδ' vel τελευταῖα δ' αἵδ' vel
τελευτᾶ δ' fere codd.; (γενεᾶc) τελευτάν· αἱ δ' Maas   956 ἔστα-
κεν Ἄταc M (δ' add. Mˢ)   960 ἔληξ' ὁ LcLhPKQᵖᶜGFTr   961–
1004 sororibus tribuendos esse demonstravit Lloyd-Jones l.c. 107 seqq.;
his enim unice congrui sunt 996–7. consulendus idem de partium dis-
tributione. 961 et 968 Ismenae nomen, reliquis paragraphos tantum
praefixit M. ubicumque nomina sine uncis scripsi, exstat aut nomen
aut paragr. in M   961 παιcθεὶc codd.   962 ἔκανεc Hermann:
ἔκτανεc codd.

⟨Αντ.⟩ πρόκειcαι. ⟨Ιcμ.⟩ κατέκτας.   [965]
Αντ.   ἴτω γόος. Ιcμ. ἴτω δάκρυα.   [964] 965

⟨Αντ.⟩ ἠέ. ⟨Ιcμ.⟩ ἠέ.   [cτρ. α
⟨Αντ.⟩ μαίνεται γόοιcι φρήν.
Ιcμ.   ἐντὸς δὲ καρδία cτένει.
Αντ.   ἰὼ ἰὼ πάνδυρτε cύ.
Ιcμ.   cὺ δ' αὖτε καὶ πανάθλιε.   970
Αντ.   πρὸς φίλου ἔφθιcο. Ιcμ. καὶ φίλον ἔκτανες.
Αντ.   διπλᾶ λέγειν. Ιcμ. διπλᾶ δ' ὁρᾶν.
Αντ.   †ἀχέων τοίων τάδ' ἐγγύθεν†.
Ιcμ.   †πέλας αἵδ' ἀδελφαὶ ἀδελφεῶν†.

Χο.   ἰὼ Μοῖρα βαρυδότειρα μογερά,   975
       πότνιά τ' Οἰδίπου cκιά,
       μέλαιν' Ἐρινύς, ἦ μεγαcθενής τις εἶ.

       — ἠέ. ⟨—⟩ ἠέ.   [ἀντ. α
       δυcθέατα πήματα
       †ἐδείξατ'† ἐκ φυγᾶc ἐμοί·
       οὐδ' ἵκεθ' ὡς κατέκτανεν,   980
       cωθεὶς δὲ πνεῦμ' ἀπώλεcεν.
       — ὤλετο δῆθ' ὅδε. — καὶ τὸν ἐνόcφιcεν.
       — τάλαν γένος. — τάλανα παθόν.

964 πρόκειcαι Hermann : -κεῖται NcB^{ipc}, -κείcεται rell.   κατέκτας
Heimsoeth : κατακτὰς codd.   965 ante 964 traiecit Hartung
965 δάκρυ O   969 πάνδυρτε Ritschl : πανδάκρυτε ΜΙΔΒCΝcLhPQG
F²Tr, πολυδάκρυτε P^{γρ} rell.   971 φίλου WTr : φίλου γ' rell.   972 διπλόα
Heimsoeth   973–4 desperati ; ἀχέων : γόων QLcGFTr   πέλας
δ' αἵδ' plurimi   πέλας ἀδέλφ' ἀδελφεῶν Tr ; ἄχεα τῶνδε τάδ' ἐγγύθεν
Weil, πέλας ἀδελφέ' ἀδελφεῶν Heimsoeth   977 μέλαιν' Porson :
μέλαινά τ' codd.   978–85 personarum vices incertissimae ; easdem
atque in 966 seqq. exspectasses, sed necesse videtur 978–81 eidem per-
sonae tribuere nisi gravius corrupti sunt ; 978–9 nullam notam, 980–1
et reliquis paragraphos praefixit M   979 fort. ἔδειξ' ὅδ' ; ἔδειξεν
Wilamowitz, ἔδειξε τὰκ Tucker   981 cυθεὶς VK   982 ὤλετο
Page : ὤλεcε Tr, ἀπώλεcε rell.   δῆθ' ὅδε Weil : δῆτά γε Tr, δῆτα rell.   τὸν
Schneider : τόδ' Tr, τόνδ' rell.   983 τάλανα παθόν Q (πάθον) : τάλανα
πάθεν FTr, τάλανα καὶ πάθον (πάθη CH) vel τάλαινα καὶ πάθον fere rell.

— †δύστονα κήδε' ὁμώνυμα†.

— †δίυγρα τριπάλτων πημάτων†.　　　　　　985

Χο.　　　ἰὼ Μοῖρα βαρυδότειρα μογερά,
　　　　　πότνιά τ' Οἰδίπου σκιά,
　　　　　μέλαιν' Ἐρινύς, ὡς μεγασθενής τις εἶ.

Αντ.　　σὺ τοίνυν οἶςθα διαπερῶν
Ιςμ.　　σὺ δ' οὐδὲν ὑςτέρος μαθῶν　　　　　990
Αντ.　　ἐπεὶ κατῆλθες ἐς πόλιν.
⟨Ιςμ.⟩　δορός γε τῶιδ' ἀντηρέτας.
Αντ.　　ὀλοὰ λέγειν.　Ιςμ. ὀλοὰ δ' ὁρᾶν.
Αντ.　　ἰὼ πόνος　Ιςμ. ἰὼ κακὰ
⟨Αντ.⟩　δώμασιν　Ιςμ. καὶ χθονὶ　　　　　995
⟨Αντ.⟩　πρὸ πάντων δ' ἐμοί.
⟨Ιςμ.⟩　καὶ τὸ πρόςω γ' ἐμοί.
Αντ.　　ἰὼ ἰὼ δυςτόνων κακῶν, ἄναξ
　　　　　⟨　　　　　　　　　　　⟩　　[998ᵃ]
Ιςμ.　　⟨　　　　　　　　　　　⟩　　[998ᵇ]
　　　　　Ἐτεόκλεις ἀρχηγέτα.
Αντ.　　ἰὼ πάντων πολυπονώτατοι.　　　　1000
Ιςμ.　　ἰὼ δαιμονῶντες ἐν ἄται.
Αντ.　　ἰὼ, ποῦ ςφε θήςομεν χθονός;

984-5 desperati; δύςτηνα INdHa(ut vid.)FʳTr; δίπονα Hermann　δίυγρα: διερὰ Heimsoeth　διπάλτων Tr　post 985 ὀλοὰ λέγειν ὀλοὰ δ' ὁρᾶν (= 993) codd., del. Tr　986-8 eadem atque in 975-7 codd., nisi quod ἰὼ hic om. MHaQG　989 τοί νυν IAWHaᵖᶜ(ut vid.)NdYaᵖᵞᴾ　διαπερῶν suspectum si Aeschylo tribuitur versus 990 ὕςτερον XKQᵖᶜPˢˢᶜʳG　994 ἰὼ ἰὼ κακὰ plerique　997 ἰὼ ἰὼ sine καὶ FTr, ἰὼ (vel ἰὼ ἰὼ) καὶ plerique　998 ἰὼ semel plerique δυςτόνων IBCPᵞᴾFTr: δυςπότμων HaLcQ¹G, δυςτάνων vel -τήνων rell. 998 seq.　999 om. MIΔPFTr, add. Pᵍˡ et in marg. MˢF¹　ἀρχηγόμνων Polynicis commemorationem excidisse vidit Hermann　desunt vv. duo, nam Polynicem maeret Antigona, Eteoclea Ismena; dubio procul nomen Polynicis habuit 998ᵃ, incepit 998ᵇ ἰὼ ἰὼ ...　1000 -τάτω Murray　1001 ἰὼ bis ΔBCHTr　δαιμονῶντ' ἐν K, δαιμονῶντες sine ἐν NdYaQGᶠᵃᶜ　1002 ἰὼ ποῦ MᵃᶜIΔDLhYYaG: ἰὼ ἰὼ ποῦ (M²ᵖᶜ) vel ποῖ rell.

Ιϲμ.   ἰώ, ὅπου τιμιώτατον.
Αντ.   ἰὼ ἰὼ πῆμα πατρὶ πάρευνον.

ΚΗΡΥΞ

δοκοῦντα καὶ δόξαντ' ἀπαγγέλλειν με χρὴ   1005
δήμου προβούλοις τῆϲδε Καδμείαϲ πόλεωϲ·
'Ετεοκλέα μὲν τόνδ' ἐπ' εὐνοίαι χθονὸϲ
θάπτειν ἔδοξε γῆϲ φίλαιϲ καταϲκαφαῖϲ·
ϲτέγων γὰρ ἐχθροὺϲ θάνατον εἵλετ' ἐν πόλει,
ἱερῶν πατρώιων δ' ὅϲιοϲ ὢν μομφῆϲ ἄτερ   1010
τέθνηκεν οὗπερ τοῖϲ νέοιϲ θνήιϲκειν καλόν·
οὕτω μὲν ἀμφὶ τοῦδ' ἐπέϲταλται λέγειν·
τούτου δ' ἀδελφὸν τόνδε Πολυνείκουϲ νεκρὸν
ἔξω βαλεῖν ἄθαπτον, ἁρπαγὴν κυϲίν,
ὡϲ ὄντ' ἀναϲτατῆρα Καδμείων χθονὸϲ   1015
εἰ μὴ θεῶν τιϲ ἐμποδὼν ἔϲτη δορὶ
τῶι τοῦδ'· ἄγοϲ δὲ καὶ θανὼν κεκτήϲεται
θεῶν πατρώιων, οὓϲ ἀτιμάϲαϲ ὅδε
ϲτράτευμ' ἐπακτὸν ἐμβαλὼν ἥιρει πόλιν.
οὕτω πετηνῶν τόνδ' ὑπ' οἰωνῶν δοκεῖ   1020
ταφέντ' ἀτίμωϲ τοὐπιτίμιον λαβεῖν,
καὶ μήθ' ὁμαρτεῖν τυμβοχόα χειρώματα
μήτ' ὀξυμόλποιϲ προϲϲέβειν οἰμώγμαϲιν,
ἄτιμον εἶναι δ' ἐκφορᾶϲ φίλων ὕπο.
τοιαῦτ' ἔδοξε τῶιδε Καδμείων τέλει.   1025
Αντ.   ἐγὼ δὲ Καδμείων γε προϲτάταιϲ λέγω,
ἢν μή τιϲ ἄλλοϲ τόνδε ϲυνθάπτειν θέληι,
ἐγώ ϲφε θάψω κἀνὰ κίνδυνον βαλῶ

1003 ἰὼ bis LcQFTr   1004 ἰὼ semel ΔHLcLhKPʸʳ   1005–
78 in vv. Aeschylo indignis vitia non nulla relinquenda esse cen-
seo   1005 καὶ μέλλοντ' Q; καὶ δόξοντ' Headlam   -αγγεῖλαι Yᵃ
1006 τοῖϲδε Wilamowitz   πόλεωϲ: χθονὸϲ Lc   1007 εὐναία(ι)
plerique   1008 φίληϲ Oᵃᶜ   1009 ϲτέγων Wakefield : εἴργων QLcLh
et γρ. vel gl. in multis, ϲτυγῶν rell.   1010 δ' om. M (add. Mˢ)
1017 κεκλήϲεται Dawe   1020 πετηνῶν M: πετειν- rell.   1024 δ'
εἶναι vel δ' εἶναι δ' plerique; εἶναι δ' ἄτιμον Brunck   ἐκφορὰν K et sscr.
PLcQ¹

θάψας' ἀδελφὸν τὸν ἐμόν, οὐδ' αἰςχύνομαι
ἔχους' ἄπιςτον τήνδ' ἀναρχίαν πόλει.   1030
δεινὸν τὸ κοινὸν cπλάγχνον οὗ πεφύκαμεν,
μητρὸς ταλαίνης κἀπὸ δυςτήνου πατρός·
τοιγὰρ θέλους' ἄκοντι κοινώνει κακῶν,
ψυχή, θανόντι ζῶςα cυγγόνωι φρενί.
τούτου δὲ cάρκας οὐδὲ κοιλογάςτορες   1035
λύκοι πάςονται, μὴ δοκηςάτω τινί,
τάφον γὰρ αὐτῶι καὶ καταςκαφὰς ἐγὼ
γυνή περ οὖςα τῶιδε μηχανήςομαι,
κόλπωι φέρουςα βυςςίνου πεπλώματος,
καὐτὴ καλύψω· μηδέ τωι δόξηι πάλιν.   1040
θάρςει παρέςται μηχανὴ δραςτήριος.
Κη.   αὐδῶ πόλιν cε μὴ βιάζεςθαι τάδε.
Αντ. αὐδῶ cε μὴ περιςςὰ κηρύςςειν ἐμοί.
Κη.   τραχύς γε μέντοι δῆμος ἐκφυγὼν κακά.
Αντ. τράχυν'. ἄθαπτος δ' οὗτος οὐ γενήςεται.   1045
Κη.   ἀλλ' ὃν πόλις cτυγεῖ, cὺ τιμήςεις τάφωι;
Αντ. † ἤδη τὰ τοῦδ' οὐ διατετίμηται θεοῖς†.
Κη.   οὔ, πρίν γε χώραν τήνδε κινδύνωι βαλεῖν.
Αντ. παθὼν κακῶς κακοῖςιν ἀντημείβετο.
Κη.   ἀλλ' εἰς ἅπαντας ἀνθ' ἑνὸς τόδ' ἔργον ἦν.   1050
⟨Αντ.   ⟩
Κη.   Ἔρις περαίνει μῦθον ὑςτάτη θεῶν.
Αντ. ἐγὼ δὲ θάψω τόνδε. μὴ μακρηγόρει.
Κη.   ἀλλ' αὐτόβουλος ἴςθ'. ἀπεννέπω δ' ἐγώ.

Χο.   φεῦ φεῦ,
         ὦ μεγάλαυχοι καὶ φθερςιγενεῖς

1033 κακῶι plerique   1035 τούτωι MYa   οὔτι Blomfield
1036 cπάςονται M^{ac}(ut vid.)ΔΙΒΗΗaYaLcLhKPQ^{ac}GFTr   1037 αὐτὴ
Pierson   1042 πάλιν IQ^{sscr} τόδε AXWVNOB^{spc}(ut vid.)P^{γρ}   1045 δ'
om. A^{ac}B^{ac}HKTr   1046 κοςμήςεις, γρ. τιμήςεις, Lc   1047 non
intellegitur; τοῦδε διατετίμ. G   1050 post h.v. lacunam statuit
Hermann   1053 οἶςθ' ΔΒ, ἧςθ' plerique   1054 ante φεῦ
φεῦ, Ἡμιχ. scripsit M; ante 1057, 1062, 1066 paragraphos, ante 1072
Ἡμιχ.

Κῆρες Ἐρινύες, αἵτ' Οἰδιπόδα   1055
γένος ὠλέσατε πρυμνόθεν οὕτως,
τί πάθω; τί δὲ δρῶ; τί δὲ μήσωμαι;
πῶς τολμήσω μήτε σε κλαίειν
μήτε προπέμπειν ἐπὶ τύμβωι;
ἀλλὰ φοβοῦμαι κἀποτρέπομαι   1060
δεῖμα πολιτῶν.
σύ γε μὴν πολλῶν πενθητήρων
τεύξηι· κεῖνος δ' ὁ τάλας ἄγοος
μονόκλαυτον ἔχων θρῆνον ἀδελφῆς
εἶσιν. τίς ἂν οὖν τὰ πίθοιτο;   1065

⟨Ἡμιχ.⟩   δράτω ⟨τι⟩ πόλις καὶ μὴ δράτω
τοὺς κλαίοντας Πολυνείκη·
ἡμεῖς γὰρ ἴμεν καὶ συνθάψομεν
αἵδε προπομποί. καὶ γὰρ γενεᾶι
κοινὸν τόδ' ἄχος, καὶ πόλις ἄλλως   1070
ἄλλοτ' ἐπαινεῖ τὰ δίκαια.

Ἡμιχ.   ἡμεῖς δ' ἅμα τῶιδ', ὥσπερ τε πόλις
καὶ τὸ δίκαιον ξυνεπαινεῖ·
μετὰ γὰρ μάκαρας καὶ Διὸς ἰσχὺν
ὅδε Καδμείων ἤρυξε πόλιν   1075
μὴ 'νατραπῆναι μηδ' ἀλλοδαπῶν
κύματι φωτῶν
κατακλυσθῆναι τὰ μάλιστα.

1056 -τε̄ πρ- in anapaestis aetatis recentioris indicium est   1057 τί
δ' ἐρῶ MYa²ᵞᵖ   μήσωμαι M: -σομαι rell.   1058 μήποτε XH
NOVYPᵞᵖ   1059 μήποτε NᵃᶜOVYGPᵞᵖ   τύμβον LcLhO²ᵖᶜKQPGF
1065 τὰ MIΔ¹ᵖᶜAHaDNdLcLhPKQG: τάδε FᵖᶜTr, om. YaBᵃᶜCᵃᶜΔᵃᶜ,
ταῦτα CˢᵖᶜB²ᵖᶜ rell.   πείθοιτο codd. (πύθ- HY)   1066 Ἡμιχ.
praefixit Pauw: paragr. tantum M   τι suppl. Elmsleii amicus
1067 Πολυνείκη MIADˢˢᶜʳ: -κει D, -κην rell.   1068 γὰρ: μὲν Kᵖᶜ,
μὲν γὰρ KᵃᶜLcQFᵃᶜ   1072 τε: γε Blaydes   1076 ἀλλοδαπῶι
plurimi

IKETIΔEC

ΙΚΕΤΙΔΕC

Ἱκέτιδες Αἰσχύλου

titulum tantum, neque argumentum nec dramatis persona-
rum catalogum praebet M. argumenti fragmentum prae-
bet P. Oxy. 2256. 3 (saec. II–III):

> ἐπὶ ἀρ[
> ἐνίκα [Αἰ]cχύλο[c Ἱκέτιcι Αἰγυπτίοιc
> Δαν[αΐ]cι Ἀμυ[μώνηι cατυρικῆι
> δεύτ[ε]ρ[ο]c Cοφοκλῆ[c τρίτοc
> Μέcατοc [[Ν.[.].[
> [[Βάκχαιc Κωφοῖ[c
> Ποι]μέcιν Κύκ.[
>   cατυ(ρικῶι)

de quo fragmento consulendus imprimis A. F. Garvie, *Aeschylus' Sup-
plices: play and trilogy*, 1969, 1 seqq.; Snell, *TrGF* 1. 1971. 44.

1 ἐπὶ ἄρ[χοντοc vel ἐπὶ Ἀρ[χεδημίδου suppl. Lobel   2 *Ἱκ. Αἰγ.*
suppl. Snell   3 cατ. suppl. Snell   5 Ν ... / *Βάκχαιc Κωφοῖc*
deleta   7 Κύκλ[ωπι Lobel, Κύκν[ωι Pieraccioni

fabula acta ἐπὶ Ἀρχεδημίδου, 463 a.C., ut videtur

codex unicus M   accedunt apographa:

> Scur. = Scurialensis Τ 1. 15, quem contulit H. Friis Johansen,
>   *Gk. Rom. & Byz. Stud.*, 1968, 371 seqq.; de gemello codicis M
>   pendere credit idem, mihi non persuasit.
> Laur. = Laurentianus Marcianus 222
> Bon.   = Bononiensis 2271
> Guelf. = Guelferbytanus Gudianus Graecus 88
> Par.   = Parisinus Graecus 2286

horum omnium lectiones potissimas eidem Friis Johansen debeo.

ΙΚΕΤΙΔΕϹ

ΧΟΡΟϹ

Ζεὺς μὲν ἀφίκτωρ ἐπίδοι προφρόνωϲ
στόλον ἡμέτερον νάιον ἀρθέντ᾽
ἀπὸ προϲτομίων λεπτοψαμάθων
Νείλου· Δίαν δὲ λιποῦϲαι
χθόνα ϲύγχορτον Ϲυρίαι φεύγομεν,   5
οὔτιν᾽ ἐφ᾽ αἵματι δημηλαϲίαν
ψήφωι πόλεωϲ γνωϲθεῖϲαι,
ἀλλ᾽ αὐτογενῆ φυξανορίαν,
γάμον Αἰγύπτου παίδων ἀϲεβῆ τ᾽
ὀνοταζόμεναι ⟨   ⟩.   10
Δαναὸϲ δὲ πατὴρ καὶ βούλαρχοϲ
καὶ ϲταϲίαρχοϲ τάδε πεϲϲονομῶν
κύδιϲτ᾽ ἀχέων ἐπέκρανεν
φεύγειν ἀνέδην διὰ κῦμ᾽ ἅλιον,
κέλϲαι δ᾽ Ἄργουϲ γαῖαν, ὅθεν δὴ   15
γένοϲ ἡμέτερον τῆϲ οἰϲτροδόνου
βοὸϲ ἐξ ἐπαφῆϲ κἀξ ἐπιπνοίαϲ
Διὸϲ εὐχόμενον τετέλεϲται.
τίν᾽ ἂν οὖν χώραν εὔφρονα μᾶλλον
τῆϲδ᾽ ἀφικοίμεθα   20
ϲὺν τοῖϲδ᾽ ἱκετῶν ἐγχειριδίοιϲ

2 ἀρθέντ᾽ Turnebus: ἀρόεντ᾽ M   3 λεπτοψαμάθων Pauw: λεπτο-
μαθῶν M; τῶν λεππαμάθων Stanley   4 λειποῦϲαι M   6 δημη-
λαϲίαν Auratus: -ϲίαι M   7 γνωϲθεῖϲαι M. Schmidt   8 αὐτογενῆ
Turnebus, φυξανορίαν H. L. Ahrens: αὐτογένητον φυλαξάνοραν M (λα in
ras.); φυξάνοραν Mᵞᵖ; vel fort. αὐτογενεῖ (Bamberger) φυξανορίαι (Her-
mann)   9–10 ἀϲεβῆ ᾿ξονο- Tucker   ⟨διάνοιαν⟩ suppl. Weil
13 ἐπέκρινεν Lobel   14 διὰ κῦμ᾽ ἅλιον Hesych. s.v. ἀνέδην: διακυμ∗αλέον
(fort. διακυμβαλ-) M   15 κέλϲαι Sophianus: κεαϲαι M   τ᾽ Her-
mann   16 οἰϲτροδόνου Turnebus: -δόμου M   17 ἐπι∗νοίαϲ
M, eraso ut vid. π   19 τίν᾽ ἂν οὖν Burges: τίνα∗οὖν M

91

ἐριοςτέπτοιςι κλάδοιςιν;
ὦ πόλις, ὦ γῆ καὶ λευκὸν ὕδωρ,
ὕπατοί τε θεοὶ καὶ βαρυτίμους
χθόνιοι θήκας κατέχοντες,   25
καὶ Ζεὺς ςωτὴρ τρίτος, οἰκοφύλαξ
ὁςίων ἀνδρῶν, δέξαςθ' ἱκέτην
τὸν θηλυγενῆ ςτόλον αἰδοίωι
πνεύματι χώρας· ἀρςενοπληθῆ δ'
ἑςμὸν ὑβριςτὴν Αἰγυπτογενῆ,   30
πρὶν πόδα χέρςωι τῆιδ' ἐν ἀςώδει
θεῖναι, ξὺν ὄχωι ταχυήρει
πέμψατε πόντονδ'· ἔνθα δὲ λαίλαπι
χειμωνοτύπωι βροντῆι ςτεροπῆι τ'
ὀμβροφόροιςίν τ' ἀνέμοις ἀγρίας   35
ἁλὸς ἀντήςαντες ὄλοιντο,
πρίν ποτε λέκτρων ὧν θέμις εἴργει
ςφετεριξάμενοι πατραδέλφειαν
τήνδ' ἀεκόντων ἐπιβῆναι.

νῦν δ' ἐπικεκλομένα   [ςτρ. α
Δῖον πόρτιν, ὑπερπόντιον τιμάορ', ἵνίν γ'   41
    ἀνθονομούςας προγόνου βοὸς ἐξ ἐπιπνοίας
Ζηνός· ἔφαψιν ἐπωνυμίαν δ' ἐπεκραίνετο μόρςιμος αἰὼν 45
εὐλόχως, Ἔπαφον δ' ἐγέννας εν·

22 ἐριο- Auratus: ἱερο- M   23 ὦ ... ὦ Robortello: ὦν ... ὦν
M   24 -τίμους Enger: -τιμοι M   26 Ζεῦ Scur.   27 δέξαςθ'
Heath: δέξαιθ' M et M^Σ; δέξαιςθ' Pauw   38 ςφετεριξάμενοι Casau-
bon: -νον M   -δελφίαν M   39 ἀκόντων Hermann   40 ἐπι-
κεκλομένα Turnebus: -ναι M et M^Σ   41 seqq. ἵνίν γ' Page: ἵνίν τ'
M; vulgo τ' delent, sed synaphaeam demonstrat v. 50 τῶν / πρόςθε
ἀνθονομούςας Porson: -νόμους τᾶς M^ac, -νόμου τᾶς M^pc; ἀνθονόμον τᾶς
Tucker   ἐπιπνοίας Robortello: -πνοίαις M   45 seqq. ἔφαψιν
ἐπωνυμίαν δ' Schoemann: ἔφαψιν· ἐπωνυμίαι δ' M; ἐπικραίνομαι accus.
regit sicut Eum. 969; 'contrectationem, cui nomen debuit, facili partu
explevit fatalis dies' (μ. αἰὼν sicut Pind. O. 2. 11)   εὐλόχως Page: -λόγως
M   δ' ἐγέννας εν· ὅν τ' Porson (τ' ἐγ-): δὲ ἐγέννας ε / όντ' ut vid. M^ac, δ'
ἐγέννας ε/όντ' ut vid. M^pc

92

ὅν τ᾽ ἐπιλεξαμένα   [ἀντ. α
νῦν ἐν ποιονόμοις ματρὸς ἀρχαίας τόποις τῶν   50
    πρόσθε πόνων μνασαμένα, τάδε νῦν ἐπιδείξω
πιστὰ τεκμήρια, γαιονόμοισι δ᾽ ἄελπτά περ ὄντα φανεῖται· 55
γνώσεται δὲ λόγου τις ἐν μάκει.

εἰ δὲ κυρεῖ τις πέλας οἰωνοπόλων   [στρ. β
ἔγγαιος οἶκτον ἀίων,
δοξάσει τιν᾽ ἀκούειν ὄπα τᾶς Τηρεΐας   60
†μήτιδος† οἰκτρᾶς ἀλόχου,
κιρκηλάτου γ᾽ ἀηδόνος,

ἅ τ᾽ ἀπὸ χώρων ποταμῶν τ᾽ ἐργομένα   [ἀντ. β
πενθεῖ μὲν οἶκτον ἠθέων,
ξυντίθησι δὲ παιδὸς μόρον, ὡς αὐτοφόνως   65
ὤλετο πρὸς χειρὸς ἔθεν
δυσμάτορος κότου τυχών·

τὼς καὶ ἐγὼ φιλόδυρτος Ἰαονίοισι νομοῖσι   [στρ. γ
δάπτω τὰν ἁπαλὰν Νειλοθερῆ παρειὰν   70
ἀπειρόδακρύν τε καρδίαν,
γοεδνὰ δ᾽ ἀνθεμίζομαι
δειμαίνουσα, φίλος τᾶσδε φυγᾶς
Ἀερίας ἀπὸ γᾶς   75
εἴ τις ἐστὶ κηδεμών.

51 seqq. τάδε Page : τά τε M   γαιονόμοισι δ᾽ Hermann (quam-
vis γαιαν- exspectasses) : τά τ᾽ ἀνόμοια οἶδ᾽ M ; γαιονόμοις, τὰ δ᾽ Paley
56 λόγου Martin : -γους M   59 οἶκτον Schwenk : οἶκτον οἰκτρὸν M
60 τιν᾽ I. Pearson : τις M   ἀκούειν Casaubon : ἀκούων M   61 voc.
μήτιδος sensum constructionemque explanare nemini contigit ; fort. τᾶς
Τηρέι δυσμήτιδος   62 γ᾽ Stanley : τ᾽ M   ἀηδόνος Turnebus : -ονῆς
M   63–4 cum non possit Procne ἀπὸ χώρων ποταμῶν τε generatim
excludi, necessariam definitionem addit ἠθέων : a rure fluminibusque
exclusa, de locis (illis) familiaribus lamentationem edit   εἰργομένα
Victorius   64 μὲν Haecker : νέον M   66 ἔθεν Porson : ἔο
ἐν M   69 -δυρτος Heath : -δύρτοις M   νομοῖσι hoc accentu Whittle
70 εἰλοθερῆ Bothe   71 seqq. κάρζαν Dindorf ; cf. 799, ScT 289   φίλος
Enger : φίλους Mˢ, φόλους M ; ἀφίλου Weil

ἀλλὰ θεοὶ γενέται κλύετ' εὖ τὸ δίκαιον ἰδόντες   [ἀντ. γ
†ἥβαι μὴ τέλεον† δόντες ἔχειν παρ' αἶcαν,   80
ὕβριν δ' ἐτύμως cτυγοῦντες
πέλοιτ' ἂν ἔνδικοι γάμοις.
ἔcτιν κἀκ πολέμου τειρομένοις
βωμὸc ἀρῆc φυγάcιν
ῥῦμα, δαιμόνων cέβαc.   85

εἴθ' εἴη 'κ Διὸc εὖ παναληθῶc·   [cτρ. δ
Διὸc ἵμεροc οὐκ εὐθήρατοc ἐτύχθη·
δαυλοὶ γὰρ πραπίδων
δάcκιοί τε τείνουcιν πόροι κατιδεῖν ἄφραcτοι.   90

πίπτει δ' ἀcφαλὲc οὐδ' ἐπὶ νώτωι,   [ἀντ. δ
κορυφᾶι Διὸc εἰ κρανθῆι πρᾶγμα τέλειον·
παντᾶι τοι φλεγέθει
κἂν cκότωι μελαίναι ξὺν τύχαι μερόπεccι λαοῖc.   95

ἰάπτει δ' ἐλπίδων   [cτρ. ε
ἀφ' ὑψιπύργων πανώλειc βροτούc,
βίαν δ' οὔτιν' ἐξοπλίζει.
πᾶν ἄπονον δαιμονίων·   100
ἥμενος ὂν φρόνημά πως
αὐτόθεν ἐξέπραξεν ἔμ-
        παc ἑδράνων ἀφ' ἁγνῶν.

77 θεοὶ Pauw: θεοὶ οἱ M   80 τήνδε Mˢ marg., quod ad ἥβαι
refertur; veri sim. igitur ἥβαν (Schütz; 'nos iuvenes'), sed remanebit
τέλεον ineptum (τελέοιc Scheer)   81 ἐτύμως Arnaldus: ἑτοίμως M
cτυγοῦντεc Turnebus: -γόντεc M   82 verba ἔνδικοι γάμοιc suspecta;
ἐπὶ τοῖc νενομιcμένοιc καὶ δόξαcιν ἡμῖν Mᶻ, unde νόμοιc pro γάμοιc Har-
tung   83 ἔcτιν Enger: ἐcτὶ δὲ M   πολέμου Mᶻ in lemmate: πτολ-
M   84 ἀρῆc interpr. Mᶻ (βλάβηc): ἄρηc M   86 εἰθείη M
'κ Διὸc Heath: Διὸc M   88–90 δαυλοὶ—ἄφρ., 93–5 παντᾶι—λαοῖc
inverso ordine habet M, transposuit Westphal   95 κατειδεῖν
M   96 δ' ἐλπίδων Hermann: δὲ ἀπιδὼν M   100 πᾶν ἄπονον
Wellauer: τὰν ἄποινον M   δαιμόνιον Bothe   101 ἥμενος ὂν
Paley: ἥμενον ἄνω M   103 ἀφ' Mᶻ⁽¹⁾: ἐφ' M et Mᶻ⁽²⁾

94

ἰδέσθω δ' εἰς ὕβριν   [ἀντ. ε
βρότειον οἷαι νεάζει πυθμὴν   105
δι' ἁμὸν γάμον τεθαλὼς
δυσπαραβούλοισι φρεσίν,
καὶ διάνοιαν μαινόλιν
κέντρον ἔχων ἄφυκτον, †ἄ-   110
ται δ' ἀπάται μεταγνούς†.

τοιαῦτα πάθεα μέλεα θρεομένα λέγω   [στρ. ζ
λιγέα βαρέα δακρυοπετῆ,
ἰὴ ἰή, ἰηλέμοισιν ἐμπρεπῆ·   115
ζῶσα γόοις με τιμῶ.
ἱλέομαι μὲν Ἀπίαν βοῦνιν·   [ἐφυμν. α
καρβᾶνα δ' αὐδὰν εὖ, γᾶ, κοννεῖς.
πολλάκι δ' ἐμπίτνω ξὺν λακίδι λινοσινεῖ   120
Cιδονίαι καλύπτραι.

†θεοῖς δ' ἐναγέα τέλεα πελομένων καλῶς   [ἀντ. ζ
ἐπίδρομ' ὁπόθι θάνατος ἀπῆι†.
ἰὼ ἰώ, ἰὼ δυσάγκριτοι πόνοι,   125
ποῖ τόδε κῦμ' ἀπάξει;

104 ἐc M   105 οἷαι Schütz: οἶα M   107 τεθαλὼc Bothe:
τὸ θάλωc Mᵃᶜ, τὸ θάλοc Mᵖᶜ   109 μαιν- Mᶜ: μεν- M
110–11 ἄται (ι in ras.) M: ἄταν Guelf.; lectio et interpr. dubia; ἄταν
ἀπάται μεταγνούc Enger, sed neque mutati animi neque fraus vel fallacia
contextui congruunt; ἄταc ἀπάταν μεταλγοῦc Tucker   113 λέγω
Casaubon: -γων M   115 -οισι cυμπρεπῆ vel -οισιν ἐμφερῆ
Tucker, -οισιν ἐμπρεπὴc Meffert   post ἐμπρεπῆ addit M θρεομένη
μέλη, del. Porson   116 ζώcατο οιc με τιμᾶι Mˢ marg.
117–21 ἱλέομαι Turnebus: ἱλέωμαι hic et 129 M; ἰλεῦμαι Headlam
καρβᾶν' αὐδὰν Hermann   εὖ γᾶ κοννεῖc interpr. Mᶻ (γῆ νοεῖc): εὐακοννεῖc
hic, εὐγακόννιc 130 M   fort. πολλάκιc δ', ut quattuor cretici evadant
λινοcινεῖ Bücheler: λίνοιcιν ἦι hic, αἶνοιcιν ἦ 131 M   Cινδον- utroque loco
Mᵃᶜ   122 seq. θεοῖc . . . ἀπῆι: nec quid dicere velint in universum
nec proprie quid significent ἐναγέα τέλεα et ἐπίδρομα intellego; corrupti-
onis sedem, siquidem extat, non video; ὅπου δὲ θάνατος ἀπῆι, ἐκεῖ τῶν
ἀνθρώπων εὐπραγούντων τιμαὶ τοῖς θεοῖς ἐπιτρέχουσιν. ἐναγέα δὲ ἐναγί-
cματα Mᶻ, incredibilia hariolatus   ἐπιδρόμωπόθι M   ἀπῆι Mᶻ: ὅπηι M;
ἐπῆι Meineke

ἱλέομαι μὲν Ἀπίαν βοῦνιν·   [ἐφυμν. α
καρβᾶνα δ᾽ αὐδὰν εὖ, γᾶ, κοννεῖς.   130
πολλάκι δ᾽ ἐμπίτνω ξὺν λακίδι λινοσινεῖ
Cιδονίαι καλύπτραι.

πλάτα μὲν οὖν λινορραφής   [cτρ. η
   τε δόμος ἅλα cτέγων δορὸς   135
ἀχείματόν μ᾽ ἔπεμπε cὺν πνοαῖς, οὐδὲ μέμφομαι·
τελευτὰς δ᾽ ἐν χρόνωι πατὴρ ὁ παντόπτας
πρευμενεῖς κτίσειεν·   140
cπέρμα cεμνᾶς μέγα ματρὸς εὐνὰς   [ἐφυμν. β
ἀνδρῶν, ἒ ἔ,
ἄγαμον ἀδάματον ἐκφυγεῖν.

θέλουcα δ᾽ αὖ θέλουcαν ἁ-   [ἀντ. η
   γνά μ᾽ ἐπιδέτω Διὸс κόρα   145
ἔχουcα cέμν᾽ †ἐνώπι᾽ ἀcφαλέc†, παντὶ δὲ cθένει
διωγμοῖc ἀcχαλῶc᾽ ἄδμητος ἀδμήται
ῥύcιος γενέcθω·   150
cπέρμα cεμνᾶς μέγα ματρὸς εὐνὰς   [ἐφυμν. β
ἀνδρῶν, ἒ ἔ,
ἄγαμον ἀδάματον ἐκφυγεῖν.

εἰ δὲ μή, μελανθὲς   [cτρ. θ
ἡλιόκτυπον γένος   155
τὸν γάιον,
τὸν πολυξενώτατον
   Ζῆνα τῶν κεκμηκότων

129–32 vid. 117–21   136 ἀχίμ- M   πνοαῖc Porson : πνοιαῖc M
142 ἀδάματον Bothe : -μαντον utroque loco M   146 seq. veri sim.
ἐδώλι᾽ (Tucker) ἀcφαλῆ, = τὸν Ὄλυμπον, θεῶν ἕδος ἀcφαλὲc αἰεί; ἐνώπια
si retines, nomen loci vel templi supplere debebis   cθένει Casaubon :
cθένος Mᵃᶜ, cθένουcι Mᵖᶜ   149 διωγμοῖc ἀcχαλῶc᾽ Hermann : -μοῖcι
δ᾽ ἀcφαλέαc M   ἄδμητος ἀδμήται Pauw : ἀδμήτας ἀδμήτα M; ἀδμῆτος
ἀδμήτα Butler   151–2 vid. 142   154 δὲ Mᶻ : δὴ M
μελανθὲν Voss   155 ἡλιό- Wellauer : ἠδιό- M   156 γάιον
Wellauer : ταιον M

96

ἱξόμεσθα σὺν κλάδοιϲ
ἀρτάναιϲ θανοῦϲαι,   160
μὴ τυχοῦϲαι θεῶν 'Ολυμπίων·
ἃ Ζήν, 'Ιοῦϲ † ἰὼ μῆνιϲ   [ἐφυμν. γ
μάϲτειρ' † ἐκ θεῶν.
κοννῶ δ' ἄγαν
γαμετᾶϲ οὐρανόνικον·   165
χαλεποῦ γὰρ ἐκ πνεύματοϲ εἶϲι χειμών.

καὶ τότ' αὖ δικαίοιϲ   [ἀντ. θ
Ζεὺϲ ἐνέξεται ψόγοιϲ,
τὸν τᾶϲ βοὸϲ   170
παῖδ' ἀτιμάϲαϲ, τὸν αὐ-
        τόϲ ποτ' ἔκτιϲεν γόνωι,
νῦν ἔχων παλίντροπον
ὄψιν ἐν λιταῖϲιν·
ὑψόθεν δ' εὖ κλύοι καλούμενοϲ·   175
⟨ἃ Ζήν, 'Ιοῦϲ † ἰὼ μῆνιϲ   [ἐφυμν. γ
μάϲτειρ' † ἐκ θεῶν.
κοννῶ δ' ἄγαν
γαμετᾶϲ οὐρανόνικον·
χαλεποῦ γὰρ ἐκ πνεύματοϲ εἶϲι χειμών.⟩

ΔΑΝΑΟΣ

παῖδεϲ, φρονεῖν χρή· ξὺν φρονοῦντι δ' ἥκετε
πιϲτῶι γέροντι τῶιδε ναυκλήρωι πατρί.
καὶ τἀπὶ χέρϲου νῦν προμηθίαν λαβὼν

162-3 ἀζηνιουϲιω μῆνιϲ M; ὦ Ζεῦ ἡ παρὰ τῶν θεῶν μῆνιϲ κατὰ 'Ιοῦϲ ⟨ι⟩ώδηϲ ἐϲτὶ καὶ μαϲτιγωτική MΣ, unde μαϲτίκτειρ' coni. Abresch 164 ἄγαν Bamberger: ἄταν M   165 γαμετᾶϲ οὐρανόνικον Victorius: γαμετουρανόνεικον M; οὐρανονίκου Casaubon   168 αὖ Rogers: οὐ M   169 ἐνέξεται Porson: ἐνεύξ- M et MΣ   ψόγοιϲ Headlam: λόγοιϲ M   172 γόνωι suspectum; fort. = γένει   175 καλουμέναϲ Dawe post h.v. ephymnium iteravit Canter   176 Δαναόϲ Scaliger, πρεϲβύτηϲ praefixit M   ἥκετε Porson: ἵκετε M   178 λαβὼν Wordsworth: λαβεῖν M

97

αἰνῶ φυλάξαι τἄμ' ἔπη δελτουμένας.
ὁρῶ κόνιν, ἄναυδον ἄγγελον στρατοῦ·   180
σύριγγες οὐ σιγῶσιν ἀξονήλατοι·
ὄχλον δ' ὑπασπιστῆρα καὶ δορυσσόον
λεύσσω ξὺν ἵπποις καμπύλοις τ' ὀχήμασιν.
τάχ' ἂν πρὸς ἡμᾶς τῆσδε γῆς ἀρχηγέται
ὀπτῆρες εἶεν ἀγγέλων πεπυσμένοι.   185
ἀλλ' εἴτ' ἀπήμων εἴτε καὶ τεθηγμένος
ὠμῆι ξὺν ὀργῆι τῶνδ' ἐπόρνυται στόλος,
ἄμεινόν ἐστι παντὸς οὕνεκ', ὦ κόραι,
πάγον προσίζειν τόνδ' ἀγωνίων θεῶν.
κρεῖσσον δὲ πύργου βωμός, ἄρρηκτον σάκος.   190
ἀλλ' ὡς τάχιστα βᾶτε καὶ λευκοστεφεῖς
ἱκτηρίας, ἀγάλματ' αἰδοίου Διός,
σεμνῶς ἔχουσαι διὰ χερῶν εὐωνύμων
αἰδοῖα καὶ γοεδνὰ καὶ ζαχρεῖ' ἔπη
ξένους ἀμείβεσθ' ὡς ἐπήλυδας πρέπει,   195
τορῶς λέγουσαι τάσδ' ἀναιμάκτους φυγάς.
φθογγῆι δ' ἐπέσθω πρῶτα μὲν τὸ μὴ θρασύ,
τὸ μὴ μάταιον δ' ἐκ †μετώπω σωφρονῶν†
ἴτω προσώπων ὄμματος πάρ' ἡσύχου·
καὶ μὴ πρόλεσχος μηδ' ἐφολκὸς ἐν λόγωι   200
γένηι· τὸ τῆιδε κάρτ' ἐπίφθονον γένος.
μέμνησο δ' εἴκειν· χρεῖος εἶ ξένη φυγάς·
θρασυστομεῖν γὰρ οὐ πρέπει τοὺς ἥσσονας.

Χο.   πάτερ, φρονούντως πρὸς φρονοῦντας ἐννέπεις·
      φυλάξομαι δὲ τάσδε μεμνῆσθαι σέθεν   205
      κεδνὰς ἐφετμάς· Ζεὺς δὲ γεννήτωρ ἴδοι.

185 ὀπτῆρας εἶεν Herwerden   186 τεθηγμένος Casaubon: τεθειμ-
M   187 τῶνδ' ... στόλος Todt: τόνδ' ... στόλον M   188 οὕνεκ'
Heath: εἴν- M   189 τόνδ' Turnebus: τῶνδ' M   190 κρείσσων Mᵃᶜ
191 ἀμβᾶτε Paley   192 ἱκτη- Victorius: ἱκετη- M   193 σεμνῶς
Mˢ: -νὸς M   εὐων- ex MΣ Auratus: cυνων- M   194 γοεδνὰ Robor-
tello: γοειδηα M   ζαχρεῖ' Geel: τὰ χρέα M   196 τὰς Wecklein
197 φθογγῆ M   198 sententiae unice aptum foret ἐκ σεσωφρονι-
cμένων (Dindorf; cf. 724)   202 εἴξεν ἡ φυγάς M   204 φρο-
νούντως Mᵖᶜ: -τος Mᵃᶜ   πρὸς φρονοῦσαν Dindorf

Δα. ἴδοιτο δῆτα πρευμενοῦς ἀπ' ὄμματος. [210]

Χο. κείνου θέλοντος εὖ τελευτήσει τάδε. [211]

Δα. μή νυν cχόλαζε, †μηχανῆς δ' ἔcτω κράτος†.

Χο. θέλοιμ' ἂν ἤδη coὶ πέλας θρόνους ἔχειν. 210

Δα. ⟨   ⟩ 210ᵃ

Χο. ὦ Ζεῦ, κόπων οἴκτιρε μὴ ἀπολωλότας. 211

Δα. καὶ Ζηνὸς ἶνιν τόνδε νῦν κικλήςκετε.

Χο. καλοῦμεν αὐγὰς ἡλίου cωτηρίους.

Δα. ἁγνόν γ' Ἀπόλλω, φυγάδ' ἀπ' οὐρανοῦ θεόν.

Χο. εἰδὼς ἂν αἶcαν τήνδε cυγγνοίη βροτοῖς. 215

Δα. cυγγνοῖτο δῆτα καὶ παραcταίη πρόφρων.

Χο. τίν' οὖν κικλήςκω τῶνδε δαιμόνων ἔτι;

Δα. ὁρῶ τρίαιναν τήνδε, cημεῖον θεοῦ.

Χο. ἀλλ' εὖ τ' ἔπεμψεν εὖ τε δεξάςθω χθονί.

Δα. Ἑρμῆς ὅδ' ἄλλος τοῖcιν Ἑλλήνων νόμοις. 220

Χο. ἐλευθέροις νυν ἐcθλὰ κηρυκευέτω.

Δα. πάντων δ' ἀνάκτων τῶνδε κοινοβωμίαν
    cέβεcθ'· ἐν ἁγνῶι δ' ἑcμὸς ὣς πελειάδων
    ἵζεcθε κίρκων τῶν ὁμοπτέρων φόβωι,
    ἐχθρῶν ὁμαίμοις καὶ μιαινόντων γένος. 225
    ὄρνιθος ὄρνις πῶς ἂν ἁγνεύοι φαγών;
    πῶς δ' ἂν γαμῶν ἄκουcαν ἄκοντος πάρα

207–22 nullae personarum notae   207–12 versuum ordo incertus
(207, 211, 208, 210, 209, 213, 212, 214 alios secutus Dawe)
207–8 huc traiecit Wilamowitz (207 iam Hermann); post 211 habet M
209 ἔcτω κράτος tamquam = κρατεῖτε interpretantur, quod vix credibile
est; etiam incertum quid significet μηχανή   210 coῦ πέλας Casau-
bon; post h.v. lacunam statuit Kirchhoff   211 ὦ Turnebus: ἰὼ
M   Ζεῦ Mˢ: Ζεὺς M   cκοπῶν Friis Johansen   μὴ ἀπολ.: vid. Moor-
house CQ 1948. 37   212 ἶνιν Bamberger: ὄρνιν M; Ζηνὸς ἶνις =
Διὸς υἱὸς Ἀπόλλων   κικλήςκετε Scur.ˢ: -ται M   214 γ' Page
(nam de eodem Apolline agitur 212–14): τ' M   215 cυγγνοίη
Lobeck: εὐγνώη M   216 cύγγνοιτο Mˢ: cύγν- M   217 κικλίcκω
M   218 ὁρᾶις . . .; Dawe   220 τοῖcί γ' Jurenka   223 δ'
ἑcμὸς Auratus: δεcμὸς M   224 ἵζεcθε κίρκων Robortello: ἵζεcθε
Mˢ, ἵζεcθαι M; κέρκω Mˢ, κρέκω M   225 ὁμαίμοις Murray:
-μων M   226 ἂν ἁγνεύοι Plut. Rom. 9, quaest. Rom. 286c:
ἀναινεύοι M   227 πάρα: πατρός Burges

ἁγνὸc γένοιτ' ἄν; οὐδὲ μὴ 'ν Ἅιδου θανὼν
φύγηι ματαίων αἰτίαc, πράξαc τάδε.
κἀκεῖ δικάζει τἀμπλακήμαθ', ὡc λόγοc,   230
Ζεὺc ἄλλοc ἐν καμοῦcιν ὑcτάταc δίκαc.
cκοπεῖτε κἀμείβεcθε τόνδε τὸν τρόπον
ὅπωc ἂν ὑμῖν πρᾶγοc εὖ νικᾶι τόδε.

ΒΑCΙΛΕΥC

ποδαπὸν ὅμιλον τόνδ' ἀνελληνόcτολον
πέπλοιcι βαρβάροιcι κἀμπυκώμαcι   235
χλίοντα προcφωνοῦμεν; οὐ γὰρ Ἀργολὶc
ἐcθὴc γυναικῶν οὐδ' ἀφ' Ἑλλάδοc τόπων.
ὅπωc δὲ χώραν οὔτε κηρύκων ὕπο
ἀπρόξενοί τε νόcφιν ἡγητῶν μολεῖν
ἔτλητ' ἀτρέcτωc, τοῦτο θαυμαcτὸν πέλει.   240
κλάδοι γε μὲν δὴ κατὰ νόμουc ἀφικτόρων
κεῖνται παρ' ὑμῶν πρὸc θεοῖc ἀγωνίοιc·
μόνον τόδ' Ἑλλὰc χθὼν cυνοίcεται †cτόχωι
καὶ τἄλλα πόλλ' ἐπεικάcαι† δίκαιον ἦν,
εἰ μὴ παρόντι φθόγγοc ἦν ὁ cημανῶν.   245

Χο.   εἴρηκαc ἀμφὶ κόcμον ἀψευδῆ λόγον·
ἐγὼ δὲ πρόc cε πότερον ὡc ἔτην λέγω
ἢ τηρὸν ἱερόρραβδον ἢ πόλεωc ἀγόν;

Βα.   πρὸc ταῦτ' ἀμείβου καὶ λέγ' εὐθαρcὴc ἐμοί·
τοῦ γηγενοῦc γάρ εἰμ' ἐγὼ Παλαίχθονοc   250

229 ματαίων Schütz: μάταιον M   230 τἀμπλακήμαθ' ὡc Victorius
(τἀπλ-): ταπλα ἐν μαβωc M   232 τρόπον Stanley: τόπον M; τόνδε
τὸν τρόπον suspectum; si sincerum est = καθάπερ ἐν τοῖc ἔμπροcθεν παρ-
ήινουν   234 nulla personae nota   ἀνελληνόcτολον Bothe: ἀνέλληνα
cτόλον M   235 κἀμπυκώμαcι Bergk: καὶ πυκνώμ- M   237 ἀφ'
Mˢ: ἀπ' M   τὸ πᾶν Blaydes   238 οὔτε Hermann: οὐδὲ M
240 ἀτρέcτωc Sophianus: ἀκρ- M   242 ὑμῶν Casaubon: ὑμῖν M
243–4 cυνοίcεται cτόχωι nemo explanavit; sententiae aptum foret cυν-
οίcεται ⟨ξένοιc⟩, / cτόχωι δὲ καὶ τἄλλ' εἰκάcαι δίκαιον ἦν   248 ἢ
τηρὸν Mˢ: ἤτηρον M   ἱερόρραβδον post Bothe Whittle: ἥρου ῥάβδον M,
οἶμαι ἢ Ἑρμοῦ ῥάβδον Mˢ in marg.   249 πρὸc πάντ' Arnaldus
λέγ' εὐθαρcὴc Turnebus: λέγετ' εὐθαρcεῖc M; εὖ θαρcοῦc' Whittle

ΙΚΕΤΙΔΕϹ

ἶνις Πελασγός, τῆϲδε γῆς ἀρχηγέτης,
ἐμοῦ δ' ἄνακτος εὐλόγως ἐπώνυμον
γένος Πελασγῶν τήνδε καρποῦται χθόνα·
καὶ πᾶϲαν αἶαν ἧς δι' ἁγνὸς ἔρχεται
Ϲτρυμών, τὸ πρὸς δύνοντος ἡλίου, κρατῶ·   255
ὁρίζομαι δὲ τήν τε Περραιβῶν χθόνα
Πίνδου τε τἀπέκεινα Παιόνων πέλας
ὄρη τε Δωδωναῖα· ϲυντέμνει δ' ὄρος
ὑγρᾶς θαλάϲϲης. τῶνδε τἀπὶ τάδε κρατῶ.
αὐτῆς δὲ χώρας Ἀπίας πέδον τόδε   260
πάλαι κέκληται φωτὸς ἰατροῦ χάριν·
Ἆπις γὰρ ἐλθὼν ἐκ πέρας Ναυπακτίας
ἰατρόμαντις παῖϲ Ἀπόλλωνος χθόνα
τήνδ' ἐκκαθαίρει κνωδάλων βροτοφθόρων,
τὰ δὴ παλαιῶν αἱμάτων μιάϲμαϲιν   265
χρανθεῖϲ' ἀνῆκε γαῖα †μηνεῖται ἄκη†,
δρακονθόμιλον δυϲμενῆ ξυνοικίαν·
τούτων ἄκη τομαῖα καὶ λυτήρια
πράξας ἀμέμπτωϲ Ἆπις Ἀργείαι χθονὶ
μνήμην ποτ' ἀντίμιϲθον ηὕρετ' ἐν λιταῖϲ.   270
ἔχουϲα δ' ἤδη τἀπ' ἐμοῦ τεκμήρια
γένος τ' ἂν ἐξεύχοιο καὶ λέγοις πρόϲω.
μακράν γε μὲν δὴ ῥῆϲιν οὐ ϲτέργει πόλις.
Χο. βραχὺς τορός θ' ὁ μῦθος· Ἀργεῖαι γένος
ἐξευχόμεϲθα, ϲπέρματ' εὐτέκνου βοός·   275

251 Πελασγός Canter: -γοῦ M   254 αἶαν ἧς Turnebus (et αἶαν
Guelf.ˢˢᶜʳ): ἀίδνης M   δι' ἁγνὸς Wordsworth: διάλγος M   255 τὸ M
et Mˢ in marg.: τοῦ Mˢ in textu   256 τήν τε Casaubon: τῆνδε
M   259 τἀπὶ τάδε Canter: τ' ἄπειτα δὲ M   264 -φθόρων
Mˢ: -φόρων M   265 τὰ: ἃ Dindorf   δὴ Turnebus: δὲ M
266 μηνιτὴ Porson, μηνῖτις Wecklein   δάκη Turnebus, ἄχη Martin
267 δρακονθόμιλον Bothe: δράκων θ' ὁμιλῶν M, δράκονθ' ὅμιλον Mˢ;
δράκονθ' ὅμαυλον Rogers   269 ἀμέμπτως Ἆπις Robortello: μεμπτῶς
ἄπεις' M   270 ποτ' ἀντίμιϲθον Turnebus: ποντ--αντινειϲθον M
271 ἔχουϲα δ' Heimsoeth: ἔχον δ' ἂν M, ἔχουϲαν Mˢʸᵖ   272 γένος
τ'... λέγοις πρόϲω Robortello: γένοιτ'... λέγοι προϲωϲ M   273 μὲν
Mᵃᶜ: μιν Mᵖᶜ   δὴ ῥῆϲιν Sophianus: δηρίϲιν M

101

καὶ τῶιδ' ἀληθῆ πάντα προσφύcω λόγωι.
Βα. ἄπιcτα μυθεῖcθ', ὦ ξέναι, κλύειν ἐμοί,
ὅπωc τόδ' ὑμῖν ἐcτιν Ἀργεῖον γένοc.
Λιβυcτικαῖc γὰρ μᾶλλον ἐμφερέcτεραι
γυναιξίν ἐcτε κοὐδαμῶc ἐγχωρίαιc·   280
καὶ Νεῖλοc ἂν θρέψειε τοιοῦτον φυτόν·
Κύπριοc χαρακτήρ τ' ἐν γυναικείοιc τύποιc
εἰκὼc πέπληκται τεκτόνων πρὸc ἀρcένων·
Ἰνδάc τ' ἀκούων νομάδαc ἱπποβάμοcιν
†εἶναι καμήλοιc ἀcτραβιζούcαc χθόνα†   285
παρ' Αἰθίοψιν ἀcτυγειτονουμέναc,
καὶ τὰc ἀνάνδρουc κρεοβότουc τ' Ἀμαζόναc,
εἰ τοξοτευχεῖc ἦτε, κάρτ' ἂν ἤικαcα
ὑμᾶc· διδαχθεὶc ⟨δ'⟩ ἂν τόδ' εἰδείην πλέον,
ὅπωc γένεθλον cπέρμα τ' Ἀργεῖον τὸ cόν.   290
Χο. κληιδοῦχον Ἥραc φαcὶ δωμάτων ποτὲ
Ἰὼ γενέcθαι τῆιδ' ἐν Ἀργείαι χθονί.
Βα. ἦν ὡc μάλιcτα, καὶ φάτιc πολλὴ κρατεῖ.
⟨Χο.   ⟩
Βα. μὴ καὶ λόγοc τιc Ζῆνα μειχθῆναι βροτῶι;   295
Χο. κἄκρυπτά γ' Ἥραc ταῦτα τἀμπαλάγματ' ἦν.   296
Βα. πῶc οὖν τελευτᾶι βαcιλέωιν νείκη τάδε;   298
Χο. βοῦν τὴν γυναῖκ' ἔθηκεν Ἀργεία θεόc.

276 τῶιδ' Page: ταῦτ' M; = καὶ τῶιδε λόγωι λόγον παντελῶc ἀληθῆ
προcφύcω λόγωι Mˢ: -γων M   277 ἄπειcτα M   278 τόδ': ποθ'
Meineke   280 γυναιξίν Turnebus: -ξὶ δ' M   282–5 parum eleganter
scripti, dubio procul corrupti   282 Κύπριοc Mˢ: -ριc M   284 Ἰνδάc
Bothe: -δούc M   ἀκούω Robortello -βάμοιcιν M   285 ἀcτρα-
βιζούcαιc Mᵃᶜ; ἀcτραβίζειν χθόνα phrasis dithyrambicis digna; etiam
εἶναι suspectum   287 -βότουc Scaliger: -βρότουc M   τ' Porson:
δ' M; δ' del. Wellauer   288 ἦτε Mᵖᶜ: ἦcτε Mᵃᶜ, fort. recte
289 ὑμῖν Blaydes   δ' suppl. Abresch   291–335 nullae personarum
notae; interrogat rex (289), respondet chorus   292 τῆιδ' ἐν
Sophianus: τῇ ἰδεῖν M   294 lacunam statuit I. Pearson
295 μιχθῆνα (sic) M   296 κἄκρυπτά Hermann: καὶ κρυπτά M
τἀμπαλάγματ' ἦν Butler (-άγματα Hermann): παλλαγμάτων M   post
h.v. lacunam ('v. 297') statuit Porson   299 βούν∗την Mᵃᶜ, βού∗∗την
Mᵖᶜ

Βα. οὔκουν πελάζει Ζεὺς ἐπ᾽ εὐκραίρωι βοΐ;   300
Χο. φασίν, πρέποντα βουθόρωι ταύρωι δέμας.
Βα. τί δῆτα πρὸς ταῦτ᾽ ἄλοχος ἰσχυρὰ Διός;
Χο. τὸν πάνθ᾽ ὁρῶντα φύλακ᾽ ἐπέστησεν βοΐ.
Βα. ποῖον πανόπτην οἰοβουκόλον λέγεις;
Χο. Ἄργον, τὸν Ἑρμῆς παῖδα γῆς κατέκτανε.   305
Βα. τί οὖν ἔτευξ᾽ ἔτ᾽ ἄλλο δυσπότμωι βοΐ;
Χο. βοηλάτην μύωπα κινητήριον.
⟨Βα.   ⟩   307ª
Χο. οἶστρον καλοῦσιν αὐτὸν οἱ Νείλου πέλας.
Βα. τῶι γάρ νιν ἐκ γῆς ἤλασεν μακρῶι δρόμωι;
Χο. καὶ ταῦτ᾽ ἔλεξας πάντα συγκόλλως ἐμοί.   310
⟨Βα.   ⟩   310ª
Χο. καὶ μὴν Κάνωβον κἀπὶ Μέμφιν ἵκετο.
⟨Βα.   ⟩
Χο. καὶ Ζεύς γ᾽ ἐφάπτωρ χειρὶ φιτύει γόνον.
Βα. τίς οὖν ὁ Διὸς πόρτις εὔχεται βοός;
Χο. Ἔπαφος, ἀληθῶς ῥυσίων ἐπώνυμος.   315
⟨Βα.   ⟩
Χο. Λιβύη, μέγιστον γῆς † καρπουμένη.
Βα. τίν᾽ οὖν ἔτ᾽ ἄλλον τῆσδε βλαστημὸν λέγεις;
Χο. Βῆλον δίπαιδα, πατέρα τοῦδ᾽ ἐμοῦ πατρός.
Βα. τοῦ πανσόφου νῦν ὄνομα τούτου μοι φράσον.   320
Χο. Δαναός, ἀδελφὸς δ᾽ ἐστὶ πεντηκοντάπαις.
Βα. καὶ τοῦδ᾽ ἄνοιγε τοὔνομ᾽ ἀφθόνωι λόγωι.

300 ἐπ᾽: ἔτ᾽ Schütz   301 πρέποντα Turnebus: -τας Μ
302 δῆτα Victorius: δὴ Μ   ταῦτ᾽ ἄλοχος ἰσχυρὰ Robortello: ταυτα
λόχοις χυρα Μ   303 τὸν Μˢ: τὸ Μ   306 ἔτευξ᾽ ἔτ᾽ Robertson:
ἔτευξε δ᾽ Μ, ἔτευξεν Par.   307ª lacunam statuit Dindorf
308 πέλας Turnebus: πέδας Μ, οἶμαι παῖδες Μˢ   309 τῶι γάρ Bothe:
τοιγάρ Μ   γῆς Canter: τῆς Μ   310ª lacunam indicavit Page,
312 Hermann   313 φιτύει Scaliger: φυτεύει Μ   314 τίς
Par.ᵖᶜ: τί Μ   316 versum excidisse (Ἐπάφου δὲ τίς . . .;) vidit
Stanley   317 γῆς θέρος Dawe   320 τοῦ πανσόφου Paley: τὸ
πάνσοφον Μ   τούτου Casaubon: τοῦτό Μ; τοῦδέ Burges   321 ἀδελ-
φὸς δ᾽ Scaliger: δ᾽ ἀδ. Μ   πεντηκοντάπαις Heath: -κοστόπαις Μ
322 τοῦδ᾽ ἄνοιγε Porson: τοῦ δαναοίγε Μ

Χο. Αἴγυπτος. εἰδὼς δ' ἁμὸν ἀρχαῖον γένος
πράccοιc ἂν ὡς Ἀργεῖον ἀντήcac cτόλον.

Βα. δοκεῖτέ ⟨τοί⟩ μοι τῆςδε κοινωνεῖν χθονὸς   325
τάρχαῖον· ἀλλὰ πῶς πατρῷα δώματα
λιπεῖν ἔτλητε; τίς κατέcκηψεν τύχη;

Χο. ἄναξ Πελαςγῶν, αἰόλ' ἀνθρώπων κακά,
πόνου δ' ἴδοις ἂν οὐδαμοῦ ταὐτὸν πτερόν·
ἐπεὶ τίς ηὔχει τήνδ' ἀνέλπιστον φυγὴν   330
κέλcειν ἐc Ἄργος κῆδος ἐγγενὲς τὸ πρὶν
ἔχθει μεταπτοοῦcαν εὐναίων γάμων;

Βα. τί φὴις ἱκνεῖcθαι τῶνδ' ἀγωνίων θεῶν
λευκοcτεφεῖc ἔχουcα νεοδρέπτους κλάδους;

Χο. ὡς μὴ γένωμαι δμωὶc Αἰγύπτου γένει.   335

Βα. πότερα κατ' ἔχθραν ἢ τὸ μὴ θέμις λέγεις;

Χο. τίς δ' ἂν φίλους ὄνοιτο τοὺς κεκτημένους;

Βα. cθένος μὲν οὕτως μεῖζον αὔξεται βροτοῖς.

Χο. καὶ δυcτυχούντων γ' εὐμαρὴς ἀπαλλαγή.

Βα. πῶς οὖν πρὸς ὑμᾶς εὐcεβὴς ἐγὼ πέλω;   340

Χο. αἰτοῦcι μὴ 'κδοὺς παιcὶν Αἰγύπτου πάλιν.

Βα. βαρέα cύ γ' εἶπαc, πόλεμον ἄραcθαι νέον.

Χο. ἀλλ' ἡ Δίκη γε ξυμμάχων ὑπερcτατεῖ.

Βα. εἴπερ γ' ἀπ' ἀρχῆς πραγμάτων κοινωνὸς ἦν.

Χο. αἰδοῦ cὺ πρύμναν πόλεος ὧδ' ἐcτεμμένην.   345

Βα. πέφρικα λεύccων τάcδ' ἕδρας κατακcίους.

Χο. βαρύς γε μέντοι Ζηνὸς ἱκεcίου κότος.

323 εἰδὼς δ' Turnebus: δ' εἰδὼς δ' M   324 ἀντήcαc Mˢ marg. :
ἀνcτήcαc M   325 τοί suppl. Page; δή Turnebus, δοκεῖτ' ἔμοιγε
Porson   329 δ' ἴδοιc . . . πτερόν Turnebus: δείδοιc . . . πότερον M
331 κέλcειν Robortello: κέλcειεν M   332 ἔχθει Robortello: ἔχει M
-πτοοῦcαν Whittle: -πτοίουcαν M   334 -τοιc κλάδοιc Mᵃᶜ   336 et
340–5 paragraphi praefixae; 337–9, 346–7 nullae personarum notae
337 φιλοῦc' Marckscheffel   ὄνοιτο Robortello: ὤνοιτο M et Mᶜ; fort. γ'
ὄνοιτο (M. Schmidt)   339 δυcτυχούντων Laur., Par. : -χόντων
M   γ' Turnebus: τ' Mˢ, om. M   341 'κδοὺc Schütz: 'κδῶιc M
342 ἄραcθαι Scur., Laur., Par.: αἴραcθαι M   344 κοινωνὸc Sophia-
nus: κοινὸc M   345 πόλεοc . . . ἐcτεμμένην Turnebus: πόλεως . . .
-νη M   346 πέφρικα Robortello: πέφυκα M   λεύcων M   τάcδ'
ἕδρας Bon.: τὰc δέδρα M

Παλαίχθονος τέκος, κλῦθί μου   [στρ. α
πρόφρονι καρδίαι, Πελασγῶν ἄναξ,
ἴδε με τὰν ἱκέτιν φυγάδα περίδρομον,   350
λυκοδίωκτον ὡς δάμαλιν ἂμ πέτραις
ἠλιβάτοις, ἵν᾽ ἀλκᾶι πίcυνος μέμυ-
κε φράζουca βοτῆρι μόχθους.

Βα. ὁρῶ κλάδοιcι νεοδρόποιc κατάcκιον
νεύονθ᾽ ὅμιλον τόνδ᾽ ἀγωνίων θεῶν.   355
εἴη δ᾽ ἄνατον πρᾶγμα τοῦτ᾽ ἀcτοξένων,
μηδ᾽ ἐξ ἀέλπτων κἀπρομηθήτων πόλει
νεῖκος γένηται· τῶν γὰρ οὐ δεῖται πόλιc.

Χο. ἴδοιτο δῆτ᾽ ἄνατον φυγὰν   [ἀντ. α
ἱκεcία Θέμιc Διὸc κλαρίου.   360
cὺ δὲ παρ᾽ ὀψιγόνου μάθε γεραιόφρων·
ποτιτ, ὅπαιον αἰδόμενος οὐ λιπερ-
⟨νὴc   ⟩ ἱεροδόκα
θεῶν λήματ᾽ ἀπ᾽ ἀνδρὸc ἁγνοῦ.

Βα. οὗτοι κάθηcθε δωμάτων ἐφέcτιοι   365
ἐμῶν· τὸ κοινὸν δ᾽ εἰ μιαίνεται πόλιc,
ξυνῆι μελέcθω λαὸc ἐκπονεῖν ἄκη.
ἐγὼ δ᾽ ἂν οὐ κραίνοιμ᾽ ὑπόcχεcιν πάροc,
ἀcτοῖc δὲ πᾶcι τῶνδε κοινώcαc πέρι.

Χο. cύ τοι πόλιc, cὺ δὲ τὸ δήμιον·   [cτρ. β
πρύτανιc ἄκριτοc ὢν   371
κρατύνειc βωμόν, ἑcτίαν χθονόc,

348 τέκος Mˢ : τόκος M   350 με τὰν Stephanus : μέγαν M
351 λυκοδίωκτον Hermann : λευκόδικτον M   352 -τοιc, ἵν᾽ Valcke-
naer : -τοιcιν M   355 νεύονθ᾽ Bamberger : νέονθ᾽ M   τόνδ᾽ Her-
mann : τῶνδ᾽ M   359 δῆτ᾽ ἄνατον Pauw : δῆτα τὰν ἄνατον M
361 γεραιόφρων Burges : γεραφρόνων M; γεραρὰ φρονῶν Marckscheffel
362–3 οὐ λιπερνὴc Headlam ex Mᶜ οὐ πτωχεύcειc : οὔνπερ M (ΟΥΝΠΕΡ
= ΟΥΛΙΠΕΡ) ; e.g. οὐ λιπερ⟨νὴc ἀγαθῶν ἔcηι· μάλα γὰρ⟩ ἱεροδόκα κτλ. ;
Mᶜ οἱ θεοὶ δέχονται τὰ ἀπὸ ἀνδρὸc ἁγνοῦ ἱερά   366 ἐμῶν Mˢ : ἐμόν
M   367 ἐκπονεῖν Turnebus : ἐκπνοεῖν M   368 πάροc Sophianus :
παρακροc M   369 ἀcτοῖc ... τῶνδε Scaliger : ἀcτῶν ... τοῖcδε M

μονοψήφοισι νεύμασιν σέθεν,
μονοσκήπτροισι δ' ἐν θρόνοις χρέος
πᾶν ἐπικραίνεις· ἄγος φυλάσσου.　　　　　375

Βα.　ἄγος μὲν εἴη τοῖς ἐμοῖς παλιγκότοις,
ὑμῖν δ' ἀρήγειν οὐκ ἔχω βλάβης ἄτερ·
οὐδ' αὖ τόδ' εὔφρον, τάσδ' ἀτιμάσαι λιτάς.
ἀμηχανῶ δὲ καὶ φόβος μ' ἔχει φρένας
δρᾶσαί τε μὴ δρᾶσαί τε καὶ τύχην ἑλεῖν.　　　380

Χο.　τὸν ὑψόθεν σκοπὸν ἐπισκόπει　　　　　[ἀντ. β
φύλακα πολυπόνων
βροτῶν οἳ τοῖς πέλας προσήμενοι
δίκας οὐ τυγχάνουσιν ἐννόμου·
μένει τοι Ζηνὸς ἱκταίου κότος　　　　　385
δυσπαράθελκτος παθόντος οἴκτοις.

Βα.　εἴ τοι κρατοῦσι παῖδες Αἰγύπτου σέθεν
νόμωι πόλεως, φάσκοντες ἐγγύτατα γένους
εἶναι, τίς ἂν τοῖσδ' ἀντιωθῆναι θέλοι;
δεῖ τοί σε φεύγειν κατὰ νόμους τοὺς οἴκοθεν,　　390
ὡς οὐκ ἔχουσιν κῦρος οὐδὲν ἀμφὶ σοῦ.

Χο.　μή τί ποτ' οὖν γενοίμαν ὑποχείριος　　　　[στρ. γ
κράτεσιν ἀρσένων· ὑπάστρωι δέ τοι
μῆχαρ ὁρίζομαι γάμου δύσφρονος
φυγᾶι· ξύμμαχον δ' ἑλόμενος Δίκαν　　　　395
κρῖνε σέβας τὸ πρὸς θεῶν.

Βα.　οὐκ εὔκριτον τὸ κρῖμα· μή μ' αἱροῦ κριτήν.
εἶπον δὲ καὶ πρίν, οὐκ ἄνευ δήμου τάδε
πράξαιμ' ἄν, οὐδέ περ κρατῶν, μὴ καί ποτε

---

374 θρόνοις Sophianus (-οισι): χρόνοισι Μ　　　375 ἄγος Par.ᵖᶜ:
ἄλγος Μ　　　380 μὴ δρᾶσαί τε Scur.: μηδράσητε Μ　　　386 δυσ-
παράθελκτος Schütz: ὦ δυσπαραθέλκτοις Μ, δυσπαρενθήτοις Μˢ in marg.
389 τίς Victorius: τίς δ' Μ　　θέλει Μᵃᶜ　　　392 -χείριος Robortello:
-χέριος Μ　　　393 κράτεσί γ' Denniston GP 425　　ὑπάστρωι Stan-
ley: ὕπαστρον Μ; ὕπαστρον . . . φυγάν Heath　　　397 κρῖμα suspectum;
χρῆμα anon.　　　399 μὴ καί Canter: καὶ μή Μ

εἴπηι λεώς, εἴ πού τι μὴ τοῖον τύχοι,   400
"ἐπήλυδαc τιμῶν ἀπώλεcαc πόλιν."

Xo.   ἀμφοτέροιc ὁμαίμων τάδ' ἐπιcκοπεῖ   [ἀντ. γ
            Ζεὺc ἑτερορρεπήc, νέμων εἰκότωc
            ἄδικα μὲν κακοῖc, ὅcια δ' ἐννόμοιc·
            τί τῶνδ' ἐξ ἴcου ῥεπομένων μεταλ-   405
            γὲc τὸ δίκαιον ἔρξαι;
Βα.   δεῖ τοι βαθείαc φροντίδοc cωτηρίου
            δίκην κολυμβητῆροc ἐc βυθὸν μολεῖν
            δεδορκὸc ὄμμα μηδ' ἄγαν ὠινωμένον,
            ὅπωc ἄνατα ταῦτα πρῶτα μὲν πόλει,   410
            αὐτοῖcί θ' ἡμῖν ἐκτελευτήcει καλῶc,
            καὶ μήτε δῆριc ῥυcίων ἐφάψεται
            μήτ' ἐν θεῶν ἕδραιcιν ὧδ' ἱδρυμέναc
            ἐκδόντεc ὑμᾶc τὸν πανώλεθρον θεὸν
            βαρὺν ξύνοικον θηcόμεcθ' ἀλάcτορα,   415
            ὃc οὐδ' ἐν Ἅιδου τὸν θανόντ' ἐλευθεροῖ·
            μῶν οὐ δοκεῖ δεῖν φροντίδοc cωτηρίου;

Xo.   φρόντιcον καὶ γενοῦ   [cτρ. δ
            πανδίκωc εὐcεβὴc πρόξενοc·
                τὰν φυγάδα μὴ προδῶιc,   420
            τὰν ἔκαθεν ἐκβολαῖc
            δυcθέοιc ὀρομέναν,

            μηδ' ἴδηιc μ' ἐξ ἑδρᾶν   [ἀντ. δ
            πολυθέων ῥυcιαcθεῖcαν, ὦ
                πᾶν κράτοc ἔχων χθονόc·   425
            γνῶθι δ' ὕβριν ἀνέρων
            καὶ φύλαξαι κότον.

400 τι μὴ Turnebus: τι καὶ μὴ M   τύχοι Porson: τυχθῇ M
401 ἐπήλ- Robortello: εἰπηλ- M   402 ἀμφοτέροιc Schütz: -ρουc
M   405 seq. μεταλγὲc Sidgwick: -γεῖc M   409 ὠινωμένον
Salvinius: ὠνωμένων M   415 θηcόμεcθ' Victorius: -όμεθ' M
416 ὃc οὐδ' ἐν Stephanus: ὡc οὐδὲν M   417 δοκεῖ δεῖν Turnebus:
δοκεῖν δεῖ M   422 ὀρμέναν Pauw

μή τι τλᾶις τὰν ἱκέτιν εἰcιδεῖν   [cτρ. ε
ἀπὸ βρετέων βίαι δίκαc ἀγομέναν   430
ἱππαδὸν ἀμπύκων,
πολυμίτων πέπλων τ' ἐπιλαβὰc ἐμῶν.

ἴcθι γάρ, παιcὶ τάδε καὶ δόμοιc,   [ἀντ. ε
ὁπότερ' ἂν κτίcηιc, μένει Ἄρει 'κτίνειν   435
ὁμοίαν θέμιν.
τάδε φράcαι. δίκαια Διόθεν κράτη.

Βα. καὶ δὴ πέφραcμαι, δεῦρο δ' ἐξοκέλλεται·
ἢ τοῖcιν ἢ τοῖc πόλεμον αἴρεcθαι μέγαν
πᾶc' ἔcτ' ἀνάγκη, καὶ γεγόμφωται cκάφοc   440
cτρέβλαιcι ναυτικαῖcιν ὡc προcηγμένον.
ἄνευ δὲ λύπηc οὐδαμοῦ καταcτροφή.
καὶ χρήμαcιν μὲν ἐκ δόμων πορθουμένοιc
γένοιτ' ἂν ἄλλα κτηcίου Διὸc χάριν   [445]
†ἄτην γε μείζω καὶ μέγ' ἐμπλήcαc γόμου†,   [444] 445
καὶ γλῶccα τοξεύcαcα μὴ τὰ καίρια,
ἀλγεινά, θυμοῦ κάρτα κινητήρια,   [448]
γένοιτο μύθου μῦθοc ἂν θελκτήριοc·   [447]
ὅπωc δ' ὅμαιμον αἷμα μὴ γενήcεται,
δεῖ κάρτα θύειν καὶ πεcεῖν χρηcτήρια   450
θεοῖcι πολλοῖc πολλά, πημονῆc ἄκη.
ἦ κάρτα νείκουc τοῦδ' ἐγὼ παροίχομαι·
θέλω δ' ἄϊδριc μᾶλλον ἢ cοφὸc κακῶν
εἶναι· γένοιτο δ' εὖ παρὰ γνώμην ἐμήν.
Χο. πολλῶν ἄκουcον τέρματ' αἰδοίων λόγων.   455

428 τλᾶιc Wellauer : τ' ἀαῖc Μ, οἶμαι μήτι τλαίηc τὰν ἱκέτιν Μˢ in marg.
431 ἱππαδὸν H. Voss : ἱππηδὼν Μᵃᶜ, ἱππηδὸν Μᵖᶜ   432 πολυμίτων
Turnebus : -μήτων Μ   ἐπιλαβαῖc Dawe   435 Ἄρει 'κτίνειν
Seidler : δρεικτείνειν Μ ; δορὶ τίνειν Boissonade   439 ἄραcθαι
Wecklein (cf. 342)   443 χρημάτων Μˢ in marg. . πορθουμένοιc H.
Voss : -μένων Μ   444–5 invicem traiecit Scholefield   445 del.
Dindorf; ἄτηc Scaliger, μετεμπλῆcαι Tucker   447–8 hoc ordine
Casaubon ; 447 del. Geel   448 θελκτήριοc Guelf. : -ρίοιc Μ
449 ὅμαιμον Μˢ : ὁμαίμων Μ   455 nulla personae nota

Βα. ἤκουσα, καὶ λέγοις ἄν· οὔ με φεύξεται.
Χο. ἔχω στρόφους ζώνας τε, συλλαβὰς πέπλων.
Βα. †τύχαν† γυναικῶν ταῦτα συμπρεπῆ πέλοι.
Χο. ἐκ τῶνδε τοίνυν, ἴσθι, μηχανὴ καλή.
Βα. λέξον· τίν' αὐδὴν τήνδε γηρυθεῖς' ἔσῃι;   460
Χο. εἰ μή τι πιστὸν τῶιδ' ὑποστήσεις στόλωι
Βα. τί σοι περαίνει μηχανὴ εὐζωμάτων;
Χο. νέοις πίναξιν βρέτεα κοσμῆσαι τάδε.
Βα. αἰνιγματῶδες τοὖπος· ἀλλ' ἁπλῶς φράσον.
Χο. ἐκ τῶνδ' ὅπως τάχιστ' ἀπάγξασθαι θεῶν.   465
Βα. ἤκουσα μαστικτῆρα καρδίας λόγον.
Χο. ξυνῆκας· ὠμμάτωσα γὰρ σαφέστερον.
Βα. †καὶ μὴν πολλαχῆι γε† δυσπάλαιστα πράγματα,
κακῶν δὲ πλῆθος ποταμὸς ὡς ἐπέρχεται·
ἄτης δ' ἄβυσσον πέλαγος οὐ μάλ' εὔπορον   470
τόδ' ἐσβέβηκα, κοὐδαμοῦ λιμὴν κακῶν.
εἰ μὲν γὰρ ὑμῖν μὴ τόδ' ἐκπράξω χρέος,
μίασμ' ἔλεξας οὐχ ὑπερτοξεύσιμον,
εἰ δ' αὖθ' ὁμαίμοις παισὶν Αἰγύπτου σέθεν
σταθεὶς πρὸ τειχέων διὰ μάχης ἥξω τέλους,   475
πῶς οὐχὶ τἀνάλωμα γίγνεται πικρόν,
ἄνδρας γυναικῶν οὔνεχ' αἱμάξαι πέδον;
ὅμως δ' ἀνάγκη Ζηνὸς αἰδεῖσθαι κότον
ἱκτῆρος· ὕψιστος γὰρ ἐν βροτοῖς φόβος.
σὺ μέν, πάτερ γεραιὲ τῶνδε παρθένων,   480
κλάδους γε τούτους αἶψ' ἐν ἀγκάλαις λαβὼν

457 στρόφους Scaliger: στρόβους M   458–9 nullae personarum
notae   458 aptum foret τί γάρ; . . . πέλει (illud Zakas, hoc Guelf.);
vulgo τάχ' ἂν (Marckscheffel) . . . πέλοι legunt, quod huic loco minime
congruit; desideratur κάρτ' ἂν (Meineke); suspectum etiam συμπρεπῆ c.
gen.   459 καλή Turnebus: καλεῖ M   460 γηρύσας' Meineke
461 -στήσεις Wellauer: -στήσει M   462 nulla personae nota
464 ἀλλ' ἁπλῶς Abresch: ἀλλὰ πῶς M   466 μαστικτῆρα Auratus:
μακιστῆρα M   468 nulla personae nota   οὐ μὴν ἁπλῆι γε
Headlam, ἦ πολλαχῆι γε Wilamowitz   471 ἐσβέβ- Turnebus: ἐσέβ- M
474 ὁμαίμοις Turnebus: -μους M; αὐθομαίμοις Burges   480 para-
graphus praefixa   481 γε Auratus: τε M; ante h.v. lacunam
statuit Butler

βωμοὺς ἐπ' ἄλλους δαιμόνων ἐγχωρίων
θές, ὡς ἴδωςι τῆςδ' ἀφίξεως τέκμαρ
πάντες πολῖται, μηδ' ἀπορριφθῆι λόγος
ἐμοῦ κάτ'· ἀρχῆς γὰρ φιλαίτιος λεώς.   485
καὶ γὰρ τάχ' ἄν τις οἰκτίςας ἰδὼν τάδε
ὕβριν μὲν ἐχθήρειεν ἄρσενος στόλου,
ὑμῖν δ' ἂν εἴη δῆμος εὐμενέςτερος·
τοῖς ἥςςοςιν γὰρ πᾶς τις εὐνοίας φέρει.

Δα. πολλῶν τάδ' ἡμῖν ἐςτιν ἠξιωμένα,   490
αἰδοῖον εὑρεθέντα πρόξενον λαβεῖν.
ὀπάονας δὲ φράςτοράς τ' ἐγχωρίων
ξύμπεμψον, ὡς ἂν τῶν πολιςςούχων θεῶν
βωμοὺς προνάους καὶ †πολιςςούχων† ἕδρας
εὕρωμεν, ἀςφάλεια δ' ἦι δι' ἄςτεως   495
ςτείχουςι· μορφῆς δ' οὐχ ὁμόςτολος φύςις·
Νεῖλος γὰρ οὐχ ὁμοῖον Ἰνάχωι γένος
τρέφει. φύλαξαι μὴ θράςος τέκηι φόβον·
καὶ δὴ φίλον τις ἔκταν' ἀγνοίας ὕπο.

Βα. ςτείχοιτ' ἄν, ἄνδρες, εὖ γὰρ ὁ ξένος λέγει·   500
ἡγεῖςθε βωμοὺς ἀςτικούς, θεῶν ἕδρας·
καὶ ξυμβολοῦςιν οὐ πολυςτομεῖν χρεὼν
ναύτην ἄγοντας τόνδ' ἐφέςτιον θεῶν.

Χο. τούτωι μὲν εἶπας καὶ τεταγμένος κίοι·
ἐγὼ δὲ πῶς δρῶ; ποῦ θράςος νέμεις ἐμοί;   505

Βα. κλάδους μὲν αὐτοῦ λεῖπε, ςημεῖον πόνου.

Χο. καὶ δή ςφε λείπω χειρία λόγοις ςέθεν.

Βα. λευρὸν κατ' ἄλςος νῦν ἐπιςτρέφου τόδε.

---

484 ψόγος Conington   485 κάτ'· ἀρχῆς Headlam: κατ' ἀρχῆς M
486 οἰκτίςας ἰδὼν Hermann: οἶκτος εἰςιδὼν M   490 nulla personae
nota   491 εὑρεθέντα Porson: εὖρ' ἐόντα M, εὖ ῥέοντα Mˢ   πρόξενον
Canter: πρὸς ξένον M   494 πολιςςούχους Mᵃᶜ; verum expulit
πολιςς. e versu sup. repetitum; cf. 920   495 -λεια δ' ἦι Turnebus:
-λείας δὲ M   ἄςτεως M: -εος Mˢ   501 ἀςτικοὺς Turne-
bus: ἀςτίκτ- M   502 ξυμβολοῦςιν Valckenaer: -βόλοιςιν M
503 ναύτην suspectum; 'hic nauta' hoc loco phrasis vix toleranda; νάςτην
Headlam   507–16 nullae personarum notae   507 χειρία
Valckenaer: χειρὶ καὶ M   508 -ςτρέφου Robortello: -ςτρέφω M

Χο. καὶ πῶς βέβηλον ἄλσος ἂν ῥύοιτό με;

Βα. οὔτοι πτερωτῶν ἁρπαγαῖς ⟨ϲ’⟩ ἐκδώϲομεν.   510

Χο. ἀλλ’ εἰ δρακόντων δυσφρόνων ἐχθίοϲιν;

Βα. εὔφημον εἴη τοὖποϲ εὐφημουμένηι.

Χο. οὔτοι τι θαῦμα δυσφορεῖν φόβωι φρένας.

Βα. ἀεὶ γυναικῶν ἐϲτι δεῖμ’ ἐξαίϲιον.

Χο. ϲὺ καὶ λέγων εὔφραινε καὶ πράϲϲων φρένα.   515

Βα. ἀλλ’ οὔτι δαρὸν χρόνον ἐρημώϲει πατήρ·
ἐγὼ δὲ λαοὺς ϲυγκαλῶν ἐγχωρίους
ϲπεύϲω, τὸ κοινὸν ὡς ἂν εὐμενὲς τιθῶ,
καὶ ϲὸν διδάξω πατέρα ποῖα χρὴ λέγειν.
πρὸς ταῦτα μίμνε καὶ θεοὺς ἐγχωρίους   520
λιταῖς παραιτοῦ τῶν ϲ’ ἔρως ἔχει τυχεῖν.
ἐγὼ δὲ ταῦτα πορϲυνῶν ἐλεύϲομαι·
πειθὼ δ’ ἕποιτο καὶ τύχη πρακτήριος.

Χο.   ἄναξ ἀνάκτων, μακάρων   [ϲτρ. α
          μακάρτατε καὶ τελέων   525
          τελειότατον κράτος, ὄλβιε Ζεῦ,
          πιθοῦ τε καὶ γένει ϲῶι
          ἄλευϲον ἀνδρῶν ὕβριν εὖ ϲτυγήϲας,
          λίμναι δ’ ἔμβαλε πορφυροειδεῖ
          τὰν μελανόζυγ’ ἄταν.   530

          τὸ πρὸς γυναικῶν ⟨δ’⟩ ἐπιδὼν   [ἀντ. α
          παλαίφατον ἀμέτερον
          γένος, φιλίας προγόνου γυναικὸς
          νέωϲον εὔφρον’ αἶνον·
          γενοῦ πολυμνήϲτωρ, ἔφαπτορ Ἰοῦϲ·   535

509 ἄλϲος ἂν Mˢ: ἂν ἄλϲος M   510 ἁρπαγαῖς Turnebus: -γὲϲ
M   ϲ’ suppl. Porson   513 φρένας Bothe: -νόϲ M   514 γυ-
ναικῶν Linwood: δ’ ἀνάκτων M (fort. e gloss. δαναΐδων)   515 φρένα
Heath: -νί M   518–20 om. M, add. in marg. Mˢ
518 ϲπεύϲω Martin: πιετω M; ϲτείχω Weil   519 ποῖα Par.ˢˢᶜʳ: τοῖα M
527 πιθοῦ Stanley: πείθου M   γένει ϲῶι Schütz: γενέϲθω M
532 δ’ suppl. Wecklein   535 -μνήϲτορ Hermann   ἔφαπτορ Askew:
-άπτωρ M

Δῖαί τοι γένος εὐχόμεθ᾽ εἶναι
γᾶc ποτε τᾶcδ᾽ ἔνοικοι.

παλαιὸν δ᾽ εἰc ἴχνοc μετέcταν,   [cτρ. β
ματέροc ἀνθονόμους ἐπωπάc,
λειμῶνα βούχιλον, ἔνθεν Ἰὼ   540
οἴcτρωι ἐρεccομένα
φεύγει ἁμαρτίνοοc
πολλὰ βροτῶν διαμειβομένα
φῦλα, διχῆι δ᾽ † ἀντίπορον
γαῖαν ἐν αἴcαι † διατέμνουcα πόρον   545
κυματίαν ὁρίζει.

ἰάπτει δ᾽ Ἀcίδοc δι᾽ αἴαc   [ἀντ. β
μηλοβότου Φρυγίαc διαμπάξ,
περᾶι δὲ Τεύθραντοc ἄcτυ Μυcὸν
Λύδιά τ᾽ ἂν γύαλα,   550
καὶ δι᾽ ὀρῶν Κιλίκων
Παμφύλων τε διορνυμένα
πὰρ ποταμούc τ᾽ ἀενάουc
καὶ βαθύπλουτον χθόνα καὶ τὰν Ἀφροδί-
ταc πολύπυρον αἶαν.   555

ἱκνεῖται δ᾽ †εἰcιχνουμένου† βέλει   [cτρ. γ
βουκόλου πτερόεντοc
Δῖον πάμβοτον ἄλcοc,
λειμῶνα χιονόβοcκον ὄντ᾽ ἐπέρχεται

536 Δῖαί Pauw : Δίαc M   537 ποτε Burges : ἀπὸ M ; ἀπὸ τᾶcδ᾽
ἐνοίκου Headlam   544 seqq. ἐν αἴcαι non intellegitur ; fort. e
gloss. ἐν ἀcίαι ; hoc deleto aptum foret διχῆι δ᾽ ἀντιπόροιν / γαῖν ⟨ἄλα
κοινὰν⟩ διατέμνουcα, πόρον κτλ.   547 δ᾽ Ἀcίδοc Turnebus : βαcίδοc M
549 Μυcὸν Paley : Μουcῶν M, Μυcῶν Scur.   550 Λύδιά Turnebus :
λύγιά M   τ᾽ ἂν Hermann : τε M   551 ὀρῶν : ὁρῶν M, ὄρων Mˢ
552 τε Heath : τε γένη M   553 πὰρ Robortello : τὰν M   τ᾽ I.
Pearson : δ᾽ M   554 τὰν Hermann : τᾶc M   Ἀφροδίταc Turnebus :
-τηc M   556 εἰcιχνουμένου Mᵖᶜ, εἰcικνουμέν* Mᵃᶜ, εἰcικνουμένου ut
vid. legit Mᶻ (τοῦ οἴcτρου τῶι κέντρωι αὐτὴν διατρυπῶντοc)

Τυφῶ μένος   560
ὕδωρ τε Νείλου νόcοιc ἄθικτον,
μαινομένα πόνοιc ἀτί-
    μοιc ὀδύναιc τε κεντροδα-
    λήτιcι θυιὰc Ἥραc·

βροτοὶ δ' οἳ γᾶc τότ' ἦcαν ἔννομοι   [ἀντ. γ
χλωρῶι δείματι θυμὸν   566
πάλλοντ' ὄψιν ἀήθη,
βοτὸν ἐcορῶντεc δυcχερὲc μειξόμβροτον,
τὰν μὲν βοόc,
τὰν δ' αὖ γυναικόc, τέραc δ' ἐθάμβουν.   570
καὶ τότε δὴ τίc ἦν ὁ θέλ-
    ξαc πολύπλαγκτον ἀθλίαν
    οἰcτροδόνητον Ἰώ;

⟨δι'⟩ αἰῶνοc κρέων ἀπαύcτου   [cτρ. δ
Ζεὺc ⟨   ⟩   575
†βία† δ' ἀπημάντωι cθένει
καὶ θείαιc ἐπιπνοίαιc
παύεται, δακρύων δ' ἀπο-
    cτάζει πένθιμον αἰδῶ·
λαβοῦcα δ' ἕρμα Δῖον ἀψευδεῖ λόγωι   580
γείνατο παῖδ' ἀμεμφῆ

δι' αἰῶνοc μακροῦ πάνολβον·   [ἀντ. δ
ἔνθεν πᾶcα βοᾶι χθών
"φυcιζόου γένοc τόδε
Ζηνόc ἐcτιν ἀληθῶc."   585

561 τε Pauw: τὸ M   563 -δαλήτιcι Erfurdt: -δαλήτοιc M
566 δείματι Scur., Par.: δείμακτι M   570 δὲ θαμβοῦν M
571 τότε Stephanus: τόδε M   574 seq. δι' suppl. Burges; Ζεὺc ante
αἰῶνοc habet M, traiecit Hermann   Ζεύc ⟨νιν χειρὶ κατέcχεν⟩ suppl.
e.g. Murray   576 βίαc δ' C. G. Haupt, sed displicet παύεται soli-
tarium infra; δύα δ' Hermann (cf. PV 525), δύαc δ' Dawe, sed ἀπημ.
cθένει . . . παύεται vix tolerabile   δ' del. Paley coll. Mᶻ λείπει ὁ καὶ
584 φυcιζόου Schütz: -ίζοον M   τόδε Porson: τὸ δὴ M

τίς γὰρ ἂν κατέπαυσεν Ἥ-
ρας νόσους ἐπιβούλους;
Διὸς τόδ' ἔργον, καὶ τόδ' ἂν γένος λέγων
ἐξ 'Επάφου κυρήσαις.

τίν' ἂν θεῶν ἐνδικωτέροισιν   [στρ. ε
κεκλοίμαν εὐλόγως ἐπ' ἔργοις;   591
⟨αὐτὸς ὁ⟩ πατὴρ φυτουργὸς αὐτόχειρ ἄναξ
γένους παλαιόφρων μέγας
τέκτων, τὸ πᾶν μῆχαρ, οὔριος Ζεύς.

ὑπ' ἀρχᾶι δ' οὔτινος θοάζων   [ἀντ. ε
†τὸ μεῖον κρεισσόνων† κρατύνει·   596
οὔτινος ἄνωθεν ἡμένου σέβει †κάτω†·
πάρεστι δ' ἔργον ὡς ἔπος
σπεῦσαί τι τῶν βούλιος φέρει φρήν.

Δα. θαρσεῖτε, παῖδες· εὖ τὰ τῶν ἐγχωρίων   600
     δήμου δέδοκται παντελῆ ψηφίσματα.
Χο. ὦ χαῖρε πρέσβυ, φίλτατ' ἀγγέλλων ἐμοί.
     ἔνισπε δ' ἡμῖν ποῖ κεκύρωται τέλος,
     δήμου κρατοῦσα χεὶρ ὅπηι πληθύνεται.
Δα. ἔδοξεν Ἀργείοισιν, οὐ διχορρόπως,   605
     ἀλλ' ὥστ' ἀνηβῆσαί με γηραιᾶι φρενί·
     πανδημίαι γὰρ χερσὶ δεξιωνύμοις
     ἔφριξεν αἰθὴρ τόνδε κραινόντων λόγον,

592 αὐτὸς ὁ suppl. Heinisoeth ex M^Σ (αὐτὸς ὁ π. φ. τοῦ γένους)
595–7 consentiunt M et M^Σ, οὐχ ὑπὸ τὰς ἀρχὰς δέ τινος τῶν κρεισσόνων
καθήμενος, τὸ μεῖον ἔχων et οὐ σέβηι κάτω ὢν αὐτός   595–6 ἀρχᾶι
Blaydes: ἀρχὰς M   κρεισσόνων M^Σ, κρείσσον ὢν M; locus insanabilis,
nisi latet οὔτινος . . . / τελείου ('auctoritatem exercentis') κρεισσόνως κρα-
τύνει   597 οὔτινος Scur., Laur.: ὅστινος M   σέβει κράτος Heath;
versum languidum del. Dindorf tamquam e schol. ad vv. 595–6 fictum
599 βούλιος Auratus: δούλ- M   fort. τρέφει   601 δήμωι Butler
603 ἔνισπε δ' Robortello: ἐνόσπερ M, ἔνεπε Guelf.   κεκύρτωται M
(corr. Par.)   604 χεὶρ ὅπηι Casaubon, πληθύνεται Hermann:
χειροπληθύεται M   606 ἀνηβῆσαί με Tyrwhitt: ἂν ἡβήσαιμι M

ἡμᾶς μετοικεῖν τῆσδε γῆς ἐλευθέρους
κἀρρυσιάστους ξύν τ' ἀσυλίαι βροτῶν,					610
καὶ μήτ' ἐνοίκων μήτ' ἐπηλύδων τινὰ
ἄγειν· ἐὰν δὲ προστιθῆι τὸ καρτερόν,
τὸν μὴ βοηθήσαντα τῶνδε γαμόρων
ἄτιμον εἶναι ξὺν φυγῆι δημηλάτωι.
τοιάνδ' ἔπειθε ῥῆσιν ἀμφ' ἡμῶν λέγων					615
ἄναξ Πελασγῶν, ἱκεσίου Ζηνὸς κότον
μέγαν προφωνῶν μήποτ' εἰσόπιν χρόνου
πόλιν παχῦναι, ξενικὸν ἀστικόν θ' ἅμα
λέγων διπλοῦν μίασμα πρὸς πόλεως φανὲν
ἀμήχανον βόσκημα πημονῆς πέλειν.					620
τοιαῦτ' ἀκούων χερσὶν Ἀργεῖος λεὼς
ἔκραν' ἄνευ κλητῆρος ὣς εἶναι τάδε·
δημηγόρους δ' ἤκουσεν εὐπειθὴς στροφὰς
δῆμος Πελασγῶν, Ζεὺς δ' ἐπέκρανεν τέλος.

Χο ἄγε δὴ λέξωμεν ἐπ' Ἀργείοις					625
 εὐχὰς ἀγαθὰς ἀγαθῶν ποινάς·
Ζεὺς δ' ἐφορεύοι ξένιος ξενίου
στόματος τιμὰς †ἐπ' ἀληθείαι
τέρμον' ἀμέμπτων πρὸς ἄπαντα†.

νῦν ἴτε καί, θεοὶ						[στρ. α
Διογενεῖς, κλύοιτ' εὐκταῖα γένει χεούσας·				631
μήποτε πυρίφατον τάνδε Πελασγίαν
τὸν ἄκορον βοᾶν κτίσαι μάχλον Ἄρη,				635

610 καρυσ- M   615 τοιάνδ': τοιαῦτ' Friis Johansen   617 προ-
φωνῶν Canter: πρόφρων ὦν M   618 πλατῦναι M^{syp}   619 πρὸς
Bothe: πρὸ M   620 ἀμηχάνου Stanley   622 ἔκραν' ἄνευ κλητῆρος
Turnebus: ἔκλαναν εὐκλήτορος M   623 εὐπειθὴς Bothe: εὐπειθεῖς
in -θεὶς mut. M; εὐπιθεῖς Blomfield   625 λέξωμεν Turnebus: λέξομεν M   628 ἐπ' ἀληθείας (Burges)
τέρμον' ἄμεμπτον (Salvinius) veri sim.   630 ἴτε Page: ὅτε M
631 seqq. γένει M^{ac}: γένη M^{pc}   πυρίφ- Turnebus: πυρέφ- M   τάνδε
Πελασγίαν Klausen: τὰν Πελασγίαν πόλιν M   ἄκορον Kruse: ἄχορον
M; ἄκορον βοᾶν (vel βοᾶς, Kruse) = ἀκόρητον αὐτῆς (Hom. Il. 13.621)

115

τὸν ἀρότοιc θερίζοντα βροτοὺc ἐναίμοιc·
οὕνεκ' ὤικτιcαν ἡμᾶc,
ψῆφον δ' εὔφρον' ἔθεντο,   640
αἰδοῦνται δ' ἱκέταc Διόc,
    ποίμναν τάνδ' ἀμέγαρτον·

οὐδὲ μετ' ἀρcένων   [ἀντ. α
ψῆφον ἔθεντ' ἀτιμώcαντεc ἔριν γυναικῶν,   645
Δῖον ἐπιδόμενοι πράκτορ' ἐπίcκοπον
δυcπολέμητον, ὃν τίc ἂν δόμοc ἔχων
ἐπ' ὀρόφων ἰαίνοιτο; βαρὺc δ' ἐφίζει.   650
ἄζονται γὰρ ὁμαίμουc
Ζηνὸc ἵκτοραc ἁγνοῦ·
τοιγάρ τοι καθαροῖcι βω-
    μοῖc θεοὺc ἀρέcονται.   655

τοιγὰρ ὑποcκίων   [cτρ β
    ἐκ cτομάτων ποτάcθω φιλότιμοc εὐχά·
μήποτε λοιμὸc ἀνδρῶν
τάνδε πόλιν κενώcαι,   660
μηδ' ἐπιχωρίοιc ⟨ἔριc⟩
πτώμαcιν αἱματίcαι πέδον γᾶc·
ἥβαc δ' ἄνθοc ἄδρεπτον
ἔcτω, μηδ' Ἀφροδίταc
εὐνάτωρ βροτολοιγὸc Ἄ-   665
    ρηc κέρcειεν ἄωτον.

καὶ γεραροῖcι †πρε-   [ἀντ. β
    cβυτοδόκοι γεμόντων θυμέλαι φλεγόντων†

636 seqq. ἐναίμοιc Lachmann : ἐν ἄλλοιc Μ   646 seqq. πράκτορ'
ἐπίcκοπον Paley : πράκτορά τε cκοπὸν Μ; Δῖοc πράκτωρ ἐπίcκοποc =
Διὸc ἀλάcτωρ   τίc Burges : οὗτιc Μ   ἔχων . . . ἰαίνοιτο Weil : ἔχοι . . .
μαίνοντα Μ; corruptela proditur hiatu rarissimo inter dochm. ἔχοι / ἐπ'
656 seqq. ὑπὸ cκιῶν ut vid. Μᵖᶜ   660 τάνδε Faehse : τῶνδε Μ
661 ἔριc suppl. Heath, cτάcιc Bamberger   662 γᾶc Porson : τᾶc
Μ   667 seq. e.g. πρεcβυτοδότοιcι (Tucker) ⟨τιμαῖc⟩ θυμέλαι
φλέοντων (Hermann, del. γεμόντων tamquam gloss.)

τὼc πόλιc εὖ νέμοιτο   670
Ζῆνα μέγαν cεβόντων,
τὸν ξένιον δ' ὑπερτάτωc
ὃc πολιῶι νόμωι αἶcαν ὀρθοῖ.
τίκτεcθαι δὲ φόρουc γᾶc
ἄλλουc εὐχόμεθ' ἀεί,   675
Ἄρτεμιν δ' ἑκάταν γυναι-
κῶν λόχουc ἐφορεύειν.

μηδέ τιc ἀνδροκμὴc λοιγὸc ἐπελθέτω   [cτρ. γ
τάνδε πόλιν δαΐζων,   680
ἄχορον ἀκίθαριν δακρυογόνον Ἄρη
βίαν τ' ἔνδημον ἐξοπλίζων·
νούcων δ' ἑcμὸc ἀπ' ἀcτῶν
ἵζοι κρατὸc ἀτερπήc,   685
εὐμενὴc δ' ὁ Λύκειοc ἔ-
cτω πάcαι νεολαίαι·

καρποτελῆ δέ τοι Ζεὺc ἐπικραινέτω   [ἀντ. γ
φέρματι γᾶν πανώρωι,   690
πρόνομα δὲ βότ' ἀγροῖc πολύγονα τελέθοι,
τὸ πᾶν δ' ἐκ δαιμόνων λάχοιεν.
εὔφημον δ' ἐπὶ βωμοῖc
μοῦcαν θείατ' ἀοιδοί,   695
ἁγνῶν τ' ἐκ cτομάτων φερέ-
cθω φήμα φιλοφόρμιγξ.

670 πόλειc M   671 μέγαν Aldina : μέγα M   672 ὑπερτάτωc
M^Σ : -τατον M   673 ὃc M^ac ut vid. : ὡc M^pc   674 δὲ φόρουc
Erfurdt : δ' ἐφόρουc M   675 αἰεί Pauw   677 λόχουc Sophianus :
λόγουc M   680 δαΐζων Aldina : δαΐξων M   681 seqq. ἄχορον
ἀκίθαριν Porson : ἄχαριν ἀκίθαριν Plut. *Mor.* 758f, ἄχοροc κίθαριc M
βίαν Hermann : βοάν M   τ' ἔνδημον Pauw : τε δῆμον M Plut.   ἐξο-
πλίζων Stanley : ἐξοπλίζουcαν Plut., ἔξω παίζων M   δ' ἑcμὸc Turnebus :
δεcμὸc M   686 Λύκιοc M   687 πάcαι M^s : πᾶcα M   νεολέαι M^sscr
688 καρποτελῆ Casaubon : -τελεῖ M   δ' ἔτι Schwerdt   691 seqq.
βότ' ἀγροῖc Tucker : βρότατοc M   τὸ πᾶν δ' Schütz : τὸ πάντ'
M   λάχοιεν Dindorf : λάθοιεν M   εὔφημον Turnebus : -μοιc M
695 μοῦcαν θείατ' Hermann : μοῦcαι θεαί τ' M

φυλάccοι τ' ἀτρεμαῖα τιμὰc   [cτρ. δ
τὸ δάμιον, τὸ πτόλιν κρατύνει,
προμαθὶc εὐκοινόμητιc ἀρχά·   700
ξένοιcί τ' εὐξυμβόλουc,
πρὶν ἐξοπλίζειν Ἄρη,
δίκαc ἄτερ πημάτων διδοῖεν·

θεοὺc δ' οἳ γᾶν ἔχουcιν ἀεὶ   [ἀντ. δ
τίοιεν ἐγχωρίοιc πατρώιαιc   705
δαφνηφόροιc βουθύτοιcι τιμαῖc·
τὸ γὰρ τεκόντων cέβαc
τρίτον τόδ' ἐν θεcμίοιc
Δίκαc γέγραπται μεγιcτοτίμου.

Δα.   εὐχὰc μὲν αἰνῶ τάcδε cώφροναc, φίλαι·   710
ὑμεῖc δὲ μὴ τρέcητ' ἀκούcαcαι πατρὸc
ἀπροcδοκήτουc τούcδε καὶ νέουc λόγουc.
ἱκεταδόκου γὰρ τῆcδ' ἀπὸ cκοπῆc ὁρῶ
τὸ πλοῖον· εὔcημον γάρ· οὔ με λανθάνει
cτολμόc τε λαίφουc καὶ παραρρύcειc νεὼc   715
καὶ πρῷρα πρόcθεν ὄμμαcιν βλέπουc' ὁδόν,
οἴακοc εὐθυντῆροc ὑcτάτου νεὼc
ἄγαν καλῶc κλύουcα τοῖcιν οὐ φίλη·
πρέπουcι δ' ἄνδρεc νάιοι μελαγχίμοιc
γυίοιcι λευκῶν ἐκ πεπλωμάτων ἰδεῖν·   720
καὶ τἄλλα πλοῖα πᾶcά θ' ἡ 'πικουρία
εὔπρεπτοc· αὐτὴ δ' ἡγεμὼν ὑπὸ χθόνα
cτείλαcα λαῖφοc παγκρότωc ἐρέccεται.

698 ἀτρεμαῖα Butler: ἀτιμίαc M, ἀcφαλίαc M in marg.   700 προ-
μαθὶc Hermann: προμηθεὺc Mᵃᶜ, -μαθεὺc Mᵖᶜ   704 αἰεὶ Wecklein
705 ἐγχωρίοιc πατρώιαc Mᵃᶜ, ἐγχωρίουc πατρώιαιc Mᵖᶜ; ἐγχώριοι Blaydes
706 δαφνηφ- Par.: δαφνοφ- M   -φόροιcιν Mᵃᶜ   709 μεγιcτο-
τίμοιc Tucker   711 ὑμεῖc δὲ μὴ τρέcητ' Turnebus: ἡμεῖc δὲ μή-
τρεc ἀεὶ M   715 cτολμόc Weil: -μοί M   717 εὐθυντῆροc
Turnebus: cυνουτῆροc M   718 τοῖcιν Herwerden: τῶc*ἂν M
719 νάιοι Dindorf: νήιοι M   720 γύοιcι M   721 κἀιτ' ἄλλα
Scholefield   722 αὕτη Paley

ἀλλ' ἡςύχως χρὴ καὶ ςεςωφρονιςμένως
πρὸς πρᾶγμ' ὁρῶςας τῶνδε μὴ ἀμελεῖν θεῶν·   725
ἐγὼ δ' ἀρωγοὺς ξυνδίκους θ' ἥξω λαβών.
ἴςως γὰρ ἂν κῆρύξ τις ἢ πρέςβη μόλοι
ἄγειν θέλοντες, ῥυςίων ἐφάπτορες·
ἀλλ' οὐδὲν ἔςται τῶνδε, μὴ τρέςητέ νιν.
ὅμως ⟨δ'⟩ ἄμεινον, εἰ βραδύνοιμεν βοῆι,   730
ἀλκῆς λαθέςθαι τῆςδε μηδαμῶς ποτε.
θάρςει· χρόνωι τοι κυρίωι τ' ἐν ἡμέραι
θεοὺς ἀτίζων τις βροτῶν δώςει δίκην.
Χο. πάτερ, φοβοῦμαι, νῆες ὡς ὠκύπτεροι
ἥκουςι, μῆκος δ' οὐδὲν ἐν μέςωι χρόνου.   735

     περίφοβόν μ' ἔχει τάρβος ἐτητύμως   [ςτρ. α
     πολυδρόμου φυγᾶς ὄφελος εἴ τί μοι·
     παροίχομαι, πάτερ, δείματι.

Δα. ἐπεὶ τελεία ψῆφος Ἀργείων, τέκνα,
θάρςει· μαχοῦνται περὶ ςέθεν, ςάφ' οἶδ' ἐγώ.   740
Χο. ἐξώλές ἐςτι μάργον Αἰγύπτου γένος
μάχης τ' ἄπληςτον. καὶ λέγω πρὸς εἰδότα.

     δοριπαγεῖς δ' ἔχοντες κυανώπιδας   [ἀντ. α
     νῆας ἔπλευςαν ὧδ' ἐπιταχεῖ κότωι
     πολεῖ μελαγχίμωι ςὺν ςτρατῶι.   745

Δα. πολλοὺς δέ γ' εὑρήςουςιν ἐν μεςημβρίας
θάλπει βραχίον' εὖ κατερρινημένους.

---

727 ἂν Burges : ἢ M   πρέςβη suspectum ; πρέςβυς Turnebus (πρεςβύ-
ήμολοι Scur.)   729 τρέςητέ Mˢˢᶜʳ : -ςαιτέ M   730 δ' suppl. Geel
732 θάρςει Turnebus: -εῖτε M   κυρίαι H. Voss   740 ἐγώ Scur. :
ἐγών M   741 nulla personae nota   743 δορυπ- M
744 ἐπιταχεῖ Boissonade: ἐπεὶ τάχει M; ἐπιτυχεῖ Turnebus (ἐπὶ τύχει
Guelf.), ἐπικότωι τάχει Weil   745 πολεῖ Stanley : πόλει M; πολ-
λοὶ Rogers, πολλῶι Casaubon   μελαγχίμωι Turnebus: μελαχείμω M
746 μεςημβρίας Schütz : -ίαι M   747 θάλπει βραχίον' Scur. :
θάλπτει βραχεῖον M   κατερρινωμένους ex Hesych. s.v. H. Voss

Χο. μόνην δὲ μὴ πρόλειπε, λίccομαι, πάτερ·
γυνὴ μονωθεῖc᾽ οὐδέν· οὐκ ἔνεcτ᾽ Ἄρηc.

οὐλόφρονεc δ᾽ ἐκεῖνοι, δολομήτιδεc   [cτρ. β
δυcάγνοιc φρεcίν, κόρακεc ὥcτε, βω-   751
μῶν ἀλέγοντεc οὐδέν.

Δα. καλῶc ἂν ἡμῖν ξυμφέροι τάδ᾽, ὦ τέκνα,
εἰ cοί τε καὶ θεοῖcιν ἐχθαιροίατο.

Χο. οὐ μὴ τριαίναc τάcδε καὶ θεῶν cέβη   755
δείcαντεc ἡμῶν χεῖρ᾽ ἀπόcχωνται, πάτερ.

περίφρονεc δ᾽ ἄγαν ἀνιέρωι μένει   [ἀντ. β
μεμαργωμένοι κυνοθραcεῖc, θεῶν
οὐδὲν ἐπαΐοντεc.

Δα. ἀλλ᾽ ἔcτι φήμη τοὺc λύκουc κρείccουc κυνῶν   760
εἶναι· βύβλου δὲ καρπὸc οὐ κρατεῖ cτάχυν.

Χο. ὡc αἱματηρῶν ἀνοcίων τε κνωδάλων
ἔχοντοc ὀργὰc χρὴ φυλάccεcθαι κράτοc.

Δα. οὔτοι ταχεῖα ναυτικοῦ cτρατοῦ cτολὴ
οὐδ᾽ ὅρμοc, οὗ δεῖ πειcμάτων cωτήρια   765
ἐc γῆν ἐνεγκεῖν, οὐδ᾽ ἐν ἀγκυρουχίαιc
θαρcοῦcι ναῶν ποιμένεc παραυτίκα,
ἄλλωc τε καὶ μολόντεc ἀλίμενον χθόνα

748 nulla personae nota   μόνην με μὴ Blaydes   πρόλιπε M
750 οὐλο- Valckenaer: δουλο- M   δ᾽ ἐκεῖνοι H. Voss: δὲ καὶ M; δὲ
καὶ δολιομήτιδεc Askew   751 φρεccὶν M   753 τάδ᾽ Elmsley: ταῦτ᾽
M   755 nulla personae nota   cέβη: ἔδη Conington   760 τοὺc
suspectum; τρὶc Tucker   κρείccουc Mᵃˢᶜʳ: κρείccων M   762 nulla
personae nota   αἱματηρῶν Page: καὶ ματαίων M, sed καὶ sensu caret,
μάταια vix possint dici κνώδαλα   763 ἔχοντοc Bothe: -τεc M
764 nulla personae nota   ταχεῖα Par., Guelf.: -εῖαι M   cτολή
Turnebus: -λῆι M   765 οὗ δεῖ Bamberger: οὐδὲ M   πειcμάτων
Turnebus, cωτήρια Salvinius: πιcμάτων cωτηρίου M; ἀντὶ πείcματα cωτή-
ρια MΣ, qui πειcμάτων cωτηρία legisse videtur; fort. πείcματ᾽ ἐν cωτηρίαι
768 ἀλλ᾽ ὥcτε M

ἐς νύκτ' ἀποστείχοντος ἡλίου· φιλεῖ
ὠδῖνα τίκτειν νὺξ κυβερνήτηι σοφῶι.   770
οὕτω γένοιτ' ἂν οὐδ' ἂν ἔκβασις στρατοῦ
καλὴ πρὶν ὅρμωι ναῦν θρασυνθῆναι. σὺ δὲ
φρόνει μὲν ὡς ταρβοῦσα μὴ ἀμελεῖν θεῶν
⟨   ⟩
πράξας ἀρωγήν· ἄγγελον δ' οὐ μέμψεται
πόλις γέρονθ', ἡβῶντα δ' εὐγλώσσωι φρενί.   775

Χο.   ἰὼ γᾶ βοῦνι, πάνδικον σέβας,   [στρ. α
       τί πεισόμεσθα; ποῖ φύγωμεν Ἀπίας
       χθονὸς κελαινὸν εἴ τι κεῦθός ἐστί που;
       μέλας γενοίμαν καπνὸς
       νέφεσσι γειτονῶν Διός,   780
       τὸ πᾶν δ' ἄφαντος ἀμπετὴς ἄιστος ὡς
       κόνις ἄτερθε πτερύγων ὀλοίμαν.

       ἄφυκτος δ' οὐκέτ' ἂν πέλοιτο κήρ·   [ἀντ. α
       κελαινόχρως δὲ πάλλεταί μου καρδία·   785
       πατρὸς σκοπαὶ δέ μ' εἷλον· οἴχομαι φόβωι·
       θέλοιμι δ' ἂν μορσίμου
       βρόχου τυχεῖν ἐν ἀρτάναις
       πρὶν ἄνδρ' ἀπευκτὸν τῶιδε χριμφθῆναι χροΐ·   790
       πρόπαρ θανούσας δ' Ἀίδας ἀνάσσοι.

       πόθεν δέ μοι γένοιτ' ἂν αἰθέρος θρόνος,   [στρ. β
       πρὸς ὃν χιὼν ὑδρηλὰ γίγνεται νέφη,

770 τίκτειν Turnebus: -τει M   772 ναῦς Friis Johansen cum
M^Σ 773 post h.v. lacunam statuit Hartung   775 εὐγλώσσως
M^{ac} 776 βοῦνι πάνδ- Paley: βουνῖτι ἔνδ- M   780 νέφεσι M
781 ἀμπετὴς ἄιστος ὡς C. G. Haupt: ἀμπετήσαις δόσως M; ἀμπ. αἰδνὸς
ὡς Kirchhoff   784 ἄφυκτος Schütz: -τον M   πέλοιτο κήρ Meffert:
πέλοι κέαρ M   785 κελαινόχρως Pauw: μελανόχρως M   μου:
μοι Blaydes   786 πατρὸς σκοπαὶ Victorius: πατροσκοπαι M   ἀρτά-
ναις Par.: σαργάναις M (cf. Hesych. s.v. ὀρκάνη. . . . ἄλλοι σαργάνην);
ὀρκάναις Wecklein   790 χριμφθῆναι χροΐ Scur. (-φθῆναι etiam
Guelf.): -φθῆν χροῖν M   793 χιὼν . . . νέφη Porson: νέφη δ' . . . χιὼν
M

ἢ λιccὰc αἰγίλιψ ἀπρόc-
    δεικτοc οἰόφρων κρεμὰc   795
γυπιὰc πέτρα, βαθὺ
    πτῶμα μαρτυροῦcά μοι,
πρὶν δαΐκτοροc βίαι
    καρδίαc γάμου κυρῆcαι;

κυcὶν δ᾽ ἔπειθ᾽ ἕλωρα κἀπιχωρίοιc   [ἀντ. β
ὄρνιcι δεῖπνον οὐκ ἀναίνομαι πέλειν·   801
τὸ γὰρ θανεῖν ἐλευθεροῦ-
    ται φιλαιάκτων κακῶν.
ἐλθέτω μόροc πρὸ κοί-
    ταc γαμηλίου τυχών·   805
ἀμφυγᾶc τίν᾽ ἔτι πόρον
    τέμνω γάμου λυτῆρα;

ἰύζετ᾽ ὀμφᾶν οὐράνια   [cτρ. γ
μέλη λιτανὰ θεοῖcι †καὶ
τέλεα δέ μοι πῶc πελόμενά μοι   810
λύcιμα μάχιμα δ᾽† ἔπιδε, πάτερ,
βίαια μὴ φίλ᾽ εἰcορῶν
ὄμμαcιν ἐκδίκοιc·
cεβίζου δ᾽ ἱκέταc cέθεν,   815
γαιάοχε παγκρατὲc Ζεῦ·

γένοc γὰρ Αἰγύπτιον ὕβρει   [ἀντ. γ
δύcφορον ⟨   ⟩ ἀρcενογενεῖ
μετά με δρόμοιcι διόμενοι

794–5 ἀπρόcδερκτοc Weil   800 κυcὶν Par.: κύcειν Μ
801 δεῖπναν Μ   804 ἐλθέτω bis Μ (corr. Pauw)   806 ἀμφυγᾶc
Weil, τίν᾽ Headlam: τίν᾽ ἀμφ᾽ αὐτᾶc Μ   807 τέμω Bamberger,
τέτμω (coll. ΜΣ λείπει εὕρω) Schütz   λυτῆρα Pauw: καὶ λυτήρια Μ
808 seq. ἰύζετ᾽ ὀμφᾶν Page: ἰύζευ δ᾽ ὀμφᾶν Μ   aut καὶ aut δέ, aut
prius aut alterum μοι delenda; fort. τέλεα δέ πῶc πελόμενά μοι (Burney)
vel τέλεα δέ μοί πωc πελόμενα (Lachmann)   λυcίγαμ᾽ ἄχειμ᾽ Head-
lam   812 φίλ᾽ εἰcορῶν Zakas: φιλεῖc ὁρῶν Μ; φίλοιc ὁρῶν Lachmann
814 ἐκδίκοιc Page: ἐνδίκοιc Μ   817 seq. ὕβρει Hermann (ὕβρι):
ὕβριν Μ   supplendum e.g. ⟨ἄγαν⟩ -γενεῖ Page: -γενὲc Μ

φυγάδα μάταιϲι πολυθρόοιϲ   820
βίαια δίζηνται λαβεῖν.
cὸν δ' ἐπίπαν ζυγὸν
ταλάντου· τί δ' ἄνευ ϲέθεν
θνατοῖϲι τέλειόν ἐϲτιν;

†ό ό ό ά ά ά   ὅδε μάρπιϲ   νάϊοϲ γάϊοϲ 825
τῶν πρόμαρπτι κάμνοιϲ   ἰόφ
ὀμ   αὖθι κάκκαϲ   νυ   δυϊαν βοᾶν ἀμφαίνω
ὁρῶ τάδε φροίμια πράξαν πόνων   βιαίων ἐμῶν   830
ἠέ   ἠέ   βαῖνε φυγᾶι πρὸϲ ἀλκάν
βλοϲυρόφρονα χλιδᾶι   δύϲφορα ναῖ κἀν γᾶι
γᾶι ἄναξ προτάϲϲου.†   835

⟨   ⟩ cοῦϲθε cοῦϲθ' ἐπὶ βᾶ-
ριν ὅπωϲ ποδῶν†
οὐκοῦν †οὐκοῦν
τιλμοὶ τιλμοὶ καὶ ϲτιγμοί,
πολυαίμων φόνιοϲ   840

820 μάταιϲι: ταῖϲ ζητήϲεϲιν Μ^Σ   823 τί δ' ἄνευ Robortello: πιδανευ
M   825–902 foedissime depravati; hic illic versus sani, ut ait
Tucker, apparent rari nantes in gurgite vasto   825–35 hunc textum,
haec intervalla praebet M; μάρπτιϲ Turnebus, μαρπτὺϲ ex Hesych. Stan-
ley; ὁ ἐλθὼν ἐπὶ τὸ μάρψαι ἡμᾶϲ Μ^Σ   νάιοϲ γάιοϲ: ὁ πρώην μὲν ἐπὶ νηὸϲ
νῦν δὲ ἐπὶ γῆϲ γεγονώϲ Μ^Σ   τῶν πρό, μάρπτι, κάμνοιϲ interpr. Μ^Σ ἰόφ:
ἐϲτὶ ἀποπτυϲμοῦ μίμημα Μ^Σ; ἰὼ φεῦ Hoernle   ὀμ: ὅμου Scur.; οἴμοι Hoernle
κάκκαϲ: καββᾶϲ Victorius, καββᾶϲα Friis Johansen (qui Aegyptiis tribuit
vocc. inter κάμνοιϲ et δυΐαν)   νυ δυΐαν ... ἀμφαίνω: οὐκέτι παρὰ τοῦ
πατρὸϲ ἀκούϲαϲα, ἀλλ' αὐτόπτηϲ γενομένη βοῶ Μ^Σ, unde νῦν et βοᾶν veri
sim.   βαῖνε κτλ.: πρὸϲ τὴν τῶν θεῶν ἀλκήν, τὴν ἐπὶ τῆι δόξηι ἐπηρμένην
ἀλκὴν τῶν θεῶν Μ^Σ   βλοϲυρόφρονι Hermann   δυϲφοραὶ κἀν γεῶι ἄναξ
Scur.   γᾶϲ ἄναξ Peiper, Πελάϲγ' ἄναξ Tucker ex Μ^Σ ὦ Πελαϲγέ, πρὸ
ἡμῶν παράταξαι   836–66 nullae personarum notae; hic et in
sequentibus alii ⟨χορὸϲ Αἰγυπτίων⟩, alii ⟨Κῆρυξ⟩ praefigunt   836–
7 ita divisi in M; lacuna post ποδῶν notanda; ὡϲ ἔχετε τάχουϲ ποδῶν
Μ^Σ   838 ἰδίωϲ τοῦτο ἀντὶ εἰ δὲ μή Μ^Σ; alterum οὐκοῦν delendum;
εἰ δ' οὖν, τιλμοὶ Tucker   839 alterum τιλμοὶ del. Robortello
840 πολύαιμοι φόνιόϲ τ' Weil

ἀποκοπὰ κρατός·
coῦcθε coῦcθ' †ὀλύμεναι ὀλόμεν' ἐπαμίδα†.

Χο.   εἴθ' ἀνὰ †πολύρρυτον   [cτρ. α
ἀλμήεντα† πόρον
δεcποcίωι ξὺν ὕβρει   845
γομφοδέτωι τε δόρει διώλου.

⟨ ⟩   †αἴμονεc ὡc ἐπάμιδα
ηcυδουπια τάπιτα
κελεύω βία μεθέcθαι
ἴχαρ φρενί τ' ἄταν. ἰὼ ἰόντ†   850
λεῖφ' ἔδρανα, κί' ἐc δόρυ,
†ἀτιετανα πόλιν εὐcεβῶν†.

Χο.   μήποτε πάλιν †ἴδοι†   [ἀντ. α
ἀλφεcίβοιον ὕδωρ,   855
ἔνθεν ἀεξόμενον
ζώφυτον αἷμα βροτοῖcι θάλλει.

⟨ ⟩   †ἄγειοc ἐγὼ βαθυχαῖοc
βαθρείαc βαθρείαc
γέρον· cὺ δὲ ναῖ ναῖ   860
βάcηι τάχα

842 ὀλόμεναι Schütz, deleto ὀλόμεν'   ἐπ' ἀμάδα Schütz (cf. Et.
Mag. s.v. ἀμάδα· τὴν ναῦν. Αἰcχύλοc), ἐπ' ἄμαλα Hermann (cf. Hesych.
s.v. ἄμαλα· τὴν ναῦν, ἀπὸ τοῦ ἀμᾶν τὴν ἅλα. Αἰcχύλοc Πρωτεῖ Cατυρικῶι)
843 πολυρύταν Weil, πολύρρυτον Wellauer   844 ἀλμιόεντα Hermann
845 δεcποcύνωι Stephanus   846 δορὶ M   847 ἠιμαγμένην cε καθίζω
Μ^Σ, unde αἴμον' ἔcω c' Paley   ἐπάμιδα: vid. 842 n.   848 ἄπιτα . . .
ἄταν: eadem legit Μ^Σ; ἀπιτέα Weil   849 βίαι Robortello, βίαc
Hartung, βίαν Oberdick   850 φρεναπάταν Burges   ἰὼ ἰὼ Robor-
tello, ἰοὺ ἰοὺ Hermann   851 ἴδρανα M   852 ἀτίετον ἄπολιν
Peiper   οὐ cέβω Butler   854 ἴδοι M^{sscr}: εἴδοι M; ἴδοιμ' H.
Voss, ἴδοιc Maas   856 ἀεξ- Scaliger: δεξ- M   858 Ἀργεῖοc Bothe
βαθυχαῖοc: ἢ μεγάλωc εὐγενήc . . . ἐγὼ ἢ βαθυχαῖοc ἀναξία ταύτηc τῆc
βαθρείαc, ὦ γέρον Μ^Σ   860 cὺ δ' ἐν ναῖ Hermann; cὺ δὲ θέλων καὶ
μὴ θέλων ναῖ βήcηι τάχα βίαι πολλῆι κακοπαθῶν Μ^Σ

θέλεος ἀθέλεος
βίαι βίαι τε πολλᾶι φροῦδα
βάτεαι βαθυμιτροκακὰ παθῶν
ὀλόμεναι παλάμαιϲ†.   865

Χο.   αἰαῖ αἰαῖ·   [ϲτρ. β
αἴ γὰρ δυϲπαλάμωϲ ὄλοιο
δι' ἀλίρρυτον ἄλϲοϲ
κατὰ Ϲαρπηδόνιον
χῶμα πολύψαμμον ἀλαθεὶϲ   870
†εὐρείαιϲ εἶν† αὔραιϲ.

ΚΗΡΥΞ
ἴυζε καὶ λάκαζε καὶ κάλει θεούϲ·
Αἰγυπτίαν γὰρ βᾶριν οὐχ ὑπερθορῆι.
†ἴυζε καὶ βόα πικρότερ' ἀχέων οἰζύοϲ ὄνομ' ἔχων†.   875

Χο.   οἰοῖ οἰοῖ·   [ἀντ. β
†λυμαϲιϲ ὑπρογαϲυλάϲκοι
περιχαμπτὰ βρυάζειϲ
ὃϲ ἐρωτᾶιϲ† ὁ μέγαϲ
Νεῖλοϲ ὑβρίζοντά ϲ' ἀποτρέ-   880
ψειεν ἄιϲτον ὕβριν

Κη.   βαίνειν κελεύω βᾶριν εἰϲ ἀμφίϲτροφον
ὅϲον τάχιϲτα· μηδέ τιϲ ϲχολαζέτω,
ὁλκὴ γὰρ οὗτοι πλόκαμον οὐδάμ' ἄζεται.

865 ὀλομ. παλ. tamquam gloss. ad 867 δυϲπαλ. ὄλοιο del. Peiper
867 αἴ Weil: καὶ M   868 ἀλλί- M   870 -ψαμμον Emperius:
-ψάμαθον M   871 ἀερίαιϲιν Hermann, ἀερίαιϲ ἐν Hartung, Εὐρείαι-
ϲιν Paley   872–930 paragraphis notantur personarum vices, nisi
quod 876, 906, 908 nota nulla   875 ἴυζε καὶ πικρότερον οἰζύος νόμον
Emperius, vocc. βόα et ἀχέων deletis tamquam gloss. ad ἴυζε et οἰζύος
876 οἴ quinquies M   877 λύμαϲ ἆι ϲὺ πρὸ γᾶϲ ὑλάϲκων Enger
-υλάϲκοι Mˢˢᶜʳ, -υλάϲκει M   879 ἐρωτᾶιϲ: ἐπωπᾶιϲ ϲ' (δ' Martin)
Emperius   882 ἀμφίϲτροφον Porson (ex Mˢ τὴν ἐξ ἀμφοτέρων
τῶν μερῶν ἑλιϲϲομένην): ἀντίϲτροφον M   883 ὅϲον Scur.: ὅρον M
τιϲ Turnebus: τι M   884 γὰρ αὕτη Todt   οὐ δαμάζεται M

Χο.   οἰοῖ πάτερ †βροτιοca   [cτρ. γ
      ροcαται μαλδα† ἄγει   886
      ἄραχνοc ὡc βάδην
      ὄναρ ὄναρ μέλαν·
      ὀτοτοτοτοῖ
      μᾶ Γᾶ μᾶ Γᾶ †βοᾶν†   890
      φοβερὸν ἀπότρεπε·
      ὦ βᾶ Γᾶc παῖ Ζεῦ.

Κη.   οὔτοι φοβοῦμαι δαίμονας τοὺς ἐνθάδε·
      οὐ γάρ μ' ἔθρεψαν οὐδ' ἐγήρασαν τροφῆι.

Χο.   μαιμᾶι πέλαc δίπουc ὄφιc,   [ἀντ. γ
      ἔχιδνα δ' ὡc με[896
      τί ποτ' ἔν[
      δάκοc ἄχ[
      ὀτοτοτοτοῖ
      μᾶ Γᾶ μᾶ Γᾶ †βοᾶν†   900
      φοβερὸν ἀπότρεπε·
      ὦ βᾶ Γᾶc παῖ Ζεῦ.

Κη.   εἰ μή τιc ἐc ναῦν εἶcιν αἰνέcαc τάδε,
      λακὶc χιτῶνοc ἔργον οὐ κατοικτιεῖ.
Χο.   ἰὼ πόλεωc ἀγοὶ πρόμοι, δάμναμαι. 905
Κη.   πολλοὺc ἄνακταc, παῖδαc Αἰγύπτου, τάχα
      ὄψεcθε. θαρcεῖτ', οὐκ ἐρεῖτ' ἀναρχίαν.

885–6 βρέτεοc ἄροc Abresch coll. Μ^Σ ἢ τῶν βρετέων ἐπικουρία βλάπτει
με, Eust. Od. 1422. 19 ἄροc τὸ ὄφελοc παρ' Αἰcχύλωι ἐν 'Ικέτιcιν, βρότεοc
ἄροc ἄτα, ἤτοι τὸ εὖ τῶν βροτῶν καὶ τὸ ὄφελοc ἄτη ἐcτίν ἄτα vel ἀτᾶι μ'
edd. μάλα δ' ἄγει Bothe, μ' ἄλαδ' ἄγει Schütz, ἄλαδ' ἄγει μ' Hermann
890 βοὰν Pauw, βόαν Oberdick   892 ὦ μᾶ Turnebus, ὦ πᾶ Pauw;
ὦ πάτερ Ζεῦ γῆc παῖ Μ^Σ, idem μᾶ Γᾶ interpr. μῆτερ Γῆ   895 μαι
μαι Μ   896–8 eadem linea in M, spatiis inter με et τι, ἔν et
δάκ- relictis; e.g. ἔχιδνα δ' ὡc με φόνιοc ἢ / τί ποτέ νιν καλῶ; / δάκοc, ἄχοc
μέγα suppl. Headlam 900, 902 vid. 890, 892   905 πρόμοι I.
Pearson: πρόμνοι M   905 et 908 inter se permutavit Wilamowitz
ut ἄνακταc exciperet ἄναξ   906 nulla personae nota   907 θαρcεῖ
τοῦ χερεῖ τανarχίαν M

Χο. διωλόμεσθ᾿· ἄεπτ᾿, ἄναξ, πάσχομεν.

Κη. ἕλξειν ἔοιχ᾿ ὑμᾶς ἀποσπάσας κόμης,
ἐπεὶ οὐκ ἀκούετ᾿ ὀξὺ τῶν ἐμῶν λόγων.   910

Βα. οὗτος τί ποιεῖς; ἐκ ποίου φρονήματος
ἀνδρῶν Πελασγῶν τήνδ᾿ ἀτιμάζεις χθόνα;
ἀλλ᾿ ἦ γυναικῶν ἐς πόλιν δοκεῖς μολεῖν;
κάρβανος ὢν Ἕλλησιν ἐγχλίεις ἄγαν
καὶ πόλλ᾿ ἁμαρτὼν οὐδὲν ὤρθωσας φρένα.   915

Κη. τί δ᾿ ἠμπλάκηται τῶνδ᾿ ἐμοὶ δίκης ἄτερ;

Βα. ξένος μὲν εἶναι πρῶτον οὐκ ἐπίστασαι.

Κη. πῶς δ᾿ οὐχί; τἄμ᾿ ὀλωλόθ᾿ εὑρίσκων ἄγω.

Βα. ποίοισιν εἰπὼν προξένοις ἐγχωρίοις;

Κη. Ἑρμῆι, μεγίστωι †προξένωι† μαστηρίωι.   920

Βα. θεοῖσιν εἰπὼν τοὺς θεοὺς οὐδὲν σέβηι.

Κη. τοὺς ἀμφὶ Νεῖλον δαίμονας σεβίζομαι.

Βα. οἱ δ᾿ ἐνθάδ᾿ οὐδέν, ὡς ἐγὼ σέθεν κλύω.

Κη. ἄγοιμ᾿ ἄν· οὔ τις τάσδε μὴ 'ξαιρήσεται.

Βα. κλαίοις ἂν εἰ ψαύσειας οὐ μάλ᾿ ἐς μακράν.   925

Κη. ἤκουσα, τοὖπος ⟨δ᾿⟩ οὐδαμῶς φιλόξενον.

Βα. οὐ γὰρ ξενοῦμαι τοὺς θεῶν συλήτορας.

Κη. λέγοιμ᾿ ἂν ἐλθὼν παισὶν Αἰγύπτου τάδε.

Βα. ἀβουκόλητον τοῦτ᾿ ἐμῶι φρονήματι.

Κη. ἀλλ᾿ ὡς ἂν εἰδὼς ἐννέπω σαφέστερον·   930
καὶ γὰρ πρέπει κήρυκ᾿ ἀπαγγέλλειν τορῶς
ἕκαστα· πῶς φῶ, πρὸς τίνος τ᾿ ἀφαιρεθεὶς
ἥκειν γυναικῶν αὐτανέψιον στόλον;

908 nulla personae nota   -μεσθα ἑπτάναξ M; ἄελπτ᾿ Robortello
909 ἐπισπάσας Pierson   910 οὐκ ἀκούετ᾿ ὀξὺ Porson: οὐ κακοῦ ἔξυ M
911 ποίου suspectum; κἀπὸ τοῦ Burges   914 ὢν Turnebus: δ᾿ ὢν M;
ὢν δ᾿ Porson   915 ὤρθωσας Robortello: -ωσα M   φρένα Blaydes:
-νεὶ M, -νὶ Par.   918 τἄμ᾿ ὀλωλόθ᾿ . . . ἄγω Porson: τἀπολωλόθ᾿ . . .
ἐγώ M; τἀπολωλόθ᾿ . . . ἔχω Valckenaer   919 προξ- Victorius: προσξ-
M   920 verum expulit προξέν- e versu sup. repetitum; cf. 494
923 κλύω Scur. in marg.: κάτω MScur.   924 οὔ Tyrwhitt: εἴ M
925 κλάοις Mˢ: κλάεις M   οὐ Robortello: οὐδὲ M   926 δ᾿
suppl. Headlam   928 λέγοιμ᾿ Heath: -οις M   931 -έλειν M
933 ἥκειν Mˢ: ἥκοιν M

οὗτοι δικάζει ταῦτα μαρτύρων ὕπο
Ἄρης, τὸ νεῖκος δ' οὐκ ἐν ἀργύρου λαβῆι   935
ἔλυςεν, ἀλλὰ πολλὰ γίγνεται πάρος
πεςήματ' ἀνδρῶν κἀπολακτιςμοὶ βίου.

Βα.   τί coι λέγειν χρὴ τοὔνομ'; ἐν χρόνωι μαθὼν
εἴςηι cύ τ' αὐτὸς χοἰ ξυνέμποροι cέθεν.

ταύτας δ' ἑκούσας μὲν κατ' εὔνοιαν φρενῶν   940
ἄγοις ἄν, εἴπερ εὐσεβὴς πίθοι λόγος·
τοιάδε δημόπρακτος ἐκ πόλεως μία
ψῆφος κέκρανται, μήποτ' ἐκδοῦναι βίαι
στόλον γυναικῶν· τῶνδ' ἐφήλωται τορῶς
γόμφος διαμπὰξ ὡς μένειν ἀραρότως.   945
ταῦτ' οὐ πίναξίν ἐστιν ἐγγεγραμμένα
οὐδ' ἐν πτυχαῖς βύβλων κατεςφραγιςμένα,
cαφῆ δ' ἀκούεις ἐξ ἐλευθεροστόμου
γλώσσης. κομίζου δ' ὡς τάχιστ' ἐξ ὀμμάτων.

Κη.   ἔοιγμεν ἤδη πόλεμον ἀρεῖσθαι νέον·   950
εἴη δὲ νίκη καὶ κράτος τοῖς ἄρσεσιν.

Βα.   ἀλλ' ἄρσενάς τοι τῆσδε γῆς οἰκήτορας
εὑρήσετ', οὐ πίνοντας ἐκ κριθῶν μέθυ.
ὑμεῖς δὲ πᾶσαι cὺν φίλαις ὀπάοσιν
θράσος λαβοῦσαι στείχετ' εὐερκῆ πόλιν   955
πύργων βαθείαι μηχανῆι κεκλημένην·
καὶ δώματ' ἐστὶ πολλὰ μὲν τὰ δήμια,
δεδωμάτωμαι δ' οὐδ' ἐγὼ cμικρᾶι χερί,
ἔνθ' ὑμῖν ἔστιν εὐτύκους ναίειν δόμους
πολλῶν μετ' ἄλλων· εἰ δέ τις μείζων χάρις,   960

---

937 βίων Plut. Mor. 517f et 937f   938 nulla personae nota
939 εἴςηι cύ τ' αὐτὸς χοἰ Bothe : εἰςθιγαυτος χοϊ M, ἴςθι γ' αὐτὸς χοἰ Mˢ
in marg.   941 λόγος Turnebus : -οιc M   944 τῶνδ'
ἐφήλωται τορῶς Turnebus : τῶνδε φιλωταὶ τορῶ M   947 βίβλ- M
948 ἀπ' ὀμμάτων Burges   950 nulla personae nota   ἔοιγμεν
Cobet : ἴςθι μὲν τάδ' M   ἀρεῖσθαι Cobet : ἐριςθε corr. in ἐρειςθε M
951 κράτος Nauck : κράτη M   952 nulla personae nota
954 φίλαις Schütz : -λοιc M   959 ἔνθ' ὑμῖν Kirchhoff : εὐθυμεῖν M;
ἔνθ' ἔστιν ὑμῖν Weil   εὐτύκους Porson : ἐντυχούςη M   δόμους Turnebus :
-οιc M

πάρεςτιν οἰκεῖν καὶ μονορρύθμους δόμους.
τούτων τὰ λῶιςτα καὶ τὰ θυμηδέςτατα
πάρεςτι· λωτίςαςθε. προςτάτης δ' ἐγὼ
ἀςτοί τε πάντες, ὧνπερ ἥδε κραίνεται
ψῆφος. τί τῶνδε κυριωτέρους μένεις;   965

Χο.   ἀλλ' ἀντ' ἀγαθῶν ἀγαθοῖςι βρύοις,
           δῖε Πελαςγῶν·
           πέμψον δὲ πρόφρων δεῦρ' ἡμέτερον
           πατέρ' εὐθαρςῆ Δαναόν, πρόνοον
           καὶ βούλαρχον· τοῦ γὰρ προτέρα   970
           μῆτις, ὅπου χρὴ δώματα ναίειν
           ⟨   ⟩
           καὶ τόπος εὔφρων· πᾶς τις ἐπειπεῖν
           ψόγον ἀλλοθρόοις
           εὔτυκος· εἴη δὲ τὰ λῶιςτα·
           ςύν τ' εὐκλείαι καὶ ἀμηνίτωι   975
           βάξει λαῶν⟨τῶν⟩ ἐγχώρων
           τάςςεςθε, φίλαι δμωίδες, οὕτως
           ὡς ἐφ' ἑκάςτηι διεκλήρωςεν
           Δαναὸς θεραποντίδα φερνήν.

Δα.   ὦ παῖδες, Ἀργείοιςιν εὔχεςθαι χρεὼν   980
           θύειν τε λείβειν θ', ὡς θεοῖς Ὀλυμπίοις,
           ςπονδάς, ἐπεὶ ςωτῆρες οὐ διχορρόπως.
           καί μου τὰ μὲν πραχθέντα πρὸς τοὺς ἐγγενεῖς
           φίλως, πικρῶς ⟨δ'⟩ ἤκουςαν αὐτανεψίοις·
           ἐμοὶ δ' ὀπαδοὺς τούςδε καὶ δορυςςόους   985
           ἔταξαν, ὡς ἔχοιμι τίμιον γέρας,

961 μονορύ- M   963 ἄτρεςτα λωτ- Burges   λωτίςαςθε Canter:
-θαι M   966 ἀγαθοῖς M   971 post h.v. lacunam statuit Page
974 εὔτυκος Spanheim: εὖ τύκτος Mᵃᶜ, εὔτυκτος Mᵖᶜ   975 ςὺν δ'
H. Voss   976 ἐγχώρων Hermann: ἐν χώρωι M   977 φίλαι
(vel φίλας) δμωίδας Geel   983 ἐγγενεῖς Heath: ἐκτενεῖς M
984 φίλως Mˢˢᶜʳ: -λου M   δ' suppl. Rogers   αὐτανεψίοις Scaliger:
-ίους M   985 ἐμοὶ δ' Par.: ἐμοῦ δ' Mᵖᶜ, ἐμοὺς Mᵃᶜ; ὁμοῦ δ' Wila-
mowitz

καὶ μήτ' ἀέλπτως δορικανεῖ μόρωι θανὼν
λάθοιμι, χώραι δ' ἄχθος ἀείζων πέλοι
⟨　　　　　　　　　　　　　　　⟩
†τοιῶνδε τυγχάνοντας εὐπρυμνῆ φρενὸς
χάριν cέβεcθαι τιμιωτέραν ἐμοῦ.†　　　　　　　990
καὶ ταῦθ' ἅμ' ἐγγράψαcθε πρὸς γεγραμμένοις
πολλοῖcιν ἄλλοις cωφρονίcμαcιν πατρός,
ἀγνῶθ' ὅμιλόν πως ἐλέγχεcθαι χρόνωι·
πᾶς δ' ἐν μετοίκωι γλῶccαν εὔτυκον φέρει
κακήν, τό τ' εἰπεῖν εὐπετὲς μύcαγμά πως.　　　　995
ὑμᾶς δ' ἐπαινῶ μὴ καταιcχύνειν ἐμέ,
ὥραν ἐχούcας τήνδ' ἐπίcτρεπτον βροτοῖc·
τέρειν' ὀπώρα δ' εὐφύλακτος οὐδαμῶc·
θῆρές cφε κηραίνουcι καὶ βροτοί· τί μήν;
καὶ κνώδαλα πτεροῦντα καὶ πεδοcτιβῆ　　　　1000
†καρπώματα cτάζοντα† κηρύccει Κύπρις
†καλωρα κωλύουcαν θωcμένειν ἐρῶ†
καὶ παρθένων χλιδαῖcαν εὐμόρφοις ἔπι
πᾶς τις παρελθὼν ὄμματος θελκτήριον
τόξευμ' ἔπεμψεν ἱμέρου νικώμενος·　　　　1005
πρὸς ταῦτα μὴ πάθωμεν ὧν πολὺς πόνος,
πολὺς δὲ πόντος οὕνεκ' ἠρόθη δορί,
μηδ' αἶcχος ἡμῖν, ἡδονὴν δ' ἐχθροῖς ἐμοῖς
πράξωμεν. οἴκηcις δὲ καὶ διπλῆ πάρα·
τὴν μὲν Πελαcγός, τὴν δὲ καὶ πόλις διδοῖ　　　　1010
οἰκεῖν λάτρων ἄτερθεν. εὐπετῆ τάδε.
μόνον φύλαξαι τάcδ' ἐπιcτολὰς πατρός,
τὸ cωφρονεῖν τιμῶcα τοῦ βίου πλέον.

987 δορικανεῖ μόρωι Porson: δόρυκ' ἀνημέρωι M　　　　988 post
h.v. lacunam statuit Paley　　　　989 ἐκ πρυμνῆς φρενός Casaubon
990 χάριν cφι θέcθαι Tucker　　　　991 ταῦθ' ἅμ' ἐγγράψαcθε Hermann:
ταῦτα μὲν γράψεcθε M　　-μένοις Turnebus: -μένους M　　　993 ὅμιλον
M^{sscr}: -λος M　　　　πως Zakas: ὡς M　　　　994 εὔτυκον Spanheim:
εὔτυχον M　　　　999 cφε Page: δὲ M　　　　1000 παιδο- M
1001–2 desperati; θωcμένην, sscr. ειν, M　　　　1003 εὐμόρφων Blaydes
1007 οὕνεκ' ἠρόθη Heath: οὖν ἐκληρώθη M　　　　1009 οἰκήcεις M
1012 φυλάξαι M, defendit Headlam J. Phil. 23. 304

Χο. τἄλλ' εὐτυχοῖμεν πρὸς θεῶν 'Ολυμπίων,
     ἐμῆς δ' ὀπώρας οὕνεκ' εὖ θάρσει, πάτερ·   1015
     εἰ γάρ τι μὴ θεοῖς βεβούλευται νέον,
     ἴχνος τὸ πρόςθεν οὐ διαστρέψω φρενός.

     ἴτε μὰν ἀςτυάνακτας   [στρ. α
     μάκαρας θεοὺς γανάοντες
     πολιούχους τε καὶ οἳ χεῦμ' 'Ερασίνου   1020
     περιναίουςιν παλαιόν·
     ὑποδέξαςθε δ' ὀπαδοὶ
     μέλος, αἶνος δὲ πόλιν τάνδε·Πελαςγῶν
     ἐχέτω, μηδ' ἔτι Νείλου
     προχοὰς ςέβωμεν ὕμνοις,   1025

     ποταμοὺς δ' οἳ διὰ χώρας   [ἀντ. α
     θελεμὸν πῶμά χέουςιν
     πολύτεκνοι λιπαροῖς χεύμαςι γαίας
     τόδε μειλίςςοντες οὖδας.
     ἐπίδοι δ' Ἄρτεμις ἁγνὰ   1030
     ςτόλον οἰκτιζομένα, μηδ' ὑπ' ἀνάγκας
     γάμος ἔλθοι· Κυθερείαι
     ςτυγερὸν πέλοι τόδ' ἆθλον.

     ⟨Χορὸς θεραπαίνων⟩
     Κύπριδος ⟨δ'⟩ οὐκ ἀμελὴς ἑςμὸς ὅδ' εὔφρων,   [στρ.
     δύναται γὰρ Διὸς ἄγχιστα ςὺν Ἥραι,   1035
     τίεται δ' αἰολόμητις

1014 non hic sed ante 1015 paragraphus praefixa   1016 θεοῖς
γὰρ εἴ τι μὴ Weil   1018 seq. ἴτε . . . γανάοντες: Danaum comitesque
Argivos (985) alloquuntur   μάκαρας Scur. marg.: μακρας M
γανάοντες Pauw: -άεντες M   1021 περιναίουςιν Marckscheffel: περι-
ναίετε M   1022 -δέξαςθε δ' Heath: -δέξαςθ' M   1023 μέλος
Legrand: μένος M   τάνδε Hermann: τήνδε M   1024 μηδέ τι M
1025 προχοὰς Robortello: πρὸς χοὰς M   1029 μειλ- Pauw: μελ- M
1032 seq. ἔλθοι Scur., Par.: ἔλθει M   Κυθερείαι ςτυγερὸν Burges:
Κυθερείας· ςτύγειον M; ςτύγιον Stephanus   πέλει Guelf.   1034–52 an-
cillis tribuit Kirchhoff; cf. 1022 ὑποδέξαςθε δ' ὀπαδοὶ μέλος   1034 δ'
suppl. Pauw   ἀμελὴς Weil: -λεῖ M   ἑςμὸς Scaliger: θεςμὸς M

θεὸς ἔργοις ἐπὶ cεμνοῖς·
μετάκοινοι δὲ φίλαι ματρὶ πάρεισιν
Πόθος ἆι τ' οὐδὲν ἄπαρνον
τελέθει θέλκτορι Πειθοῖ·   1040
δέδοται δ' Ἀρμονίαι μοῖρ' Ἀφροδίτας
†ψεδυρὰ τρίβοι τ'† Ἐρώτων.

φυγάδεccιν δ' ἔτι ποινὰς κακά τ' ἄλγη   [ἀντ. β
πολέμους θ' αἱματόεντας προφοβοῦμαι·
τί ποτ' εὔπλοιαν ἔπραξαν   1045
ταχυπόμποιcι διωγμοῖc;
ὅ τί τοι μόρcιμόν ἐcτιν, τὸ γένοιτ' ἄν·
Διὸς οὐ παρβατός ἐcτιν
μεγάλα φρὴν ἀπέρατος.
μετὰ πολλᾶν δὲ γάμων ἅδε τελευτὰ   1050
προτερᾶν πέλει γυναικῶν.

⟨—⟩   ὁ μέγας Ζεὺς ἀπαλέξαι   [cτρ. γ
          γάμον Αἰγυπτογενῆ μοι.
⟨—⟩   τὸ μὲν ἂν βέλτατον εἴη,
          cὺ δὲ θέλγοις ἂν ἄθελκτον.   1055
⟨—⟩   cὺ δέ γ' οὐκ οἶcθα τὸ μέλλον.

⟨—⟩   τί δὲ μέλλω φρένα Δίαν   [ἀντ. γ
          καθορᾶν, ὄψιν ἄβυccον;
          μέτριον νῦν ἔπος εὔχου.

1038 δὲ Par.: δ' αἱ M   1039 ἆι τ' Wellauer: τ' M   1040 θέλ-
κτορι Bothe: θεάκτορι M   πιθοῖ M   1041–2 sententiae aptius
foret Ἀρμονίας μοῖρ' Ἀφροδίται   ψεδυρα Mˢˢᶜʳ; ψεδυραὶ τρίβοι τ' Scali-
ger, ψεδυρᾶι τρίβωι τ' Klausen, ψεδυρᾶc τρίβοι τ' Porson, sed quid-
nam significare posset ψεδυρὰ Ἀρμονία vel ψεδυρὰ τρίβος Ἐρώτων nemo
explanavit   1043 φυγάδεccιν Burges: φυγάδες M   ἔτι ποινὰς
Burges: ἐπιπνοίαι M   1048 παρβατός Askew: παραβάτας M
1049 ἀπέραντος Pauw   1050 seq. πολλᾶν Wilamowitz: πολλῶν M
πέλει Bothe: -λοι M   1052–73 nullae personarum notae   1052–
61 partium distributio incertissima; alii Danaidum hemichoriis tribuunt,
alii Danaidas cum ancillis suis alternare credunt   1055 θέλγοις
Stephanus: -γεις M

⟨—⟩
⟨—⟩
τίνα καιρόν με διδάσκεις;   1060
τὰ θεῶν μηδὲν ἀγάζειν.

Ζεὺς ἄναξ ἀποστεροί-   [στρ. δ
    η γάμον δυσάνορα
δάιον, ὅςπερ Ἰὼ
πημονὰς ἐλύσατ᾽ εὖ   1065
    χειρὶ παιωνίαι κατασχεθών,
εὐμενῆ βίαν κτίσας,

καὶ κράτος νέμοι γυναι-   [ἀντ. δ
    ξίν. τὸ βέλτερον κακοῦ
καὶ τὸ δίμοιρον αἰνῶ   1070
καὶ δίκαι δίκας ἔπε-
    σθαι ξὺν εὐχαῖς ἐμαῖς λυτηρίοις
μηχαναῖς θεοῦ πάρα.

1062–73 aut Danaidibus aut eisdem una cum ancillis suis tribuunt
1062 Ζεὺς Aldina : Ζεῦ M   1063 γάμον Par. : -μου M   1067 εὐ-
μενῆ βίαν Valckenaer : -νεῖ βίαι M   1070 τὸ Robortello : τε M

ΑΓΑΜΕΜΝΩΝ

Ἀγαμέμνονος ὑπόθεσις· Ἀγαμέμνων εἰς "Ιλιον ἀπιὼν τῆι Κλυ-
ταιμήστραι, εἰ πορθήσοι τὸ "Ιλιον, τῆς αὐτῆς ἡμέρας σημαίνειν
ἔφη διὰ πυρσοῦ· ὅθεν σκοπὸν ἐκάθισεν ἐπὶ μισθῶι Κλυταιμήστρα
ἵνα τηροίη τὸν πυρσόν. καὶ ὁ μὲν ἰδὼν ἀπήγγειλεν, αὐτὴ δὲ τῶν
πρεσβυτῶν ὄχλον μεταπέμπεται περὶ τοῦ πυρσοῦ ἐροῦσα, ἐξ ὧν   5
καὶ ὁ χορὸς συνίσταται· οἵτινες ἀκούσαντες παιανίζουσιν. μετ᾽
οὐ πολὺ δὲ καὶ Ταλθύβιος παραγίνεται καὶ τὰ κατὰ τὸν πλοῦν
διηγεῖται. Ἀγαμέμνων δ᾽ ἐπὶ ἀπήνης ἔρχεται, εἵπετο δ᾽ αὐτῶι
ἑτέρα ἀπήνη ἔνθα ἦν τὰ λάφυρα καὶ ἡ Κασάνδρα. αὐτὸς μὲν οὖν
προεισέρχεται εἰς τὸν οἶκον σὺν τῆι Κλυταιμήστραι, Κασάνδρα 10
δὲ προμαντεύεται πρὶν εἰς τὰ βασίλεια εἰσελθεῖν τὸν ἑαυτῆς καὶ
τοῦ Ἀγαμέμνονος θάνατον καὶ τὴν ἐξ Ὀρέστου μητροκτονίαν, καὶ
εἰσπηδᾶι ὡς θανουμένη ῥίψασα τὰ στέμματα. τοῦτο δὲ τὸ μέρος
τοῦ δράματος θαυμάζεται ὡς ἔκπληξιν ἔχον καὶ οἶκτον ἱκανόν.
ἰδίως δὲ Αἰσχύλος τὸν Ἀγαμέμνονα ἐπὶ σκηνῆς ἀναιρεῖσθαι 15
ποιεῖ, τὸν δὲ Κασάνδρας σιωπήσας θάνατον νεκρὰν αὐτὴν ὑπέ-
δειξεν, πεποίηκέν τε Αἴγισθον καὶ Κλυταιμήστραν ἑκάτερον δι-
ισχυριζόμενον περὶ τῆς ἀναιρέσεως ἑνὶ κεφαλαίωι, τὴν μὲν τῆι
ἀναιρέσει Ἰφιγενείας, τὸν δὲ ταῖς τοῦ πατρὸς ἐξ Ἀτρέως συμ-
φοραῖς.
                                                                          20
   ἐδιδάχθη τὸ δρᾶμα ἐπὶ ἄρχοντος Φιλοκλέους Ὀλυμπιάδι
πῆ ἔτει β. πρῶτος Αἰσχύλος Ἀγαμέμνονι Χοηφόροις Εὐμενίσι
Πρωτεῖ σατυρικῶι. ἐχορήγει Ξενοκλῆς Ἀφιδναῖος.
   τὰ τοῦ δράματος πρόσωπα·
      φύλαξ χορός [ἄγγελος] Κλυταιμήστρα [Ταλθύβιος] κῆρυξ 25
   Ἀγαμέμνων Κασάνδρα Αἴγισθος

ita M exceptis quae infra notantur; fere eadem VFGTr (nugas
omitto)   3 ἔφη V : om. M; ὑπέσχετο post "Ιλιον add. FGTr   διὰ
πυρσοῦ VFGTr : διὰ τοῦ πυρσοῦ M   9 Κασσάνδρα ubique V   19 post
πατρός, Ὀρέστου praebet M, Αἰγίσθου VFG; τὸν δὲ τὴν Θυέστου ἐξ
Ἀτρέως συμφοράν Tr   22 πῆ Meursius : κῆ codd.   23 Ἀφιδναῖος
Wilamowitz : Ἀφιδνεύς codd.   25–6 Ἄγγελος et Ταλθύβιος del.
Stanley; post Αἴγισθος, προλογίζει δὲ (hoc om. G) ὁ φύλαξ FGTr, ὁ (hoc
om. F) θεράπων Ἀγαμέμνονος pergunt FG

ΑΓΑΜΕΜΝΩΝ

θεράπων Ἀγαμέμνονος ὁ προλογιζόμενος, οὐχὶ ὁ ὑπὸ Αἰγίσθου
ταχθείς [cf. Hom. Od. 4. 525] add. M sub titulo Ἀγαμέμνων
ante prologum

tetralogia acta anno 458 a.C.

codd. M (1–310, 1067–1159), V (1–348), G (1–45, 1095–1673), F
et Tr

accedit P. Oxy. 2178 (1–17, 20–30)

ΑΓΑΜΕΜΝΩΝ

ΦΥΛΑΞ

θεοὺς μὲν αἰτῶ τῶνδ' ἀπαλλαγὴν πόνων,
φρουρᾶς ἐτείας μῆκος, ἣν κοιμώμενος
cτέγαις Ἀτρειδῶν ἄγκαθεν, κυνὸς δίκην,
ἄστρων κάτοιδα νυκτέρων ὁμήγυριν
καὶ τοὺς φέροντας χεῖμα καὶ θέρος βροτοῖς   5
λαμπροὺς δυνάστας, ἐμπρέποντας αἰθέρι
ἀστέρας, ὅταν φθίνωσιν ἀντολαῖς τε τῶν·
καὶ νῦν φυλάσσω λαμπάδος τὸ σύμβολον,
αὐγὴν πυρὸς φέρουσαν ἐκ Τροίας φάτιν
ἁλώσιμόν τε βάξιν· ὧδε γὰρ κρατεῖ   10
γυναικὸς ἀνδρόβουλον ἐλπίζον κέαρ·
εὖτ' ἂν δὲ νυκτίπλαγκτον ἔνδροσόν τ' ἔχω
εὐνὴν ὀνείροις οὐκ ἐπισκοπουμένην
ἐμήν· φόβος γὰρ ἀνθ' ὕπνου παραστατεῖ,
τὸ μὴ βεβαίως βλέφαρα συμβαλεῖν ὕπνωι·   15
ὅταν δ' ἀείδειν ἢ μινύρεσθαι δοκῶ,
ὕπνου τόδ' ἀντίμολπον ἐντέμνων ἄκος,
κλαίω τότ' οἴκου τοῦδε συμφορὰν στένων
οὐχ ὡς τὰ πρόσθ' ἄριστα διαπονουμένου.
νῦν δ' εὐτυχὴς γένοιτ' ἀπαλλαγὴ πόνων   20
εὐαγγέλου φανέντος ὀρφναίου πυρός.

ὦ χαῖρε λαμπτὴρ νυκτός, ἡμερήσιον
φάος πιφαύσκων καὶ χορῶν κατάστασιν
πολλῶν ἐν Ἄργει τῆσδε συμφορᾶς χάριν.

2 ἦν FGTr: δ' ἦν MV   4–6 Achill. in Arat. p. 28 Maass
5 βροτοῖς θέρος FGTr   6 αἰθέρι: ἐν θέρει V et Achill. cod. Vat.
7–30 initia exstant in P. Oxy. 2178   7 versus multis suspectus;
habuit P. Oxy.   ἀντολαῖς Margoliouth: -λάς codd.   11 Io. Sice-
liota, schol. ad Hermog. π. ἰδ. 6. 225 Walz   ἐλπίζων, sscr. ο, MV
17 ἐκτέμνων F(sscr. εν)G   23 φάος MV P. Oxy.: νῦν φῶς FGTr

ἰοὺ ἰού·   25
Ἀγαμέμνονος γυναικὶ σημαίνω τορῶς
εὐνῆς ἐπαντείλασαν ὡς τάχος δόμοις
ὀλολυγμὸν εὐφημοῦντα τῇδε λαμπάδι
ἐπορθιάζειν, εἴπερ Ἰλίου πόλις
ἑάλωκεν, ὡς ὁ φρυκτὸς ἀγγέλλων πρέπει·   30
αὐτός τ᾽ ἔγωγε φροίμιον χορεύσομαι,
τὰ δεσποτῶν γὰρ εὖ πεσόντα θήσομαι
τρὶς ἓξ βαλούσης τῆσδέ μοι φρυκτωρίας·
γένοιτο δ᾽ οὖν μολόντος εὐφιλῆ χέρα
ἄνακτος οἴκων τῇδε βαστάσαι χερί.   35
τὰ δ᾽ ἄλλα σιγῶ· βοῦς ἐπὶ γλώσσῃ μέγας
βέβηκεν· οἶκος δ᾽ αὐτός, εἰ φθογγὴν λάβοι,
σαφέστατ᾽ ἂν λέξειεν· ὡς ἑκὼν ἐγὼ
μαθοῦσιν αὐδῶ κοὐ μαθοῦσι λήθομαι.

ΧΟΡΟΣ

δέκατον μὲν ἔτος τόδ᾽ ἐπεὶ Πριάμου   40
μέγας ἀντίδικος
Μενέλαος ἄναξ ἠδ᾽ Ἀγαμέμνων,
διθρόνου Διόθεν καὶ δισκήπτρου
τιμῆς ὀχυρὸν ζεῦγος Ἀτρειδᾶν,
στόλον Ἀργείων χιλιοναύτην   45
τῆσδ᾽ ἀπὸ χώρας
ἦραν, στρατιῶτιν ἀρωγήν,
μεγάλ᾽ ἐκ θυμοῦ κλάζοντες Ἄρη,
τρόπον αἰγυπιῶν οἵτ᾽ ἐκπατίοις
ἄλγεσι παίδων ὕπατοι λεχέων   50
στροφοδινοῦνται
πτερύγων ἐρετμοῖσιν ἐρεσσόμενοι,

26 σημαίνω M : σημανῶ rell.   29 ἐπορθρι- MV   30 πέ[πτωκεν
ut vid. P. Oxy.   ἀγγέλλων GTr : ἀγγέλων MVF   31 τ᾽ : δ᾽ Blaydes
39 αὐδῶν οὐ V   40 Πριάμω MV   44 -δῶν Ald.   45 χιλιο-
ναύτην MˢTrˢˢᶜʳ : -ταν MTr rell. ; Ἴλιον αὐτὰν MˢʸᴿFʸᴿ   post h.v. deficit
G   47 ἀρωγὴν MˢTrˢˢᶜʳ : -γὰν MTrVF   48 μεγάλ᾽ Page :
μέγαν codd.   κλάγξαντες FTr

δεμνιοτήρη
πόνον ὀρταλίχων ὀλέσαντες·
ὕπατος δ' ἀίων ἤ τις Ἀπόλλων   55
ἢ Πὰν ἢ Ζεὺς οἰωνόθροον
γόον ὀξυβόαν τῶνδε μετοίκων,
ὑστερόποινον
πέμπει παραβᾶσιν Ἐρινύν·
οὕτω δ' Ἀτρέως παῖδας ὁ κρείσσων   60
ἐπ' Ἀλεξάνδρωι πέμπει ξένιος
Ζεὺς πολυάνορος ἀμφὶ γυναικός,
πολλὰ παλαίσματα καὶ γυιοβαρῆ,
γόνατος κονίαισιν ἐρειδομένου
διακναιομένης τ' ἐν προτελείοις   65
κάμακος, θήσων Δαναοῖσιν
Τρωσί θ' ὁμοίως. ἔστι δ' ὅπηι νῦν
ἔστι, τελεῖται δ' ἐς τὸ πεπρωμένον·
οὔθ' ὑποκαίων οὔτ' ἀπολείβων
ἀπύρων ἱερῶν   70
ὀργὰς ἀτενεῖς παραθέλξει.
ἡμεῖς δ' ἀτίται σαρκὶ παλαιᾶι
τῆς τότ' ἀρωγῆς ὑπολειφθέντες
μίμνομεν ἰσχὺν
ἰσόπαιδα νέμοντες ἐπὶ σκήπτροις·   75
ὅ τε γὰρ νεαρὸς μυελὸς στέρνων
ἐντὸς ἀνάισσων
ἰσόπρεσβυς, Ἄρης δ' οὐκ ἐνὶ χώραι·
τό θ' ὑπέργηρων φυλλάδος ἤδη
κατακαρφομένης τρίποδας μὲν ὁδοὺς   80
στείχει, παιδὸς δ' οὐδὲν ἀρείων
ὄναρ ἡμερόφαντον ἀλαίνει.

64 ἐρειδο- VF^{sscr}: ἐριδο- M, ἐρειπο- FTr   69 ὑποκαίων Casau-
bon: -κλαίων codd. οὔτ' ἀπολείβων Bothe: οὔθ' ὑπο- codd.   70 ante
ἀπύρων habent οὔτε δακρύων codd., del. Bamberger   72 ἀτίται
FTr: ἀτίται M^{pc}, ἀτίτ* M^{ac}, ἀτίταια V   77 ἀνάισσων Hermann:
ἀνάσσ- codd.   78 ἐνὶ V, ἐνι M, ἔνι FTr   79 τό θ' ὑπέργηρων Tr:
τίθιπερ γήρως M, τόθιπερ γήρως VF   80 τρίποδος FTr   82 ἡμερό-
φατον MV

cὺ δέ, Τυνδάρεω
θύγατερ, βασίλεια Κλυταιμήστρα,
τί χρέος; τί νέον; τί δ' ἐπαισθομένη,   85
τίνος ἀγγελίας
πειθοῖ περίπεμπτα θυοσκεῖς;
πάντων δὲ θεῶν τῶν ἀστυνόμων,
ὑπάτων, χθονίων, τῶν τε θυραίων
τῶν τ' ἀγοραίων   90
βωμοὶ δώροισι φλέγονται·
ἄλλη δ' ἄλλοθεν οὐρανομήκης
λαμπὰς ἀνίσχει
φαρμασσομένη χρίματος ἁγνοῦ
μαλακαῖς ἀδόλοισι παρηγορίαις   95
πελάνωι μυχόθεν βασιλείωι.
τούτων λέξας' ὅ τι καὶ δυνατὸν
καὶ θέμις, αἴνει παιών τε γενοῦ
τῆσδε μερίμνης,
ἢ νῦν τοτὲ μὲν κακόφρων τελέθει,   100
τοτὲ δ' ἐκ θυσιῶν ἃς ἀναφαίνεις
ἐλπὶς ἀμύνει φροντίδ' ἄπληστον
†τὴν θυμοφθόρον λύπης φρένα†.

κύριός εἰμι θροεῖν ὅδιον κράτος αἴσιον ἀνδρῶν   [στρ. α
ἐκτελέων· ἔτι γὰρ θεόθεν καταπνείει   105
Πειθώ, †μολπὰν ἀλκὰν† σύμφυτος αἰών·

83 Τυνδάρεω: -ρέου et -ρέα M^{sscr}   84 Κλυταιμήστρα M (ut solet):
-μνήστρα rell. (ut solent); non amplius notatur   87 πυθοῖ F;
πευθοῖ Scaliger   θυοσκεῖς Turnebus: θυοσκινεῖς MVFTr, θυοσκοεῖς
var. lect. in schol. vet. Tr   89 τε θυραίων Enger: τ' οὐρανίων codd.
91 δώροισι Tr: -οις rell.   94 χρίμ- M: χρήμ- V, χρίσμ- FTr
98 αἴνει Wieseler: αἰνεῖν MV, εἰπεῖν FTr   101 ἃς ἀναφαίνεις
H. L. Ahrens: ἀγανὰ φαίνεις M, ἀγανὰ φαίνει V, ἀγανὰ φαίνους' FTr
102 ἄπλειστον M   103 θυμοβόρον FTr (cf. M^Σ ἥτις ἐςτὶ θυμοβόρος
λύπη τῆς φρενός)   λύπης φρένα MVF: λυπόφρενα Tr; λύπης φρένα
θυμοβορούςης Diggle   104 ὅcιον κράτος Ar. Ran. 1276 codd.
excepto R ὃc δῖον   105 ἐντελέων Auratus   καταπνείει Aldina:
-πνέ*ει M, -πνεύει rell. et fort. M^{ac}   106 μολπὰν M^{ac}; fort. μολπᾶι
δ' ἀλκὰν

ὅπως Ἀχαιῶν δίθρονον κράτος, Ἑλλάδος ἥβας
ξύμφρονα ταγάν,   110
πέμπει ξὺν δορὶ καὶ χερὶ πράκτορι
θούριος ὄρνις Τευκρίδ' ἐπ' αἶαν,
οἰωνῶν βασιλεὺς βασιλεῦσι νε-
    ῶν, ὁ κελαινὸς ὅ τ' ἐξόπιν ἀργᾶς,   115
φανέντες ἴκταρ μελάθρων χερὸς ἐκ δοριπάλτου
παμπρέποις ἐν ἕδραισιν,
βοσκομένω λαγίναν ἐρικύμονα φέρματι γένναν,
βλάψαντε λοισθίων δρόμων·   120
αἴλινον αἴλινον εἰπέ, τὸ δ' εὖ νικάτω.

κεδνὸς δὲ στρατόμαντις ἰδὼν δύο λήμασι δισσοὺς   [ἀντ. α
Ἀτρείδας μαχίμους ἐδάη λαγοδαίτας,
πομποὺς ἀρχᾶς, οὕτω δ' εἶπε τεράιζων·   125
"χρόνωι μὲν ἀγρεῖ Πριάμου πόλιν ἅδε κέλευθος,
πάντα δὲ πύργων
κτήνη πρόσθετα δημιοπληθῆ
Μοῖρα λαπάξει πρὸς τὸ βίαιον·   130
οἶον μή τις ἄγα θεόθεν κνεφά-
    σηι προτυπὲν στόμιον μέγα Τροίας
στρατωθέν· οἴκτωι γὰρ ἐπίφθονος Ἄρτεμις ἁγνὰ
πτανοῖσιν κυσὶ πατρὸς   135
αὐτότοκον πρὸ λόχου μογερὰν πτάκα θυομένοισιν·
στυγεῖ δὲ δεῖπνον αἰετῶν."
αἴλινον αἴλινον εἰπέ, τὸ δ' εὖ νικάτω.

109 ἥβας Ar. l.c. : -αν codd.   110 σύμ- VFTr   ταγάν
VFTr : τὰν γᾶν Mˢ in spat. vac.   111 καὶ χερὶ Ar. Ran. 1280 :
δίκας codd.   115 ἀργᾶς Blomfield : ἀργίας codd.   116 δορι-
Turnebus : δορυ- codd.   118 παμπρέποις ἐν ἕδραισιν MV : παμ-
πρέποισιν ἕδραις F, παμπρέπεσιν ἕδραις Tr   119 βοσκομένω Page :
-νοι MVF, -νην Tr   ἐρικύματα M   φέρματι MV : φέρβοντο FTr
120 βλάψαντε Page : βλαβέντα codd.   122 δύω M   λήμμασι FTr
123 λογοδ- MV   125 πομποὺς ἀρχᾶς Rauchenstein : πομπούς τ'
ἀρχὰς MV, πομπούς τ' ἀρχοὺς FTr   δ' οὖν εἶπε F   129 lectio
incerta ; προσθετὰ M, πρόσθε τὰ VFTr   130 μοῖρ' ἀλαπ- codd.
131–2 ἄγα Hermann : ἆτα codd.   κνεφάσειε προτυφθὲν Tr   134 οἴ-
κτωι Scaliger : οἴκωι codd.   136 πτάωνκα V, πτῶκα FTr

"τόσον περ εὔφρων ἁ καλὰ   [ἐπωιδ.
δρόσοις ἀέπτοις μαλερῶν λεόντων   141
πάντων τ' ἀγρονόμων φιλομάστοις
θηρῶν ὀβρικάλοισι τερπνά,
τούτων αἰτεῖ ξύμβολα κρᾶναι,
δεξιὰ μὲν κατάμομφα δὲ φάσματα·   145
ἰήιον δὲ καλέω Παιᾶνα,
μή τινας ἀντιπνόους Δαναοῖς χρονί-
    ας ἐχενῆιδας ἀπλοίας
τεύξηι σπευδομένα θυσίαν ἑτέραν ἄνομόν τιν' ἄδαιτον, 150
νεικέων τέκτονα σύμφυτον, οὐ δει-
    σήνορα· μίμνει γὰρ φοβερὰ παλίνορτος
οἰκονόμος δολία, μνάμων Μῆνις τεκνόποινος."   155
τοιάδε Κάλχας ξὺν μεγάλοις ἀγαθοῖς ἀπέκλαγξεν
μόρσιμ' ἀπ' ὀρνίθων ὁδίων οἴκοις βασιλείοις·
τοῖς δ' ὁμόφωνον
αἴλινον αἴλινον εἰπέ, τὸ δ' εὖ νικάτω.

Ζεὺς ὅστις ποτ' ἐστίν, εἰ τόδ' αὐ-   [στρ. β
    τῶι φίλον κεκλημένωι,   161
τοῦτό νιν προσεννέπω·
οὐκ ἔχω προσεικάσαι
    πάντ' ἐπισταθμώμενος
πλὴν Διός, εἰ τὸ μάταν ἀπὸ φροντίδος ἄχθος   165
χρὴ βαλεῖν ἐτητύμως·

οὐδ' ὅστις πάροιθεν ἦν μέγας,   [ἀντ. β
    παμμάχωι θράσει βρύων,
οὐδὲ λέξεται πρὶν ὤν·   170

140 τόσσων M ἁ om. MV   141 δρόσοισιν MVF ἀέπτοις VFTr
(-cι) et ut vid. MΣ: ἀέλπτοις M   λεόντων Et. Mag. 377. 37: ὄντων
MV, om. FTr   143 -κάλοις FTr   145 φάσματα στρουθῶν MV,
φ. τῶν στρ. FTr; gloss. del. Porson; siquid supplendum, e.g. ⟨κρίνω⟩
149 ἀπλοίδας FTr   151 σύμφυτον MFTr: συμμενεῖ φυτόν V
154 γὰρ om. FTr   163 προσηκᾶσαι Mac   165 εἰ τὸ Pauw:
εἰ τόδε MVF, εἴ γε Tr   170 οὐδὲ λέξεται H. L. Ahrens: οὐδὲν
λέξαι MVF, οὐδέν τι λέξαι Tr

ὃς δ' ἔπειτ' ἔφυ, τρια-
κτῆρος οἴχεται τυχών·
Ζῆνα δέ τις προφρόνως ἐπινίκια κλάζων
τεύξεται φρενῶν τὸ πᾶν,   175

τὸν φρονεῖν βροτοὺς ὁδώ-   [στρ. γ
σαντα, τὸν πάθει μάθος
θέντα κυρίως ἔχειν·
στάζει δ' ἔν γ' ὕπνωι πρὸ καρδίας
μνησιπήμων πόνος· καὶ παρ' ἄ-   180
κοντας ἦλθε σωφρονεῖν·
δαιμόνων δέ που χάρις βίαιος
σέλμα σεμνὸν ἡμένων.

καὶ τόθ' ἡγεμὼν ὁ πρέ-   [ἀντ. γ
σβυς νεῶν Ἀχαιικῶν,   185
μάντιν οὔτινα ψέγων,
ἐμπαίοις τύχαισι συμπνέων,
εὖτ' ἀπλοίαι κεναγγεῖ βαρύ-
νοντ' Ἀχαιικὸς λεώς,
Χαλκίδος πέραν ἔχων παλιρρό-   190
χθοις ἐν Αὐλίδος τόποις·

πνοαὶ δ' ἀπὸ Στρυμόνος μολοῦσαι   [στρ. δ
κακόσχολοι, νήστιδες, δύσορμοι,
βροτῶν ἄλαι,
      ναῶν ⟨τε⟩ καὶ πεισμάτων ἀφειδεῖς,   195
παλιμμήκη χρόνον τιθεῖσαι
τρίβωι κατέξαινον ἄνθος Ἀργεί-
ων· ἐπεὶ δὲ καὶ πικροῦ

---

177 τὸν Schütz : τῶι codd.   179 ἔν γ' Page : ἔν θ' codd. ; ἀνθ' ὕπνου
Emperius, sed sensus est 'etiam dum dormit, vexatur'; ἔν γε sicut πρός
γε *Cho.* 419; ἐν γε etiam *Cho.* 223 aliter usurpatum   182 βίαιος
Turnebus : βιαίως codd.   187 συμπνέει Tr   190 seq. παλιρ-
ρόχθοις H. L. Ahrens : παλιρρόθοις codd.   195 τε suppl. Porson
198 κατέξαινον MˢFTr : κατέξενον M, κατάξενον V

χείματος ἄλλο μῆχαρ
βριθύτερον πρόμοισιν   200
μάντις ἔκλαγξεν προφέρων
    Ἄρτεμιν, ὥστε χθόνα βάκ-
    τροις ἐπικρούσαντας Ἀτρεί-
    δας δάκρυ μὴ κατασχεῖν·

ἄναξ δ' ὁ πρέσβυς τόδ' εἶπε φωνῶν·   [ἀντ. δ
"βαρεῖα μὲν κὴρ τὸ μὴ πιθέσθαι,   206
βαρεῖα δ' εἰ
    τέκνον δαΐξω, δόμων ἄγαλμα,
μιαίνων παρθενοσφάγοισιν
ῥείθροις πατρώιους χέρας πέλας βω-   210
    μοῦ· τί τῶνδ' ἄνευ κακῶν;
πῶς λιπόναυς γένωμαι
ξυμμαχίας ἁμαρτών;
παυσανέμου γὰρ θυσίας
    παρθενίου θ' αἵματος ὀρ-   215
    γᾶι περιόργωι σφ' ἐπιθυ-
    μεῖν θέμις. εὖ γὰρ εἴη."

ἐπεὶ δ' ἀνάγκας ἔδυ λέπαδνον   [στρ. ε
φρενὸς πνέων δυσσεβῆ τροπαίαν
ἄναγνον ἀνίερον, τόθεν   220
τὸ παντότολμον φρονεῖν μετέγνω·
βροτοὺς θρασύνει γὰρ αἰσχρόμητις
τάλαινα παρακοπὰ πρωτοπήμων·
ἔτλα δ' οὖν θυτὴρ γενέ-
    σθαι θυγατρός, γυναικοποί-   225
    νων πολέμων ἀρωγὰν
καὶ προτέλεια ναῶν.

206 πειθ- codd.   210 ῥείθ- Tr : ῥεέθ- rell.   πέλας βωμοῦ Blom-
field : βωμοῦ πέλας codd.   212 πῶς λιπόναυς Tr : τί πῶς λιπόναυς τε
rell.   215 ὀργᾶι MVF : αὐδᾶι Tr (cf. M^Σ τῶι τρόπωι γὰρ αὐδᾶι, ὁ
μάντις δῆλον ὅτι)   216 περιόργωι σφ' Bamberger : περιόργως codd.
217 θέμις γὰρ εὖ FTr   222 βροτοὺς Spanheim : βροτοῖς codd.

146

λιτὰς δὲ καὶ κληδόνας πατρῴους   [ἀντ. ε
παρ' οὐδὲν αἰῶνα παρθένειόν τ'
ἔθεντο φιλόμαχοι βραβῆς·   230
φράσεν δ' ἀόζοις πατὴρ μετ' εὐχὰν
δίκαν χιμαίρας ὕπερθε βωμοῦ
πέπλοισι περιπετῆ παντὶ θυμῶι
προνωπῆ λαβεῖν ἀέρ-
    δην στόματός τε καλλιπρώ-   235
ρου φυλακᾶι κατασχεῖν
φθόγγον ἀραῖον οἴκοις,

βίαι χαλινῶν τ' ἀναύδωι μένει·   [στρ. ζ
κρόκου βαφὰς δ' ἐς πέδον χέουσα
ἔβαλλ' ἕκαστον θυτή-   240
    ρων ἀπ' ὄμματος βέλει φιλοίκτωι,
πρέπουσά θ' ὡς ἐν γραφαῖς, προσεννέπειν
θέλους', ἐπεὶ πολλάκις
πατρὸς κατ' ἀνδρῶνας εὐτραπέζους
ἔμελψεν, ἁγνᾶι δ' ἀταύρωτος αὐδᾶι πατρὸς   245
φίλου τριτόσπονδον εὔποτμον παι-
    ῶνα φίλως ἐτίμα.

τὰ δ' ἔνθεν οὔτ' εἶδον οὔτ' ἐννέπω·   [ἀντ. ζ
τέχναι δὲ Κάλχαντος οὐκ ἄκραντοι.
Δίκα δὲ τοῖς μὲν παθοῦ-   250
    σιν μαθεῖν ἐπιρρέπει· τὸ μέλλον δ'
ἐπεὶ γένοιτ' ἂν κλύοις· πρὸ χαιρέτω·

229 παρθένειόν τ' Elmsley: παρθένειον FTr, παρθένιον MV; αἰῶ τε
παρθ. O. Müller   230 βραβεῖς VFTr   236 φυλακᾶι Blomfield:
-κὰν codd.   238 δ' ἀναύδωι Tr   239 δ' om. Tr   241 βέλει
ἀπ' ὀμμάτων φιλ. Tr   245 ἁγνᾶι Tr: ἁγνὰ MVF   αὐδᾶι FTr:
αὐδὰ MV   246 εὔποτμον Mᵖᶜ: εὐπόταμον MᵃᶜVF, εὔποτον Tr
246-7 παιῶνα Hartung: αἰῶνα codd.; παιᾶνα exspectasses (cf. 645, *Cho.*
151, *ScT*, 635, 870, *Pe.* 393, et fere semper in Soph. et Eur.; sed variasse
videtur noster, vid. *Ag.* 99, 1248, *Cho.* 343)   251 μέλλον δ'
Elmsley: μέλλον codd., post quod τὸ δὲ προκλύειν habent MˢVF (om. Tr)
251 ἐπιγένοιτ' M   προχαιρέτω codd.

ἴϲον δὲ τῶι προϲτένειν·
τορὸν γὰρ ἥξει ϲύνορθρον αὐγαῖϲ.
πέλοιτο δ' οὖν τἀπὶ τούτοιϲιν εὖ πρᾶξιϲ, ὡϲ   255
θέλει τόδ' ἄγχιϲτον Ἀπίαϲ γαί-
αϲ μονόφρουρον ἔρκοϲ.

ἥκω ϲεβίζων ϲόν, Κλυταιμήϲτρα, κράτοϲ·
δίκη γάρ ἐϲτι φωτὸϲ ἀρχηγοῦ τίειν
γυναῖκ', ἐρημωθέντοϲ ἄρϲενοϲ θρόνου.   260
ϲὺ δ' εἴ τι κεδνὸν εἴτε μὴ πεπυϲμένη
εὐαγγέλοιϲιν ἐλπίϲιν θυηπολεῖϲ,
κλύοιμ' ἂν εὔφρων· οὐδὲ ϲιγώϲηι φθόνοϲ.

ΚΛΥΤΑΙΜΗϹΤΡΑ
    εὐάγγελοϲ μέν, ὥϲπερ ἡ παροιμία,
    ἕωϲ γένοιτο μητρὸϲ εὐφρόνηϲ πάρα·   265
    πεύϲηι δὲ χάρμα μεῖζον ἐλπίδοϲ κλύειν·
    Πριάμου γὰρ ἡιρήκαϲιν Ἀργεῖοι πόλιν.
Χο. πῶϲ φήιϲ; πέφευγε τοὔποϲ ἐξ ἀπιϲτίαϲ.
Κλ. Τροίαν Ἀχαιῶν οὖϲαν· ἦ τορῶϲ λέγω;
Χο. χαρά μ' ὑφέρπει δάκρυον ἐκκαλουμένη.   270
Κλ. εὖ γὰρ φρονοῦντοϲ ὄμμα ϲοῦ κατηγορεῖ.
Χο. τί γὰρ τὸ πιϲτόν; ἔϲτι τῶνδέ ϲοι τέκμαρ;
Κλ. ἔϲτιν, τί δ' οὐχί; μὴ δολώϲαντοϲ θεοῦ.
Χο. πότερα δ' ὀνείρων φάϲματ' εὐπιθῆ ϲέβειϲ;
Κλ. οὐ δόξαν ἂν λάβοιμι βριζούϲηϲ φρενόϲ.   275
Χο. ἀλλ' ἦ ϲ' ἐπίανέν τιϲ ἄπτεροϲ φάτιϲ;
Κλ. παιδὸϲ νέαϲ ὡϲ κάρτ' ἐμωμήϲω φρέναϲ.

254 ϲύνορθρον Wellauer: ϲυνορθὸν M, ϲὺν ὀρθὸν V, ϲύναρθρον FTr
αὐγαῖϲ Hermann: αὐταῖϲ codd.   255 ἅ 'πὶ Murray   εὔπραξιϲ
codd.   258 sqq. personarum notas restituit Casaubon: 258 paragr.
M, ἄγγελοϲ MˢVF, ἄγγελοϲ φύλαξ Tr   261 δ' εἴ τι Auratus: δ'
εἴτε MᵖᶜVFTr, δ' εἰ τὸ Mᵃᶜ   263 ϲιγῶντι FTr (huic versui nota
Κλυτ. praefixa in VFTr)   264 Clyt. M, nuntio tribuunt VFTr
266 paragr. praefixa in M   268–80 paragraphi tantum in
M   271 φρονούϲηϲ FTr   272 ἦ γάρ τι πιϲτόν ἐϲτι Karsten
274 εὐπειθῆ codd.

Χο. ποίου χρόνου δὲ καὶ πεπόρθηται πόλις;
Κλ. τῆς νῦν τεκούσης φῶς τόδ' εὐφρόνης λέγω.
Χο. καὶ τίς τόδ' ἐξίκοιτ' ἂν ἀγγέλων τάχος; 280
Κλ. Ἥφαιστος, Ἴδης λαμπρὸν ἐκπέμπων σέλας·
     φρυκτὸς δὲ φρυκτὸν δεῦρ' ἀπ' ἀγγάρου πυ[.]ὸς
     ἔπεμπεν. Ἴδη μὲν πρὸς Ἑρμαῖον λέπας
     Λήμνου, μέγαν δὲ πανὸν ἐκ νήσου τρίτον
     Ἀθῷον αἶπος Ζηνὸς ἐξεδέξατο· 285
     ὑπερτελὴς δὲ πόντον ὥστε νωτίσαι
     ἰσχὺς πορευτοῦ λαμπάδος πρὸς ἡδονὴν
     ⟨   ⟩
     πεύκη τὸ χρυσοφεγγὲς ὥς τις ἥλιος
     σέλας παραγγείλασα Μακίστου σκοπαῖς.
     ὁ δ' οὔτι μέλλων οὐδ' ἀφρασμόνως ὕπνωι 290
     νικώμενος παρῆκεν ἀγγέλου μέρος,
     ἑκὰς δὲ φρυκτοῦ φῶς ἐπ' Εὐρίπου ῥοὰς
     Μεσσαπίου φύλαξι σημαίνει μολόν.
     οἱ δ' ἀντέλαμψαν καὶ παρήγγειλαν πρόσω
     γραίας ἐρείκης θωμὸν ἅψαντες πυρί· 295
     σθένουσα λαμπὰς δ' οὐδέ πω μαυρουμένη,
     ὑπερθοροῦσα πεδίον Ἀσωποῦ, δίκην
     φαιδρᾶς σελήνης, πρὸς Κιθαιρῶνος λέπας
     ἤγειρεν ἄλλην ἐκδοχὴν πομποῦ πυρός.
     φάος δὲ τηλέπομπον οὐκ ἠναίνετο 300
     φρουρά, πλέον καίουσα τῶν εἰρημένων·
     λίμνην δ' ὑπὲρ γοργῶπιν ἔσκηψεν φάος,
     ὄρος τ' ἐπ' αἰγίπλαγκτον ἐξικνούμενον
     ὤτρυνε θεσμὸν †μὴ χαρίζεσθαι† πυρός·
     πέμπουσι δ' ἀνδαίοντες ἀφθόνωι μένει 305

280 καὶ πῶς τόδ' Tr   281 Clyt. tribuit M, nuntio Mˢ rell.
282 ἀγγάρου Phot. 10. 22, Et. Mag. 7. 18, Suid. s.v. ἄγγαροι, Eust.
Od. 1854. 27: ἀγγέλου codd.   284 πανὸν Phot., Athen. 15. 700e:
φανὸν codd.   286 ὑπερτελής MV: ὑπεὶρ ἔλης FTr et schol. vet. Tr
δὲ Blaydes: τε codd.   287 post h.v. lacunam statuit Paley
289 σκοπαῖς Turnebus: -ὰς codd.   293 μολών F   297 πεδίον
Ἀσωποῦ FTr: παιδίον ὠποῦ MV   304 μὴ: δὴ Tr   χρονίζεσθαι
Casaubon

AICXYΛΟΥ

φλογὸς μέγαν πώγωνα †καὶ Cαρωνικοῦ
πορθμοῦ κάτοπτον πρῶν' ὑπερβάλλειν πρόcω
φλέγουcαν†· εἶτ' ἔcκηψεν, εἶτ' ἀφίκετο
Ἀραχναῖον αἶπος, ἀcτυγείτονας cκοπάς,
κἄπειτ' Ἀτρειδῶν ἐς τόδε cκήπτει cτέγος   310
φάος τόδ' οὐκ ἄπαππον Ἰδαίου πυρός.
τοιοίδε τοί μοι λαμπαδηφόρων νόμοι,
ἄλλος παρ' ἄλλου διαδοχαῖς πληρούμενοι·
νικᾶι δ' ὁ πρῶτος καὶ τελευταῖος δραμών.
τέκμαρ τοιοῦτον cύμβολόν τέ cοι λέγω   315
ἀνδρὸς παραγγείλαντος ἐκ Τροίας ἐμοί.

Χο. θεοῖς μὲν αὖθις, ὦ γύναι, προcεύξομαι·
     λόγους δ' ἀκοῦcαι τούcδε κἀποθαυμάcαι
     διηνεκῶς θέλοιμ' ἄν, ὡς λέγοις πάλιν.

Κλ. Τροίαν Ἀχαιοὶ τῆιδ' ἔχουc' ἐν ἡμέραι.   320
     οἶμαι βοὴν ἄμεικτον ἐν πόλει πρέπειν·
     ὄξος τ' ἄλειφά τ' ἐγχέας ταὐτῶι κύτει
     διχοστατοῦντ' ἂν οὐ φίλω προcεννέποις·
     καὶ τῶν ἁλόντων καὶ κρατηcάντων δίχα
     φθογγὰς ἀκούειν ἔcτι, cυμφορᾶς διπλῆς·   325
     οἱ μὲν γὰρ ἀμφὶ cώμαcιν πεπτωκότες
     ἀνδρῶν καcιγνήτων τε καὶ †φυταλμίων
     παῖδες γερόντων† οὐκέτ' ἐξ ἐλευθέρου
     δέρης ἀποιμώζουcι φιλτάτων μόρον·
     τοὺς δ' αὖτε νυκτίπλαγκτος ἐκ μάχης πόνος   330
     νήcτεις πρὸς ἀρίcτοιcιν ὧν ἔχει πόλις
     τάccει, πρὸς οὐδὲν ἐν μέρει τεκμήριον,
     ἀλλ' ὡς ἕκαστος ἔcπαcεν τύχης πάλον.
     ἐν ⟨δ'⟩ αἰχμαλώτοις Τρωϊκοῖς οἰκήμαcιν

306–8 fort. sani, si lacuna post 307 statuitur (Blomfield)   307 κάτ-
οπτον Canter: -οπτρον codd.   310 τόδε cκήπτει FTr: τόγε cκήπτει
M, τόδ' ἐνcκήπτει V; post h.v. deficit M usque ad v. 1067   312 τοι-
οίδε τοί μοι Schütz: τοιοίδ' ἔτοιμοι VF(ἔτυμοι)Tr   νομοί Lowinski
317 nulla personae nota   319 λέγεις V   320 Κλ. hic Casaubon,
ante 321 codd.   322 ἐγχέας Canter: ἐκχέας codd.   323 φίλω
Stanley: -ως codd.   327 seq. φυτάλμιοι παίδων γέροντες Weil
331 νῆcτις F, νήcτιcι V   334 δ' suppl. Pauw

150

ναίουσιν ἤδη, τῶν ὑπαιθρίων πάγων   335
δρόσων τ' ἀπαλλαχθέντες, ὡς δ' εὐδαίμονες
ἀφύλακτον εὑδήσουσι πᾶσαν εὐφρόνην.
εἰ δ' εὐσεβοῦσι τοὺς πολισσούχους θεοὺς
τοὺς τῆς ἁλούσης γῆς θεῶν θ' ἱδρύματα,
οὔ τἂν ἑλόντες αὖθις ἀνθαλοῖεν ἄν·   340
ἔρως δὲ μή τις πρότερον ἐμπίπτηι στρατῶι
πορθεῖν ἃ μὴ χρή, κέρδεσιν νικωμένους·
δεῖ γὰρ πρὸς οἴκους νοστίμου σωτηρίας,
κάμψαι διαύλου θάτερον κῶλον πάλιν.
θεοῖς δ' ἀναμπλάκητος εἰ μόλοι στρατός,   345
ἐγρήγορος τὸ πῆμα τῶν ὀλωλότων
γένοιτ' ἄν, εἰ πρόσπαια μὴ τύχοι κακά.
τοιαῦτά τοι γυναικὸς ἐξ ἐμοῦ κλύεις·
τὸ δ' εὖ κρατοίη μὴ διχορρόπως ἰδεῖν·
πολλῶν γὰρ ἐσθλῶν τὴν ὄνησιν εἱλόμην.   350

Χο. γύναι, κατ' ἄνδρα σώφρον' εὐφρόνως λέγεις·
ἐγὼ δ' ἀκούσας πιστά σου τεκμήρια
θεοὺς προσειπεῖν εὖ παρασκευάζομαι·
χάρις γὰρ οὐκ ἄτιμος εἴργασται πόνων.

ὦ Ζεῦ βασιλεῦ καὶ Νὺξ φιλία   355
μεγάλων κόσμων κτεάτειρα,
ἥτ' ἐπὶ Τροίας πύργοις ἔβαλες
στεγανὸν δίκτυον, ὡς μήτε μέγαν
μήτ' οὖν νεαρῶν τιν' ὑπερτελέσαι
μέγα δουλείας   360
γάγγαμον ἄτης παναλώτου·
Δία τοι ξένιον μέγαν αἰδοῦμαι
τὸν τάδε πράξαντ', ἐπ' Ἀλεξάνδρωι

336 ἀπαλλαγέντες FTr   δ' εὐδαίμονες Casaubon: δυσδαίμονες codd. et
schol. vet. Tr   340 οὔ τἂν ἑλόντες Hermann: οὐκ ἀνελόντες V, οὐκ
ἄν γ' ἑλόντες FTr   ἀνθαλοῖεν Auratus: ἂν θάνοιεν V, αὖ θάνοιεν FTr
341 πρῶτον V   ἐμπίπτηι F: -τει V, -τοι F^sscr Tr   342 τὰ μὴ V
346 ἐγρήγορος Askew: -ρον codd.   347 τύχηι Tr   348 κλύοις
FTr; post h.v. deficit V   351–4 nuntio, 355 choro tribuunt
codd.   356 τῶν μεγάλων Tr

151

τείνοντα πάλαι τόξον, ὅπως ἂν
μήτε πρὸ καιροῦ μήθ' ὑπὲρ ἄστρων   365
βέλος ἠλίθιον σκήψειεν.

Διὸς πλαγὰν ἔχουσιν εἰπεῖν,   [στρ. α
πάρεστιν τοῦτό γ' ἐξιχνεῦσαι·
ἔπραξεν ὡς ἔκρανεν· οὐκ ἔφα τις
θεοὺς βροτῶν ἀξιοῦσθαι μέλειν   370
ὅσοις ἀθίκτων χάρις
πατοῖθ'· ὁ δ' οὐκ εὐσεβής·
πέφανται δ' ἐγγόνοις
†ἀτολμήτων ἄρη†   375
πνεόντων μεῖζον ἢ δικαίως,
φλεόντων δωμάτων ὑπέρφευ
ὑπὲρ τὸ βέλτιστον· ἔστω δ' ἀπή-
μαντον, ὥστ' ἀπαρκεῖν
εὖ πραπίδων λαχόντι.   380
οὐ γὰρ ἔστιν ἔπαλξις
πλούτου πρὸς Κόρον ἀνδρὶ
λακτίσαντι μέγαν Δίκας
βωμὸν εἰς ἀφάνειαν.

βιᾶται δ' ἁ τάλαινα Πειθώ,   [ἀντ. α
προβούλου παῖς ἄφερτος Ἄτας·   386
ἄκος δὲ πᾶν μάταιον· οὐκ ἐκρύφθη,
πρέπει δέ, φῶς αἰνολαμπές, σίνος·
κακοῦ δὲ χαλκοῦ τρόπον   390
τρίβωι τε καὶ προσβολαῖς
μελαμπαγὴς πέλει

367 ἔχουσαν F^ac, ἔχους' F^pc   368 τοῦτ' ἐξιχν- F   369 ἔπραξεν
ὡς Hermann : ὡς ἔπραξεν ὡς codd. ; ἔπραξαν ὡς Franz   374 ἐγγόνοις
Casaubon : ἐγγόνους FTr, ἐκγόνους Tr^sscr   375 ἀτολμήτων ἀρὴ
Headlam   379 ὥστε κἀπαρκεῖν Tr   380 λαχόντι Auratus :
-τα codd.   383 ἐκλακτ- Tr   μέγαν Canter : μεγάλα codd.
386 προβούλου παῖς Hartung : προβουλόπαις codd.   387 ὡς ἄκος
Tr   παμμάταιον codd.   389 σίνος FTr : σέλας Tr^sscr et schol. vet.
Tr   391 τε om. F   προσβ- Casaubon : προβ- codd.

δικαιωθείς, ἐπεὶ
διώκει παῖς ποτανὸν ὄρνιν,
πόλει πρόcτριμμα θεὶc ἄφερτον.   395
λιτᾶν δ' ἀκούει μὲν οὔτιc θεῶν,
    τὸν δ' ἐπίcτροφον τῶν
φῶτ' ἄδικον καθαιρεῖ·
οἷοc καὶ Πάριc ἐλθὼν
ἐc δόμον τὸν Ἀτρειδᾶν   400
ἤιcχυνε ξενίαν τράπε-
    ζαν κλοπαῖcι γυναικόc.

λιποῦcα δ' ἀcτοῖcιν ἀcπίcτοραc   [cτρ. β
κλόνουc λοχιcμούc τε καὶ
    ναυβάταc ὁπλιcμούc,   405
ἄγουcά τ' ἀντίφερνον Ἰλίωι φθοράν,
βεβάκει ῥίμφα διὰ
    πυλᾶν ἄτλητα τλᾶcα. πολὺ δ' ἀνέcτενον
τόδ' ἐννέποντεc δόμων προφῆται·
"ἰὼ ἰὼ δῶμα δῶμα καὶ πρόμοι,   410
ἰὼ λέχοc καὶ cτίβοι φιλάνορεc·
πάρεcτι †cιγᾶc ἄτιμοc ἀλοίδοροc
    ἄδιcτοc ἀφεμένων† ἰδεῖν·
πόθωι δ' ὑπερποντίαc
φάcμα δόξει δόμων ἀνάccειν·   415
εὐμόρφων δὲ κολοccῶν
ἔχθεται χάριc ἀνδρί,
ὀμμάτων δ' ἐν ἀχηνίαιc
ἔρρει πᾶc' Ἀφροδίτα.

394 ποτανὸν Schütz: πτανὸν F, πτανόν τιν' Tr   395 θεὶc ἄφερτον
Wilamowitz: ἄφερτον θεὶc F, ἄφερτον ἐνθεὶc Tr   397 τῶν Klausen:
τῶνδε codd.   400 ἐc δόμον F: εἰc οἶκον Tr   τὸν Tr: τῶν F   401 τὴν
ξενίαν Tr   402 κλοπαῖc F   404 λοχιcμούc Heyse: λογχίμουc
codd.   407 βεβάκει Keck: -κε F, -κεν Tr   408 πολλὰ δ'
ἔcτενον Tr   410 ἰὼ et δῶμα semel F   412–13 πάρεcτιν F
cιγᾶc ἀτίμουc ἀλοιδόρουc Hermann, cιγᾶc ἀτίμουc ἀλοιδόρωc . . . ἀφημένων
Dindorf; fort. cιγᾶc ἀτίμουc ἀλοιδόρωc ἀλίcτωc ἀφημ.   416 δὲ F:
γὰρ Tr   417 τἀνδρὶ Tr   419 Ἀφροδίτη FTr^sscr

ὀνειρόφαντοι δὲ πενθήμονες   [ἀντ. β
πάρεισι δόξαι φέρου-   421
   σαι χάριν ματαίαν·
μάταν γάρ, εὖτ' ἂν ἐcθλά τιc δοκοῦνθ' ὁρᾶι,
παραλλάξαcα διὰ
   χερῶν βέβακεν ὄψιc, οὐ μεθύcτερον   425
πτεροῖc ὀπαδοῦc' ὕπνου κελεύθοιc."
τὰ μὲν κατ' οἴκουc ἐφ' ἑcτίαc ἄχη
τάδ' ἐcτὶ καὶ τῶνδ' ὑπερβατώτερα·
τὸ πᾶν δ' ἀφ' Ἕλλανοc αἴαc cυνορμένοιcι πέν-
   θεια τληcικάρδιοc   430
δόμωι 'ν ἑκάcτου πρέπει.
πολλὰ γοῦν θιγγάνει πρὸc ἧπαρ·
οὓc μὲν γάρ ⟨τιc⟩ ἔπεμψεν
οἶδεν, ἀντὶ δὲ φωτῶν
τεύχη καὶ cποδὸc εἰc ἑκά-   435
   cτου δόμουc ἀφικνεῖται.

ὁ χρυcαμοιβὸc δ' Ἄρηc cωμάτων   [cτρ. γ
καὶ ταλαντοῦχοc ἐν μάχηι δορὸc
πυρωθὲν ἐξ Ἰλίου   440
φίλοιcι πέμπει βαρὺ
ψῆγμα δυcδάκρυτον ἀντ-
   ήνοροc cποδοῦ γεμί-
   ζων λέβηταc εὐθέτου.
cτένουcι δ' εὖ λέγοντεc ἄν-   445
   δρα τὸν μὲν ὡc μάχηc ἴδριc,
τὸν δ' ἐν φοναῖc καλῶc πεcόντ',
   ἀλλοτρίαc διαὶ γυναι-

423 δοκοῦνθ' ὁρᾶι Salzmann : δοκῶν ὁρᾶν codd.   425 χειρῶν F
426 ὀπαδοῦc' Dobree : -δοῖc codd.   429 Ἕλλανοc Bamberger : Ἑλ-
λάδοc codd. cυνορμένοιc codd.   431 δόμωι 'ν Dobree : δόμων codd. ;
δόμοιc Auratus   433 τιc suppl. Porson   πέμψεν Tr   434 φωτῶν
F : βροτῶν Tr   435 seq. πρὸc ἑκάcτου τοὺc δόμουc εἰcαφικνεῖται Tr
441 βραχὺ Schütz   443–4 γεμίξων Fᴾᶜ τοὺc λέβηταc Tr   εὐθέτουc
Auratus   448 διαὶ An. Ox. Cramer 1. 119. 10 seqq. : διὰ F, γε
διὰ Tr

κός· τάδε σῖγά τις βαύ-
ζει, φθονερὸν δ' ὑπ' ἄλγος ἕρ-   450
πει προδίκοις Ἀτρείδαις.
οἱ δ' αὐτοῦ περὶ τεῖχος
θήκας Ἰλιάδος γᾶς
εὔμορφοι κατέχουσιν, ἐχ-
θρὰ δ' ἔχοντας ἔκρυψεν.   455

βαρεῖα δ' ἀστῶν φάτις σὺν κότωι,   [ἀντ. γ
δημοκράντου δ' ἀρᾶς τίνει χρέος·
μένει δ' ἀκοῦσαί τί μου
μέριμνα νυκτηρεφές·   460
τῶν πολυκτόνων γὰρ οὐκ
    ἄσκοποι θεοί, κελαι-
    ναὶ δ' Ἐρινύες χρόνωι
τυχηρὸν ὄντ' ἄνευ δίκας
    παλιντυχεῖ τριβᾶι βίου   465
τιθεῖσ' ἀμαυρόν, ἐν δ' ἀί-
    στοις τελέθοντος οὔτις ἀλ-
    κά· τὸ δ' ὑπερκόπως κλύειν
εὖ βαρύ· βάλλεται γὰρ οἴ-
    κοις Διόθεν κεραυνός.   470
κρίνω δ' ἄφθονον ὄλβον·
μήτ' εἴην πτολιπόρθης,
μήτ' οὖν αὐτὸς ἁλοὺς ὑπ' ἄλ-
    λωι βίον κατίδοιμι.

πυρὸς δ' ὑπ' εὐαγγέλου   [ἐπωιδ.
πόλιν διήκει θοὰ   476
βάξις· εἰ δ' ἐτήτυμος,

449 ϲιγᾶι F   451 προδίκοιϲιν F   452 οἶδ' codd.   454 seq. ἐχθρῶϲ Tr
457 -κράντου Porson : -κράτου codd.   459 μοι Karsten   462 ἀπό-
ϲκοποι F   463 δ' F : δ' οὖν Tr   465 παλιντυχεῖ Scaliger : -τυχῆι
codd.   468 ὑπερκόπωϲ Casaubon : -κότωϲ codd.   469 seq.
οἴκοιϲ Weil : ὅϲϲοιϲ codd.   472 μὴ δ' F   -πόρθιϲ F   473 seq.
ἄλλωι Karsten : -ων codd.   476 τὴν πόλιν Tr   477 ἐτήτυμοϲ
Auratus : -μωϲ codd.

ΑΙΣΧΥΛΟΥ

τίς οἶδεν, ἤ τι θεῖόν ἐcτί πηι ψύθος;
τίς ὧδε παιδνὸς ἤ φρενῶν κεκομμένος,
φλογὸς παραγγέλμαςιν   480
νέοις πυρωθέντα καρδίαν, ἔπειτ'
    ἀλλαγᾶι λόγου καμεῖν;
γυναικὸς αἰχμᾶι πρέπει
πρὸ τοῦ φανέντος χάριν ξυναινέςαι·
πιθανὸς ἄγαν ὁ θῆλυς ὅρος ἐπινέμεται   485
ταχύπορος· ἀλλὰ ταχύμορον
γυναικογήρυτον ὄλλυται κλέος.

ΚΛ. τάχ' εἰcόμεcθα λαμπάδων φαεcφόρων
φρυκτωριῶν τε καὶ πυρὸς παραλλαγάς,   490
εἴτ' οὖν ἀληθεῖς εἴτ' ὀνειράτων δίκην
τερπνὸν τόδ' ἐλθὸν φῶς ἐφήλωςεν φρένας·
κῆρυκ' ἀπ' ἀκτῆς τόνδ' ὁρῶ κατάςκιον
κλάδοις ἐλαίας· μαρτυρεῖ δέ μοι κάςις
πηλοῦ ξύνουρος διψία κόνις τάδε,   495
ὡς οὔτ' ἄναυδος οὔτε ςοι δαίων φλόγα
ὕλης ὀρείας ςημανεῖ καπνῶι πυρός·
ἀλλ' ἤ τὸ χαίρειν μᾶλλον ἐκβάξει λέγων·
τὸν ἀντίον δὲ τοῖςδ' ἀποςτέργω λόγον·
εὖ γὰρ πρὸς εὖ φανεῖςι προςθήκη πέλοι.   500
ΧΟ. ὅςτις τάδ' ἄλλως τῆιδ' ἐπεύχεται πόλει,
αὐτὸς φρενῶν καρποῖτο τὴν ἁμαρτίαν.

ΚΗΡΥΞ

ἰὼ πατρῶιον οὖδας Ἀργείας χθονός,
δεκάτου ςε φέγγει τῶιδ' ἀφικόμην ἔτους,

---

478 ἤ τι θεῖόν ἐcτί πηι ψύθος H. L. Ahrens: ἤ τοι FTr, εἴ τοι Fsscr, mox
ἐcτιν μὴ F, ἐcτι μὴ Tr   481 seq. καρδίαν ἔπει / ἔπειτ' ἀλλαγᾶι F   482 λό-
γους F   483 γυναικὸς Scaliger: ἐν γυν- codd.   αἰχμᾶι suspectum
485 obscurus; ἔρος H. L. Ahrens   489 Clyt. tribuunt codd., choro
edd. plurimi   490 φρυκτωρίας Wilamowitz   496 οὗτος, οὐ
δαίων Wilamowitz   501–2 choro tribuunt codd., Clyt. edd. pluri-
mi qui 489–500 choro tribuunt   504 δεκάτου Iacob: -τωι codd.

πολλῶν ῥαγεισῶν ἐλπίδων μιᾶς τυχών·   505
οὐ γάρ ποτ' ηὔχουν τῇδ' ἐν Ἀργείαι χθονὶ
θανὼν μεθέξειν φιλτάτου τάφου μέρος.
νῦν χαῖρε μὲν χθών, χαῖρε δ' ἡλίου φάος,
ὕπατός τε χώρας Ζεὺς ὁ Πύθιός τ' ἄναξ,
τόξοις ἰάπτων μηκέτ' εἰς ἡμᾶς βέλη·   510
ἅλις παρὰ Σκάμανδρον ἦσθ' ἀνάρσιος·
νῦν δ' αὖτε σωτὴρ ἴσθι καὶ παιώνιος,
ἄναξ Ἄπολλον· τούς τ' ἀγωνίους θεοὺς
πάντας προσαυδῶ τόν τ' ἐμὸν τιμάορον
Ἑρμῆν, φίλον κήρυκα, κηρύκων σέβας,   515
ἥρως τε τοὺς πέμψαντας, εὐμενεῖς πάλιν
στρατὸν δέχεσθαι τὸν λελειμμένον δορός.
ἰὼ μέλαθρα βασιλέων, φίλαι στέγαι,
σεμνοί τε θᾶκοι δαίμονές τ' ἀντήλιοι,
εἴ που πάλαι, φαιδροῖσι τοισίδ' ὄμμασιν   520
δέξασθε κόσμωι βασιλέα πολλῶι χρόνωι·
ἥκει γὰρ ὑμῖν φῶς ἐν εὐφρόνηι φέρων
καὶ τοῖσδ' ἅπασι κοινὸν Ἀγαμέμνων ἄναξ.
ἀλλ' εὖ νιν ἀσπάσασθε, καὶ γὰρ οὖν πρέπει,
Τροίαν κατασκάψαντα τοῦ δικηφόρου   525
Διὸς μακέλληι, τῆι κατείργασται πέδον.
βωμοὶ δ' ἄιστοι καὶ θεῶν ἱδρύματα,
καὶ σπέρμα πάσης ἐξαπόλλυται χθονός·
τοιόνδε Τροίαι περιβαλὼν ζευκτήριον
ἄναξ Ἀτρείδης πρέσβυς εὐδαίμων ἀνὴρ   530
ἥκει· τίεσθαι δ' ἀξιώτατος βροτῶν
τῶν νῦν· Πάρις γὰρ οὔτε συντελὴς πόλις
ἐξεύχεται τὸ δρᾶμα τοῦ πάθους πλέον·
ὀφλὼν γὰρ ἁρπαγῆς τε καὶ κλοπῆς δίκην
τοῦ ῥυσίου θ' ἥμαρτε καὶ πανώλεθρον   535
αὐτόχθονον πατρῶιον ἔθρισεν δόμον·

511 ἦσθ' Needham : ἦλθ' F, ἦλθες Fsscr Tr   512 καὶ παιώνιος
Dobree : καὶ παγώνιος F, κἀπαγώνιος Tr   520 εἴ Auratus : ἢ codd.
πω Headlam   τοῖσιν Tr   521 δέξαισθε Tr   522 ἡμῖν F
529 τοιούδε F

διπλᾶ δ' ἔτεισαν Πριαμίδαι θἀμάρτια.
Χο. κῆρυξ Ἀχαιῶν χαῖρε τῶν ἀπὸ στρατοῦ.
Κη. χαίρω· τὸ τεθνάναι δ' οὐκέτ' ἀντερῶ θεοῖc.
Χο. ἔρωc πατρώιαc τῆcδε γῆc c' ἐγύμναcεν;   540
Κη. ὥcτ' ἐνδακρύειν γ' ὄμμαcιν χαρᾶc ὕπο.
Χο. τερπνῆc ἄρ' ἦτε τῆcδ' ἐπήβολοι νόcου.
Κη. πῶc δή; διδαχθεὶc τοῦδε δεcπόcω λόγου.
Χο. τῶν ἀντερώντων ἱμέρωι πεπληγμένοι.
Κη. ποθεῖν ποθοῦντα τήνδε γῆν cτρατὸν λέγειc;   545
Χο. ὡc πόλλ' ἀμαυρᾶc ἐκ φρενόc ⟨μ'⟩ ἀναcτένειν.
Κη. πόθεν τὸ δύcφρον τοῦτ' ἐπῆν cτύγοc †cτρατῶι†;
Χο. πάλαι τὸ cιγᾶν φάρμακον βλάβηc ἔχω.
Κη. καὶ πῶc; ἀπόντων κοιράνων ἔτρειc τινάc;
Χο. ὡc νῦν, τὸ cὸν δή, καὶ θανεῖν πολλὴ χάριc.   550
Κη. εὖ γὰρ πέπρακται. ταῦτὰ δ' ἐν πολλῶι χρόνωι
    τὰ μέν τιc ἂν λέξειεν εὐπετῶc ἔχειν,
    τὰ δ' αὖτε κἀπίμομφα. τίc δὲ πλὴν θεῶν
    ἅπαντ' ἀπήμων τὸν δι' αἰῶνοc χρόνον;
    μόχθουc γὰρ εἰ λέγοιμι καὶ δυcαυλίαc,   555
    cπαρνὰc παρήξειc καὶ κακοcτρώτουc, τί δ' οὐ
    cτένοντεc, οὐ λαχόντεc ἤματοc μέροc;
    τὰ δ' αὖτε χέρcωι καὶ προcῆν πλέον cτύγοc·
    εὐναὶ γὰρ ἦcαν δαΐων πρὸc τείχεcιν,
    ἐξ οὐρανοῦ δὲ κἀπὸ γῆc λειμώνιαι   560
    δρόcοι κατεψάκαζον, ἔμπεδον cίνοc,
    ἐcθημάτων τιθέντεc ἔνθηρον τρίχα.

538, 540, et cett.: alternos versus choro tribuit Heath; Clyt. codd.
539 τὸ τεθνάναι Schneidewin: τεθνᾶναι codd.   οὐκέτ' Tr: οὐκ F
541 ἐκδακρ- Tr   542 ἦτε Tr: ίcτε F; ἦcτε H. L. Ahrens, fort. recte
544 πεπληγμένοι Tyrwhitt: -νοc codd.   546 μ' suppl. Scaliger   547 cτρατῶι: λεῶι Heimsoeth   549 κοιράνων Tr: τυράννων
F   550 ὡc Auratus: ὧν codd.   551 ταὐτὰ Haupt: ταῦτα codd.
552 ἂν Auratus: εὖ codd.   556 κακοτρ- F   558 καὶ πλέον
προcῆν Blaydes   559 δαΐων Dindorf: δηΐων codd.   560 δὲ
I. Pearson: γὰρ codd.   561 -ψάκαζον Dindorf: -ψέκαζον codd.
562 τιθέντεc (sc. δρόcοι) suspectum; fort. cίνοc / ἐcθημάτων, τιθεῖcι δ'
ἔνθ.

χειμῶνα δ' εἰ λέγοι τις οἰωνοκτόνον,
οἷον παρεῖχ' ἄφερτον Ἰδαία χιών,
ἢ θάλπος, εὖτε πόντος ἐν μεσημβριναῖς   565
κοίταις ἀκύμων νηνέμοις εὗδοι πεσών·
τί ταῦτα πενθεῖν δεῖ; παροίχεται πόνος·
παροίχεται δέ, τοῖς μὲν τεθνηκόσιν
τὸ μήποτ' αὖθις μηδ' ἀναστῆναι μέλειν,
ἡμῖν δὲ τοῖς λοιποῖσιν Ἀργείων στρατοῦ   [573] 570
νικᾶι τὸ κέρδος, πῆμα δ' οὐκ ἀντιρρέπει.   [574]
τί τοὺς ἀναλωθέντας ἐν ψήφωι λέγειν,   [570]
τὸν ζῶντα δ' ἀλγεῖν χρὴ τύχης παλιγκότου;   [571]
καὶ πολλὰ χαίρειν συμφοραῖς καταξιῶ,   [572]
ὡς κομπάσαι τῶιδ' εἰκὸς ἡλίου φάει   575
ὑπὲρ θαλάσσης καὶ χθονὸς ποτωμένοις
"Τροίαν ἑλόντες δή ποτ' Ἀργείων στόλος
θεοῖς λάφυρα ταῦτα τοῖς καθ' Ἑλλάδα
δόμοις ἐπασσάλευσαν ἀρχαῖον γάνος".
τοιαῦτα χρὴ κλύοντας εὐλογεῖν πόλιν   580
καὶ τοὺς στρατηγούς· καὶ χάρις τιμήσεται
Διὸς τάδ' ἐκπράξασα. πάντ' ἔχεις λόγον.
Χο. νικώμενος λόγοισιν οὐκ ἀναίνομαι,
ἀεὶ γὰρ ἡβᾶι τοῖς γέρουσιν εὐμαθεῖν.
δόμοις δὲ ταῦτα καὶ Κλυταιμήστραι μέλειν   585
εἰκὸς μάλιστα, σὺν δὲ πλουτίζειν ἐμέ.
Κλ. ἀνωλόλυξα μὲν πάλαι χαρᾶς ὕπο,
ὅτ' ἦλθ' ὁ πρῶτος νύχιος ἄγγελος πυρὸς
φράζων ἅλωσιν Ἰλίου τ' ἀνάστασιν·
καί τίς μ' ἐνίπτων εἶπε "φρυκτωρῶν διὰ   590
πεισθεῖσα Τροίαν νῦν πεπορθῆσθαι δοκεῖς;
ἦ κάρτα πρὸς γυναικὸς αἴρεσθαι κέαρ."
λόγοις τοιούτοις πλαγκτὸς οὖσ' ἐφαινόμην·
ὅμως δ' ἔθυον, καὶ γυναικείωι νόμωι

563 λέγει Tr   570 seqq. ordo versuum incertus; [573–4] huc trai.
Elberling   574 συμφορὰς Blomfield   577 Τροίην F   584 ἥβη
Margoliouth   εὖ μαθεῖν 'codd.   587 ἀνωλολύξαμεν codd.
590 ἐνίπτων F   593 πλακτὸς Tr

159

ὀλολυγμὸν ἄλλος ἄλλοθεν κατὰ πτόλιν 595
ἔλασκον εὐφημοῦντες, ἐν θεῶν ἕδραις
θυηφάγον κοιμῶντες εὐώδη φλόγα.
καὶ νῦν τὰ μάccω μὲν τί δεῖ c᾽ ἐμοὶ λέγειν;
ἄνακτος αὐτοῦ πάντα πεύcομαι λόγον.
ὅπως δ᾽ ἄριστα τὸν ἐμὸν αἰδοῖον πόcιν 600
cπεύcω πάλιν μολόντα δέξαcθαι· τί γὰρ
γυναικὶ τούτου φέγγος ἥδιον δρακεῖν,
ἀπὸ cτρατείας ἄνδρα cώcαντος θεοῦ
πύλας ἀνοῖξαι; ταῦτ᾽ ἀπάγγειλον πόcει,
ἥκειν ὅπως τάχιcτ᾽ ἐράcμιον πόλει· 605
γυναῖκα πιcτὴν δ᾽ ἐν δόμοις εὕροι μολὼν
οἵανπερ οὖν ἔλειπε, δωμάτων κύνα
ἐcθλὴν ἐκείνωι, πολεμίαν τοῖc δύcφροcιν,
καὶ τἄλλ᾽ ὁμοίαν πάντα, cημαντήριον
οὐδὲν διαφθείραcαν ἐν μήκει χρόνου· 610
οὐδ᾽ οἶδα τέρψιν οὐδ᾽ ἐπίψογον φάτιν
ἄλλου πρὸς ἀνδρὸς μᾶλλον ἢ χαλκοῦ βαφάς.
τοιόcδ᾽ ὁ κόμπος, τῆς ἀληθείας γέμων,
οὐκ αἰcχρὸς ὡς γυναικὶ γενναίαι λακεῖν.
Χο.   αὕτη μὲν οὕτως † εἶπε μανθάνοντί coι, 615
τοροῖcιν ἑρμηνεῦcιν εὐπρεπῶς † λόγον.
cὺ δ᾽ εἰπέ, κῆρυξ, Μενέλεων δὲ πεύθομαι,
εἰ νόcτιμός τε καὶ cεcωμένος πάλιν
ἥκει cὺν ὑμῖν, τῆcδε γῆς φίλον κράτος.
Κη.   οὐκ ἔcθ᾽ ὅπως λέξαιμι τὰ ψευδῆ καλὰ 620
ἐς τὸν πολὺν φίλοιcι καρποῦcθαι χρόνον.
Χο.   πῶς δῆτ᾽ ἂν εἰπὼν κεδνὰ τἀληθῆ τύχοις;
cχιcθέντα δ᾽ οὐκ εὔκρυπτα γίγνεται τάδε.
Κη.   ἀνὴρ ἄφαντος ἐξ Ἀχαιικοῦ cτρατοῦ,
αὐτός τε καὶ τὸ πλοῖον· οὐ ψευδῆ λέγω. 625
Χο.   πότερον ἀναχθεὶς †ἐμφανῶς† ἐξ Ἰλίου,

615–16 lectio dubia; fort. εἶπεν ἀνδάνοντά coι (Bothe), τοροῖcι δ᾽
(Metzger) ἑρμηνεῦcι δυcτερπῆ (Dawe)   618 τε Hermann : γε codd.
619 ἥκει Karsten : ἥξει codd.   622, 626, 630, 634 Clyt. tribuunt codd.
622 τύχοις Porson : -χηc codd.   626 ἐμφανοῦc ἐξ ἡλίου Dawe

ἢ χεῖμα, κοινὸν ἄχθος, ἥρπασε στρατοῦ;

Κη. ἔκυρσας ὥστε τοξότης ἄκρος σκοποῦ,
μακρὸν δὲ πῆμα συντόμως ἐφημίσω.

Χο. πότερα γὰρ αὐτοῦ ζῶντος ἢ τεθνηκότος   630
φάτις πρὸς ἄλλων ναυτίλων ἐκλῄζετο;

Κη. οὐκ οἶδεν οὐδεὶς ὥστ' ἀπαγγεῖλαι τορῶς
πλὴν τοῦ τρέφοντος Ἡλίου χθονὸς φύσιν.

Χο. πῶς γὰρ λέγεις χειμῶνα ναυτικῶι στρατῶι
ἐλθεῖν τελευτῆσαί τε δαιμόνων κότωι;   635

Κη. εὔφημον ἦμαρ οὐ πρέπει κακαγγέλωι
γλώσσηι μιαίνειν· χωρὶς ἡ τιμὴ θεῶν.
ὅταν δ' ἀπευκτὰ πήματ' ἄγγελος πόλει
στυγνῶι προσώπωι πτωσίμου στρατοῦ φέρηι,
πόλει μὲν ἕλκος ἓν τὸ δήμιον τυχεῖν,   640
πολλοὺς δὲ πολλῶν ἐξαγισθέντας δόμων
ἄνδρας διπλῆι μάστιγι, τὴν Ἄρης φιλεῖ,
δίλογχον ἄτην, φοινίαν ξυνωρίδα·
τοιῶνδε μέντοι πημάτων σεσαγμένον
πρέπει λέγειν παιᾶνα τόνδ' Ἐρινύων·   645
σωτηρίων δὲ πραγμάτων εὐάγγελον
ἥκοντα πρὸς χαίρουσαν εὐεστοῖ πόλιν,
πῶς κεδνὰ τοῖς κακοῖσι συμμείξω, λέγων
χειμῶν' †Ἀχαιῶν οὐκ ἀμήνιτον θεοῖς†;
ξυνώμοσαν γάρ, ὄντες ἔχθιστοι τὸ πρίν,   650
πῦρ καὶ θάλασσα, καὶ τὰ πίστ' ἐδειξάτην
φθείροντε τὸν δύστηνον Ἀργείων στρατόν.
ἐν νυκτὶ δυσκύμαντα δ' ὠρώρει κακά·
ναῦς γὰρ πρὸς ἀλλήλησι Θρήικιαι πνοαὶ
ἤρεικον, αἱ δὲ κεροτυπούμεναι βίαι   655
χειμῶνι τυφῶ σὺν ζάληι τ' ὀμβροκτύπωι
ὤιχοντ' ἄφαντοι ποιμένος κακοῦ στρόβωι.
ἐπεὶ δ' ἀνῆλθε λαμπρὸν ἡλίου φάος,
ὁρῶμεν ἀνθοῦν πέλαγος Αἰγαῖον νεκροῖς

639 ϲμοιῶι προϲώπωι ex Hesych. s.v. M. Schmidt   644 ϲε-
ϲαγμένον Schütz: -νων codd.   649 Ἀχαιοῖϲ ... θεῶν Blomfield
654 -λαιϲι Tr   655 ἤρειπον Tr   κερωτ- codd.

ἀνδρῶν Ἀχαιῶν ναυτικοῖς τ' ἐρειπίοις.　　　　　660
ἡμᾶς γε μὲν δὴ ναῦν τ' ἀκήρατον σκάφος
ἤτοι τις ἐξέκλεψεν ἢ 'ξῃτήσατο
θεός τις, οὐκ ἄνθρωπος, οἴακος θιγών,
Τύχη δὲ σωτὴρ ναῦν θέλουσ' ἐφέζετο
ὡς μήτ' ἐν ὅρμωι κύματος ζάλην ἔχειν　　　665
μήτ' ἐξοκεῖλαι πρὸς κραταίλεων χθόνα.
ἔπειτα δ' Ἅιδην πόντιον πεφευγότες
λευκὸν κατ' ἦμαρ, οὐ πεποιθότες τύχηι,
ἐβουκολοῦμεν φροντίσιν νέον πάθος
στρατοῦ καμόντος καὶ κακῶς σποδουμένου.　670
καὶ νῦν ἐκείνων εἴ τις ἐστὶν ἐμπνέων,
λέγουσιν ἡμᾶς ὡς ὀλωλότας· τί μήν;
ἡμεῖς τ' ἐκείνους ταῦτ' ἔχειν δοξάζομεν.
γένοιτο δ' ὡς ἄριστα. Μενέλεων γὰρ οὖν
πρῶτόν τε καὶ μάλιστα προσδόκα μολεῖν·　　675
εἰ δ' οὖν τις ἀκτὶς ἡλίου νιν ἱστορεῖ
καὶ ζῶντα καὶ βλέποντα, μηχαναῖς Διὸς
οὔπω θέλοντος ἐξαναλῶσαι γένος,
ἐλπίς τις αὐτὸν πρὸς δόμους ἥξειν πάλιν.
τοσαῦτ' ἀκούσας ἴσθι τἀληθῆ κλύων.　　　680

Χο.　　　τίς ποτ' ὠνόμαζεν ὧδ'　　　　　[στρ. α
　　　　ἐς τὸ πᾶν ἐτητύμως,
　　　μή τις ὅντιν' οὐχ ὁρῶμεν προνοί-
　　　　αισι τοῦ πεπρωμένου
　　　γλῶσσαν ἐν τύχαι νέμων,　　　　　685
　　　τὰν δορίγαμβρον ἀμφινει-
　　　　κῆ θ' Ἑλέναν; ἐπεὶ πρεπόντως
　　　ἑλένας ἕλανδρος ἑλέ-
　　　　πτολις ἐκ τῶν ἀβροτίμων　　　690

660 ναυτικοῖς τ' ἐρειπίοις Auratus: -κῶν τ' ἐριπίων codd.　　672 τί
μήν Linwood: τί μή codd.　　　673 ταῦτ' Casaubon: ταῦτ' codd.
674 γὰρ ἂν Bothe　　　677 χλωρόν τε καὶ βλέποντα ex Hesych. s.v.
Toup　　680 κλύων F: κλύειν FˢˢᶜʳTr　　681 ὠνόμαξεν F
683 προνοίαις codd.　　688 ἑλέναυς Blomfield　　690 ἀβροτήνων
Salmasius

162

προκαλυμμάτων ἔπλευσεν
Ζεφύρου γίγαντος αὖραι,
πολύανδροί τε φεράσπιδες κυναγοὶ
    κατ' ἴχνος πλατᾶν ἄφαντον   695
κέλσαν τὰς Cιμόεντος ἀ-
   κτὰς ἐπ' ἀεξιφύλλους
δι' Ἔριν αἱματόεσσαν.

Ἰλίωι δὲ κῆδος ὀρ-   [ἀντ. α
   θώνυμον τελεσςίφρων   700
Μῆνις ἤλασεν, τραπέζας ἀτί-
   μωςιν ὑςτέρωι χρόνωι
καὶ ξυνεςτίου Διὸς
πρασσομένα τὸ νυμφότι-   705
   μον μέλος ἐκφάτως τίοντας,
ὑμέναιον ὃς τότ' ἐπέρ-
   ρεπε γαμβροῖσιν ἀείδειν.
μεταμανθάνουσα δ' ὕμνον
Πριάμου πόλις γεραιὰ   710
πολύθρηνον μέγα που στένει, κικλήσκου-
   ςα Πάριν τὸν αἰνόλεκτρον
†παμπρόςθη πολύθρηνον
   αἰῶν' ἀμφὶ πολιτᾶν†   715
μέλεον αἷμ' ἀνατλᾶςα.

ἔθρεψεν δὲ λέοντος ἷ-   [ςτρ. β
   νιν δόμοις ἀγάλακτον οὕ-
   τως ἀνὴρ φιλόμαστον,
ἐν βιότου προτελείοις   720
ἄμερον, εὐφιλόπαιδα,

696 seq. κέλσαν τὰς Auratus (ἔκελσαν) : κελςάντων codd.   ἀκτᾶς F
ἐπ' F : εἰς Tr   ἀεξι- Tr : ἀξι- F   700 τελεςί- F   701 seq.
ἀτίμωςιν Canter : ἀτίμως ἵν' F, ἀτίμως Tr   707 seq. ἐπέπρεπεν Tr
710 γεραιοῦ Auratus   714 seq. fort. παμπορθῇ (Seidler) πολύθρηνον
αἰῶνα διαὶ (Emperius)   πολίταν codd.   717–18 λέοντος ἱνιν
Conington : λέοντα cίνιν codd.   718–19 οὕτως F^{sscr}Tr : οὗτος F

καὶ γεραροῖς ἐπίχαρτον·
πολέα δ' ἔςχ' ἐν ἀγκάλαις
νεοτρόφου τέκνου δίκαν,
φαιδρωπὸς ποτὶ χεῖρα cαί-   725
νων τε γαστρὸς ἀνάγκαις.

χρονιcθεὶς δ' ἀπέδειξεν ἦ-   [ἀντ. β
θος τὸ πρὸς τοκέων· χάριν
γὰρ τροφεῦcιν ἀμείβων
μηλοφόνοιcι cὺν ἄταις   730
δαῖτ' ἀκέλευcτος ἔτευξεν·
αἵματι δ' οἶκος ἐφύρθη,
ἄμαχον ἄλγος οἰκέταις,
μέγα cίνος πολυκτόνον·
ἐκ θεοῦ δ' ἱερεύς τις Ἄ-   735
τας δόμοις προσεθρέφθη.

πάραυτα δ' ἐλθεῖν ἐς Ἰλίου πόλιν   [cτρ. γ
λέγοιμ' ἂν φρόνημα μὲν
νηνέμου γαλάνας,   740
ἀκαcκαῖον ⟨δ'⟩ ἄγαλμα πλούτου,
μαλθακὸν ὀμμάτων βέλος,
δηξίθυμον ἔρωτος ἄνθος.
παρακλίνας' ἐπέκρανεν
δὲ γάμου πικρὰς τελευτάς,   745
δύcεδρος καὶ δυcόμιλος
cυμένα Πριαμίδαιcιν,
πομπᾶι Διὸς ξενίου
νυμφόκλαυτος Ἐρινύς.

παλαίφατος δ' ἐν βροτοῖς γέρων λόγος   [ἀντ. γ

723 ἔcκ' Casaubon   727–8 ἦθος Conington : ἔθος codd.
728 τοκήων F   729 τροφεῦcιν Tr : τροφᾶc F   730 -φόνοιcι cὺν
Fix : -φόνοιcιν codd.; -φόνοιcιν ἐν Bothe   ἄταιcιν Tr   733 δ' ἄλγος
F   736 προcεθρέφθη Heath : προcετράφη codd.   738 πάραυτα
δ' F : πάραυτα δ' οὖν Tr   741 δ' suppl. Porson ; τ' ἄγαλμα Her-
mann   744 -κλίνουc' Tr   745 πικρὰς Fsscr Tr : -ροῦ F
750 ἐν τοῖς βροτοῖς Tr

τέτυκται, μέγαν τελε-
 cθέντα φωτὸς ὄλβον   751
τεκνοῦcθαι μηδ᾽ ἄπαιδα θνῄcκειν,
ἐκ δ᾽ ἀγαθᾶς τύχας γένει   755
βλαστάνειν ἀκόρεcτον οἰζύν.
δίχα δ᾽ ἄλλων μονόφρων εἰ-
 μί· τὸ δυccεβὲς γὰρ ἔργον
μετὰ μὲν πλείονα τίκτει,
cφετέραι δ᾽ εἰκότα γένναι·   760
οἴκων γὰρ εὐθυδίκων
καλλίπαις πότμος αἰεί.

φιλεῖ δὲ τίκτειν ὕβρις   [cτρ. δ
 μὲν παλαιὰ νεά-
ζουcαν ἐν κακοῖς βροτῶν   765
ὕβριν τότ᾽ ἢ τόθ᾽, ὅτε τὸ κύ-
ριον μόληι φάος τόκου,
δαίμονά τε τὰν ἄμαχον ἀπόλε-
 μον, ἀνίερον θράcος μελαί-
νας μελάθροιcιν ἄτας,   770
εἰδομένας τοκεῦcιν.

Δίκα δὲ λάμπει μὲν ἐν   [ἀντ. δ
 δυcκάπνοις δώμαcιν,
τὸν δ᾽ ἐναίcιμον τίει·   775
τὰ χρυcόπαcτα δ᾽ ἔδεθλα cὺν
πίνωι χερῶν παλιντρόποις
ὄμμαcι λιποῦc᾽ ὅcια †προcέβα
τοῦ†, δύναμιν οὐ cέβουcα πλού-
του παράcημον αἴνωι·   780

758 δυccεβὲς γὰρ Pauw: γὰρ δυccεβὲς codd. 766 ὅτε Klausen:
ὅταν codd. 767 μόληι φάος τόκου H. L. Ahrens: μόληι νεαρὰ
φάους κότον codd. 768 τε τὰν Hermann: τε τὸν codd.; τίταν
Heimsoeth ἄμαχον om. Tr 770 μελάθροις F 771 εἰδο-
μένας Casaubon: -ναν codd. 775 τίει H. L. Ahrens: τίει βίον
codd. 776 -παcτα δ᾽ ἔδεθλα Auratus: -παcτα δ᾽ ἐcθλὰ F, -παcτ᾽ ἐcθλὰ Tr
777 παλίντροπ᾽ Tr 778–9 προcέβα τοῦ codd.: προcέμολε Her-
mann, προcέβατο Verrall

πᾶν δ' ἐπὶ τέρμα νωμᾶι.

ἄγε δὴ βασιλεῦ, Τροίας πτολίπορθ',
Ἀτρέως γένεθλον,
πῶς σε προσείπω; πῶς σε σεβίξω   785
μήθ' ὑπεράρας μήθ' ὑποκάμψας
καιρὸν χάριτος;
πολλοὶ δὲ βροτῶν τὸ δοκεῖν εἶναι
προτίουσι δίκην παραβάντες·
τῶι δυσπραγοῦντι δ' ἐπιστενάχειν   790
πᾶς τις ἑτοῖμος, δῆγμα δὲ λύπης
οὐδὲν ἐφ' ἧπαρ προσικνεῖται.
καὶ ξυγχαίρουσιν ὁμοιοπρεπεῖς
ἀγέλαστα πρόσωπα βιαζόμενοι
⟨   ⟩
ὅστις δ' ἀγαθὸς προβατογνώμων,   795
οὐκ ἔστι λαθεῖν ὄμματα φωτὸς
τὰ δοκοῦντ' εὔφρονος ἐκ διανοίας
ὑδαρεῖ σαίνειν φιλότητι.
σὺ δέ μοι τότε μὲν στέλλων στρατιὰν
Ἑλένης ἕνεκ', οὐκ ἐπικεύσω,   800
κάρτ' ἀπομούσως ἧσθα γεγραμμένος
οὐδ' εὖ πραπίδων οἴακα νέμων,
θράσος ἐκ θυσιῶν
ἀνδράσι θνήισκουσι κομίζων·
νῦν δ' οὐκ ἀπ' ἄκρας φρενὸς οὐδ' ἀφίλως   805
εὔφρων πόνον εὖ τελέσασιν ⟨ἐγώ·⟩
γνώσηι δὲ χρόνωι διαπευθόμενος
τόν τε δικαίως καὶ τὸν ἀκαίρως
πόλιν οἰκουροῦντα πολιτῶν.

783 πτολί- Blomfield: πολί- codd.   785 σεβίξω Ϝᵖᶜ: -ίζω ϜᵃᶜTr
789 -βαίνοντες Tr   791 δῆγμα Tr et Stob. ecl. 4. 48. 12: δεῖγμα F
792 προσεφικν- Tr   793 καὶ νυκτὶ δὲ χαίρουσιν Stob.   794 post
h.v. lacunam indicavit Hermann   800 οὐκ Hermann: οὐ γὰρ
codd.   803 θάρσος Tr   ἐκ θυσιῶν H. L. Ahrens: ἑκούσιον codd.
804 ἀνδράσιν εὖ θν. Tr   806 εὔφρων τις Tr   πόνον Auratus: πόνος
codd.   ἐγώ suppl. Wilamowitz

ΑΓΑΜΕΜΝΩΝ

πρῶτον μὲν Ἄργος καὶ θεοὺς ἐγχωρίους   810
δίκη προσειπεῖν, τοὺς ἐμοὶ μεταιτίους
νόστου δικαίων θ' ὧν ἐπραξάμην πόλιν
Πριάμου· δίκας γὰρ οὐκ ἀπὸ γλώςςης θεοὶ
κλύοντες ἀνδροθνῆτας Ἰλιοφθόρους
ἐς αἱματηρὸν τεῦχος οὐ διχορρόπως   815
ψήφους ἔθεντο, τῶι δ' ἐναντίωι κύτει
ἐλπὶς προςήιει χειρὸς οὐ πληρουμένωι.
καπνῶι δ' ἁλοῦσα νῦν ἔτ' εὔςημος πόλις·
ἄτης θύελλαι ζῶςι, δυςθνήιςκουςα δὲ
ςποδὸς προπέμπει πίονας πλούτου πνοάς.   820
τούτων θεοῖςι χρὴ πολύμνηςτον χάριν
τίνειν, ἐπείπερ χάρπαγὰς ὑπερκόπους
ἐπραξάμεςθα, καὶ γυναικὸς οὔνεκα
πόλιν διημάθυνεν Ἀργεῖον δάκος,
ἵππου νεοςςός, ἀςπιδηφόρος λεώς,   825
πήδημ' ὀρούςας ἀμφὶ Πλειάδων δύςιν·
ὑπερθορὼν δὲ πύργον ὠμηςτὴς λέων
ἄδην ἔλειξεν αἵματος τυραννικοῦ.
θεοῖς μὲν ἐξέτεινα φροίμιον τόδε·
τὰ δ' ἐς τὸ ςὸν φρόνημα, μέμνημαι κλύων   830
καὶ φημὶ ταὐτὰ καὶ ςυνήγορόν μ' ἔχεις·
παύροις γὰρ ἀνδρῶν ἐςτι ςυγγενὲς τόδε,
φίλον τὸν εὐτυχοῦντ' ἄνευ φθόνων ςέβειν·
δύςφρων γὰρ ἰὸς καρδίαν προςήμενος
ἄχθος διπλοίζει τῶι πεπαμένωι νόςον·   835
τοῖς τ' αὐτὸς αὐτοῦ πήμαςιν βαρύνεται
καὶ τὸν θυραῖον ὄλβον εἰςορῶν ςτένει.
εἰδὼς λέγοιμ' ἄν, εὖ γὰρ ἐξεπίςταμαι

814 Ἰλιοφθόρους Karsten : Ἰλίου φθορὰς codd.   819 δυςθνήιςκουςα
Enger : ςυνθν- codd.   822 χάρπαγὰς Tyrwhitt : καὶ παγὰς codd.
-κόπους Heath : -κότους codd.   823 (πάγας . . .) ἐφραξάμεςθα Francken
825 -ηφόρος Blomfield : -ηςτρόφος F, -οςτρόφος Tr   828 ἄδδην Tr
831 ταὐτὰ Auratus : ταῦτα codd.   833 φθόνων F : φθόνου Tr, ψόγου
Stob. ecl. 3. 38. 28   834 καρδίαι Casaubon   835 πεπαμμένωι
codd.

ὁμιλίας κάτοπτρον, εἴδωλον σκιᾶς,
δοκοῦντας εἶναι κάρτα πρευμενεῖς ἐμοί·   840
μόνος δ' Ὀδυσσεύς, ὅσπερ οὐχ ἑκὼν ἔπλει,
ζευχθεὶς ἑτοῖμος ἦν ἐμοὶ σειραφόρος·
εἴτ' οὖν θανόντος εἴτε καὶ ζῶντος πέρι
λέγω. τὰ δ' ἄλλα πρὸς πόλιν τε καὶ θεοὺς
κοινοὺς ἀγῶνας θέντες ἐν πανηγύρει   845
βουλευσόμεσθα· καὶ τὸ μὲν καλῶς ἔχον
ὅπως χρονίζον εὖ μενεῖ βουλευτέον,
ὅτωι δὲ καὶ δεῖ φαρμάκων παιωνίων,
ἤτοι κέαντες ἢ τεμόντες εὐφρόνως
πειρασόμεσθα πῆμ' ἀποστρέψαι νόσου.   850
νῦν δ' ἐς μέλαθρα καὶ δόμους ἐφέστιος
ἐλθὼν θεοῖσι πρῶτα δεξιώσομαι,
οἵπερ πρόσω πέμψαντες ἤγαγον πάλιν.
νίκη δ', ἐπείπερ ἕσπετ', ἐμπέδως μένοι.

Κλ.   ἄνδρες πολῖται, πρέσβος Ἀργείων τόδε,   855
οὐκ αἰσχυνοῦμαι τοὺς φιλάνορας τρόπους
λέξαι πρὸς ὑμᾶς. ἐν χρόνωι δ' ἀποφθίνει
τὸ τάρβος ἀνθρώποισιν. οὐκ ἄλλων πάρα
μαθοῦσ' ἐμαυτῆς δύσφορον λέξω βίον
τοσόνδ' ὅσονπερ οὗτος ἦν ὑπ' Ἰλίωι.   860
τὸ μὲν γυναῖκα πρῶτον ἄρσενος δίχα
ἧσθαι δόμοις ἔρημον ἔκπαγλον κακόν,
πολλὰς κλύουσαν κληδόνας παλιγκότους,
καὶ τὸν μὲν ἥκειν, τὸν δ' ἐπεισφέρειν κακοῦ
κάκιον ἄλλο πῆμα, λάσκοντας δόμοις·   865
καὶ τραυμάτων μὲν εἰ τόσων ἐτύγχανεν
ἀνὴρ ὅδ' ὡς πρὸς οἶκον ὠχετεύετο
φάτις, τέτρηται δικτύου πλέω λέγειν.
εἰ δ' ἦν τεθνηκὼς ὡς ἐπλήθυον λόγοι,

---

839 post h.v. lacunam statuit Dawe   850 πῆμ' ἀποστρέψαι νόσου
Porson: πήματος τρέψαι νόσον codd.   851 ἐφέστιος Karsten: -ίους
codd.   860 ἐπ' Ἰλίωι Tr   863 κληδόνας Auratus: ἡδονὰς codd.
868 τέτρηται H. L. Ahrens: τέτρωται codd.   869 ἐπλήθυον Por-
son: -θυνον codd.

τρισώματός ταν Γηρυὼν ὁ δεύτερος   870
[πολλὴν ἄνωθεν, τὴν κάτω γὰρ οὐ λέγω,]
χθονὸς τρίμοιρον χλαῖναν ἐξηύχει λαβών,
ἅπαξ ἑκάστωι κατθανὼν μορφώματι.
τοιῶνδ' ἔκατι κληδόνων παλιγκότων
πολλὰς ἄνωθεν ἀρτάνας ἐμῆς δέρης   875
ἔλυσαν ἄλλοι πρὸς βίαν λελημμένης.
ἐκ τῶνδέ τοι παῖς ἐνθάδ' οὐ παραστατεῖ,
ἐμῶν τε καὶ σῶν κύριος πιστωμάτων,
ὡς χρῆν, Ὀρέστης· μηδὲ θαυμάσηις τόδε·
τρέφει γὰρ αὐτὸν εὐμενὴς δορύξενος   880
Στροφίος ὁ Φωκεύς, ἀμφίλεκτα πήματα
ἐμοὶ προφωνῶν, τόν θ' ὑπ' Ἰλίωι σέθεν
κίνδυνον, εἴ τε δημόθρους ἀναρχία
βουλὴν καταρρίψειεν, ὥς τι σύγγονον
βροτοῖσι τὸν πεσόντα λακτίσαι πλέον.   885
τοιάδε μέντοι σκῆψις οὐ δόλον φέρει.
ἔμοιγε μὲν δὴ κλαυμάτων ἐπίσσυτοι
πηγαὶ κατεσβήκασιν, οὐδ' ἔνι σταγών·
ἐν ὀψικοίτοις δ' ὄμμασιν βλάβας ἔχω
τὰς ἀμφί σοι κλαίουσα λαμπτηρουχίας   890
ἀτημελήτους αἰέν· ἐν δ' ὀνείρασιν
λεπταῖς ὑπαὶ κώνωπος ἐξηγειρόμην
ῥιπαῖσι θωύσσοντος, ἀμφί σοι πάθη
ὁρῶσα πλείω τοῦ ξυνεύδοντος χρόνου.
νῦν, ταῦτα πάντα τλᾶσ', ἀπενθήτωι φρενὶ   895
λέγοιμ' ἂν ἄνδρα τόνδε τῶν σταθμῶν κύνα,
σωτῆρα ναὸς πρότονον, ὑψηλῆς στέγης
στῦλον ποδήρη, μονογενὲς τέκνον πατρί,
ὁδοιπόρωι διψῶντι πηγαῖον ῥέος,   [901]
καὶ γῆν φανεῖσαν ναυτίλοις παρ' ἐλπίδα,   900
κάλλιστον ἦμαρ εἰσιδεῖν ἐκ χείματος.

871 versum miserrimum eiecit Schütz   878 πιστωμάτων Span-
heim: πιστευμ- codd.   882 θ' F: τ' Tr   884 τι Hartung: τε codd.
888 καθεστήκασιν F^sscr   898 στόλον F   899 huc traiecit Bothe;
post 901 codd.   900 καὶ γῆν: γαῖαν Blomfield

[τερπνὸν δὲ τἀναγκαῖον ἐκφυγεῖν ἅπαν].
τοιοῖcδέ τοί νιν ἀξιῶ προσφθέγμασιν,
φθόνος δ' ἀπέcτω· πολλὰ γὰρ τὰ πρὶν κακὰ
ἠνειχόμεcθα. νῦν δέ μοι, φίλον κάρα,   905
ἔκβαιν' ἀπήνης τῆcδε, μὴ χαμαὶ τιθεὶc
τὸν cὸν πόδ', ὦναξ, Ἰλίου πορθήτορα.
δμωιαί, τί μέλλεθ', αἷc ἐπέcταλται τέλος
πέδον κελεύθου cτορνύναι πετάcμαcιν;
εὐθὺc γενέcθω πορφυρόcτρωτος πόρος,   910
ἐc δῶμ' ἄελπτον ὡc ἂν ἡγῆται Δίκη·
τὰ δ' ἄλλα φροντὶc οὐχ ὕπνωι νικωμένη
θήcει δικαίωc cὺν θεοῖc εἱμαρμένα.
Αγ. Λήδαc γένεθλον, δωμάτων ἐμῶν φύλαξ,
ἀπουcίαι μὲν εἶπαc εἰκότωc ἐμῆι·   915
μακρὰν γὰρ ἐξέτεινας. ἀλλ' ἐναιcίμωc
αἰνεῖν, παρ' ἄλλων χρὴ τόδ' ἔρχεcθαι γέρας.
καὶ τἄλλα μὴ γυναικὸc ἐν τρόποιc ἐμὲ
ἅβρυνε, μηδὲ βαρβάρου φωτὸc δίκην
χαμαιπετὲc βόαμα προcχάνηιc ἐμοί,   920
μηδ' εἵμαcι cτρώcαc' ἐπίφθονον πόρον
τίθει· θεούc τοι τοῖcδε τιμαλφεῖν χρεών,
ἐν ποικίλοιc δὲ θνητὸν ὄντα κάλλεcιν
βαίνειν ἐμοὶ μὲν οὐδαμῶc ἄνευ φόβου.
λέγω κατ' ἄνδρα, μὴ θεόν, cέβειν ἐμέ.   925
χωρὶc ποδοψήcτρων τε καὶ τῶν ποικίλων
κληδὼν αὐτεῖ· καὶ τὸ μὴ κακῶc φρονεῖν
θεοῦ μέγιcτον δῶρον. ὀλβίcαι δὲ χρὴ
βίον τελευτήcαντ' ἐν εὐεcτοῖ φίληι.
εἰ πάντα δ' ὡc πράccοιμ' ἄν, εὐθαρcὴc ἐγώ.   930
Κλ. καὶ μὴν τόδ' εἰπὲ μὴ παρὰ γνώμην ἐμοί.
Αγ. γνώμην μὲν ἴcθι μὴ διαφθεροῦντ' ἐμέ.
Κλ. ηὔξω θεοῖc δείcαc ἂν ὧδ' ἔρδειν τάδε;

902 del. Blomfield   903 τοί νιν Schütz: τοίνυν codd.   905 δ'
ἐμοί codd.   907 ἄναξ F   908 τέλος F: τάδε Tr   909 cτορ-
νύναι Elmsley: cτρωννύναι codd.   920 βόημα FˢˢᶜʳTr   930 πράc-
coιμεν Dindorf   933 interpretatio dubia; ἔρξειν Headlam

Αγ. εἴπερ τις εἰδώς γ᾽ εὖ τόδ᾽ ἐξεῖπεν τέλος.

Κλ. τί δ᾽ ἂν δοκεῖ σοι Πρίαμος, εἰ τάδ᾽ ἤνυσεν;   935

Αγ. ἐν ποικίλοις ἂν κάρτα μοι βῆναι δοκεῖ.

Κλ. μή νυν τὸν ἀνθρώπειον αἰδεσθῆις ψόγον.

Αγ. φήμη γε μέντοι δημόθρους μέγα σθένει.

Κλ. ὁ δ᾽ ἀφθόνητός γ᾽ οὐκ ἐπίζηλος πέλει.

Αγ. οὔτοι γυναικός ἐστιν ἱμείρειν μάχης.   940

Κλ. τοῖς δ᾽ ὀλβίοις γε καὶ τὸ νικᾶσθαι πρέπει.

Αγ. ἦ καὶ σὺ νίκην τῆσδε δήριος τίεις;

Κλ. πιθοῦ, †κράτος μέντοι πάρες γ᾽† ἑκὼν ἐμοί.

Αγ. ἀλλ᾽ εἰ δοκεῖ σοι ταῦθ᾽, ὑπαί τις ἀρβύλας
    λύοι τάχος, πρόδουλον ἔμβασιν ποδός,   945
    καὶ τοῖσδέ μ᾽ ἐμβαίνονθ᾽ ἁλουργέσιν θεῶν
    μή τις πρόσωθεν ὄμματος βάλοι φθόνος.
    πολλὴ γὰρ αἰδὼς δωματοφθορεῖν ποσὶν
    φθείροντα πλοῦτον ἀργυρωνήτους θ᾽ ὑφάς.
    τούτων μὲν οὕτω, τὴν ξένην δὲ πρευμενῶς   950
    τήνδ᾽ ἐσκόμιζε· τὸν κρατοῦντα μαλθακῶς
    θεὸς πρόσωθεν εὐμενῶς προσδέρκεται.
    ἑκὼν γὰρ οὐδεὶς δουλίωι χρῆται ζυγῶι·
    αὕτη δὲ πολλῶν χρημάτων ἐξαίρετον
    ἄνθος, στρατοῦ δώρημ᾽, ἐμοὶ ξυνέσπετο.   955
    ἐπεὶ δ᾽ ἀκούειν σοῦ κατέστραμμαι τάδε,
    εἶμ᾽ ἐς δόμων μέλαθρα πορφύρας πατῶν.

Κλ. ἔστιν θάλασσα, τίς δέ νιν κατασβέσει;
    τρέφουσα πολλῆς πορφύρας ἰσάργυρον
    κηκῖδα παγκαίνιστον, εἱμάτων βαφάς·   960
    οἶκος δ᾽ ὑπάρχει τῶνδε σὺν θεοῖς, ἄναξ,
    ἔχειν, πένεσθαι δ᾽ οὐκ ἐπίσταται δόμος.

---

934 lectio et interpretatio dubia   ἐξεῖπεν Auratus: -πον codd.
935 δοκεῖ Stanley: -κῆ codd.   936 δοκῆ F^pcTr^sscr   937 αἰδεσθεὶς
F   942 τῆσδε Auratus: τήνδε codd.   943 fort. κρατεῖς (Weil)
μέντοι παρεὶς (Bothe; γ᾽ del. Wecklein) ἑκὼν ἐμοί   946 καὶ F: σὺν Tr
948 δωματο- Schütz: σωματο- codd.   954 αὕτη codd.   956 κατ-
έσταμαι Tr (schol. εὕρηται καὶ κατέστραμμαι)   959 ἰσάργ- Sal-
masius: εἰς ἀργ- codd.   961 οἴκοις Porson

πολλῶν πατησμὸν δ' εἱμάτων ἂν ηὐξάμην,
δόμοιcι προυνεχθέντοc ἐν χρηcτηρίοιc
ψυχῆc κόμιcτρα τῆcδε μηχανωμένηι·   965
ῥίζηc γὰρ οὔcηc φυλλὰc ἵκετ' ἐc δόμουc
cκιὰν ὑπερτείναcα cειρίου κυνόc·
καὶ cοῦ μολόντοc δωματῖτιν ἑcτίαν,
θάλποc μὲν ἐν χειμῶνι cημαίνει μολόν·
ὅταν δὲ τεύχηι Ζεὺc ἀπ' ὄμφακοc πικρᾶc   970
οἶνον, τότ' ἤδη ψῦχοc ἐν δόμοιc πέλει,
ἀνδρὸc τελείου δῶμ' ἐπιcτρωφωμένου.
Ζεῦ Ζεῦ τέλειε, τὰc ἐμὰc εὐχὰc τέλει·
μέλοι δέ τοί cοι τῶνπερ ἂν μέλληιc τελεῖν.

Χο.   τίπτε μοι τόδ' ἐμπέδωc   [cτρ. α
         δεῖμα προcτατήριον   976
         καρδίαc τεραcκόπου ποτᾶται;
         μαντιπολεῖ δ' ἀκέλευcτοc ἄμιcθοc ἀοιδά,
         οὐδ' ἀποπτύcαι δίκαν   980
         δυcκρίτων ὀνειράτων
         θάρcοc εὐπειθὲc ἵ-
            ζει φρενὸc φίλον θρόνον.
         †χρόνοc δ' ἐπεὶ πρυμνηcίων ξυνεμβόλοιc
         ψαμμίαc ἀκάτα† παρή-   985
            βηcεν εὖθ' ὑπ' Ἴλιον
         ὦρτο ναυβάταc cτρατόc.

         πεύθομαι δ' ἀπ' ὀμμάτων   [ἀντ. α
         νόcτον αὐτόμαρτυc ὤν·

963 πατησμὸν δειμάτων codd.   εὐξ- codd.   965 μηχανωμένηι
Abresch : -νηc codd.   969 cημαίνει Karsten : -ειc codd.   μολόν
H. Voss : -ων codd.   970 ἀπ' Auratus : τ' ἀπ' codd.   972 -cτρω-
φωμένου Victorius : -cτρεφωμένου F, -cτροφωμένου Tr   974 μέλοι
FsscrTr : -ληι F   τοί cοι Tr : cοι F   976 δεῖγμα F   978 ποτᾶτ'
Tr, idem 979 ἄμιcθοc ἀοιδά. μαντιπολεῖ δ' ἀκέλ.   980 -πτύcαc F
982-3 εὐπιθὲc codd.   ἵζει Scaliger : ἵξει F, ἵξει Tr   984-5 δ' ἐπὶ
Tr   ἀκάταc Tr ; si χρόνοc = χρόνοc πολύc (quod valde dubium est),
fort. δ' ἐπεὶ πρυμνηcίων ξὺν ἐμβολαῖc (Casaubon) ψαμμίαιc (Bothe) ἄτα
(Page) παρήβ.   παρήβηc' Tr

τὸν δ' ἄνευ λύρας ὅμως ὑμνῳδεῖ   990
θρῆνον Ἐρινύος αὐτοδίδακτος ἔσωθεν
θυμός, οὐ τὸ πᾶν ἔχων
ἐλπίδος φίλον θράσος.

cπλάγχνα δ' οὔτοι ματάι-   995
    ζει πρὸς ἐνδίκοις φρεσίν,
τελεσφόροις δίναις κυκλούμενον κέαρ·
εὔχομαι δ' ἐξ ἐμᾶς
    ἐλπίδος ψύθη πεσεῖν
ἐς τὸ μὴ τελεσφόρον.   1000

μάλα †γάρ τοι τᾶς πολλᾶς ὑγιείας†   [cτρ. β
ἀκόρεστον τέρμα· νόσος γὰρ
    γείτων ὁμότοιχος ἐρείδει.
καὶ πότμος εὐθυπορῶν   1005
⟨   ⟩
ἀνδρὸς ἔπαισεν ἄφαντον ἔρμα.
καὶ τὸ μὲν πρὸ χρημάτων
κτησίων ὄκνος βαλὼν
cφενδόνας ἀπ' εὐμέτρου,   1010
οὐκ ἔδυ πρόπας δόμος
πλησμονᾶς γέμων ἄγαν,
οὐδ' ἐπόντισε cκάφος.
πολλά τοι δόcις ἐκ Διὸς ἀμφιλα-   1015
    φής τε καὶ ἐξ ἀλόκων ἐπετειᾶν
νῆστιν ὤλεσεν νόσον.

τὸ δ' ἐπὶ γᾶν πεσὸν ἅπαξ θανάσιμον   [ἀντ. β
πρόπαρ ἀνδρὸς μέλαν αἷμα τίς ἂν   1020

990 ὅμως Auratus: ὅπως codd.   991 Ἐρινύος Porson: Ἐρινννὺς
codd.   998 ἐξ ἐμᾶς F: ἀπ' ἐμᾶς τοι Tr   999 ψύθη H. Stephanus:
ψύδη codd.   1001 γάρ τοι FTr^{sscr}: γέ τοι Tr; μάλα γέ τοι τὸ
μεγάλας ὑγ. Paley   1005 post h.v. lacunam statuit Heath, post
1004 Klausen   1012 πλησμονᾶς Schütz: πημονᾶς codd.; παμονᾶς
Housman   1015 ἐκ om. Tr   1016 τε κἀξ F   1019 πεσὸν
Auratus: πεσόνθ' codd.   1020 προπάροιθ' ἀνδρὸς Tr   1020 seq.
τίς τ' ἀγκαλ- Tr

πάλιν ἀγκαλέςαιτ' ἐπαείδων;
οὐδὲ τὸν ὀρθοδαῆ
τῶν φθιμένων ἀνάγειν
Ζεὺς ἀπέπαυςεν ἐπ' ἀβλαβείαι.
εἰ δὲ μὴ τεταγμένα   1025
μοῖρα μοῖραν ἐκ θεῶν
εἶργε μὴ πλέον φέρειν,
προφθάςαςα καρδία
γλῶςςαν ἂν τάδ' ἐξέχει·
νῦν δ' ὑπὸ ςκότωι βρέμει   1030
θυμαλγής τε καὶ οὐδὲν ἐπελπομέ-
        να ποτὲ καίριον ἐκτολυπεύςειν
ζωπυρουμένας φρενός.

Κλ. εἴςω κομίζου καὶ ςύ, Καςςάνδραν λέγω·   1035
εἰπεί ς' ἔθηκε Ζεὺς ἀμηνίτως δόμοις
κοινωνὸν εἶναι χερνίβων, πολλῶν μετὰ
δούλων ςταθεῖςαν κτηςίου βωμοῦ πέλας,
ἔκβαιν' ἀπήνης τῆςδε, μηδ' ὑπερφρόνει·
καὶ παῖδα γάρ τοί φαςιν Ἀλκμήνης ποτὲ   1040
πραθέντα τλῆναι †δουλίας μάζης βία†.
εἰ δ' οὖν ἀνάγκη τῆςδ' ἐπιρρέποι τύχης,
ἀρχαιοπλούτων δεςποτῶν πολλὴ χάρις.
οἳ δ' οὔποτ' ἐλπίςαντες ἤμηςαν καλῶς,
ὠμοί τε δούλοις πάντα καὶ παρὰ ςτάθμην   1045
⟨   ⟩
ἔχεις παρ' ἡμῶν οἷάπερ νομίζεται.

Χο. ςοί τοι λέγουςα παύεται ςαφῆ λόγον·
ἐντὸς δ' ἁλοῦςα μορςίμων ἀγρευμάτων
πείθοι' ἄν, εἰ πείθοι'· ἀπειθοίης δ' ἴςως.

1024 ἀπέπαυςεν Hartung: αὖτ' ἔπαυς' codd.   αὐλαβεία F, ἀβλαβείαι
γε Tr   1030 βλέπει Fᵃᶜ   1031 θυμαλγής τε καὶ οὐδὲν ἐπ om. Tr
1035 Καςάν- codd.   1041 δουλείας μάζης βία F, καὶ ζυγῶν θίγειν
(sic) βίαι Tr; δουλίας μάζης βίον Blomfield   1042 ἐπιρρέπει Tr
1045 παραςτάθμων F   post h.v. lacunam statuit Hartung   1046 ἕξεις
Auratus   1048 ἁλοῦςα C. G. Haupt: ἂν οὖςα codd.

Κλ. ἀλλ' εἴπερ ἐςτὶ μὴ χελιδόνος δίκην   1050
 ἀγνῶτα φωνὴν βάρβαρον κεκτημένη,
 ἔςω φρενῶν λέγουςα πείθω νιν λόγωι.
Χο. ἕπου. τὰ λῶιϲτα τῶν παρεϲτώτων λέγει.
 πείθου λιποῦϲα τόνδ' ἀμαξήρη θρόνον.
Κλ. οὔτοι θυραίαι τῆιδ' ἐμοὶ ϲχολὴ πάρα   1055
 τρίβειν. τὰ μὲν γὰρ ἑϲτίαϲ μεϲομφάλου
 ἕϲτηκεν ἤδη μῆλα †πρὸϲ ϲφαγὰϲ† πυρόϲ,
 ὡϲ οὔποτ' ἐλπίϲαϲι τήνδ' ἕξειν χάριν.
 ϲὺ δ' εἴ τι δράϲειϲ τῶνδε, μὴ ϲχολὴν τίθει,
 εἰ δ' ἀξυνήμων οὖϲα μὴ δέχηι λόγον,   1060
 ϲὺ δ' ἀντὶ φωνῆϲ φράζε καρβάνωι χερί.
Χο. ἑρμηνέωϲ ἔοικεν ἡ ξένη τοροῦ
 δεῖϲθαι· τρόποϲ δὲ θηρὸϲ ὡϲ νεαιρέτου.
Κλ. ἦ μαίνεταί γε καὶ κακῶν κλύει φρενῶν,
 ἥτιϲ λιποῦϲα μὲν πόλιν νεαίρετον   1065
 ἥκει, χαλινὸν δ' οὐκ ἐπίϲταται φέρειν
 πρὶν αἱματηρὸν ἐξαφρίζεϲθαι μένοϲ.
 οὐ μὴν πλέω ῥίψαϲ' ἀτιμαϲθήϲομαι.
Χο. ἐγὼ δ', ἐποικτίρω γάρ, οὐ θυμώϲομαι·
 ἴθ', ὦ τάλαινα, τόνδ' ἐρημώϲαϲ' ὄχον·   1070
 εἴκουϲ' ἀνάγκηι τῆιδε καίνιϲον ζυγόν.

ΚΑΣΣΑΝΔΡΑ

 ὀτοτοτοτοῖ πόποι δᾶ·   [ϲτρ. α
 ὤπολλον ὤπολλον.
Χο. τί ταῦτ' ἀνωτότυξαϲ ἀμφὶ Λοξίου;
 οὐ γὰρ τοιοῦτοϲ ὥϲτε θρηνητοῦ τυχεῖν.   1075

1052 λέγουϲα suspectum   1054 πιθοῦ Blomfield   1055 θυραίαι
Casaubon: -αίαν codd.   τῆιδ' Musgrave: τήνδ' codd.   1056 seq.
fort. πρὸ μὲν γὰρ ἑϲτίαϲ (Bamberger) ... μῆλα, προϲφαγαὶ πυρόϲ; ἑϲτίαι
μεϲομφάλωι C. G. Haupt   1058 ante h.v. lacunam statuit Maas
1064 φρενῶν κλύει F, ordinem corr. ipse   1067 denuo incipit M
1068 μὴ M (corr. Mˢ)   1071 εἴκουϲ' Robortello: ἐκοῦϲ' codd.;
ἑκοῦϲ' ἀνάγκηϲ τῆϲδε Casaubon   1072 et 1076 ὀτοτοτοῖ πομποῖ δᾶ
FTr   1073 et 1077 ἄπολλον ἄπολλον FTr   1074 ἀνωλόλυξαϲ
schol. E. *Phoen.* 1028

Κα. ὀτοτοτοτοῖ πόποι δᾶ·   [ἀντ. α
     ὤπολλον ὤπολλον.

Χο. ἤδ' αὖτε δυcφημοῦcα τὸν θεὸν καλεῖ
     οὐδὲν προcήκοντ' ἐν γόοιc παραcτατεῖν.

Κα. ὤπολλον ὤπολλον,   [cτρ. β
     ἀγυιᾶτ', ἀπόλλων ἐμόc·   1081
     ἀπώλεcαc γὰρ οὐ μόλιc τὸ δεύτερον.

Χο. χρήcειν ἔοικεν ἀμφὶ τῶν αὑτῆc κακῶν·
     μένει τὸ θεῖον δουλίαι περ ἐν φρενί.

Κα. ὤπολλον ὤπολλον,   [ἀντ. β
     ἀγυιᾶτ', ἀπόλλων ἐμόc·   1086
     ἆ, ποῖ ποτ' ἤγαγέc με; πρὸc ποίαν cτέγην;

Χο. πρὸc τὴν Ἀτρειδῶν· εἰ cὺ μὴ τόδ' ἐννοεῖc,
     ἐγὼ λέγω cοι· καὶ τάδ' οὐκ ἐρεῖc ψύθη.

Κα. ἆ ἆ
     μιcόθεον μὲν οὖν, πολλὰ cυνίcτορα   [cτρ. γ
     αὐτοφόνα κακὰ †καρτάναι†   1091
     ἀνδροcφαγεῖον καὶ πέδον ῥαντήριον.

Χο. ἔοικεν εὔριc ἡ ξένη κυνὸc δίκην
     εἶναι, ματεύει δ' ὧν ἀνευρήcει φόνον.

Κα. μαρτυρίοιcι γὰρ τοῖcδ' ἐπιπείθομαι   [ἀντ. γ
     κλαιόμενα τάδε βρέφη cφαγὰc   1096
     ὀπτάc τε cάρκαc πρὸc πατρὸc βεβρωμέναc.

1078 ἤδ' FTr: ἡ δ' M   1080 et 1085 ἄπολλον ἄπολλον codd.
1084 περ ἐν Schütz: παρ' ἐν M, παρὲν F, παρὸν Tr   1088 εἰ cὺ· τὸ,
μὴ δ' ἐννοεῖc F, εἰ. τό περ μὴ δ' ἐννοεῖc Tr   1089 κᾶτα δ' οὐκ FTr
ψύθη Tr   1090 ἆ ἆ om. FTr   ξυνίcτ- M   1091 καρτάναι M,
κάρτάναι F, κάρτάναc Tr; κρεατόμα Weil   1092 ἀνδροcφαγεῖον
Casaubon (-γιον): ἀνδρὸc cφάγιον codd.   πέδον ῥαντ- MˢFTr: πεδορ-
ραντ- M   1093 εὔριc FTr, εὔριc Mᵖᶜ, εὔροc* Mᵃᶜ   1094 μαντεύει
M   ἀνευρήcει Porson: ἂν εὑρήcῃ M, ἐφευρήcει FTr   1095 denuo
incipit cod. G   μαρτυρίοιc codd.   μὲν γὰρ FGTr   τοῖcδ' ἐπιπείθ-
Abresch: τοῖcδε πεπείθ- codd.   1096 τάδε M: τὰ FGTr

Χο. ἦ μὴν κλέος coυ μαντικὸν πεπυcμένοι
ἦμεν, προφήταc δ' οὔτιναc ματεύομεν.

Κα. ἰὼ πόποι, τί ποτε μήδεται;   [cτρ. δ
τί τόδε νέον ἄχοc; μέγα,   1101
μέγ' ἐν δόμοιcι τοῖcδε μήδεται κακόν,
ἄφερτον φίλοιcιν, δυcίατον· ἀλκὰ δ'
ἑκὰc ἀποcτατεῖ.

Χο. τούτων ἄιδρίc εἰμι τῶν μαντευμάτων,   1105
ἐκεῖνα δ' ἔγνων· πᾶcα γὰρ πόλιc βοᾶι.

Κα. ἰὼ τάλαινα, τόδε γὰρ τελεῖc;   [ἀντ. δ
τὸν ὁμοδέμνιον πόcιν
λουτροῖcι φαιδρύναcα, πῶc φράcω τέλοc;
τάχοc γὰρ τόδ' ἔcται· προτείνει δὲ χεὶρ' ἐκ   1110
χερὸc ὀρεγομένα.

Χο. οὔπω ξυνῆκα· νῦν γὰρ ἐξ αἰνιγμάτων
ἐπαργέμοιcι θεcφάτοιc ἀμηχανῶ.

Κα. ἒ ἒ παπαῖ παπαῖ, τί τόδε φαίνεται;   [cτρ. ε
ἦ δίκτυόν τί γ' Ἅιδου·   1115
ἀλλ' ἄρκυc ἡ ξύνευνοc, ἡ ξυναιτία
φόνου· cτάcιc δ' ἀκόρετοc γένει
κατολολυξάτω θύματοc λευcίμου.

Χο. ποίαν Ἐρινὺν τήνδε δώμαcιν κέληι
ἐπορθιάζειν; οὔ με φαιδρύνει λόγοc.   1120
ἐπὶ δὲ καρδίαν ἔδραμε κροκοβαφὴc
cταγών, ἅτε καὶ δορὶ πτωcίμοιc
ξυνανύτει βίου δύντοc αὐγαῖc.
ταχεῖα δ' ἄτα πέλει.

1098 ἦ μὴν: ἦμην M, ἦμεν M^sscrFGTr; τὸ μὲν Headlam   1099 μα-
τεύομεν Schütz: μαcτεύομεν codd.   1101˙ἄχοc M^sFGTr: ἄχθοc M
1103 ἀλκὰν FG   1106 βοᾶι πόλιc FGTr   1110 seq. δὲ: γὰρ G
χεὶρ' M^pc: χεὶρ M^acFGTr   ὀρεγμένα FGTr; χεὶρ ἐκ χερὸc ὀρέγματα
Hermann   1113 ἐπ' ἀργ- FGTr   ἀμνημονῶ G   1115 ἦ M: ἢ
FGTr   γ' suspectum   Ἅιδου codd.   1117 ἀκόρετοc Bothe: -εcτοc
codd.   1122 δορὶ πτωcίμοιc Casaubon: δορία πτώcιμοc M, δωρία
πτώcιμοc FGTr (hic καὶ ὸm.)

177

Κα.   ἃ ἃ ἰδοὺ ἰδού, ἄπεχε τῆς βοός   [ἀντ. ε
      τὸν ταῦρον· ἐν πέπλοισιν   1126
      μελαγκέρωι λαβοῦσα μηχανήματι
      τύπτει· πίτνει δ᾽ ⟨ἐν⟩ ἐνύδρωι τεύχει.
      δολοφόνου λέβητος τύχαν σοι λέγω.

Χο.   οὐ κομπάσαιμ᾽ ἂν θεσφάτων γνώμων ἄκρος   1130
      εἶναι, κακῶι δέ τωι προσεικάζω τάδε.
      ἀπὸ δὲ θεσφάτων τίς ἀγαθὰ φάτις
      βροτοῖς στέλλεται; κακῶν γὰρ διαὶ
      πολυεπεῖς τέχναι θεσπιωιδῶν
      φόβον φέρουσιν μαθεῖν.   1135

Κα.   ἰὼ ἰὼ ταλαίνας κακόποτμοι τύχαι·   [στρ. ζ
      τὸ γὰρ ἐμὸν θροῶ πάθος ἐπεγχέαι.
      ποῖ δή με δεῦρο τὴν τάλαιναν ἤγαγες
      οὐδέν ποτ᾽ εἰ μὴ ξυνθανουμένην; τί γάρ;

Χο.   φρενομανής τις εἶ θεοφόρητος, ἀμ-   1140
      φὶ δ᾽ αὑτᾶς θροεῖς
      νόμον ἄνομον οἷά τις ξουθὰ
      ἀκόρετος βοᾶς, φεῦ, ταλαίναις φρεσὶν
      Ἴτυν Ἴτυν στένους᾽ ἀμφιθαλῆ κακοῖς
      ἀηδὼν μόρον.   1145

Κα.   ἰὼ ἰὼ λιγείας βίος ἀηδόνος·   [ἀντ. ζ
      περέβαλον γάρ οἱ πτεροφόρον δέμας
      θεοὶ γλυκύν τ᾽ αἰῶνα κλαυμάτων ἄτερ·

1125 τῆς βοῆς Tr   127 -κέρωι M^{pc}: -κερων M^{ac}M^{sscr}FGTr
λαβοῦσα M^{Σ} 1128 ἐν suppl. Schütz   1133 τέλλεται Emperius
διαὶ Hermann: διὰ M, δὴ αἱ FGTr   1134 θεσπιωιδῶν Casaubon:
-δὸν codd.   1137 ἐπεγχέαι anon.: ἐπεγχέασα M, ἐπαγχέασα FGTr;
ἐπεγχύδαν Headland   1139 οὐδέν ποτ᾽ M: οὐδέποτ᾽ FG, οὐ δή ποτ᾽
Tr   1142 ἄνομον γ᾽ Tr   1143 ἀκόρετος Aldina: -εστος codd.
βοᾶς FG: βοαῖς M, βορᾶς Tr   φεῦ om. FGTr   ταλαίναις ut vid. M
(-νᾶς M^{s}): φιλοίκτοις ταλαίναις FG, φιλοίκτοισι Tr   φιλοίκτοις, deleto
ταλ., Dobree   1145 μόρον Page: βίον codd.   1146 βίος ἀηδόνος
Page: ἀηδόνος μόρον codd.   1147 περέβαλον Hermann (περίβ-):
περεβάλοντο M, περιβαλόντες FGTr   1148 αἰῶνα M^{syp}: ἀγῶνα codd.

ἐμοὶ δὲ μίμνει cχιcμὸc ἀμφήκει δορί.

Χο. πόθεν ἐπιccύτουc θεοφόρουc τ' ἔχειc   1150
      ματαίουc δύαc,
    τὰ δ' ἐπίφοβα δυcφάτωι κλαγγᾶι
    μελοτυπεῖc ὁμοῦ τ' ὀρθίοιc ἐν νόμοιc;
    πόθεν ὅρουc ἔχειc θεcπεcίαc ὁδοῦ
    κακορρήμοναc;   1155

Κα. ἰὼ γάμοι γάμοι Πάριδοc ὀλέθριοι φίλων·   [cτρ. η
    ἰὼ Cκαμάνδρου πάτριον ποτόν·
    τότε μὲν ἀμφὶ cὰc ἀιόναc τάλαιν'
      ἠνυτόμαν τροφαῖc·
    νῦν δ' ἀμφὶ Κωκυτόν τε κἈχερουcίουc   1160
    ὄχθουc ἔοικα θεcπιωιδήcειν τάχα.
Χο. τί τόδε τορὸν ἄγαν ἔποc ἐφημίcω;
    νεογνὸc ἂν ἀίων μάθοι·
      πέπληγμαι δ' ὑπαὶ δήγματι φοινίωι
    δυcαλγεῖ τύχαι μινυρὰ θρεομέναc,   1165
    θραύματ' ἐμοὶ κλύειν.

Κα. ἰὼ πόνοι πόνοι πόλεοc ὀλομέναc τὸ πᾶν,   [ἀντ. η
    ἰὼ πρόπυργοι θυcίαι πατρὸc
    πολυκανεῖc βοτῶν ποιονόμων· ἄκοc δ'
      οὐδὲν ἐπήρκεcαν   1170
    τὸ μὴ πόλιν μὲν ὥcπερ οὖν ἐχρῆν παθεῖν,
    ἐγὼ δὲ †θερμόνουc τάχ' ἐμπέδωι βαλῶ†.
Χο. ἑπόμενα προτέροιcι τάδ' ἐφημίcω,

1150 τ' del. Hermann   1152 ἐπίφοβα: ἐπὶ φόβωι Mˢ et sscr.
rell.   1153 μολοτυπεῖc FˢˢᶜʳTrᵃᶜ et ut vid. Gᵖᶜ   1154 ἔχη
FᵖᶜG   1157 τόπον G   1159 post h.v. iterum deficit M
1163 ἂν ἀίων Karsten: ἀνθρώπων codd.   1164 πέπλημαι Tr   ὑπαὶ
Tr: ὑπὸ FG   1165 δυcαλγεῖ Canter: δυcαγγεῖ codd.   μινυρὰ
Schütz: μινυρὰ κακὰ codd.   1166 θαύματ' Tr   1167 πόλεωc
FG   ὀλομέναc Casaubon: ὀλωμ- FG, ὀλουμ- Tr   1171 τὸ μὴ οὐ
Hermann   ἐχρῆν Maas: ἔχειν FG, ἔχει Tr   1172 desperatus
1173 προτέροιc codd.; -ροιc τάδ' ἐπεφημίcω Paley

καί τίς σε κακοφρονῶν τίθη-
    σι δαίμων ὑπερβαρὴς ἐμπίτνων   1175
μελίζειν πάθη γοερὰ θανατοφόρα·
τέρμα δ' ἀμηχανῶ.

Κα. καὶ μὴν ὁ χρησμὸς οὐκέτ' ἐκ καλυμμάτων
ἔσται δεδορκὼς νεογάμου νύμφης δίκην,
λαμπρὸς δ' ἔοικεν ἡλίου πρὸς ἀντολὰς   1180
πνέων ἐφήξειν, ὥστε κύματος δίκην
κλύζειν πρὸς αὐγὰς τοῦδε πήματος πολὺ
μεῖζον. φρενώσω δ' οὐκέτ' ἐξ αἰνιγμάτων·
καὶ μαρτυρεῖτε συνδρόμως ἴχνος κακῶν
ῥινηλατούσηι τῶν πάλαι πεπραγμένων.   1185
τὴν γὰρ στέγην τήνδ' οὔποτ' ἐκλείπει χορὸς
ξύμφθογγος οὐκ εὔφωνος· οὐ γὰρ εὖ λέγει.
καὶ μὴν πεπωκώς γ', ὡς θρασύνεσθαι πλέον,
βρότειον αἷμα κῶμος ἐν δόμοις μένει,
δύσπεμπτος ἔξω, συγγόνων Ἐρινύων·   1190
ὑμνοῦσι δ' ὕμνον δώμασιν προσήμεναι
πρώταρχον ἄτην, ἐν μέρει δ' ἀπέπτυσαν
εὐνὰς ἀδελφοῦ τῶι πατοῦντι δυσμενεῖς.
ἥμαρτον, ἢ θηρῶ τι τοξότης τις ὥς;
ἢ ψευδόμαντίς εἰμι θυροκόπος φλέδων;   1195
ἐκμαρτύρησον προυμόσας τό μ' εἰδέναι
λόγωι παλαιὰς τῶνδ' ἁμαρτίας δόμων.

Χο. καὶ πῶς ἂν ὅρκου πῆγμα γενναίως παγὲν
παιώνιον γένοιτο; θαυμάζω δέ σου,
πόντου πέραν τραφεῖσαν ἀλλόθρουν πόλιν   1200
κυρεῖν λέγουσαν ὥσπερ εἰ παρεστάτεις.

Κα. μάντις μ' Ἀπόλλων τῶιδ' ἐπέστησεν τέλει.

1174 καὶ τίς σε FG: τίς σε καὶ Tr   -φρονῶν Schütz: -φρονεῖν codd.
1175 δαίμων ποιεῖ ὑπερβαρὺς Tr (om. τίθησι)   1176 θανατη-
φόρα Tr   1179 νύμφας F   1181 ἐφήξειν Page: ἐς ἥξειν codd.
1182 κλύζειν Auratus: κλύειν codd.   1187 ξύμφογγος G, σύμφογγος F
1192 πρώταρχος FG   1194 θηρῶ Canter: τηρῶ codd.; κυρῶ Ahrens
1196 καὶ μαρτ- Tr   1198 ὅρκου πῆγμα Auratus: ὅρκος πῆμα codd.

Χο. μῶν καὶ θεός περ ἱμέρωι πεπληγμένος;   [1204]
Κα. πρὸ τοῦ μὲν αἰδὼς ἦν ἐμοὶ λέγειν τάδε.   [1203]
Χο. ἁβρύνεται γὰρ πᾶς τις εὖ πράccων πλέον.   1205
Κα. ἀλλ᾽ ἦν παλαιcτὴc κάρτ᾽ ἐμοὶ πνέων χάριν.
Χο. ἦ καὶ τέκνων εἰc ἔργον ἠλθέτην ὁμοῦ;
Κα. ξυναινέcαcα Λοξίαν ἐψευcάμην.
Χο. ἤδη τέχναιcιν ἐνθέοιc ἡιρημένη;
Κα. ἤδη πολίταιc πάντ᾽ ἐθέcπιζον πάθη.   1210
Χο. πῶc δῆτ᾽ ἄνατοc ἦcθα Λοξίου κότωι;
Κα. ἔπειθον οὐδέν᾽ οὐδέν, ὡc τάδ᾽ ἤμπλακον.
Χο. ἡμῖν γε μὲν δὴ πιcτὰ θεcπίζειν δοκεῖc.
Κα. ἰοὺ ἰού, ὢ ὢ κακά·
       ὑπ᾽ αὖ με δεινὸc ὀρθομαντείαc πόνοc   1215
       cτροβεῖ ταράccων φροιμίοιc ⟨δυcφροιμίοιc⟩.
       ὁρᾶτε τούcδε τοὺc δόμοιc ἐφημένουc
       νέουc ὀνείρων προcφερεῖc μορφώμαcιν·
       παῖδεc θανόντεc ὡcπερεὶ πρὸc τῶν φίλων,
       χεῖραc κρεῶν πλήθοντεc, οἰκείαc βορᾶc,   1220
       cὺν ἐντέροιc τε cπλάγχν᾽, ἐποίκτιcτον γέμοc,
       πρέπουc᾽ ἔχοντεc, ὧν πατὴρ ἐγεύcατο.
       ἐκ τῶνδε ποινάc φημι βουλεύειν τινὰ
       λέοντ᾽ ἄναλκιν ἐν λέχει cτρωφώμενον
       οἰκουρόν, οἴμοι, τῶι μολόντι δεcπότηι   1225
       ἐμῶι· φέρειν γὰρ χρὴ τὸ δούλιον ζυγόν.
       νεῶν δ᾽ ἄπαρχοc Ἰλίου τ᾽ ἀναcτάτηc
       οὐκ οἶδεν οἷα γλῶccα μιcητῆc κυνόc,
       λέξαcα κἀκτείναcα φαιδρόνουc δίκην,
       ἄτηc λαθραίου τεύξεται κακῆι τύχηι.   1230
       τοιαῦτα τολμᾶι· θῆλυc ἄρcενοc φονεὺc

1203–4 ordinem versuum restituit Hermann   1205 βαρύνεται
Tr   1207 ἠλθέτην Elmsley: -τον codd.   ὁμοῦ Butler: νόμωι codd.
1211 ἄνατοc Canter: ἄνακτοc codd.   1212 οὐδὲν οὐδὲν codd.
1216 δυcφροιμίοιc suppl. Hermann: ἐφημένουc codd. (-νοιc Tr^sscr) ex 1217
1219 πρόc: πρὸ G   1225 οἴμοι: ὠμὸν Blaydes   1226 eiecit A.
Ludwig   δούλειον Tr   ζυγωι F^ac   1227 νεῶν δ᾽ G. Voss: νεῶν τ᾽
codd.   1228–30 lectio et interpretatio incerta   εὖ οἶδεν Tr   κἀκ-
τείναcα Canter: καὶ κτείναcα codd.   1231 τοιαῦτα Tr: τοιάδε FG

ἔcτιν· τί νιν καλοῦcα δυcφιλὲc δάκοc
τύχοιμ' ἄν; ἀμφίcβαιναν ἢ Cκύλλαν τινὰ
οἰκοῦcαν ἐν πέτραιcι, ναυτίλων βλάβην,
θύουcαν Ἅιδου μητέρ' ἄcπονδόν τ' Ἄρη   1235
φίλοιc πνέουcαν; ὡc δ' ἐπωλολύξατο
ἡ παντότολμοc, ὥcπερ ἐν μάχηc τροπῆι·
δοκεῖ δὲ χαίρειν νοcτίμωι cωτηρίαι.
καὶ τῶνδ' ὅμοιον εἴ τι μὴ πείθω· τί γάρ;
τὸ μέλλον ἥξει, καὶ cύ μ' ἐν τάχει παρὼν   1240
ἄγαν γ' ἀληθόμαντιν οἰκτίραc ἐρεῖc.

Χο.   τὴν μὲν Θυέcτου δαῖτα παιδείων κρεῶν
ξυνῆκα καὶ πέφρικα, καὶ φόβοc μ' ἔχει
κλύοντ' ἀληθῶc οὐδὲν ἐξηικαcμένα·
τὰ δ' ἄλλ' ἀκούcαc ἐκ δρόμου πεcὼν τρέχω.   1245

Κα.   Ἀγαμέμνονόc cέ φημ' ἐπόψεcθαι μόρον.

Χο.   εὔφημον, ὦ τάλαινα, κοίμηcον cτόμα.

Κα.   ἀλλ' οὔτι παιὼν τῶιδ' ἐπιcτατεῖ λόγωι.

Χο.   οὔκ, εἴπερ ἔcται γ'· ἀλλὰ μὴ γένοιτό πωc.

Κα.   cὺ μὲν κατεύχηι, τοῖc δ' ἀποκτείνειν μέλει.   1250

Χο.   τίνοc πρὸc ἀνδρὸc τοῦτ' ἄχοc πορcύνεται;

Κα.   ἦ κάρτα ⟨μακ⟩ρὰν παρεκόπηc χρηcμῶν ἐμῶν.

Χο.   τοῦ γὰρ τελοῦντοc οὐ ξυνῆκα μηχανήν.

Κα.   καὶ μὴν ἄγαν γ' Ἕλλην' ἐπίcταμαι φάτιν.

Χο.   καὶ γὰρ τὰ πυθόκραντα, δυcμαθῆ δ' ὅμωc.   1255

Κα.   παπαῖ· οἷον τὸ πῦρ ἐπέρχεται δέ μοι.
ὀτοτοῖ Λύκει' Ἄπολλον, οἲ ἐγὼ ἐγώ.
αὕτη δίπουc λέαινα cυγκοιμωμένη
λύκωι, λέοντοc εὐγενοῦc ἀπουcίαι,
κτενεῖ με τὴν τάλαιναν· ὡc δὲ φάρμακον   1260
τεύχουcα κἀμοῦ μιcθὸν ἐνθήcει κότωι·

1232 -φιλεὺc F   1235 Ἄρη Franz: ἀρὰν codd.   1240 μ' ἐν
Auratus: μὴν codd.   1242 παιδίων codd.   1244 ἐξεικ-
Tr   1247 κοίμιcον Tr   1249 εἴπερ ἔcται Schütz: εἰ παρέcται
codd.   1252 κάρτα μακρὰν Fraenkel (μακρὰν post παρεκ. iam Eitrem):
κάρτ' ἄρ' ἂν codd.   παρεκόπηc Hartung: παρεcκόπειc FG, παρεcκόπηc
FsscrGsscrTr   1255 δυcπαθῆ FG   1258 δίπουc Victorius: διπλοῦc
codd.   1261 μιcθὸν, sscr. μνείαν, F   ἐνθήcειν Tr   ποτῶι Auratus

ἐπεύχεται, θήγουςα φωτὶ φάςγανον,
ἐμῆς ἀγωγῆς ἀντιτείςεςθαι φόνον.
τί δῆτ᾽ ἐμαυτῆς καταγέλωτ᾽ ἔχω τάδε
καὶ ςκῆπτρα καὶ μαντεῖα περὶ δέρηι ςτέφη;   1265
ςὲ μὲν πρὸ μοίρας τῆς ἐμῆς διαφθερῶ·
ἴτ᾽ ἐς φθόρον· πεςόντα γ᾽ ὧδ᾽ ἀμείψομαι·
ἄλλην τιν᾽ ἄτης ἀντ᾽ ἐμοῦ πλουτίζετε.
ἰδοὺ δ᾽, Ἀπόλλων αὐτὸς ἐκδύων ἐμὲ
χρηςτηρίαν ἐςθῆτ᾽, ἐποπτεύςας δέ με   1270
κἂν τοῖςδε κόςμοις καταγελωμένην †μέτα†
φίλων ὑπ᾽ ἐχθρῶν οὐ διχορρόπως †μάτην†·
καλουμένη δὲ φοιτὰς ὡς ἀγύρτρια
πτωχὸς τάλαινα λιμοθνὴς ἠνεςχόμην·
καὶ νῦν ὁ μάντις μάντιν ἐκπράξας ἐμὲ   1275
ἀπήγαγ᾽ ἐς τοιάςδε θαναςίμους τύχας.
βωμοῦ πατρώιου δ᾽ ἀντ᾽ ἐπίξηνον μένει,
θερμῶι κοπείςης φοίνιον προςφάγματι.
οὐ μὴν ἄτιμοί γ᾽ ἐκ θεῶν τεθνήξομεν·
ἥξει γὰρ ἡμῶν ἄλλος αὖ τιμάορος,   1280
μητροκτόνον φίτυμα, ποινάτωρ πατρός·
φυγὰς δ᾽ ἀλήτης τῆςδε γῆς ἀπόξενος
κάτειςιν ἄτας τάςδε θριγκώςων φίλοις.
ὀμώμοται γὰρ ὅρκος ἐκ θεῶν μέγας,   [1291]
ἄξειν νιν ὑπτίαςμα κειμένου πατρός.   1285
τί δῆτ᾽ ἐγὼ κάτοικτος ὧδ᾽ ἀναςτένω;
ἐπεὶ τὸ πρῶτον εἶδον Ἰλίου πόλιν
πράξαςαν ὡς ἔπραξεν, οἳ δ᾽ εἷλον πόλιν
οὕτως ἀπαλλάςςουςιν ἐν θεῶν κρίςει,

1263 -τείςεςθαι Blomfield: -τίςαςθαι codd.   1267 πεςόντα γ᾽ ὧδ᾽
Iacob: πεςόντ᾽ ἀγαθῶ δ᾽ codd.   ἀμείβομαι F^{ac}   1268 ἄτης Stan-
ley: ἄτην codd.; ἄταις Schütz   1270 ἐπώπτ- Tr   1271 μέτα:
fort. ἐᾶι (μ᾽ ἐᾶι Heusde); μέγα Hermann   1272 ἐχθρῶν τ᾽ Rauchen-
stein   μάτην graviter corruptum   1277 ἀντεπίξ- codd.
1278 φοίνιον C. G. Haupt: -ίωι codd.   1279 ἄτιμον F^{ac}G
1284 huc traiecit Hermann; post 1290 habent codd.   1285 ἄξειν
F: ἄξει GTr   1286 κάτοικτος Scaliger: -οικος codd.   1288 εἷλον
Musgrave: εἶχον codd.   1289 ἐν GTr: ἐκ F

ἰοῦς᾽ ἀπάρξω, τλήσομαι τὸ **κατθανεῖν**.   [1289]   1290
Ἅιδου πύλας δὲ τάςδ᾽ ἐγὼ προςεννέπω·   [1291]
ἐπεύχομαι δὲ καιρίας πληγῆς τυχεῖν,
ὡς ἀςφάδαιςτος αἱμάτων εὐθνηςίμων
ἀπορρυέντων ὄμμα ςυμβάλω τόδε.

Χο.   ὦ πολλὰ μὲν τάλαινα, πολλὰ δ᾽ αὖ ςοφὴ   1295
γύναι, μακρὰν ἔτεινας. εἰ δ᾽ ἐτητύμως
μόρον τὸν αὑτῆς οἶςθα, πῶς θεηλάτου
βοὸς δίκην πρὸς βωμὸν εὐτόλμως πατεῖς;

Κα.   οὐκ ἔςτ᾽ ἄλυξις, οὔ, ξένοι, χρόνον πλέω.

Χο.   ὁ δ᾽ ὕςτατός γε τοῦ χρόνου πρεςβεύεται.   1300

Κα.   ἥκει τόδ᾽ ἦμαρ. ςμικρὰ κερδανῶ φυγῆι.

Χο.   ἀλλ᾽ ἴςθι τλήμων οὖς᾽ ἀπ᾽ εὐτόλμου φρενός.

Κα.   οὐδεὶς ἀκούει ταῦτα τῶν εὐδαιμόνων.

Χο.   ἀλλ᾽ εὐκλεῶς τοι κατθανεῖν χάρις βροτῶι.

Κα.   ἰὼ πάτερ ςοῦ ςῶν τε γενναίων τέκνων.   1305

Χο.   τί δ᾽ ἐςτὶ χρῆμα; τίς ς᾽ ἀποςτρέφει φόβος;

Κα.   φεῦ φεῦ.

Χο.   τί τοῦτ᾽ ἔφευξας, εἴ τι μὴ φρενῶν ςτύγος;

Κα.   φόνον δόμοι πνέουςιν αἱματοςταγῆ.

Χο.   καὶ πῶς; τόδ᾽ ὄζει θυμάτων ἐφεςτίων.   1310

Κα.   ὅμοιος ἀτμὸς ὥςπερ ἐκ τάφου πρέπει.

Χο.   οὐ Cύριον ἀγλάιςμα δώμαςιν λέγεις.

Κα.   ἀλλ᾽ εἶμι κἀν δόμοιςι κωκύςους᾽ ἐμὴν
Ἀγαμέμνονός τε μοῖραν· ἀρκείτω βίος.
ἰὼ ξένοι·   1315
οὔτοι δυςοίζω θάμνον ὡς ὄρνις φόβωι,
ἀλλ᾽ ὡς θανούςηι μαρτυρῆτέ μοι τόδε,
ὅταν γυνὴ γυναικὸς ἀντ᾽ ἐμοῦ θάνηι
ἀνήρ τε δυςδάμαρτος ἀντ᾽ ἀνδρὸς πέςηι·
ἐπιξενοῦμαι ταῦτα δ᾽ ὡς θανουμένη.   1320

1290 ἰοῦς᾽ ἀπάρξω Page: ἰοῦςα πράξω codd.   1291 τάςδ᾽ ἐγὼ
Auratus: τὰς λέγω codd.   1295 δὲ ςοφὴ FG   1296 ἔκτεινας
G   1299 χρόνον πλέω Hermann: χρόνωι πλέω codd. (πλέωι Tr)
1305 ςῶν Auratus: τῶν codd.   1309 φόνον Tr^sscr: φόβον FGTr
1317 μαρτυρῆτέ Orelli: -εῖτέ codd.

Χο. ὦ τλῆμον, οἰκτίρω σε θεσφάτου μόρου.

Κα. ἅπαξ ἔτ᾽ εἰπεῖν ῥῆσιν ἢ θρῆνον θέλω
     ἐμὸν τὸν αὐτῆς, ἡλίου δ᾽ ἐπεύχομαι
     πρὸς ὕστατον φῶς †τοῖς ἐμοῖς τιμαόροις
     ἐχθροῖς φονεῦσι τοῖς ἐμοῖς τίνειν ὁμοῦ†   1325
     δούλης θανούσης, εὐμαροῦς χειρώματος.
     ἰὼ βρότεια πράγματ᾽· εὐτυχοῦντα μὲν
     σκιᾶι τις ἂν πρέψειεν, εἰ δὲ δυστυχῆι,
     βολαῖς ὑγρώσσων σπόγγος ὤλεσεν γραφήν.
     καὶ ταῦτ᾽ ἐκείνων μᾶλλον οἰκτίρω πολύ.   1330

Χο. τὸ μὲν εὖ πράσσειν ἀκόρεστον ἔφυ
     πᾶσι βροτοῖσιν· δακτυλοδείκτων δ᾽
     οὔτις ἀπειπὼν εἴργει μελάθρων,
     "μηκέτ᾽ ἐσέλθηις τάδε" φωνῶν.
     καὶ τῶιδε πόλιν μὲν ἑλεῖν ἔδοσαν   1335
     μάκαρες Πριάμου,
     θεοτίμητος δ᾽ οἴκαδ᾽ ἱκάνει·
     νῦν δ᾽ εἰ προτέρων αἷμ᾽ ἀποτείσηι
     καὶ τοῖσι θανοῦσι θανὼν ἄλλων
     ποινὰς θανάτων ἐπικράνηι,   1340
     τίς ἂν ἐξεύξαιτο βροτῶν ἀσινεῖ
     δαίμονι φῦναι τάδ᾽ ἀκούων;

Αγ. ὤμοι πέπληγμαι καιρίαν πληγὴν ἔσω.
Χο. σῖγα· τίς πληγὴν ἀυτεῖ καιρίως οὐτασμένος;
Αγ. ὤμοι μάλ᾽ αὖθις δευτέραν πεπληγμένος.   1345
Χο. τοὔργον εἰργάσθαι δοκεῖ μοι βασιλέως οἰμώγμασιν·

1323 ἡλίου Iacob: -ίωι codd.   1324 seq. e.g. δεσπότου (M. Schmidt) τιμαόροις/ἐχθροὺς (I. Pearson) φόνευσιν (Bothe) τὴν ἐμὴν (Heller) τίνειν ὁμοῦ   1328 σκιᾶι Wieseler: σκιά codd.   ἂν πρέψειεν Boissonade: ἀντρέψειεν codd.   δυστυχῆ codd.   1331 πράττειν codd.   1332 -δεικτῶν codd.   1334 μηκέτ᾽ ἐσέλθηις Hermann: μηκέτι δ᾽ εἰσέλθηις codd.   1338 ἀποτείσηι Sidgwick: -τίσει codd.   1340 ἐπικράνηι Sidgwick: ἐπικρανεῖ FG, ἄγαν ἐπικρανεῖ Tr   1341 ἐξεύξ- Schneidewin: εὔξ- codd.

ἀλλὰ κοινωσώμεθ' ἥν πως ἀσφαλῆ βουλεύματ' ἦι.
— ἐγὼ μὲν ὑμῖν τὴν ἐμὴν γνώμην λέγω,
   πρὸς δῶμα δεῦρ' ἀστοῖσι κηρύσσειν βοήν.
— ἐμοὶ δ' ὅπως τάχιστά γ' ἐμπεσεῖν δοκεῖ   1350
   καὶ πρᾶγμ' ἐλέγχειν cὺν νεορρύτωι ξίφει.
— κἀγὼ τοιούτου γνώματος κοινωνὸς ὢν
   ψηφίζομαι τὸ δρᾶν τι· μὴ μέλλειν δ' ἀκμή.
— ὁρᾶν πάρεστι· φροιμιάζονται γὰρ ὡς
   τυραννίδος cημεῖα πράccοντες πόλει.   1355
— χρονίζομεν γάρ, οἱ δὲ τῆς μελλοῦς κλέος
   πέδοι πατοῦντες οὐ καθεύδουσιν χερί.
— οὐκ οἶδα βουλῆς ἧςτινος τυχὼν λέγω·
   τοῦ δρῶντός ἐστι καὶ τὸ βουλεῦσαι †πέρι†.
— κἀγὼ τοιοῦτός εἰμ', ἐπεὶ δυσμηχανῶ   1360
   λόγοισι τὸν θανόντ' ἀνιστάναι πάλιν.
— ἦ καὶ βίον τείνοντες ὧδ' ὑπείξομεν
   δόμων καταισχυντῆρσι τοῖσδ' ἡγουμένοις;
— ἀλλ' οὐκ ἀνεκτόν, ἀλλὰ κατθανεῖν κρατεῖ·
   πεπαιτέρα γὰρ μοῖρα τῆς τυραννίδος.   1365
— ἦ γὰρ τεκμηρίοισιν ἐξ οἰμωγμάτων
   μαντευσόμεσθα τἀνδρὸς ὡς ὀλωλότος;
— cάφ' εἰδότας χρὴ τῶνδε μυθεῖσθαι πέρι,
   τὸ γὰρ τοπάζειν τοῦ cάφ' εἰδέναι δίχα.
— ταύτην ἐπαινεῖν πάντοθεν πληθύνομαι,   1370
   τρανῶς Ἀτρείδην εἰδέναι κυροῦνθ' ὅπως.
Κλ.   πολλῶν πάροιθεν καιρίως εἰρημένων
      τἀναντί' εἰπεῖν οὐκ ἐπαισχυνθήσομαι·
      πῶς γάρ τις ἐχθροῖς ἐχθρὰ πορcύνων, φίλοις
      δοκοῦσιν εἶναι, πημονῆς ἀρκύστατ' ἂν   1375

1347 ἤν Paley : ἂν codd.   βουλεύματ' ἦι Enger: -ματα codd.   1348 ἡμῖν
Fᵃᶜ   1353 τὸ δρᾶν τι Musgrave : τι δρᾶν· τὸ codd.   1356 (ὧδε)
τῆς μελλοῦς Trypho π. τρόπ. Rhet. Gr. 8. 741. 9 Walz : τῆς μελλούcης FG,
μελλούcης Tr   κλέος codd. : χάριν Trypho   1357 πέδοι Hermann :
πέδον codd.   1359 πέρι : πάρος Auratus   1362 τείνοντες
Canter : κτείν- codd.   1364 κράτει codd.   1367 -μεθα F
1368 μυθεῖσθαι I. G. Schneider : μυθοῦσθαι codd.   1375 πημονῆς
Auratus : -νὴν codd.   ἀρκύστατ' ἂν Elmsley : ἀρκύστατον codd.

φάρξειεν ὕψος κρεῖσσον ἐκπηδήματος;
ἐμοὶ δ' ἀγὼν ὅδ' οὐκ ἀφρόντιστος πάλαι
νείκης παλαιᾶς ἦλθε, σὺν χρόνωι γε μήν·
ἔστηκα δ' ἔνθ' ἔπαισ' ἐπ' ἐξειργασμένοις.
οὕτω δ' ἔπραξα, καὶ τάδ' οὐκ ἀρνήσομαι,   1380
ὡς μήτε φεύγειν μήτ' ἀμύνεσθαι μόρον·
ἄπειρον ἀμφίβληστρον, ὥσπερ ἰχθύων,
περιστιχίζω, πλοῦτον εἵματος κακόν·
παίω δέ νιν δίς, κἀν δυοῖν οἰμώγμασιν
μεθῆκεν αὐτοῦ κῶλα, καὶ πεπτωκότι   1385
τρίτην ἐπενδίδωμι, τοῦ κατὰ χθονὸς
Διὸς νεκρῶν σωτῆρος εὐκταίαν χάριν.
οὕτω τὸν αὑτοῦ θυμὸν ὁρμαίνει πεσὼν
κἀκφυσιῶν ὀξεῖαν αἵματος σφαγὴν
βάλλει μ' ἐρεμνῆι ψακάδι φοινίας δρόσου,   1390
χαίρουσαν οὐδὲν ἧσσον ἢ διοσδότωι
γάνει σπορητὸς κάλυκος ἐν λοχεύμασιν.
ὡς ὧδ' ἐχόντων, πρέσβος Ἀργείων τόδε,
χαίροιτ' ἄν, εἰ χαίροιτ', ἐγὼ δ' ἐπεύχομαι·
εἰ δ' ἦν πρεπόντως ὥστ' ἐπισπένδειν νεκρῶι,   1395
τάδ' ἂν δικαίως ἦν, ὑπερδίκως μὲν οὖν·
τοσῶνδε κρατῆρ' ἐν δόμοις κακῶν ὅδε
πλήσας ἀραίων αὐτὸς ἐκπίνει μολών.

Χο. θαυμάζομέν σου γλῶσσαν, ὡς θρασύστομος,
ἥτις τοιόνδ' ἐπ' ἀνδρὶ κομπάζεις λόγον.   1400

Κλ. πειρᾶσθέ μου γυναικὸς ὡς ἀφράσμονος,
ἐγὼ δ' ἀτρέστωι καρδίαι πρὸς εἰδότας
λέγω· σὺ δ' αἰνεῖν εἴτε με ψέγειν θέλεις,
ὁμοῖον· οὗτός ἐστιν Ἀγαμέμνων, ἐμὸς

1376 φράξ- codd.   1378 νείκης Heath : νίκης codd.   1379 ἔπεσ'
F   1381 ἀμύνεσθαι Victorius : -νασθαι codd.   1383 -στιχίζων
G, -στοιχίζων F   1384 οἰμωγμάτοιν Elmsley   1387 Διὸς Enger :
Ἀιδου codd.   1388 ὀρυγάνει Hermann   1391 seq. διοσδότωι
γάνει Porson : διὸς νότωι γᾶν εἰ codd.; Διὸς νότωι γαθεῖ Lloyd-Jones
1395–8 locus difficilis; vid. Lucas, *Proc. Camb. Phil. Soc.* 1969. 60 seqq.
1395 πρεπόντως I. Voss : -των codd.   1396 τῶιδ' Tyrwhitt
1397 τοσόνδε Blomfield   1401 μου om. G

πόсιс, νεκρὸс δέ, τῆсδε δεξιᾶс χερὸс   1405
ἔργον, δικαίαс τέκτονοс. τάδ' ὧδ' ἔχει.

Χο.   τί κακόν, ὦ γύναι,   [стρ. α
        χθονοτρεφὲс ἐδανὸν ἢ ποτὸν
        πασαμένα ῥυτᾶс ἐξ ἁλὸс ὀρόμενον
        τόδ' ἐπέθου θύοс, δημοθρόουс τ' ἀρὰс
        ἀπέδικεс ἀπέταμεс· ἀπόπολιс δ' ἔсηι,   1410
        μῖсοс ὄβριμον ἀстοῖс.

Κλ.   νῦν μὲν δικάζειс ἐκ πόλεωс φυγὴν ἐμοὶ
        καὶ μῖсοс ἀстῶν δημόθρουс τ' ἔχειν ἀράс,
        οὐδὲν τότ' ἀνδρὶ τῶιδ' ἐναντίον φέρων,
        ὃс οὐ προτιμῶν, ὡсπερεὶ βοτοῦ μόρον,   1415
        μήλων φλεόντων εὐπόκοιс νομεύμαсιν,
        ἔθυсεν αὑτοῦ παῖδα, φιλτάτην ἐμοὶ
        ὠδῖν', ἐπωιδὸν Θρηικίων ἀημάτων.
        οὐ τοῦτον ἐκ γῆс τῆсδε χρῆν с' ἀνδρηλατεῖν
        μιαсμάτων ἄποιν'; ἐπήκοοс δ' ἐμῶν   1420
        ἔργων δικαστὴс τραχὺс εἶ. λέγω δέ сοι
        τοιαῦτ' ἀπειλεῖν ὡс παρεсκευαсμένηс
        ἐκ τῶν ὁμοίων, χειρὶ νικήсαντ' ἐμοῦ
        ἄρχειν· ἐὰν δὲ τοὔμπαλιν κραίνηι θεόс,
        γνώсηι διδαχθεὶс ὀψὲ γοῦν τὸ сωφρονεῖν.   1425

Χο.   μεγαλόμητιс εἶ,   [ἀντ. α
        περίφρονα δ' ἔλακεс· ὥсπερ οὖν
        φονολιβεῖ τύχαι φρὴν ἐπιμαίνεται,
        λίβοс ἐπ' ὀμμάτων αἵματοс ἐμπρέπει.

  1406 δικαίωс Tr   1408 ῥυτᾶс Stanley: ῥύсαс vel ῥυсᾶс
codd.   ὀρόμενον Canter: ὀρώμ- vel ὀρώμ- codd.   1409 ἐπεύθου
Tr   1410 ἀπέτεμεс FᵖᶜTrᵃᶜ   ἀπόπολιс Casaubon: ἄπολιс codd.
1411 ὄμβρ- codd.   1414 οὐδὲν: οὐ сὺν Fᵃᶜ   τότ' I. Voss: τόδ' codd.
1418 ἐπωιδὴν G   ἀημάτων Canter: τε λημμάτων codd.   1419 χρῆν
Porson: χρή codd.   1420 βιαсμάτων G   1424 ἄρχειν с'
Dindorf   1428 λίβοс Casaubon: λῖποс codd.   ἐμπρέπει Auratus:
εὖ πρέπει codd.

ἄντιτον ἔτι σε χρὴ στερομέναν φίλων
τύμμα τύμματι τεῖσαι.   1430

Κλ. καὶ τήνδ' ἀκούεις ὁρκίων ἐμῶν θέμιν·
μὰ τὴν τέλειον τῆς ἐμῆς παιδὸς Δίκην,
Ἄτην Ἐρινύν θ', αἷσι τόνδ' ἔςφαξ' ἐγώ,
οὔ μοι φόβου μέλαθρον ἐλπὶς ἐμπατεῖ
ἕως ἂν αἴθῃ πῦρ ἐφ' ἑςτίας ἐμῆς   1435
Αἴγιςθος, ὡς τὸ πρόςθεν εὖ φρονῶν ἐμοί·
οὗτος γὰρ ἡμῖν ἀςπὶς οὐ ςμικρὰ θράςους.
κεῖται γυναικὸς τῆςδ' ὁ λυμαντήριος,
Χρυςηίδων μείλιγμα τῶν ὑπ' Ἰλίωι,
ἥ τ' αἰχμάλωτος ἥδε καὶ τεραςκόπος   1440
καὶ κοινόλεκτρος τοῦδε, θεςφατηλόγος,
πιςτὴ ξύνευνος, ναυτίλων δὲ ςελμάτων
ἰςοτριβής· ἄτιμα δ' οὐκ ἐπραξάτην,
ὁ μὲν γὰρ οὕτως, ἡ δέ τοι κύκνου δίκην
τὸν ὕςτατον μέλψαςα θανάςιμον γόον   1445
κεῖται φιλήτωρ τοῦδ'· ἐμοὶ δ' ἐπήγαγεν
εὐνῆς παροψώνημα τῆς ἐμῆς χλιδῆι.

Χο. φεῦ, τίς ἂν ἐν τάχει μὴ περιώδυνος   [ςτρ. β
μηδὲ δεμνιοτήρης
μόλοι τὸν αἰεὶ φέρους' ἐν ἡμῖν   1450
μοῖρ' ἀτέλευτον ὕπνον, δαμέντος
φύλακος εὐμενεςτάτου
πολλὰ τλάντος γυναικὸς διαί;
πρὸς γυναικὸς δ' ἀπέφθιςεν βίον.

ἰὼ
παράνους Ἑλένα,   1455

1429 ἄντιτον Weil: ἀντίετον FG, ἀτίετον Tr   1430 τύμμα τύμματι
Casaubon: τύμμα τύμμα codd.   1433 Ἄτην τ' Butler   1435 ἐμῆς
Porson: ἐμὰς codd.   1437 μικρὰ codd.   1438 τῆςδ' ὁ Kayser:
τῆςδε codd.   1443 ἰςοτριβὴς Pauw: ἰςτο- codd.   1446 φιλήτως
F   1447 παροψόνημα codd.   χλιδῆι Musgrave: -ῆς codd.
1452 seq. πολλὰ Franz: καὶ πολλὰ codd.   διὰ Tr   1455 παράνους
Hermann: παρανόμους codd.

μία τὰς πολλάς, τὰς πάνυ πολλὰς
ψυχὰς ὀλέσας᾿ ὑπὸ Τροίαι·
νῦν †δὲ τελείαν πολύμναστον ἐπηνθίcω†
δι᾿ αἶμ᾿ ἄνιπτον. ἦ τις ἦν τότ᾿ ἐν δόμοις   1460
Ἔρις ἐρίδματος ἀνδρὸς οἰζύς.

Κλ.   μηδὲν θανάτου μοῖραν ἐπεύχου
τοῖσδε βαρυνθείς,
μηδ᾿ εἰς Ἑλένην κότον ἐκτρέψηις
ὡς ἀνδρολέτειρ᾿, ὡς μία πολλῶν   1465
ἀνδρῶν ψυχὰς Δαναῶν ὀλέσας᾿
ἀξύστατον ἄλγος ἔπραξεν.

Χο.   δαῖμον, ὃς ἐμπίτνεις δώμαcι καὶ διφυί-   [ἀντ. β
οιcι Τανταλίδαιcιν,
κράτος ⟨τ᾿⟩ ἰcόψυχον ἐκ γυναικῶν   1470
καρδιόδηκτον ἐμοὶ κρατύνεις·
ἐπὶ δὲ cώματος δίκαν
κόρακος ἐχθροῦ cταθεῖc᾿ ἐκνόμως
ὕμνον ὑμνεῖν ἐπεύχεται ⟨   ⟩.

Κλ.   νῦν δ᾿ ὤρθωcας cτόματος γνώμην,   1475
τὸν τριπάχυντον
δαίμονα γέννης τῆσδε κικλήσκων·
ἐκ τοῦ γὰρ ἔρως αἱματολοιχὸς
νείραι τρέφεται· πρὶν καταλῆξαι
τὸ παλαιὸν ἄχος, νέος ἰχώρ.   1480

1459 desperatus; fort. *νῦν τέλεον . . . ἐπηνθίcω / τόδ᾿ αἶμ᾿* 1460 ἦ
τις Schütz: ἥτις codd. 1461 vix intellegitur 1464 ἐκτρέχηις
F 1466 ὀλέcαν FG 1468 ἐμπίτνεις Canter: -πίπτεις codd.
1468 seq. διφυίοιcι Hermann: διφυεῖcι codd. -λιδέcιν FG 1470 τ᾿
suppl. Hermann 1471 καρδιόδηκτον Abresch: καρδία δηκτὸν codd.
1472 δίκαν Dindorf: δίκαν μοι codd. 1473 cταθεὶc codd. ἐκνό-
μωc Tr^{pc} et schol. vet. Tr: ἐννόμωc FGTr^{ac} 1474 ὕμνον ὑμνοῦc᾿
Herwerden ὕμνον epitheton desiderat, e.g. ⟨πικρόν⟩ 1475 δ᾿
del. Wecklein 1476 τριπάχυντον Bamberger: τριπάχυιον codd.
1477 γέννης FG: γέννας Tr et sscr. FG 1479 νείραι Casaubon
(-ρηι): νείρει codd.

Χο.　　ἢ μέγαν †οἴκοις τοῖσδε†　　　　　　　　　[στρ. γ
　　　　δαίμονα καὶ βαρύμηνιν αἰνεῖς,
　　　　φεῦ φεῦ, κακὸν αἶνον ἀτη-
　　　　　　ρᾶς τύχας ἀκορέστου,
　　　　ἰὼ ἰή, διαὶ Διὸς　　　　　　　　　　　　　1485
　　　　παναιτίου πανεργέτα·
　　　　τί γὰρ βροτοῖς ἄνευ Διὸς τελεῖται;
　　　　τί τῶνδ' οὐ θεόκραντόν ἐστιν;

　　　　ἰὼ ἰὼ βασιλεῦ βασιλεῦ,
　　　　πῶς σε δακρύσω;　　　　　　　　　　　　1490
　　　　φρενὸς ἐκ φιλίας τί ποτ' εἴπω;
　　　　κεῖσαι δ' ἀράχνης ἐν ὑφάσματι τῶιδ'
　　　　ἀσεβεῖ θανάτωι βίον ἐκπνέων,
　　　　ὤμοι μοι, κοίταν τάνδ' ἀνελεύθερον,
　　　　δολίωι μόρωι δαμεὶς　　　　　　　　　　1495
　　　　ἐκ χερὸς ἀμφιτόμωι βελέμνωι.

Κλ.　　αὐχεῖς εἶναι τόδε τοὔργον ἐμόν,
　　　　τῆιδ' ἐπιλεχθείς,
　　　　Ἀγαμεμνονίαν εἶναί μ' ἄλοχον·
　　　　φανταζόμενος δὲ γυναικὶ νεκροῦ　　　　1500
　　　　τοῦδ' ὁ παλαιὸς δριμὺς ἀλάστωρ
　　　　Ἀτρέως χαλεποῦ θοινατῆρος
　　　　τόνδ' ἀπέτεισεν
　　　　τέλεον νεαροῖς ἐπιθύσας.

Χο.　　ὡς μὲν ἀναίτιος εἶ　　　　　　　　　　　[ἀντ. γ
　　　　τοῦδε φόνου τίς ὁ μαρτυρήσων;　　　　　1506
　　　　πῶ πῶ; πατρόθεν δὲ συλλή-

1481 ἢ μέγαν ἢ μέγαν οἴκοις Weil (cf. 1505 n.), ἢ μέγαν οἰκοσινῆ Wila-
mowitz　　1484 ἀκόρεστον Todt　　1486 πανεργέταν F^{pc}G, -εργάταν
F^{ac}　　1489 ἰὼ semel F　　1491 ποτ' ἄρ' εἴπω Tr　　1493 ἐκπνέων
disyll. suspectum; ἐκπονέων Diggle, ἐκπνείων Tr　　1494 ἀνελεύ-
θερα Tr　　1495 δουλίωι Blomfield　　1497 εἶναι τοὔργον
ἐμὸν τόδε Tr　　1498 τῆιδ' Page: μὴ δ' codd.　　ἐπιλεχθείς Scaliger:
-λεχθῆις codd.　　1504 νεκροῖς Tr　　1505 εἶ σὺ Schütz; cf. 1481
1507 δὲ om. Tr; fort. πῶ πῶ πατρόθεν γε (Burges) . . . ἀλάστωρ;

πτωρ γένοιτ' ἂν ἀλάστωρ·
βιάζεται δ' ὁμοσπόροις
ἐπιρροαῖσιν αἱμάτων   1510
μέλας Ἄρης, ὅποι δίκαν προβαίνων
πάχναι κουροβόρωι παρέξει.

ἰὼ ἰὼ βασιλεῦ βασιλεῦ,
πῶς σε δακρύσω;
φρενὸς ἐκ φιλίας τί ποτ' εἴπω;   1515
κεῖσαι δ' ἀράχνης ἐν ὑφάσματι τῶιδ'
ἀσεβεῖ θανάτωι βίον ἐκπνέων,
ὤμοι μοι, κοίταν τάνδ' ἀνελεύθερον,
δολίωι μόρωι δαμεὶς
ἐκ χερὸς ἀμφιτόμωι βελέμνωι.   1520

Κλ.   οὔτ' ἀνελεύθερον οἶμαι θάνατον
τῶιδε γενέσθαι ⟨   ⟩
      ⟨   ⟩
οὐδὲ γὰρ οὗτος δολίαν ἄτην
οἴκοισιν ἔθηκ';
ἀλλ' ἐμὸν ἐκ τοῦδ' ἔρνος ἀερθὲν   1525
τὴν πολυκλαύτην
Ἰφιγένειαν ἀνάξια δράσας
ἄξια πάσχων μηδὲν ἐν Ἅιδου
μεγαλαυχείτω, ξιφοδηλήτωι
θανάτωι τείσας ἅπερ ἦρξεν.

Χο.   ἀμηχανῶ φροντίδος στερηθεὶς   [στρ. δ
εὐπάλαμον μέριμναν   1531
ὅπαι τράπωμαι πίτνοντος οἴκου.

1511 δίκαν Butler: δὲ καὶ codd.   προβ- Canter: προσβ- codd.
1513–20 eadem ac 1489–96 excepto 1517 εὐσεβεῖ F   1522 post
γενέσθαι lacunam statuit Wilamowitz; suppleas e.g. ⟨δολίαις τε τέχναις /
ἐμὲ χρησαμένην οὐκ εὖ μέμφεσθ'·⟩   1525 ἀερθὲν suspectum; fort.
θρεφθὲν   1526 seq. lectio incerta; πολυκλαύτην Porson: -κλαυτόν
τ' codd.   1529 ἔρξεν Spanheim   1530 φροντίδων Tr
1531 εὐπάλαμον Porson: -λαμνον codd.; εὐπαλάμων μεριμνᾶν Enger
1532 ὅπη Tr^{sscr}

ΑΓΑΜΕΜΝΩΝ

δέδοικα δ' ὄμβρου κτύπον δομοσφαλῆ
τὸν αἱματηρόν· ψακὰς δὲ λήγει.
Δίκα δ' ἐπ' ἄλλο πρᾶγμα θήγεται βλάβας   1535
πρὸς ἄλλαις θηγάναισι Μοίρας.

ἰὼ γᾶ γᾶ, εἴθε μ' ἐδέξω
πρὶν τόνδ' ἐπιδεῖν ἀργυροτοίχου
δροίτας κατέχοντα χάμευναν.   1540
τίς ὁ θάψων νιν; τίς ὁ θρηνήσων;
ἦ σὺ τόδ' ἔρξαι τλήσῃ, κτείνας'
ἄνδρα τὸν αὑτῆς ἀποκωκῦσαι
ψυχῇ τ' ἄχαριν χάριν ἀντ' ἔργων   1545
μεγάλων ἀδίκως ἐπικρᾶναι;
τίς δ' ἐπιτύμβιον αἶνον ἐπ' ἀνδρὶ θείῳ
σὺν δακρύοις ἰάπτων
ἀληθείᾳ φρενῶν πονήσει;   1550

Κλ. οὐ σὲ προσήκει τὸ μέλημ' ἀλέγειν
τοῦτο· πρὸς ἡμῶν
κάππεσε κάτθανε, καὶ καταθάψομεν,
οὐχ ὑπὸ κλαυθμῶν τῶν ἐξ οἴκων,
ἀλλ' Ἰφιγένειά νιν ἀσπασίως   1555
θυγάτηρ, ὡς χρή,
πατέρ' ἀντιάσασα πρὸς ὠκύπορον
πόρθμευμ' ἀχέων
περὶ χεῖρα βαλοῦσα φιλήσει.

Χο. ὄνειδος ἥκει τόδ' ἀντ' ὀνείδους,   [ἀντ. δ

1533 δημοσφ- G   1534 ψεκὰς codd.   1535 seq. fort. potius
δίκαν (Auratus) . . . θηγάνει (Hermann) . . . Μοῖρα Δίκα G: δίκαι Tr,
δίκη FGˢˢᶜʳTrˢˢᶜʳ θήγεται Pauw: θήγει codd. βλάβης codd. θηγάναις
codd. Μοίρας Emperius: μοῖρα codd.   1537 εἴθ' ἔμ' FG
1539 ἐσιδεῖν Pauw   1540 δροίτης edd. plurimi   νῦν κατέχ- Tr
1541 νιν θάψων Diggle   1545 ψυχῇ τ' E. A. I. Ahrens: ψυχὴν codd.
1547 ἐπιτύμβιον αἶνον Casaubon: -ιος αἶνος codd.   1551 οὔ σε FG:
οὔτε Tr μέλημα λέγειν codd.   1555 Ἰφιγένειά νιν Auratus: -ειαν
ἵν' codd.   1559 χεῖρε Porson φιλήσει Stanley: -σῃ codd.

193

AICXYΛΟΥ

δύϲμαχα δ' ἐϲτὶ κρῖναι.   1561
φέρει φέροντ', ἐκτίνει δ' ὁ καίνων·
μίμνει δὲ μίμνοντοϲ ἐν θρόνωι Διὸϲ
παθεῖν τὸν ἔρξαντα· θέϲμιον γάρ.
τίϲ ἂν γονὰν ἀραῖον ἐκβάλοι δόμων;   1565
κεκόλληται γένοϲ πρὸϲ ἄται.

Κλ.   ἐϲ τόνδ' ἐνέβηϲ ξὺν ἀληθείαι
χρηϲμόν· ἐγὼ δ' οὖν
ἐθέλω δαίμονι τῶι Πλειϲθενιδᾶν
ὅρκουϲ θεμένη τάδε μὲν ϲτέργειν   1570
δύϲτλητά περ ὄνθ', ὃ δὲ λοιπόν, ἰόντ'
ἐκ τῶνδε δόμων ἄλλην γενεὰν
τρίβειν θανάτοιϲ αὐθένταιϲιν·
κτεάνων δὲ μέροϲ βαιὸν ἐχούϲηι
πᾶν ἀπόχρη μοι, μανίαϲ μελάθρων   1575
ἀλληλοφόνουϲ ἀφελούϲηι.

ΑΙΓΙϹΘΟϹ
ὦ φέγγοϲ εὖφρον ἡμέραϲ δικηφόρου·
φαίην ἂν ἤδη νῦν βροτῶν τιμαόρουϲ
θεοὺϲ ἄνωθεν γῆϲ ἐποπτεύειν ἄχη,
ἰδὼν ὑφαντοῖϲ ἐν πέπλοιϲ Ἐρινύων   1580
τὸν ἄνδρα τόνδε κείμενον φίλωϲ ἐμοί,
χερὸϲ πατρώιαϲ ἐκτίνοντα μηχανάϲ.
Ἀτρεὺϲ γὰρ ἄρχων τῆϲδε γῆϲ, τούτου πατήρ,
πατέρα Θυέϲτην τὸν ἐμόν, ὡϲ τορῶϲ φράϲαι,
αὑτοῦ δ' ἀδελφόν, ἀμφίλεκτοϲ ὢν κράτει,   1585
ἠνδρηλάτηϲεν ἐκ πόλεώϲ τε καὶ δόμων·

1563 θρόνωι Schütz: χρόνωι codd.   1565 ἀραῖον Hermann:
ῥᾶον (ῥᾷ- Tr) codd.   1566 πρὸϲ ἄται Blomfield: προϲάψαι codd.
1567 ἐνέβηϲ Canter: -βη codd.   ϲὺν G   1568 χρηϲμόϲ, retento
ἐνέβη, Casaubon   1569 -θενιδῶν Tr^sscr   1570 θεμένα Tr (sscr. η)
1571 δύϲπλητά F   1573 om. Tr   1574 δὲ Auratus: τε codd.
1575 seq. μοι δ' ἀλληλοφόνουϲ μαν. μελ. ἀφελ. codd.; δ' del. Canter,
ἀλληλ. post μελ. traiecit Erfurdt   1582 χειρὸϲ Tr   1585 δ'
Elmsley: τ' codd.

194

καὶ προστρόπαιος ἑστίας μολὼν πάλιν
τλήμων Θυέστης μοῖραν ηὗρετ' ἀσφαλῆ,
τὸ μὴ θανὼν πατρῷον αἱμάξαι πέδον
αὐτοῦ· ξένια δὲ τοῦδε δύσθεος πατὴρ   1590
Ἀτρεύς, προθύμως μᾶλλον ἢ φίλως, πατρὶ
τὠμῶι, κρεουργὸν ἦμαρ εὐθύμως ἄγειν
δοκῶν, παρέσχε δαῖτα παιδείων κρεῶν.
τὰ μὲν ποδήρη καὶ χερῶν ἄκρους κτένας
†ἔθρυπτ' ἄνωθεν ἀνδρακὰς καθήμενος   1595
ἄσημα δ'† αὐτῶν αὐτίκ' ἀγνοίαι λαβὼν
ἔσθει, βορὰν ἄσωτον, ὡς ὁρᾶις, γένει.
κἄπειτ' ἐπιγνοὺς ἔργον οὐ καταίσιον
ὤιμωξεν, ἀμπίπτει δ' ἀπὸ σφαγὴν ἐρῶν,
μόρον δ' ἄφερτον Πελοπίδαις ἐπεύχεται   1600
λάκτισμα δείπνου ξυνδίκως τιθεὶς ἀρᾶι,
οὕτως ὀλέσθαι πᾶν τὸ Πλεισθένους γένος.
ἐκ τῶνδέ σοι πεσόντα τόνδ' ἰδεῖν πάρα·
κἀγὼ δίκαιος τοῦδε τοῦ φόνου ῥαφεύς·
τρίτον γὰρ ὄντα μ' †ἐπὶ δέκ'† ἀθλίωι πατρὶ   1605
συνεξελαύνει τυτθὸν ὄντ' ἐν σπαργάνοις,
τραφέντα δ' αὖθις ἡ Δίκη κατήγαγεν,
καὶ τοῦδε τἀνδρὸς ἡψάμην θυραῖος ὤν,
πᾶσαν ξυνάψας μηχανὴν δυσβουλίας.
οὕτω καλὸν δὴ καὶ τὸ κατθανεῖν ἐμοί,   1610
ἰδόντα τοῦτον τῆς Δίκης ἐν ἕρκεσιν.

Χο.   Αἴγισθ', ὑβρίζοντ' ἐν κακοῖσιν οὐ σέβω·
        σὺ δ' ἄνδρα τόνδε φὴις ἑκὼν κατακτανεῖν,
        μόνος δ' ἔποικτον τόνδε βουλεῦσαι φόνον·
        οὔ φημ' ἀλύξειν ἐν δίκηι τὸ σὸν κάρα   1615

1590 αὐτός· Blomfield   ξενίαι Tr   1594 χρεῶν F   1595 seq.
fort. ἔκρυπτ' (Casaubon) ἄπωθεν (Fuhr) ἀνδρακὰς καθημένους
(Lawson) / ἄσημ'· ὁ δ' αὐτῶν (Dindorf); lacunas alii alias indicant
1599 ἀμπίπτει Canter: ἄν· πίπτει codd.   σφαγὴν Auratus: -ῆς
codd.   1602 ὀλέσθαι Tzetz. ap. An. Ox. Cramer 3. 378. 10: -θη
codd.   1605 ὄντα παῖδά μ' ἀθλίωι Herwerden   1609 ξυνάψας FG
1611 ἰδόντι Tr   1612 ὑβρίζοντ' Heyse: -ζειν codd.   1613 τόνδ'
ἔφης codd.   1614 μόνος τ' Blaydes

δημορριφεῖς, cάφ' ἴcθι, λευcίμουc ἀράc.
Αι. cὺ ταῦτα φωνεῖc, νερτέραι προcήμενοc
κώπηι, κρατούντων τῶν ἐπὶ ζυγῶι δορόc;
γνώcηι γέρων ὢν ὡc διδάcκεcθαι βαρὺ
τῶι τηλικούτωι, cωφρονεῖν εἰρημένον·   1620
δεcμὸν δὲ καὶ τὸ γῆραc αἵ τε νήcτιδεc
δύαι διδάcκειν ἐξοχώταται φρενῶν
ἰατρομάντειc. οὐχ ὁρᾶιc ὁρῶν τάδε;
πρὸc κέντρα μὴ λάκτιζε, μὴ παίcαc μογῆιc.
Χο. γύναι, cὺ τοὺc ἥκονταc ἐκ μάχηc μένων   1625
οἰκουρὸc εὐνὴν ἀνδρὸc αἰcχύνων ἅμα
ἀνδρὶ cτρατηγῶι τόνδ' ἐβούλευcαc μόρον;
Αι. καὶ ταῦτα τἄπη κλαυμάτων ἀρχηγενῆ·
'Ορφεῖ δὲ γλῶccαν τὴν ἐναντίαν ἔχειc·
ὁ μὲν γὰρ ἦγε πάντ' ἀπὸ φθογγῆc χαρᾶι,   1630
cὺ δ' ἐξορίναc νηπίοιc ὑλάγμαcιν
ἄξηι· κρατηθεὶc δ' ἡμερώτεροc φανῆι.
Χο. ὡc δὴ cύ μοι τύραννοc Ἀργείων ἔcηι,
ὃc οὐκ, ἐπειδὴ τῶιδ' ἐβούλευcαc μόρον,
δρᾶcαι τόδ' ἔργον οὐκ ἔτληc αὐτοκτόνωc.   1635
Αι. τὸ γὰρ δολῶcαι πρὸc γυναικὸc ἦν cαφῶc,
ἐγὼ δ' ὕποπτοc ἐχθρὸc ἦ παλαιγενήc.
ἐκ τῶν δὲ τοῦδε χρημάτων πειράcομαι
ἄρχειν πολιτῶν· τὸν δὲ μὴ πειθάνορα
ζεύξω βαρείαιc, οὔ τι μὴ cειραφόρον   1640
κριθῶντα πῶλον, ἀλλ' ὁ δυcφιλὴc cκότωι
λιμὸc ξύνοικοc μαλθακόν cφ' ἐπόψεται.
Χο. τί δὴ τὸν ἄνδρα τόνδ' ἀπὸ ψυχῆc κακῆc
οὐκ αὐτὸc ἠνάριζεc, ἀλλὰ cὺν γυνή,
χώραc μίαcμα καὶ θεῶν ἐγχωρίων,   1645

1621 δεcμὸν FG: -μὸc Tr; -μοὶ Karsten   1624 παίcαc schol.
Pind. Pyth. 2. 173ᶜ: πήcαc codd.   1625 μένων Wieseler: νέον codd.
1626 αἰcχύνων Keck: -νουc' codd.; αἰcχύναc Butler   1630 ἀπὸ: ὑπὸ
Margoliouth   1631 νηπίοιc Iacob: ἠπ- codd.   1634 τῶιδε
βουλεύcαc FG   1635 τό γ' Lobel   1640 οὔ τι μὴν Wieseler
1641 cκότωι Auratus: κότωι codd.   1642 cύν- G   1644 ἀλλά
νιν Spanheim

  ἔκτειν'; 'Ορέστης ἀρά που βλέπει φάος,
  ὅπως κατελθὼν δεῦρο πρευμενεῖ τύχηι
  ἀμφοῖν γένηται τοῖνδε παγκρατὴς φονεύς.
Αι. ἀλλ' ἐπεὶ δοκεῖς τάδ' ἔρδειν καὶ λέγειν, γνώσηι τάχα.
Χο. εἶα δή, φίλοι λοχῖται, τοὐργον οὐχ ἑκὰς τόδε.   1650
Αι. εἶα δή, ξίφος πρόκωπον πᾶς τις εὐτρεπιζέτω.
Χο. ἀλλὰ κἀγὼ μὴν †πρόκωπος† οὐκ ἀναίνομαι θανεῖν.
Αι. δεχομένοις λέγεις θανεῖν γε, τὴν τύχην δ' αἱρούμεθα.
Κλ. μηδαμῶς, ὦ φίλτατ' ἀνδρῶν, ἄλλα δράσωμεν κακά·
  ἀλλὰ καὶ τάδ' ἐξαμῆσαι πολλά, δύστηνον θέρος.   1655
  πημονῆς δ' ἅλις γ' ὑπάρχει· μηδὲν αἱματώμεθα.
  †στείχετε δ' οἱ γέροντες πρὸς δόμους πεπρωμένους τούσδε†
  πρὶν παθεῖν ἔρξαντα †καιρὸν χρῆν† τάδ' ὡς ἐπράξαμεν.
  εἰ δέ τοι μόχθων γένοιτο τῶνδ' †ἅλις γ' ἐχοίμεθ' ἂν†
  δαίμονος χηλῆι βαρείαι δυστυχῶς πεπληγμένοι.   1660
  ὧδ' ἔχει λόγος γυναικός, εἴ τις ἀξιοῖ μαθεῖν.
Αι. ἀλλὰ τούσδ' ἐμοὶ ματαίαν γλῶσσαν ὧδ' †ἀπανθίσαι†
  κἀκβαλεῖν ἔπη τοιαῦτα δαίμονος πειρωμένους,
  σώφρονος γνώμης δ' ἁμαρτεῖν τὸν κρατοῦντα 〈 〉.
Χο. οὐκ ἂν Ἀργείων τόδ' εἴη, φῶτα προσσαίνειν κακόν.   1665
Αι. ἀλλ' ἐγώ σ' ἐν ὑστέραισιν ἡμέραις μέτειμ' ἔτι.
Χο. οὐκ, ἐὰν δαίμων 'Ορέστην δεῦρ' ἀπευθύνηι μολεῖν.

1650 Aegistho tribuit Stanley 1651 Aegistho tribui† F^{ac}, choro
F^{pc}G, nota nulla in Tr 1652 Aegistho tribuunt codd. μὴν
κἀγὼ Porson πρόκωπος G^{pc}: πρόκοπος FG^{ac}, πρόκοπτος Tr; πρόχειρος
Thomson οὐδ' Lobel, κοὐκ Fraenkel 1653 choro tribuunt
codd. γε Lobel: σε codd. αἱρούμεθα Auratus: ἐρούμ- codd.
1654 δράσωμεν Victorius: -σομεν codd. 1655 θέρος Schütz: ὁ ἔρως
codd. 1656 ὑπάρχει Scaliger: ὕπαρχε codd. αἵματ- Iacob: ἥματ-
codd. 1657 seq. desperati; e.g. στείχετ' ὦ (Heath) γέροντες ἤδη
(Porson) πρὸς δόμους· κρεῖσσον φρονεῖν (Fraenkel) / πρὶν παθεῖν ἔρ-
ξαντα· κυροῦν (Page) χρὴ (Hartung) κτλ. ἔρξαντες F ἐπράξαμεν Victo-
rius: -μην codd. 1659 τῶνδε λύσις, ἑλοίμεθ' ἂν Blaydes, τῶνδ'
ἄκος Donaldson, δεχοίμεθ' ἂν Hermann 1660 πεπληγμένοις G
1662 τούσδε μοι codd. ἀκοντίσαι Wakefield 1663 δαίμονος
Casaubon: -νας codd. πειρωμένη G 1664 γνώμης θ' Stanley
ἁμαρτεῖν τὸν Casaubon: ἁμαρτῆτον codd. 〈θ' ὑβρίσαι〉 suppl. Blomfield
1666 Clyt. tribuit F 1667 δαίμων γ' Headlam

Αι.   οἶδ' ἐγὼ φεύγοντας ἄνδρας ἐλπίδας ςιτουμένους.
Χο.   πρᾶςςε, πιαίνου, μιαίνων τὴν δίκην, ἐπεὶ πάρα.
Αι.   ἴςθι μοι δώςων ἄποινα τῆςδε μωρίας χάριν.   1670
Χο.   κόμπαςον θαρςῶν, ἀλέκτωρ ὥςτε θηλείας πέλας.
Κλ.   μὴ προτιμήςηις ματαίων τῶνδ' ὑλαγμάτων· ⟨ἐγὼ⟩
      καὶ ςὺ θήςομεν κρατοῦντε τῶνδε δωμάτων ⟨καλῶς⟩.

1671 θαρρῶν codd.   ὥςτε Canter: ὥςπερ codd.   1672 seq.
suppl. Canter et Auratus e schol. vet. Tr (ἐγώ, φηςί, καὶ ςὺ κρατοῦντες
τῶνδε τῶν δωμάτων διαθηςόμεθα τὸ καθ' αὑτοὺς καλῶς)

ΧΟΗΦΟΡΟΙ

ΧΟΗΦΟΡΟΙ

neque argumentum neque dramatis personarum catalogum
praebet cod.

fabula acta anno 458 a.C.

codex unicus M   accedit eiusdem apographon Guelf. =

Guelferbytanus Gudianus Graecus 88

ΧΟΗΦΟΡΟΙ

ΟΡΕΣΤΗΣ

'Ερμῆ χθόνιε, πατρῷ' ἐποπτεύων κράτη,
cωτὴρ γενοῦ μοι cύμμαχός τ' αἰτουμένωι·
ἥκω γὰρ ἐς γῆν τήνδε καὶ κατέρχομαι
  *   *   *
τύμβου δ' ἐπ' ὄχθωι τῶιδε κηρύccω πατρὶ
κλύειν, ἀκοῦcαι   5
  *   *   *
⟨   ⟩ πλόκαμον 'Ινάχωι θρεπτήριον,
τὸν δεύτερον δὲ τόνδε πενθητήριον
  *   *   *
οὐ γὰρ παρὼν ὤιμωξα cόν, πάτερ, μόρον
οὐδ' ἐξέτεινα χεῖρ' ἐπ' ἐκφορᾶι νεκροῦ
  *   *   *
τί χρῆμα λεύccω; τίς ποθ' ἥδ' ὁμήγυρις   10
cτείχει γυναικῶν φάρεcιν μελαγχίμοιc
πρέπουcα; ποίαι ξυμφορᾶι προcεικάcω;
πότερα δόμοιcι πῆμα προcκυρεῖ νέον,
ἢ πατρὶ τὠμῶι τάcδ' ἐπεικάcαc τύχω
χοὰc φερούcαιc, νερτέροιc μειλίγματα;   15
οὐδέν ποτ' ἄλλο· καὶ γὰρ 'Ηλέκτραν δοκῶ
cτείχειν ἀδελφὴν τὴν ἐμὴν πένθει λυγρῶι
πρέπουcαν. ὦ Ζεῦ, δόc με τείcαcθαι μόρον

1–3, 4–5 prologum ἐξ 'Ορεcτείαc cit. Ar. *Ran.* 1126–8, 1172–3; caret
M   6–7 cit. schol. Pind. *Pyth.* 4. 145 παρ' Αἰcχύλωι... 'Ορέcτηc φηcὶ
τῶι Ἀγαμέμνονι; caret M   8–9 cit. schol. E. *Alc.* 768 Αἰcχύλοc...
ἐν ταῖc Χοηφόροιc... λέγει δὲ 'Ορέcτηc; caret M   8 παρὼν ὤιμωξα
Dindorf: παρώμωξα Eur. cod.   10 incipit M   13 ἀντὶ τοῦ
πῆμα νέον M^Σ, unde πτῶμα pro πῆμα in textu Turnebus; alii mutilum
esse schol. putant (e.g. πῆμα νέον ⟨προcεγγίζει⟩ Frey, coll. Hesych. προc-
κυρεῖ· προcεγγίζει)   15 φερούcαιc Lobel : -cαc M   μειλίγματα
Casaubon : -μαcιν M

201

AICXYΛOY

πατρός, γενοῦ δὲ σύμμαχος θέλων ἐμοί.
Πυλάδη, σταθῶμεν ἐκποδών, ὡς ἂν σαφῶς   20
μάθω γυναικῶν ἥτις ἥδε προστροπή.

ΧΟΡΟΣ

       ἰαλτὸς ἐκ δόμων ἔβαν   [στρ. α
       χοὰς προπομποῦς᾽ ὀξύχειρι σὺν κόπωι.
       πρέπει παρὴις φοίνισσ᾽ ἀμυγ-
          μοῖς ὄνυχος ἄλοκι νεοτόμωι,   25
       δι᾽ αἰῶνος δ᾽ ἰυγ-
          μοῖσι βόσκεται κέαρ,
       λινοφθόροι δ᾽ ὑφασμάτων
       λακίδες ἔφλαδον ὑπ᾽ ἄλγεσιν,
       πρόστερνοι στολμοὶ πέπλων ἀγελάστοις   30
       ξυμφοραῖς πεπληγμένων.

       τορὸς γὰρ ὀρθόθριξ δόμων   [ἀντ. α
       ὀνειρόμαντις ἐξ ὕπνου κότον πνέων
       ἀωρόνυκτον ἀμβόα-
          μα μυχόθεν ἔλακε περὶ φόβωι,   35
       γυναικείοισιν ἐν
          δώμασιν βαρὺς πίτνων·
       κριταί ⟨τε⟩ τῶνδ᾽ ὀνειράτων
       θεόθεν ἔλακον ὑπέγγυοι
       μέμφεσθαι τοὺς γᾶς νέρθεν περιθύμως   40
       τοῖς κτανοῦσί τ᾽ ἐγκοτεῖν.

       τοιάνδε χάριν ἀχάριτον ἀπότροπον κακῶν, [στρ. β
       ἰὼ γαῖα μαῖα, μωμένα μ᾽ ἰάλλει   45

22 nulla personae nota   ἔβαν Dindorf: ἔ✳✳✳ M, fin. potius -ην quam
-αν   23 προπομποῦς᾽ Lobel: -πὸς M ; χοᾶν προπομπὸς Casaubon
incertum utrum κόπωι (Iacob) an κτύπωι (Arnaldus): κύπτωι M, ὑπτ in
rasura; ὅπως . . . κόψωμαι MΣ   26 δ᾽ ἰυγμοῖσι Canter: διοιγμ- M
30 πρόστερνοι: πρόσστελνοι M, πρόσστερνοι Mˢ   32 ὀρθόθριξ Weil:
Φοῖβος ὀρθ. M   35 ἔλακε Mˢ: ἔλαχε M ; περὶ φόβωι suspectum
36 γυναικίοισιν M   37 τε suppl. Porson   39 ἔλακον Turnebus:
ἔλαχον M   44 ἀχάριτον Elmsley: ἄχαριν M   45 μ᾽ ἰάλλει
Pauw: μιλλεῖ M

202

δύςθεος γυνά· φοβοῦ-
μαι δ' ἔπος τόδ' ἐκβαλεῖν·
τί γὰρ λύτρον πεςόντος αἵματος πέδοι;
ἰὼ πάνοιζυς ἑςτία,
ἰὼ καταςκαφαὶ δόμων·   50
ἀνήλιοι βροτοςτυγεῖς
δνόφοι καλύπτουςι δόμους
δεςποτᾶν θανάτοιςι.

ςέβας δ' ἄμαχον ἀδάματον ἀπόλεμον τὸ πρὶν   [ἀντ. β
δι' ὤτων φρενός τε δαμίας περαῖνον   56
νῦν ἀφίςταται. φοβεῖ-
    ται δέ τις· τὸ δ' εὐτυχεῖν,
τόδ' ἐν βροτοῖς θεός τε καὶ θεοῦ πλέον·   60
ῥοπὰ δ' ἐπιςκοπεῖ Δίκας
ταχεῖα τοὺς μὲν ἐν φάει,
τὰ δ' ἐν μεταιχμίωι ςκότου
μένει χρονίζοντας ἄχη,
τοὺς δ' ἄκρατος ἔχει νύξ.   65

δι' αἵματ' ἐκποθένθ' ὑπὸ χθονὸς τροφοῦ   [ςτρ. γ
τίτας φόνος πέπηγεν οὐ διαρρύδαν·
†διαλγὴς† ἄτα διαφέρει τὸν αἴτιον
†παναρκέτας† νόςου βρύειν.   69

46 -βαλεῖν Iacob: -βάλλειν M   47 λύτρον Canter: λυγρὸν
M   πέδοι Dindorf: πέδωι M   54 δεςποτᾶν Blomfield: -τῶν M
55 ἀδάματον Hermann: -μαντον M   56 φρενός Victorius: φρένες M
περαῖνον Mˢ in ras.; incertum quid fuerit in M   58 ἀμφιςτ- Mˢ
59 seq. subtilius foret φοβεῖται δέ τις τό γ' εὐτυχοῦν (scil. Clyt. et Aeg.)·
τόδ' (scil. τὸ εὐτυχεῖν) κτλ.   60 βροτοῖςι M   61 ῥοπὰ Bam-
berger: ῥοπὴ M   ἐπιςκοτεῖ O. Müller   Δίκας Turnebus: -καν M
62 τοὺς Turnebus: τοῖς M   64 χρονίζοντας Dindorf: -ζοντ' M   ἄχη
Mˢ: ἄχει M, idem βρύει addit, del. Hermann (cf. 69, ubi τοὺς δ' ἄκρ. ἔχει
νύξ post voc. βρύειν iterat M)   65 ἄκρατος Schütz: -ατος M ('in-
efficax' interpretes, reclamitante contextu)   66 ἐκποθένθ' Schütz:
ἔκποθεν M   68 seq. lectio dubia; διαρκὴς Enger coll. MΣ διαιω-
νίζουςα   ἄτα Schütz: ἄτη M   παναρκέτας non intelligitur, nec metro
congruit (cf. 74); παναγρέτας Paley   post 69 τοὺς δ' ἄκραντος ἔχει
νύξ (= 65) iterat M

θιγόντι δ' οὔτι νυμφικῶν ἐδωλίων   [ἀντ. γ
ἄκος, πόροι τε πάντες ἐκ μιᾶς ὁδοῦ   72
διαίνοντες τὸν χερομυςῆ φόνον καθαί-
ροντες ἴθυςαν μάταν.

ἐμοὶ δ', ἀνάγκαν γὰρ ἀμφίπτολιν   [ἐπῳδ.
θεοὶ προςήνεγκαν, ἐκ γὰρ οἴκων   76
πατρώιων δούλιόν ⟨μ'⟩ ἐςᾶγον αἶςαν,
δίκαια †καὶ μὴ δίκαια†
πρέποντ' ἀπ' ἀρχᾶς βίου
βίαι φρενῶν αἰνέςαι, πικρὸν ςτύγος   80
κρατούςαι· δακρύω δ' ὑφ' εἱμάτων
ματαίοιςι δεςποτᾶν
τύχαις, κρυφαίοις πένθεςιν παχνουμένα.

ΗΛΕΚΤΡΑ

δμωιαὶ γυναῖκες, δωμάτων εὐθήμονες,
ἐπεὶ πάρεςτε τῆςδε προςτροπῆς ἐμοὶ   85
πομποί, γένεςθε τῶνδε ςύμβουλοι πέρι·
τί φῶ χέουςα τάςδε κηδείους χοάς;
πῶς εὔφρον' εἴπω; πῶς κατεύξωμαι πατρί;
πότερα λέγουςα παρὰ φίλης φίλωι φέρειν
γυναικὸς ἀνδρί, τῆς ἐμῆς μητρὸς πάρα;   90
ἢ τοῦτο φάςκω τοὔπος, ὡς νόμος βροτοῖς,   [93]

71 θιγόντι Stephanus: οἴγοντι Μ   73–4 lectio dubia   73 διαί-
νοντες Lachmann: βαίνοντες Μ   χερο- Porson: χαιρο- Μ   74 ἴθυ-
ςαν μάταν Musgrave: ἰοῦςαν ἄτην (ἄταν Μˢ) Μ   77–80 lectio
dubia   77 μ' suppl. Conington   ἐς ἆγον Μ   78 concinnum
foret δίκαια μὴ δίκαιά ⟨τ' ἦν⟩ πρέποντ' κτλ.   79 ἀπ' ἀρχᾶς inter-
pretatur ΜΣ: ἀρχὰς Μ   80 βίαι φρενῶν αἰνέςαι πικρὸν ςτύγος
H. L. Ahrens: βίαι φερομένων αἰνέςαι πικρὸν (ΜΣ; πικρῶν Μ) φρενῶν
ςτύγος Μ (ubi senarii ficti, βίαι . . . φρενῶν / ςτύγος . . . εἱμάτων, quamvis
δακρύω inauditum esset)   81 κρατούςηι Μ   83 παχνουμένα
Turnebus (-νη) : -νην Μ   86 γενέςθαι Μᵃᶜ   87 τί φῶ; H. L. Ahrens:
τύφω Μ; οἶμαι τύμβωι ΜΣ, unde τάφωι Stanley   χέουςα Turnebus: δὲ
χέουςα Μ   88 εὔφρον' Μˢ: εὔφρων Μ   -εύξωμαι Turnebus:
-εύξομαι Μ   91 τ' οὔπως Μᵃᶜ

ἴϲ' ἀντιδοῦναι τοῖϲι πέμπουϲιν τάδε   [94]
ϲτέφη, δόϲιν γε τῶν κακῶν ἐπαξίαν;   [95]
ἢ ϲῖγ' ἀτίμωϲ, ὥϲπερ οὖν ἀπώλετο   [96]
πατήρ, τάδ' ἐκχέαϲα, γάποτον χύϲιν,   [97] 95
ϲτείχω, καθάρμαθ' ὥϲ τιϲ ἐκπέμψαϲ, πάλιν   [98]
δικοῦϲα τεῦχοϲ ἀϲτρόφοιϲιν ὄμμαϲιν;   [99]
τῶνδ' οὐ πάρεϲτι θάρϲοϲ, οὐδ' ἔχω τί φῶ   [91]
χέουϲα τόνδε πελανὸν ἐν τύμβωι πατρόϲ.   [92]
τῆϲδ' ἔϲτε βουλῆϲ, ὦ φίλαι, μεταίτιαι·   100
κοινὸν γὰρ ἔχθοϲ ἐν δόμοιϲ νομίζομεν.
μὴ κεύθετ' ἔνδον καρδίαϲ φόβωι τινόϲ·
τὸ μόρϲιμον γὰρ τόν τ' ἐλεύθερον μένει
καὶ τὸν πρὸϲ ἄλληϲ δεϲποτούμενον χερόϲ.
λέγοιϲ ἂν εἴ τι τῶνδ' ἔχειϲ ὑπέρτερον.   105

Χο. αἰδουμένη ϲοι βωμὸν ὡϲ τύμβον πατρὸϲ
     λέξω, κελεύειϲ γάρ, τὸν ἐκ φρενὸϲ λόγον.
Ηλ. λέγοιϲ ἄν, ὥϲπερ ἠιδέϲω τάφον πατρόϲ.
Χο. φθέγγου χέουϲα κεδνὰ τοῖϲιν εὔφροϲιν.
Ηλ. τίναϲ δὲ τούτουϲ τῶν φίλων προϲεννέπω;   110
Χο. πρῶτον μὲν αὐτὴν χὥϲτιϲ Αἴγιϲθον ϲτυγεῖ.
Ηλ. ἐμοί τε καὶ ϲοί τἄρ' ἐπεύξομαι τάδε;
Χο. αὐτὴ ϲὺ ταῦτα μανθάνουϲ' ἤδη φράϲαι.
Ηλ. τίν' οὖν ἔτ' ἄλλον τῆιδε προϲτιθῶ ϲτάϲει;
Χο. μέμνηϲ' Ὀρέϲτου, κεἰ θυραῖόϲ ἐϲθ' ὅμωϲ.   115
Ηλ. εὖ τοῦτο, κἀφρένωϲαϲ οὐχ ἥκιϲτά με.
Χο. τοῖϲ αἰτίοιϲ νῦν τοῦ φόνου μεμνημένη
Ηλ. τί φῶ; δίδαϲκ' ἄπειρον ἐξηγουμένη.
Χο. ἐλθεῖν τιν' αὐτοῖϲ δαίμον' ἢ βροτῶν τινα.
Ηλ. πότερα δικαϲτὴν ἢ δικηφόρον λέγειϲ;   120
Χο. ἁπλωϲτὶ φράζουϲ', ὅϲτιϲ ἀνταποκτενεῖ.

92 ἴϲ' Bamberger: ἔϲτ' M; ἔϲθλ' Elmsley   93 γε Stanley: τε
M   95 ἐκχέαϲα Dindorf: ἐκχέουϲα M   98–9 post 90 cod., huc
transtulit Diggle   99 τῶνδε Mac   100 μεταίτιοι Blomfield
105 ἔχειϲ Iacobs: ἔχοιϲ·M   106 τοι Dindorf   109 nulla
personae nota   κεδνὰ Hartung: ϲεμνὰ M   111 αὐτὴν Mac
112 ἐπεύξωμαι Dobree   121 ἁπλωϲτὶ Hermann: ἁπλῶϲ τι M

Ηλ.　καὶ ταῦτά μοὐϲτὶν εὐϲεβῆ θεῶν πάρα;
Χο.　πῶϲ δ' οὔ, τὸν ἐχθρὸν ἀνταμείβεϲθαι κακοῖϲ;
Ηλ.　κῆρυξ μέγιϲτε τῶν ἄνω τε καὶ κάτω　　　　　　[165] 124ᵃ
　　　⟨　　　⟩ Ἑρμῆ χθόνιε, κηρύξαϲ ἐμοὶ　　　　　124ᵇ
　　　τοὺϲ γῆϲ ἔνερθε δαίμοναϲ κλύειν ἐμὰϲ　　　　125
　　　εὐχάϲ, πατρώιων δωμάτων ἐπιϲκόπουϲ,
　　　καὶ γαῖαν αὐτήν, ἢ τὰ πάντα τίκτεται
　　　θρέψασά τ' αὖθιϲ τῶνδε κῦμα λαμβάνει.
　　　κἀγὼ χέουϲα τάϲδε χέρνιβαϲ νεκροῖϲ
　　　λέγω καλοῦϲα πατέρ' "ἐποίκτιρόν τ' ἐμὲ　　　　130
　　　φίλον τ' Ὀρέϲτην φῶϲ τ' ἄναψον ἐν δόμοιϲ.
　　　πεπραμένοι γὰρ νῦν γέ πωϲ ἀλώμεθα
　　　πρὸϲ τῆϲ τεκούϲηϲ, ἄνδρα δ' ἀντηλλάξατο
　　　Αἴγιϲθον, ὅϲπερ ϲοῦ φόνου μεταίτιοϲ.
　　　κἀγὼ μὲν ἀντίδουλοϲ, ἐκ δὲ χρημάτων　　　　135
　　　φεύγων Ὀρέϲτηϲ ἐϲτίν, οἱ δ' ὑπερκόπωϲ
　　　ἐν τοῖϲι ϲοῖϲ πόνοιϲι χλίουϲιν μέγα.
　　　ἐλθεῖν δ' Ὀρέϲτην δεῦρο ϲὺν τύχηι τινὶ
　　　κατεύχομαί ϲοι, καὶ ϲὺ κλῦθί μου, πάτερ,
　　　αὐτῆι τέ μοι δὸϲ ϲωφρονεϲτέραν πολὺ　　　　140
　　　μητρὸϲ γενέϲθαι χεῖρά τ' εὐϲεβεϲτέραν.
　　　ἡμῖν μὲν εὐχὰϲ τάϲδε, τοῖϲ δ' ἐναντίοιϲ
　　　λέγω φανῆναι ϲοῦ, πάτερ, τιμάορον,
　　　καὶ τοὺϲ κτανόνταϲ ἀντικατθανεῖν δίκηι.
　　　ταῦτ' ἐν μέϲωι τίθημι τῆϲ καλῆϲ ἀρᾶϲ,　　　　145
　　　κείνοιϲ λέγουϲα τήνδε τὴν κακὴν ἀράν·
　　　ἡμῖν δὲ πομπὸϲ ἴϲθι τῶν ἐϲθλῶν ἄνω

124ᵃ huc traiecit Hermann; post 164 habet M　　μέγιϲτε Stanley:
-τη M　　124ᵇ ⟨ἄρηξον⟩ suppl. Klausen　　126 δωμάτων I. Pearson:
δ' ὀμμάτων M; αἱμάτων H. L. Ahrens　　129 νεκροῖϲ Mˢᵞᵖ: βροτοῖϲ
M; φθιτοῖϲ Hermann　　130 γ' Stanley, sed vid. Denniston GP
519　　131 φῶϲ τ' ἄναψον ἐν anon. et Schneidewin: πῶϲ ἀνάξομεν M
132 πεπραμένοι Casaubon: πεπραγμ- M　　136 φεύγων Robortello:
-γειν M　　137 μέγα Turnebus: μέτα M　　140 ϲωφρονεϲτέραν
Mˢ: -ρα M　　141 εὐϲεβεϲτέραι Meineke, retento ϲωφρονεϲτέρα(ι) v. 140
144 ἀντικατακτανεῖν Mˢᵞᵖ, unde ἀντικακτανεῖν Scaliger　　δίκηι Scaliger:
-ην M　　145 καλῆϲ Schütz: κακῆϲ M　　147 τῶνδ' Mˢˢᶜʳ

cùν θεοῖcι καὶ γῆι καὶ δίκηι νικηφόρωι."
τοιαῖcδ' ἐπ' εὐχαῖc τάcδ' ἐπιcπένδω χοάc·
ὑμᾶc δὲ κωκυτοῖc ἐπανθίζειν νόμοc,   150
παιᾶνα τοῦ θανόντοc ἐξαυδωμέναc.

Χο.   ἵετε δάκρυ καναχὲc ὀλόμενον
        ὀλομένωι δεcπόται
        πρὸc ῥεῦμα τόδε κεδνῶν κακῶν τ'
        ἀπότροπον, ἄγοc ἀπεύχετον   155
        κεχυμένων χοᾶν.
        κλύε δέ μοι cέβαc, κλύ', ὦ δέcποτ', ἐξ
        ἀμαυρᾶc φρενόc.
        ὀτοτοτοτοτοτοî·
        ἴτω τιc δορυcθενὴc ἀνὴρ   160
        ἀναλυτὴρ δόμων †Cκυθιτά τ' ἐν χεροῖν
        παλίντον' ἐν ἔργωι† βέλη 'πιπάλλων Ἄρηc
        cχέδιά τ' αὐτόκωπα νωμῶν ξίφη.

Ηλ.   ἔχει μὲν ἤδη γαπότουc χοὰc πατήρ·   164
        νέου δὲ μύθου τοῦδε κοινωνήcατε.   166
Χο.   λέγοιc ἄν· ὀρχεῖται δὲ καρδία φόβωι.
Ηλ.   ὁρῶ τομαῖον τόνδε βόcτρυχον τάφωι.
Χο.   τίνοc ποτ' ἀνδρὸc ἢ βαθυζώνου κόρηc;
Ηλ.   εὐξύμβολον τόδ' ἐcτὶ παντὶ δοξάcαι.   170
Χο.   πῶc οὖν παλαιὰ παρὰ νεωτέραc μάθω;
Ηλ.   οὐκ ἔcτιν ὅcτιc πλὴν ἐμοῦ κείραιτό νιν.
Χο.   ἐχθροὶ γὰρ οἷc προcῆκε πενθῆcαι τριχί.

152–63 lectio dubia   154 ῥεῦμα Weil: ἔρυμα M   κεδνῶν κακῶν
τ' Schütz: κακῶν κεδνῶν τ' M; locum interpr. Dodds *CQ* 1953. 13 seqq.
155 ἄγοc M^Σ: ἄλγοc M; ἄγοc χοᾶν ad ῥεῦμα (= ῥεῦμα χοᾶν) adpositum
est   157 μου Blaydes   cέβαc κλύ' Bamberger: κλύε cέβαc
M   160 ἴτω Bothe: ἰὼ M   161 seq. Cκυθιτά, supra ιτ scr.
ηc, M; Cκύθηc an Cκυθικά incertum; fort. Cκυθικά τ' ἐν χεροῖν / ἐναργῶc
(Bothe) βέλη κτλ., del. παλίντονα tamquam e schol. ad Cκυθικά illatum
163 ξίφη Pauw ex M^Σ: βέλη M   164 nulla personae nota   γα-
πότουc Turnebus: ἀπό του M   165 post 123 inseruit Hermann
170 κείραιτό Turnebus: κείρετό M   νιν M^s: νεῖν M

207

Ηλ. καὶ μὴν ὅδ᾽ ἐστὶ κάρτ᾽ ἰδεῖν ὁμόπτερος
Χο. ποίαις ἐθείραις; τοῦτο γὰρ θέλω μαθεῖν.   175
Ηλ. αὐτοῖσιν ἡμῖν κάρτα προσφερὴς ἰδεῖν.
Χο. μῶν οὖν Ὀρέστου κρύβδα δῶρον ἦν τόδε;
Ηλ. μάλιστ᾽ ἐκείνου βοστρύχοις προσείδεται.
Χο. καὶ πῶς ἐκεῖνος δεῦρ᾽ ἐτόλμησεν μολεῖν;
Ηλ. ἔπεμψε χαίτην κουρίμην χάριν πατρός.   180
Χο. οὐχ ἧσσον εὐδάκρυτά μοι λέγεις τάδε,
     εἰ τῆσδε χώρας μήποτε ψαύσει ποδί.

Ηλ. κἀμοὶ προσέστη καρδίαι κλυδώνιον
     χολῆς, ἐπαίθην δ᾽ ὡς διανταίωι βέλει,
     ἐξ ὀμμάτων δὲ δίψιοι πίπτουσί μοι   185
     σταγόνες ἄφαρκτοι δυσχίμου πλημμυρίδος
     πλόκαμον ἰδούσηι τόνδε· πῶς γὰρ ἐλπίσω
     ἀστῶν τιν᾽ ἄλλον τῆσδε δεσπόζειν φόβης;
     ἀλλ᾽ οὐδὲ μήν νιν ἡ κτανοῦσ᾽ ἐκείρατο,
     ἐμή γε μήτηρ, οὐδαμῶς ἐπώνυμον   190
     φρόνημα παισὶ δύσθεον πεπαμένη.
     ἐγὼ δ᾽ ὅπως μὲν ἄντικρυς τάδ᾽ αἰνέσω,
     εἶναι τόδ᾽ ἀγλάισμά μοι τοῦ φιλτάτου
     βροτῶν Ὀρέστου· σαίνομαι δ᾽ ὑπ᾽ ἐλπίδος.
     φεῦ·
     εἴθ᾽ εἶχε φωνὴν ἔμφρον᾽ ἀγγέλου δίκην,   195
     ὅπως δίφροντις οὖσα μὴ 'κινυσσόμην,
     ἀλλ᾽ εὖ σάφ᾽ ἤινει τόνδ᾽ ἀποπτύσαι πλόκον
     εἴπερ γ᾽ ἀπ᾽ ἐχθροῦ κρατὸς ἦν τετμημένος,
     ἢ ξυγγενὴς ὢν εἶχε συμπενθεῖν ἐμοί,
     ἄγαλμα τύμβου τοῦδε καὶ τιμὴν πατρός.   200
     ἀλλ᾽ εἰδότας μὲν τοὺς θεοὺς καλούμεθα
     οἵοισιν ἐν χειμῶσι ναυτίλων δίκην

177 ἦν Scholefield: ἢ M   180 χαίτην Victorius: καὶ τὴν M
πατρί Turnebus   182 paragr. praefixa   ψαύσει Turnebus: ψαύδει
M, ψαύδηι Mˢ   183 καρδίαι Scaliger: -ίας M   186 ἄφαρκτοι
M   πλημμυ- Mˢˢᶜʳ   190 γε Porson: δὲ M   191 δύσθεος Pauw
195 ἔμφρον᾽ Auratus: εὔφρον᾽ M   196 μὴ 'κινυσσόμην Turnebus:
μήκην- M   197 σάφ᾽ ἤινει Kayser (idem etiam ἢ pro εὖ): σαφηνῆ
M   200 τιμὴ Portus   202 δίκην Aldina: -κηι M

στροβούμεθ'. εἰ δὲ χρὴ τυχεῖν σωτηρίας,
σμικροῦ γένοιτ' ἂν σπέρματος μέγας πυθμήν.
καὶ μὴν στίβοι γε, δεύτερον τεκμήριον,　　　　　　　205
ποδῶν, ὁμοῖοι, τοῖς τ' ἐμοῖσιν ἐμφερεῖς·
καὶ γὰρ δύ' ἐστὸν τώδε περιγραφὰ ποδοῖν,
αὐτοῦ τ' ἐκείνου καὶ συνεμπόρου τινός·
πτέρναι τενόντων θ' ὑπογραφαὶ μετρούμεναι
εἰς ταὐτὸ συμβαίνουσι τοῖς ἐμοῖς στίβοις·　　　　210
πάρεστι δ' ὠδὶς καὶ φρενῶν καταφθορά.

Ορ.　εὔχου τὰ λοιπά, τοῖς θεοῖς τελεσφόρους
　　　εὐχὰς ἐπαγγέλλουσα, τυγχάνειν καλῶς.

Ηλ.　ἐπεὶ τί νῦν ἕκατι δαιμόνων κυρῶ;

Ορ.　εἰς ὄψιν ἥκεις ὧνπερ ἐξηύχου πάλαι.　　　　　215

Ηλ.　καὶ τίνα σύνοισθά μοι καλουμένηι βροτῶν;

Ορ.　σύνοιδ' Ὀρέστην πολλά σ' ἐκπαγλουμένην.

Ηλ.　καὶ πρὸς τί δῆτα τυγχάνω κατευγμάτων;

Ορ.　ὅδ' εἰμί· μὴ μάτευ' ἐμοῦ μᾶλλον φίλον.

Ηλ.　ἀλλ' ἦ δόλον τιν', ὦ ξέν', ἀμφί μοι πλέκεις;　　220

Ορ.　αὐτὸς κατ' αὐτοῦ τἆρα μηχανορραφῶ.

Ηλ.　ἀλλ' ἐν κακοῖσι τοῖς ἐμοῖς γελᾶν θέλεις;

Ορ.　κἀν τοῖς ἐμοῖς ἄρ', εἴπερ ἔν γε τοῖσι σοῖς.

Ηλ.　ὡς ὄντ' Ὀρέστην γάρ σ' ἐγὼ προσεννέπω;

Ορ.　αὐτὸν μὲν οὖν ὁρῶσα δυσμαθεῖς ἐμέ,　　　　　225
　　　κουρὰν δ' ἰδοῦσα τήνδε κηδείου τριχὸς
　　　ἰχνοσκοποῦσά τ' ἐν στίβοισι τοῖς ἐμοῖς　　　　[228]
　　　ἀνεπτερώθης κἀδόκεις ὁρᾶν ἐμέ.　　　　　　　[227]
　　　σκέψαι τομῆι προσθεῖσα βόστρυχον τριχὸς　　　[230]

205–10 del. Schütz; 201–4 post 210 trai. Butler, post 211 Weil; lacu-
nam post 208 statuit Hermann; vid. Lloyd-Jones *CQ* 1961. 171 seqq.
206 ποδῶν Turnebus: ποδῶν δ' M　　　τοῖς γ' M^Σ　　　215 ἐξ-
ηύκου M　　　217 -ουμένην Robortello: -ουμένης M　　　219 μάτευ'
Guelf.: μάστευ' M　　　221 ταρρα M　　　224 lectio incerta; γάρ σ'
ἐγὼ προσεννέπω Hermann: τάδ' ἐγώ σε προυννέπω M　　　225 nulla
personae nota　οὖν Turnebus: νῦν M　　　227–30 versuum ordo
incertus; 227–8 sic Robortello; 227 del. Schütz; 229–30 sic Bothe;
retento codicis ordine lacunam post 230 (= [229]) statuit Lloyd-Jones
229 σκέψαι τομῆι Turnebus: σκέψαιτο μὴ M

σαυτῆς ἀδελφοῦ σύμμετρον τῶι σῶι κάραι·   [229] 230
ἰδοῦ δ' ὕφασμα τοῦτο, σῆς ἔργον χερός,
σπάθης τε πληγὰς ἠδὲ θήρειον γραφήν.
ἔνδον γενοῦ, χαρᾶι δὲ μὴ 'κπλαγῆις φρένας,
τοὺς φιλτάτους γὰρ οἶδα νῶιν ὄντας πικρούς.

Ηλ.   ὦ φίλτατον μέλημα δώμασιν πατρός,   235
δακρυτὸς ἐλπὶς σπέρματος σωτηρίου,
ἀλκῆι πεποιθὼς δῶμ' ἀνακτήσηι πατρός.
ὦ τερπνὸν ὄμμα τέσσαρας μοίρας ἔχον
ἐμοί, προσαυδᾶν δ' ἔστ' ἀναγκαίως ἔχον
πατέρα σε, καὶ τὸ μητρὸς ἐς σέ μοι ῥέπει   240
στέργηθρον, ἡ δὲ πανδίκως ἐχθαίρεται,
καὶ τῆς τυθείσης νηλεῶς ὁμοσπόρου·
πιστὸς δ' ἀδελφὸς ἦσθ' ἐμοὶ σέβας φέρων·
μόνον Κράτος τε καὶ Δίκη σὺν τῶι τρίτωι
πάντων μεγίστωι Ζηνὶ συγγένοιτό μοι.   245

Ορ.   Ζεῦ Ζεῦ, θεωρὸς τῶνδε πραγμάτων γενοῦ,
ἰδοῦ δὲ γένναν εὖνιν αἰετοῦ πατρὸς
θανόντος ἐν πλεκταῖσι καὶ σπειράμασιν
δεινῆς ἐχίδνης· τοὺς δ' ἀπωρφανισμένους
νῆστις πιέζει λιμός· οὐ γὰρ ἐντελεῖς   250
θήραν πατρώιαν προσφέρειν σκηνήμασιν.
οὕτω δὲ κἀμὲ τήνδε τ', Ἠλέκτραν λέγω,
ἰδεῖν πάρεστί σοι, πατροστερῆ γόνον,
ἄμφω φυγὴν ἔχοντε τὴν αὐτὴν δόμων.
καίτοι θυτῆρος καί σε τιμῶντος μέγα   255

---

230 σύμμετρον Pauw: -μέτρου M   τῶμῶι H. L. Ahrens   232 ἠδὲ
Turnebus: εἰς δὲ M   θήρειον Bamberger: θηρίον M   233 μὴ
'κπλαγῆις Turnebus: μήκπλαγιῆι M   234 οἶσθα Hartung   236 σω-
τήριος Schütz   240 πατέρα σε Schütz: πατέρα τε M   244 μόνον
Turnebus: μόνος M   245 συγγένοιντό Blaydes   σοι Stanley, νῶιν
Weil   246 nec paragraphus nec nomen, sed litt. Z grandior ἐν
ἐκθέσει M   πραγμάτων Robortello: πρηγμάτων M; πηγμάτων Dawe
247 γένναν εὖνιν Turnebus: γεννανιν M, γέννα, νῖν Mˢ   248 σπιρ-
M   249 δεινῆς Mˢ: δινῆς M   250 ἐντελεῖς Pauw: -λῆς M
251 θήραν πατρώιαν Mᶻ: θῆρα πατρῶα M (πατρώα Mˢ)   252 λέγω
Aldina: ἐγὼ M   255 καίτοι Musgrave: καὶ τοῦ M

πατρὸς νεοσσοὺς τούσδ᾽ ἀποφθείρας πόθεν
ἕξεις ὁμοίας χειρὸς εὔθοινον γέρας;
οὔτ᾽ αἰετοῦ γένεθλ᾽ ἀποφθείρας πάλιν
πέμπειν ἔχοις ἂν σήματ᾽ εὐπιθῆ βροτοῖς,
οὔτ᾽ ἀρχικός σοι πᾶς ὅδ᾽ αὐανθεὶς πυθμὴν   260
βωμοῖς ἀρήξει βουθύτοις ἐν ἤμασιν.
κόμιζ᾽, ἀπὸ σμικροῦ δ᾽ ἂν ἄρειας μέγαν
δόμον, δοκοῦντα κάρτα νῦν πεπτωκέναι.

Χο.   ὦ παῖδες, ὦ σωτῆρες ἑστίας πατρός,
σιγᾶθ᾽, ὅπως μὴ πεύσεταί τις, ὦ τέκνα,   265
γλώσσης χάριν δὲ πάντ᾽ ἀπαγγελεῖ τάδε
πρὸς τοὺς κρατοῦντας· οὓς ἴδοιμ᾽ ἐγώ ποτε
θανόντας ἐν κηκῖδι πισσήρει φλογός.

Ορ.   οὔτοι προδώσει Λοξίου μεγασθενὴς
χρησμὸς κελεύων τόνδε κίνδυνον περᾶν,   270
κἀξορθιάζων πολλά, καὶ δυσχειμέρους
ἄτας ὑφ᾽ ἧπαρ θερμὸν ἐξαυδώμενος,
εἰ μὴ μέτειμι τοῦ πατρὸς τοὺς αἰτίους
τρόπον τὸν αὐτόν, ἀνταποκτεῖναι λέγων·
αὐτὸν δ᾽ ἔφασκε τῆι φίληι ψυχῆι τάδε   [276] 275
τείσειν μ᾽ ἔχοντα πολλὰ δυστερπῆ κακά,   [277]
ἀποχρημάτοισι ζημίαις ταυρούμενον·   [275]
τὰ μὲν γὰρ ἐκ γῆς δυσφρόνων μειλίγματα
βροτοῖς πιφαύσκων εἶπε, τὰς δ᾽ αἰνῶν νόσους,
σαρκῶν ἐπαμβατῆρας ἀγρίαις γνάθοις,   280
λειχῆνας ἐξέσθοντας ἀρχαίαν φύσιν,
λεύκας δὲ κόρσαις τῆιδ᾽ ἐπαντέλλειν νόσωι,

257 εὔθοινον M⁸ : εὔθυνον M   259 εὐπιθῆ M⁸ : -πειθῆ M   260 αὐαν-
Blass   262 δ᾽ ἂν ἄρειας Turnebus : δαναρίας M   266 ἀπαγ-
γελεῖ Porson : ἀπαγγείληι M   268 φθίνοντας Wecklein   269 nulla
personae nota   οὖτοι Turnebus : οὖτι M   271 κἀξορθι- Turnebus :
κἀξοθρι- M   275-7 hoc ordine Hartung ; 277 μαυρούμενον idem
278-9 lectio dubia ; 278 μηνίματα Lobeck, sed locutus est Phoebus
primo (μὲν) iratorum lenimenta describens, tum (δὲ) poenas quas infli-
gunt narrans   279 τὰς δ᾽ αἰνῶν νόσους Hermann : τὰς δὲ νωνόσσους
Mᵃᶜ, τὰς δὲ νῶν νόσους Mᵖᶜ   281 λιχ- M   282 λεύκας δὲ κόρσαις
Lobel : λεύκὰς δὲ κόρσας M   ἐπαντέλλειν Et. Mag. s.v. κόρση : -τέλλει M

ἄλλας τ' ἐφώνει προςβολὰς Ἐρινύων
ἐκ τῶν πατρώιων αἱμάτων τελουμένας
†ὁρῶντα λαμπρὸν ἐν ςκότωι νωμῶντ' ὀφρύν†.   285
τὸ γὰρ ςκοτεινὸν τῶν ἐνερτέρων βέλος
ἐκ προςτροπαίων ἐν γένει πεπτωκότων
καὶ λύςςα καὶ μάταιος ἐκ νυκτῶν φόβος
κινεῖ ταράςςει καὶ διωκάθει πόλεως
χαλκηλάτωι πλάςτιγγι λυμανθὲν δέμας.   290
καὶ τοῖς τοιούτοις οὔτε κρατῆρος μέρος
εἶναι μεταςχεῖν, οὐ φιλοςπόνδου λιβός,
βωμῶν δ' ἀπείργειν οὐχ ὁρωμένην πατρὸς
μῆνιν, δέχεςθαι δ' οὔτε ςυλλύειν τινά,
πάντων δ' ἄτιμον κἄφιλον θνήιςκειν χρόνωι   295
κακῶς ταριχευθέντα παμφθάρτωι μόρωι.
τοιοῖςδε χρηςμοῖς ἆρα χρὴ πεποιθέναι;
κεἰ μὴ πέποιθα, τοὔργόν ἐςτ' ἐργαςτέον·
πολλοὶ γὰρ εἰς ἓν ςυμπίτνουςιν ἵμεροι,
θεοῦ τ' ἐφετμαὶ καὶ πατρὸς πένθος μέγα,   300
καὶ πρὸς πιέζει χρημάτων ἀχηνία,
τὸ μὴ πολίτας εὐκλεεςτάτους βροτῶν,
Τροίας ἀναςτατῆρας εὐδόξωι φρενί,
δυοῖν γυναικοῖν ὧδ' ὑπηκόους πέλειν·
θήλεια γὰρ φρήν· εἰ δὲ μή, τάχ' εἴςεται.   305

Χο.   ἀλλ' ὦ μεγάλαι Μοῖραι, Διόθεν

283 τ' ἐφώνει Auratus: τε φωνεῖ M; δ' ἐφώνει Schütz   285 non
intellegitur; del. H. L. Ahrens, post 288 trai. Hermann; lacunam
post 284 statuit Dobree; λαμπρὰν Bothe   289 διωκάθει Porson:
διώκεςθαι M   290 χαλκηλάτωι πλάςτιγγι: cf. Hesych. et Et. Mag.
s.v. πλάςτιγξ· ἡ μάςτιξ ἀπὸ τοῦ πλήςςειν παρ' Αἰςχύλωι; quamvis obscura
sint et nomen et epitheton, in Aeschylo mutare non ausus sum; μάςτιγι
Wecklein, ἀγηλάτωι μάςτιγι Headlam coll. Lycophr. 436 ἀγ. μάςτ.
291 κρατῆρος Robortello: κρατερὸς M   293 δ' Heath: τ' M
294 δ' Hermann: rasura in M   οὐδὲ Wecklein   299 ςυμπίπτουςιν
Mˢ   305 τάχ' εἴςομαι Hermann   306-478 consulendus Lesky
SB Akad. Wien 221. 3 (1943); manent multa obscura vel corrupta
306 nulla personae nota; choro tribuit Robortello

τῆιδε τελευτᾶν,
ἧι τὸ δίκαιον μεταβαίνει·
ἀντὶ μὲν ἐχθρᾶς γλώςςης ἐχθρὰ
γλῶςσα τελείςθω· τοὐφειλόμενον   310
πράςςουσα Δίκη μέγ' ἀυτεῖ·
ἀντὶ δὲ πληγῆς φονίας φονίαν
πληγὴν τινέτω. δράσαντα παθεῖν,
τριγέρων μῦθος τάδε φωνεῖ.

Ορ.   ὦ πάτερ αἰνόπατερ, τί σοι   [cτρ. α
φάμενος ἢ τί ῥέξας   316
τύχοιμ' ἄγκαθεν οὐρίσας
ἔνθα c' ἔχουςιν εὐναί;
cκότωι φάος ἀντίμοι-
ρον, χάριτες δ' ὁμοίως   320
κέκληνται γόος εὐκλεὴς
†προσθοδόμοιс† Ἀτρείδαιс.

Χο.   τέκνον, φρόνημα τοῦ θανόντος οὐ δαμά-   [cτρ. β
ζει πυρὸς μαλερὰ γνάθος,   325
φαίνει δ' ὕστερον ὀργάς·
ὀτοτύζεται δ' ὁ θνήιcκων,
ἀναφαίνεται δ' ὁ βλάπτων,
πατέρων δὲ καὶ τεκόντων

307 fort. excidit hemistichium   311 Δίκη μέγ' ἀυτεῖ Mˢ : δίκην
μέγαυτι M   313 δράcαντα Pauw : -τι M   315 nulla personae
nota, sed litt. ὦ grandior ἐν ἐκθέcει ; Oresti tribuit Turnebus   317 ἄν
κάθεν M, ἂν ἔκαθεν Mˢ   319 ἀντίμοιρον Erfurdt : ἰcοτίμοιρον M
320 seqq. ut vid. 'ut luce tenebrae, similiter lamentatione honorifica
mortui compensantur' ; χάριτας δὲ νεκρῶν πάντες φαcὶ τὸν γόον MΣ
κέκληται Guelf.   προcθοδόμοιc non intellegitur ; 'qui ante fores sepulti
sunt' Radermacher coll. Pind. Pyth. 5. 96 ; προcθοδρόμοιc (= προδρόμοιc)
coni. Dodds   324 nulla personae nota ; choro tribuit Turnebus
325 μαλερὰ Porson : ἡ μαλ- M   329–31 lectio dubia ; γόος: νόος
Schütz ex MΣ ψυχὴ . . . ταραccομένη   ποινὰν Schütz : τὸ πᾶν M ;
τᾰποιν' Bothe   ἀμφιλαφῶc Page : -φὴc M, sed ταραχθείc solitarium vix
tolerabile ; γόος ταραχθείc dithyrambicum videtur, sed vid. LSJ s.v.
ταράccω II

γόος ἔνδικος ματεύει 330
ποινὰν ἀμφιλαφῶς ταραχθείς.

Ηλ. κλῦθί νυν, ὦ πάτερ, ἐν μέρει [ἀντ. α
πολυδάκρυτα πένθη·
δίπαις τοί σ'ἐπιτύμβιος
θρῆνος ἀναστενάζει. 335
τάφος δ' ἱκέτας δέδε-
κται φυγάδας θ' ὁμοίως·
τί τῶνδ' εὖ, τί δ' ἄτερ κακῶν;
οὐκ ἀτρίακτος ἄτα;

Χο. ἀλλ' ἔτ' ἂν ἐκ τῶνδε θεὸς χρῄιζων 340
θείη κελάδους εὐφθογγοτέρους,
ἀντὶ δὲ θρήνων ἐπιτυμβιδίων
παιὼν μελάθροις ἐν βασιλείοις
νεοκρᾶτα φίλον κομίσειεν.

Ορ. εἰ γὰρ ὑπ' Ἰλίωι [στρ. γ
πρός τινος Λυκίων, πάτερ, 346
δορίτμητος κατηναρίσθης·
λιπὼν ἂν εὔκλειαν ἐν δόμοισιν
τέκνων τ' ἐν κελεύθοις
ἐπιστρεπτὸν αἰῶ 350
κτίσας πολύχωστον ἂν εἶχες
τάφον διαποντίου γᾶς
δώμασιν εὐφόρητον.

332 paragr. praefixa; Electrae tribuit M^Σ; etiam 334, 338 paragrr. praefixae   334 τοί σ' Schütz, ἐπιτύμβιος Hermann: τοῖς ἐπιτυμβιδίοις M   335 -στενάζει Guelf.: -στενάξει M ut vid. (-άζει puto voluit)   340 paragr. praefixa; choro tribuit Turnebus   τῶνδ' ὁ θεὸς Murray   341 θήη M   344 κομίσειεν Porson: κομίζοι M; φιάλην νεοκρᾶτα κομίζοι Scaliger   345 paragr. praefixa; Oresti tribuit Hermann   347 δορίδμητος Stanley, -κμητος Blomfield   κατην- Porson: κατεν- M   349 τ' ἐν Wellauer: τε M   350 αἰῶ H. L. Ahrens: αἰῶνα M   351 κτίσσας M   352 γᾶς Turnebus: τας M

Χο.   φίλος φίλοισι τοῖς ἐκεῖ καλῶς θανοῦ-   [ἀντ. β
                  σιν, κατὰ χθονὸς ἐμπρέπων   355
                  σεμνότιμος ἀνάκτωρ
                  πρόπολός τε τῶν μεγίστων
                  χθονίων ἐκεῖ τυράννων·
                  βασιλεὺς γὰρ ἦσθ' ὄφρ' ἔζης   360
                  μόριμον λάχος †πιμπλάντων
                  χεροῖν πεισίβροτόν τε βάκτρον†.

Ηλ.   μηδ' ὑπὸ Τρωίας   [ἀντ. γ
                  τείχεσι φθίμενος, πάτερ,
                  μετ' ἄλλωι δουρικμῆτι λαῶι   365
                  παρὰ Σκαμάνδρου πόρον τεθάφθαι·
                  πάρος δ' οἱ κτανόντες
                        νιν οὕτως δαμῆναι
                  ⟨   ⟩ θανατηφόρον αἶσαν
                  πρόσω τινὰ πυνθάνεσθαι   370
                  τῶνδε πόνων ἄπειρον.

Χο.   ταῦτα μέν, ὦ παῖ, κρείσσονα χρυσοῦ,
                  μεγάλης δὲ τύχης καὶ ὑπερβορέου
                  μείζονα φωνεῖς· δύνασαι γάρ.
                  ἀλλὰ διπλῆς γὰρ τῆσδε μαράγνης   375
                  δοῦπος ἱκνεῖται· τῶν μὲν ἀρωγοὶ
                  κατὰ γῆς ἤδη, τῶν δὲ κρατούντων

354 paragr. praefixa; M^Σ secutus choro tribuit Abresch   355 ἐμ-
πρέπει Heimsoeth   360 ἦσθ' Abresch: ἧς M^{sscr}, ἦν M   ἔζη Her-
mann   361–2 non intelleguntur; πιπλάντων Heath   πεισί-
βροτόν Heath: πισίμβρ- M   -βρότωι τε βάκτρωι Pauw, sed mirum si
haec in accus. mutarentur   363 nulla personae nota; M^Σ secutus
Electrae tribuit Hermann   364 τείχεσσι M   πατὴρ Heimsoeth; cf.
368 (νιν)   365 ἄλλωι Stanley: ἄλλων M   δουρι- Blomfield: δορι- M
366 τεθάφθαι Tafel (λείπει τὸ ὤφειλες, M^Σ): τέθαψαι M   368 fort.
αὕτως   369 ⟨δόμοις,⟩ suppl. Blass, ⟨φίλοις,⟩ Conington ex M^Σ
τοῖς ἐκείνων; spreto scholio ⟨ἵν' ἦν⟩ Mazon, ⟨τότ' ἦν⟩ Wilamowitz
370 πρόσσω M   372 nulla personae nota; choro tribuit Turnebus
374 φωνεῖς Porson, δύνασαι Hermann ex M^Σ: φωνεῖ· ὁ δύνασαι M
375 μαράγμης M ut vid. sed -γνης puto voluit   377 γᾶς M^s

χέρες οὐχ ὅσιαι †ϲτυγερῶν τούτων
παιϲὶ δὲ μᾶλλον γεγένηται†.

Ορ. τοῦτο διαμπερὲς οὖς   [ϲτρ. δ
   ἵκεθ' ἅπερ τε βέλος·   381
   Ζεῦ Ζεῦ, κάτωθεν ἀμπέμπειν
   ὑϲτερόποινον ἄταν
   βροτῶν τλήμονι καὶ πανούργωι
   χειρί· τοκεῦϲι δ' ὅμως τελεῖται. 385

Χο. ἐφυμνῆϲαι γένοιτό μοι πευ-   [ϲτρ. ε
    κάεντ' ὀλολυγμὸν ἀνδρὸς
   θεινομένου γυναικός
   τ' ὀλλυμένας· τί γὰρ κεύ-
   θω φρενὸς οἷον ἔμπας
   ποτᾶται πάροιθ'; ἐκ δὲ πρώιρας 390
   δριμὺς ἄηται κραδίας
   θυμός, ἔγκοτον ϲτύγος.

Ηλ. καὶ πότ' ἂν ἀμφιθαλὴς   [ἀντ. δ
   Ζεὺς ἐπὶ χεῖρα βάλοι,   395
   φεῦ φεῦ, κάρανα δαΐξας;
   πιϲτὰ γένοιτο χώραι.

378 seq. non intelleguntur; mutilum esse iudico inclusis scholiorum
fragmentis, nam necesse est huiusmodi sententiam expressam esse:
χέρες οὐχ ὅσιαι ϲτυγερῶν ⟨ἀχέων⟩ | παιϲὶν ⟨ἀφορμὴ⟩ γεγένηνται; παιϲὶν δὲ
μέλον γεγένηται Dodds, sed manet in ϲτυγ. τούτων maxima difficultas
380 nulla personae nota; Oresti Portus, Electrae tribuit ΜΣ   οὖς
Schütz: ὡς Μᵃᶜ, ὡς Μᵖᶜ 381 ἵκετο Μ ἅπερ τι Schütz 382 versus
ἐν ἐκθέϲει ἀμπέμπειν (imperative) Headlam: -πων Μ 383 ἄταν
Μˢ: ἄτην Μ 384 τλάμ- Hermann 385 τόκοιϲι Merkel; ὁμῶϲ
ut vid. ΜΣ 386 nulla personae nota; choro tribuit Turnebus
386 seq. πευκάεντ' (disyll.) Hermann: πευκήεντ' Μ; vulgo πυκάεντ' edd.,
quod monstrum horrendum informe est 388 θειν- Μˢ: θιν- Μ
389 -μένας Μˢ: -μένης Μ οἷον Hermann: θεῖον Μ 390 πάροιθ';
ἐκ Page: πάροιθεν Μ 391 κραδ- Hermann: καρδ- Μ 394 nulla
personae nota; Electrae tribuit Portus ἀμφιθαλὴς suspectum; -θαλῇ
Iacob, -λαφῇ Hartung 396 versus ἐν ἐκθέϲει δαΐξαι Musgrave

ΧΟΗΦΟΡΟΙ

δίκαν δ' ἐξ ἀδίκων ἀπαιτῶ·
κλῦτε δὲ Γᾶ χθονίων τε τιμαί.

Χο.   ἀλλὰ νόμος μὲν φονίας cταγόνας   400
χυμένας ἐς πέδον ἄλλο προσαιτεῖν
αἷμα· βοᾶι γὰρ λοιγὸς 'Ερινὺν
παρὰ τῶν πρότερον φθιμένων ἄτην
ἑτέραν ἐπάγουσαν ἐπ' ἄτηι.

Ορ.   πόποι δᾶ νερτέρων τυραννίδες·   [cτρ. ζ
πολυκρατεῖc ἴδεcθε φθιμένων Ἀραί,   406
ἴδεcθ' Ἀτρειδᾶν τὰ λοίπ' ἀμηχάνωc
ἔχοντα καὶ δωμάτων ἄτιμα· πᾶι
τιc τράποιτ' ἄν, ὦ Ζεῦ;

Χο.   πέπαλται δαῦτέ μοι φίλον κῆρ,   [ἀντ. ε
τόνδε κλύουcαν οἶκτον·   411
καὶ τότε μὲν δύcελπιc,
cπλάγχνα δέ μοι κελαινοῦ-
ται πρὸς ἔπος κλυούcαι·
ὅταν δ' αὖτ' †ἐπαλκὲc θραρέ†   415
⟨ ⟩ ἀπέcταcεν ἄχος
†πρὸς τὸ φανεῖcθαι† μοι καλῶc.

398 δ' del. Murray   399 Γᾶ χθονίων τε τιμαί H. L. Ahrens:
ταχθονίων τετιμαι M, ἐν supra μαι scr. M^s; cf. M^Σ τετιμημέναι
400 nulla personae nota; choro tribuit Hermann   ἀλλ' ἄνομος M
402 λοιγὸς 'Ερινὺν Schütz: λοιγὸν 'Ερινὺc M   402 πρότερον Portus:
-έρων M   ἄταν M^s   405 nulla personae nota; Oresti tribuit
Schütz   πόποι δᾶ Bamberger: ποῖ ποῖ δὴ M   406 ita Page:
ἴδετε πολυκρατεῖc Ἀραὶ φθιμένων M; ἴδετε . . . ἴδεcθε vix tolerabile in
Aeschylo, φθιμένων emendantibus renititur (φθινομένων Ahrens, sed tem-
pus praesens ineptum; τεθυμένων Hermann, quod nequaquam convenit)
408 seq. πᾶι τιc M^s: πετιc M   410 nulla personae nota; choro
tribuit Hermann   πέπαλται Turnebus: πεπάλατε M, -ται M^sscr   κῆρ
Page: κέαρ M; κῆρ alibi nusquam apud tragicos, hoc loco φίλον
κῆρ ex Homero sumptum est   413 μοι Schütz: μου M   414 τόδ'
ἔπος Hartung   415 seqq. graviter corrupti; ὅταν δ' αὖτ' ἐπαλκῆ
c' ὁρῶ, ῥεῖ' ⟨ἐλπὶc⟩ ἀπέcταcεν Grotefend, H. L. Ahrens   417 verum
expulit scholii fragmentum

Ηλ.   τί δ' ἂν φάντες τύχοιμεν; ἢ τάπερ   [ἀντ. ζ
       πάθομεν ἄχεα πρός γε τῶν τεκομένων;
       πάρεστι σαίνειν, τὰ δ' οὔτι θέλγεται·   420
       λύκος γὰρ ὥστ' ὠμόφρων ἄσαντος ἐκ
       ματρός ἐστι θυμός.

Χο.   ἔκοψα κομμὸν Ἄριον ἔν τε Κισσίας   [στρ. η
       νόμοις ἰηλεμιστρίας·
       ἀπρικτόπληκτα πολυπάλακτα δ' ἦν ἰδεῖν   425
       ἐπασσυτεροτριβῆ τὰ χερὸς ὀρέγματα
       ἄνωθεν ἀνέκαθεν, κτύπωι δ' ἐπερρόθει
       κροτητὸν ἀμὸν καὶ πανάθλιον κάρα.

Ηλ.   ἰὼ ἰὼ δαΐα   [στρ. θ
       πάντολμε μᾶτερ, δαΐαις ἐν ἐκφοραῖς   430
       ἄνευ πολιτᾶν ἄνακτ'
          ἄνευ δὲ πενθημάτων
       ἔτλας ἀνοίμωκτον ἄνδρα θάψαι.

Ορ.   τὸ πᾶν ἀτίμως ἔρεξας, οἴμοι,   [στρ. ι
       πατρὸς δ' ἀτίμωσιν ἆρα τείσεις   435
       ἕκατι μὲν δαιμόνων,

418 nulla personae nota; Electrae tribuit Schütz   φάντες Bothe ex
M^Σ (εἰπόντες): πάντες M   τύχοιμεν Hermann: τύχοιμεν ἂν M
419 ἄχεα Schwenk ex M^Σ (ad v. 420, τὰ ἄχη): ἄχθεα M   423 nulla
personae nota; choro tribuit O. Müller   Ἄριον Hermann: ἄρειον M
ἔν τε Bothe: εἴτε M   Κισσίας Robortello: Κισσίαις M   424 νόμοις
ἰηλ- Hermann: νόμοισιλ- M   425 ἀπρικτόπληκτα Lachmann: ἄπριγ-
κτοι πληκτὰ M   πολυπάλακτα Bothe: πολυπάλαγκται M; πολυπλάνητα
Hermann   δὴν M; τ' ἦν Hermann   ἰδεῖν M^s: ειδεῖν M; intellege ἀπρὶξ
πλήσσοντα καὶ αἵματι πολλῶι πεπαλαγμένα; ne quis miretur si κωμωιδεῖται
ὡς διθύραμβος (M^Σ ad v. 428)   427 ἐπερρόθει Stanley: ἐπιρροθεῖ
M   428 καὶ del. Enger; cf. 450   429 nulla personae
nota; Electrae tribuit O. Müller   430 μᾶτερ Schütz: μῆτερ M
433 ἔτλας Dindorf: -ληις M   434–8 post 455 locavit Schütz,
manifesto perperam, quamvis mirus sit stropharum ordo η θ ι = ι η θ
434 nulla personae nota; Oresti tribuit Robortello   ἔρεξας Her-
werden: ἔλεξας M, sed 'inhoneste locuta es' contextui minime aptum
435 ἆρα: ἀρὰ M   τείσεις Herwerden: τίσει M

ΧΟΗΦΟΡΟΙ

ἕκατι δ' ἀμᾶν χερῶν·
ἔπειτ' ἐγὼ νοσφίςας ⟨ς'⟩ ὀλοίμαν.

Χο. ἐμαςχαλίςθη δέ γ', ὡς τόδ' εἰδῆις·   [ἀντ. ι
ἔπραςςε δ' ἅπερ νιν ὧδε θάπτει,   440
μόρον κτίςαι μωμένα
ἄφερτον αἰῶνι ςῶι·
κλύεις πατρώιους δύας ἀτίμους.

Ηλ. λέγεις πατρῶιον μόρον· ἐγὼ δ' ἀπεστάτουν   [ἀντ. η
ἄτιμος, οὐδὲν ἀξία,   445
μυχῶι δ' ἄφερκτος πολυςινοῦς κυνὸς δίκαν
ἑτοιμότερα γέλωτος ἀνέφερον λίβη
χέουςα πολύδακρυν γόον κεκρυμμένα.
τοιαῦτ' ἀκούων ⟨   ⟩ ἐν φρεςὶν γράφου.   450

Χο. ⟨γράφου⟩, δι' ὤτων δὲ ςυν-   [ἀντ. θ
τέτραινε μῦθον ἡςύχωι φρενῶν βάςει·
τὰ μὲν γὰρ οὕτως ἔχει,
τὰ δ' αὐτὸς ὄργα μαθεῖν·
πρέπει δ' ἀκάμπτωι μένει καθήκειν.   455

Ορ. ςέ τοι λέγω, ξυγγενοῦ πάτερ φίλοις.   [ςτρ. κ
Ηλ. ἐγὼ δ' ἐπιφθέγγομαι κεκλαυμένα.

438 ς' suppl. Page   ὀλοίμαν Turnebus: ἐλ- M   439 nulla
personae nota; choro tribuit O. Müller   ἐμαςχαλίςθη Robortello: -θης
M   δέ γ' Klausen, ὡς τόδ' εἰδῆις Pauw: δὲ τωςτοςτείδης M; δ' ἔθ'
ὡς τόδ' Canter   441 κτίςαι Stanley: κτεῖναι (ν in litura) M
442 ἄφερτον Robortello: -ερκτον M   443 κλύεις Turnebus: -ει M
δύας ἀτίμους Stanley: δυςατίμους M   444 nulla personae nota;
Electrae tribuit O. Müller   446 μυχῶι Stanley: μυχοῦ M   -ςινοῦς
in -ςίνου corr. M   449 χέουςα Dobree: χ∗ρουςα Mᵃᶜ, χαίρουςα Mᵖᶜ
450 ⟨καῖςιν⟩ suppl. Franz, φρεςὶν ⟨ςέθεν⟩ Paley, φρ. ⟨πάτερ⟩ Sidgwick
φρεςςὶν M   451 nulla personae nota; choro tribuit O. Müller
γράφου suppl. Klausen   452 φρενῶν Turnebus: φρονῶν M; φρενῶν
βάςις quae sit nescio; etiam quaerendum est cur hoc loco ἥςυχος esse de-
beat   454 αὐτοῖς Mᵃᶜ   ὄργα Scaliger: ὀργᾶι M   455 πρέπεις
Mᵃᶜ   456–78 nullae personarum notae   456 φίλοιςι M

Χο.   cτάcιc δὲ πάγκοινοc ἅδ' ἐπιρροθεῖ·
        ἄκουcον ἐc φάοc μολών,
        ξὺν δὲ γενοῦ πρὸc ἐχθρούc.   460

Ορ.   Ἄρηc Ἄρει ξυμβαλεῖ, Δίκαι Δίκα.   [ἀντ. κ
Ηλ.   ἰὼ θεοί, κραίνετ' ἐνδίκωc ⟨λιτάc⟩.
Χο.   τρόμοc μ' ὑφέρπει κλύουcαν εὐγμάτων·
        τὸ μόρcιμον μένει πάλαι,
        εὐχομένοιc δ' ἂν ἔλθοι.   465

        ὦ πόνοc ἐγγενήc,   [cτρ. λ
        καὶ παράμουcοc ἄταc
        αἱματόεccα πλαγά,
        ἰὼ δύcτον' ἄφερτα κήδη,
        ἰὼ δυcκατάπαυcτον ἄλγοc.   470

        δώμαcιν ἔμμοτον   [ἀντ. λ
        τῶνδ' ἄκοc οὐκ ἀπ' ἄλλων
        ἔκτοθεν, ἀλλ' ἀπ' αὐτῶν,
        δι' ὠμὰν ἔριν αἱματηράν·
        θεῶν ⟨τῶν⟩ κατὰ γᾶc ὅδ' ὕμνοc.   475

        ἀλλὰ κλύοντεc, μάκαρεc χθόνιοι,
        τῆcδε κατευχῆc πέμπετ' ἀρωγὴν
        παιcὶν προφρόνωc ἐπὶ νίκηι.

Ορ.   πάτερ τρόποιcιν οὐ τυραννικοῖc θανών,
        αἰτουμένωι μοι δὸc κράτοc τῶν cῶν δόμων.   480

459 ἄρηξον Heimsoeth   461 ξυμβαλεῖ Pauw: -βάλλει M
462 κραίνετ' ἐνδίκωc Mˢ: κραίν✱✱✱δίκωc M   λιτάc suppl. Newman;
ἀράc Romahn   466 El. et Or. tribuit Mᶻ ut vid.   ὦ Hermann:
ἰὼ M   467 ἄταc Hermann: ἄτηc M   468 πλαγά Mˢ: πληγή
M   470 -παυτον Wecklein   472 ἄκοc οὐκ Schütz: ἑκὰc οὐδ' M
474 δι' ὠμὰν Klausen, ἔριν Hermann: αιωμαναιρειν M   475 τῶν
suppl. Hermann   478 νίκηι Portus: -κην M   479 Oresti tribuit
Robortello, Electrae M   480 αἰτουμένωι Turnebus: -νόc M

Ηλ. κἀγώ, πάτερ, τοιάνδε σου χρείαν ἔχω,
†φυγεῖν μέγαν προσθεῖσαν Αἰγίςθωι ⟨   ⟩†.

Ορ. οὕτω γὰρ ἄν σοι δαῖτες ἔννομοι βροτῶν
κτιζοίατ᾽· εἰ δὲ μή, παρ᾽ εὐδείπνοις ἔςηι
ἄτιμος ἐμπύροισι κνιςωτοῖς χθονός.   485

Ηλ. κἀγὼ χοάς σοι τῆς ἐμῆς παγκληρίας
οἴςω πατρώιων ἐκ δόμων γαμηλίους,
πάντων δὲ πρῶτον τόνδε πρεςβεύςω τάφον.

Ορ. ὦ γαῖ᾽, ἄνες μοι πατέρ᾽ ἐποπτεῦσαι μάχην.

Ηλ. ὦ Περςέφασσα, δὸς δέ γ᾽ εὔμορφον κράτος.   490

Ορ. μέμνηςο λουτρῶν οἷς ἐνοςφίςθης, πάτερ.

Ηλ. μέμνηςο δ᾽ ἀμφίβληςτρον ὡς ἐκαίνιςας.

Ορ. πέδαις γ᾽ ἀχαλκεύτοιςι θηρευθείς, πάτερ.

Ηλ. αἰςχρῶς τε βουλευτοῖςιν ἐν καλύμμαςιν.

Ορ. ἆρ᾽ ἐξεγείρηι τοῖςδ᾽ ὀνείδεςιν, πάτερ;   495

Ηλ. ἆρ᾽ ὀρθὸν αἴρεις φίλτατον τὸ ςὸν κάρα;

Ορ. ἤτοι Δίκην ἴαλλε ςύμμαχον φίλοις
ἢ τὰς ὁμοίας ἀντίδος λαβὰς λαβεῖν,
εἴπερ κρατηθείς γ᾽ ἀντινικῆςαι θέλεις.

Ηλ. καὶ τῆςδ᾽ ἄκουςον λοιςθίου βοῆς, πάτερ·   500
ἰδὼν νεοςςοὺς τούςδ᾽ ἐφημένους τάφωι
οἴκτιρε θῆλυν ἄρςενός θ᾽ ὁμοῦ γόον.

Ορ. καὶ μὴ ᾽ξαλείψηις ςπέρμα Πελοπιδῶν τόδε·
οὕτω γὰρ οὐ τέθνηκας οὐδέ περ θανών.

Ηλ. παῖδες γὰρ ἀνδρὶ κληδόνος ςωτήριοι   505
θανόντι, φελλοὶ δ᾽ ὣς ἄγουςι δίκτυον

481–6 nulla personae nota   481 τοιάνδε Turnebus: τοιάδε M;
τοιάδε· ςοῦ . . . ἔχω Maas   482 desperatus; οἰκεῖν μετ᾽ ἀνδρὸς
θεῖςαν Αἰγίςθωι μόρον Emperius (cf. 486–7 χοὰς γαμηλίους), φυγεῖν με τάμ-
προςθ᾽ οἷς ἐν Αἰγίςθου ξυνῆν (melius ξυνῇ) Dodds   485 ἐν πυροῖςι M
490 γ᾽ Hermann: τ᾽ M   492 seq. ὡς Blomfield: ὦι ς᾽ M   ὦι ς᾽
ἐνήικιςαν Dawe   ἐκαίνιςας./ πέδαις γ᾽ ἀχαλκεύτοιςι θηρευθείς Conington:
ἐκαίνιςαν./ πέδαις δ᾽ ἀχαλκεύτοιςι ἐθηρεύθης M   495 ὀνείδεςςιν M
497–523 nullae personarum notae; varie distribuunt edd. (vid. Groene-
boom ad 497, 503)   498 λαβὰς Canter: βλάβας M   502 οἴκτειρε
M   γόον Pauw: γόνον M   505–7 Sophocli tribuit Clem. Alex.
strom. 2. 141. 23   505 κληδόνος Schütz: -νες M

τὸν ἐκ βυθοῦ κλωστῆρα cῴζοντεc λίνου.
Ορ.　ἄκου'· ὑπὲρ coῦ τοιάδ' ἔcτ' ὀδύρματα,
　　　αὐτὸc δὲ cῴζηι τόνδε τιμήcαc λόγον.
Χο.　καὶ μὴν ἀμεμφῆ τόνδ' ἐτείνατον λόγον,　　　　　510
　　　τίμημα τύμβου τῆc ἀνοιμώκτου τύχηc·
　　　τὰ δ' ἄλλ', ἐπειδὴ δρᾶν κατώρθωcαι φρενί,
　　　ἔρδοιc ἂν ἤδη δαίμονοc πειρώμενοc.
Ορ.　ἔcται· πυθέcθαι δ' οὐδέν ἐcτ' ἔξω δρόμου
　　　πόθεν χοὰc ἔπεμψεν, ἐκ τίνοc λόγου　　　　　515
　　　μεθύcτερον τιμῶc' ἀνήκεcτον πάθοc.
　　　θανόντι δ' οὐ φρονοῦντι δειλαία χάριc
　　　ἐπέμπετ'· οὐκ ἔχοιμ' ἂν εἰκάcαι τόδε·
　　　τὰ δῶρα μείω δ' ἐcτὶ τῆc ἁμαρτίαc·
　　　τὰ πάντα γάρ τιc ἐκχέαc ἀνθ' αἵματοc　　　　　520
　　　ἑνόc, μάτην ὁ μόχθοc. ὧδ' ἔχει λόγοc.
　　　θέλοντι δ', εἴπερ οἶcθ', ἐμοὶ φράcον τάδε.
Χο.　οἶδ', ὦ τέκνον, παρῆ γάρ· ἔκ τ' ὀνειράτων
　　　καὶ νυκτιπλάγκτων δειμάτων πεπαλμένη
　　　χοὰc ἔπεμψε τάcδε δύcθεοc γυνή.　　　　　525
Ορ.　ἦ καὶ πέπυcθε τοὔναρ ὥcτ' ὀρθῶc φράcαι;
Χο.　τεκεῖν δράκοντ' ἔδοξεν, ὡc αὐτὴ λέγει.
Ορ.　καὶ ποῖ τελευτᾶι καὶ καρανοῦται λόγοc;
Χο.　ἐν cπαργάνοιcι παιδὸc ὁρμίcαι δίκην.
Ορ.　τίνοc βορᾶc χρήιζοντα, νεογενὲc δάκοc;　　　　　530
Χο.　αὐτὴ προcέcχε μαcτὸν ἐν τὠνείρατι.
Ορ.　καὶ πῶc ἄτρωτον οὖθαρ ἦν ὑπὸ cτύγουc;
Χο.　ὥcτ' ἐν γάλακτι θρόμβον αἵματοc cπάcαι.

507 λίνου M: λίνον Mˢ, λίνωι Clem.　　　510 ἀμεμφῆ τόνδ' Can-
ter, ἐτείνατον Hermann: ἀμόμφητονδετιναtoν M; ἐτεινάτην Blomfield
511 τύμβωι Tucker　　　517 θανόντι Abresch: θανοῦντι M　οὐ φρονοῦντι
suspectum; δυcφρον- Wilamowitz　　　518 τόδε Mᵖᶜ: τάδε Mᵃᶜ
519 μείω Turnebus: μέcω M　　　522 οἶcθά μοι Mˢˢᶜʳ　　　523 παρῆ
Porson: πάρει M, παρῆc Mˢʸᵖ　　　526–54 nullae personarum notae
exceptis paragrr. ante 526, 527, 528, 551　　　530 νεογενὲc Turnebus:
νεορενὲc M　　　531 μαcτὸν Blomfield (cf. 545, 897): μαζὸν M　τὠ-
νείρατι Porson: τ' ὀν- M　　　532 οὖθαρ ἦν Pauw: οὐχαρην M　cτύ-
γουc Schütz: -γοc M

Ορ. οὗτοι μάταιον ἂν τόδ' ὄψανον πέλοι.

Χο. ἡ δ' ἐξ ὕπνου κέκλαγγεν ἐπτοημένη,   535
    πολλοὶ δ' ἀνήιθοντ' ἐκτυφλωθέντες σκότωι
    λαμπτῆρες ἐν δόμοισι δεσποίνης χάριν.
    πέμπει δ' ἔπειτα τάςδε κηδείους χοάς,
    ἄκος τομαῖον ἐλπίςασα πημάτων.

Ορ. ἀλλ' εὔχομαι γῆι τῆιδε καὶ πατρὸς τάφωι   540
    τοὔνειρον εἶναι τοῦτ' ἐμοὶ τελεςφόρον.
    κρίνω δέ τοί νιν ὥςτε ςυγκόλλως ἔχειν·
    εἰ γὰρ τὸν αὐτὸν χῶρον ἐκλιπὼν ἐμοὶ
    οὔφις †επᾶςα ςπαργανηπλείζετο†
    καὶ μαςτὸν ἀμφέχαςκ' ἐμὸν θρεπτήριον   545
    θρόμβωι τ' ἔμειξεν αἵματος φίλον γάλα,
    ἡ δ' ἀμφὶ τάρβει τῶιδ' ἐπώιμωξεν πάθει,
    δεῖ τοί νιν, ὡς ἔθρεψεν ἔκπαγλον τέρας,
    θανεῖν βιαίως· ἐκδρακοντωθεὶς δ' ἐγὼ
    κτείνω νιν, ὡς τοὔνειρον ἐννέπει τόδε.   550

Χο. τεραςκόπον δὴ τῶνδέ ς' αἱροῦμαι πέρι·
    γένοιτο δ' οὕτως. τἄλλα δ' ἐξηγοῦ φίλοις,
    τοὺς μέν τι ποιεῖν, τοὺς δὲ μή τι δρᾶν λέγων.

Ορ. ἁπλοῦς ὁ μῦθος· τήνδε μὲν ςτείχειν ἔςω·
    αἰνῶ δὲ κρύπτειν τάςδε ςυνθήκας ἐμάς,   555
    ὡς ἂν δόλωι κτείναντες ἄνδρα τίμιον
    δόλωι γε καὶ ληφθῶςιν, ἐν ταὐτῶι βρόχωι
    θανόντες, ἧι καὶ Λοξίας ἐφήμιςεν
    ἄναξ Ἀπόλλων, μάντις ἀψευδὴς τὸ πρίν.

534 ἂν τόδ'... πέλοι Martin : ἀνδρὸς... πέλει M   535 κέκλαγγεν
H. L. Ahrens : κέκλαγεν M   536 ἀνήιθοντ' Meineke ex M^Σ (ἀνέλαμ-
ψαν) : ἀνῆλθον M   538 δ' Stanley : τ' M   542 ςυγκ- Victorius :
ςυςκ- M   543 ἐκλείπων M   544 οὔφεῖς M   reliqua desperata : ἐμοῖςι
Porson, ἔπειτα Martin ; tum ςπάργαν' aut ςπαργάνοις, sed ςπαργάνοις quis
umquam ὠπλίζετο (Victorius) vel ηὐλίζετο (Bamberger)?   ἐπιμελείας
ἠξιοῦτο M^Σ, unde ςπαργάνηι 'κομίζετο Headlam   545 μαςθὸν M
546 τ' Hermann : δ' M   547 ταρβί M   549 -τωνθεὶς M^{ac}
550 κτενῶ Turnebus   551 δὴ Kirchhoff : δὲ M   552 θ' οὕτως
Weil   553 μέν Stanley : δ' ἐν M   554 ςτίχ- M   556 κτεί-
ναντες Robortello : -τας M   557 γε Pauw : τε M

ξένωι γὰρ εἰκώc, παντελῆ cαγὴν ἔχων,   560
ἥξω cὺν ἀνδρὶ τῶιδ' ἐφ' ἑρκείουc πύλαc
Πυλάδηι †ξένοc τε† καὶ δορύξενοc δόμων·
ἄμφω δὲ φωνὴν ἥcομεν Παρνηccίδα
γλώccηc αὐτὴν Φωκίδοc μιμουμένω.
καὶ δὴ θυρωρῶν οὔτιc ἂν φαιδρᾶι φρενὶ   565
δέξαιτ', ἐπειδὴ δαιμονᾶι δόμοc κακοῖc·
μενοῦμεν οὕτωc ὥcτ' ἐπεικάζειν τινὰ
δόμουc παραcτείχοντα καὶ τάδ' ἐννέπειν·
"τί δὴ πύληιcι τὸν ἱκέτην ἀπείργεται
Αἴγιcθοc, εἴπερ οἶδεν ἔνδημοc παρών;"   570
εἰ δ' οὖν ἀμείψω βαλὸν ἑρκείων πυλῶν
κἀκεῖνον ἐν θρόνοιcιν εὑρήcω πατρόc,
ἢ καὶ μολὼν ἔπειτά μοι κατὰ cτόμα
ἐρεῖ· cάφ' ἴcθι, καὶ κατ' ὀφθαλμοὺc καλεῖ·
πρὶν αὐτὸν εἰπεῖν "ποδαπὸc ὁ ξένοc;" νεκρὸν   575
θήcω, ποδώκει περιβαλὼν χαλκεύματι·
φόνου δ' Ἐρινὺc οὐχ ὑπεcπανιcμένη
ἄκρατον αἷμα πίεται τρίτην πόcιν.
νῦν οὖν cὺ μὲν φύλαccε τὰν οἴκωι καλῶc,
ὅπωc ἂν ἀρτίκολλα cυμβαίνηι τάδε,   580
ὑμῖν δ' ἐπαινῶ γλῶccαν εὔφημον φέρειν
cιγᾶν θ' ὅπου δεῖ καὶ λέγειν τὰ καίρια·
τὰ δ' ἄλλα τούτωι δεῦρ' ἐποπτεῦcαι λέγω,
ξιφηφόρουc ἀγῶναc ὀρθώcαντί μοι.

Χο.   πολλὰ μὲν γᾶ τρέφει   [cτρ. α
           δεινὰ δειμάτων ἄχη,   586
           πόντιαί τ' ἀγκάλαι κνωδάλων

561 ἑρκίουc Μ   562 φίλοc δὲ pro ξένοc τε Meineke   563 ἥcο-
μεν Turnebus: οἴcομεν Μ   -νηcίδα Porson   566 δέξαιτ' Turnebus:
λέξ- Μ   568 δόμουc Boissonade: -οιc Μ   παραcτίχ- Μ   569 πύ-
λαιcι Blomfield   571 βαλὸν Μˢ: βαλῶν Μ   ἑρκείων Stanley: ἔρκειον
Μ, ἑρκίον Μˢ   573–4 lectio dubia; vid. Dodds CQ 1953. 16 seqq.
574 καλεῖ Dodds: βαλεῖν Μ   579 νῦν Blomfield: cὺν', sed litt. ν
erasa, Μ   580 cυμβαίνηι Μˢ: -νει Μ   584 ὀρθώcοντί I. Pearson
585 γᾶ Schütz: γὰρ Μ   586 δεινὰ Heath: δεινὰ καὶ Μ

ἀνταίων βροτοῖcι πλή-
θουcι· βλάπτουcι καὶ πεδαίχμιοι
λαμπάδεc πεδάοροι   590
πτανά τε καὶ πεδοβάμονα· κἀνεμόεντ' ἂν
αἰγίδων φράcαι κότον.

ἀλλ' ὑπέρτολμον ἀν-   [ἀντ. α
δρὸc φρόνημα τίc λέγοι   595
καὶ γυναικῶν φρεcὶν τλημόνων
παντόλμουc ἔρωταc, ἄ-
ταιcι ⟨   ⟩ cυννόμουc βροτῶν;
ξυζύγουc δ' ὁμαυλίαc
θηλυκρατὴc ἀπέρωτοc ἔρωc παρανικᾶι   600
κνωδάλων τε καὶ βροτῶν.

ἴcτω δ' ὅcτιc οὐχ ὑπόπτεροc   [cτρ. β
φροντίcιν, δαεὶc
τὰν ἁ παιδολυμὰc τάλαινα Θεcτιὰc μήcατο   605
πυρδαὴc γυνὰ πρόνοι-
αν καταίθουcα παιδὸc δαφοινὸν
δαλὸν ἥλικ', ἐπεὶ μολὼν
ματρόθεν κελάδηcε,
ξύμμετρόν τε διαὶ βίου   610
μοιρόκραντον ἐc ἦμαρ.

588–94 lectio dubia; πλήθουcι Blomfield, βλάπτουcι Butler: πλάθουcι
βλαcτοῦcι M; βρύουcι pro βροτοῖcι, deleto πλάθουcι, Hermann; cf. 597
seq.   590 πεδάοροι Stanley: πεδάμαροι M; οἶμαι πέδουροι, ἵν' ἧι
τὸ cημαινόμενον μετέωροι Mˢ in marg.   591 πτανά Mˢ: πτηνά M
κἀνεμόεντ' ἂν Blomfield: -οέντων M   596 φρεccὶν M   τλαμ- Dindorf
597–8 παντόλμουc Klausen: καὶ παντ- M   e.g. ἄταιc ⟨ματαίαιcι⟩
(Tucker)   599 cυζύγουc Weil, ξυζύγου Enger   600 παρανικᾶι
suspectum; -νεικᾶι in -νικᾶι corr. M ut vid.   603 -πτέροιc Mᴿ
604 δαείc: δμαθείc Enger; cf. 613   606 πυρδαὴc Mᴿ: -δαῇ M
γυνὰ Page: τινα M   607 καταίθουcα Canter: κ' αἴθουcα M   608 fort.
ἅλικ'   610 διαὶ Canter: διὰ M   611 -κραντον Mˢ: -κραντοc M
ἐc Canter: δ' ἐc M   ἆμαρ Dindorf

ἄλλαν δ' ἦν τιν' ἐν λόγοιc cτυγεῖν,   [ἀντ. β
φοινίαν κόραν,
ἅτ' ἐχθρῶν ὕπερ φῶτ' ἀπώλεcεν φίλον, Κρητικοῖc   615
χρυcεοκμήτοιcιν ὅρ-
    μοιc πιθήcαcα, δώροιcι Μίνω,
Νῖcον ἀθανάταc τριχὸc
νοcφίcαc' ἀπροβούλωι   620
πνέονθ' ἁ κυνόφρων ὕπνωι·
κιγχάνει δέ νιν Ἑρμῆc.

ἐπεὶ δ' ἐπεμνηcάμαν ἀμειλίχων   [cτρ. γ
πόνων, †ἀκαίρωc δὲ† δυcφιλὲc γαμή-
    λευμ' ἀπεύχετον δόμοιc   625
γυναικοβούλουc τε μήτιδαc φρενῶν
ἐπ' ἀνδρὶ τευχεcφόρωι
†ἐπ' ἀνδρὶ δηίοιc ἐπικότω cέβαc†·
τίω δ' ἀθέρμαντον ἑcτίαν δόμων
γυναικείαν ⟨τ'⟩ ἄτολμον αἰχμάν.   630

κακῶν δὲ πρεcβεύεται τὸ Λήμνιον   [ἀντ. γ
λόγωι, γοᾶται δὲ δημόθεν κατά-
    πτυcτον, ἤικαcεν δέ τιc
τὸ δεινὸν αὖ Λημνίοιcι πήμαcιν.
θεοcτυγήτωι δ' ἄγει   635
βροτοῖc ἀτιμωθὲν οἴχεται γένοc·

613 ἄλλαν Portus: ἀλλὰ M   δ' ἦν Weil: δὴ M   613 κόραν
Merkel: Cκύλλαν M; cf. 604   615 ὕπερ Porson: ὑπαὶ M   ἀπόλεcεν
M   616 -κμήτοιcιν Hermann: -δμήτοιcιν M   618 πειθ- M
δόροιcι M   620 ἀπροβούλωι Page ('imprudenti'): -λωc M; -cαca προ-
βούλωc Porson   622 κιχάνει Mᵖᶜ μιν M fort. Ἑρμᾶc   623 ἐπε-
μνηcάμαν Heath (-μην): -μνήcαμεν M, -μνάcαμεν Mˢ   624 πόνων:
φόνων Schütz   ἀκαίρωc ineptum; maxime καιρία hoc loco rerum a
Clyt. gestarum descriptio; aptum foret πόνων, τίc οἶδ' ὧδε δυcφιλὲc κτλ.
(Martin)   628 ἐπ' ἀνδρὶ perperam ex init. 627 repetitum; cetera
desperata   629 τίω Stanley: τίων M   630 τ' suppl. Hermann
stropham post antistropham traiecit Preuss   632 βοᾶται Blomfield
δημόθεν Hartung: δὴ ποθει, ι supra ει scr., M   635 ἄγει Auratus:
ἄχει M   636 βροτοῖc Wilamowitz: -τῶν M

cέβει γὰρ οὔτιc τὸ δυcφιλὲc θεοῖc.
τί τῶνδ' οὐκ ἐνδίκωc ἀγείρω;

τὸ δ' ἄγχι πλευμόνων ξίφοc   [cτρ. δ
διανταίαν ὀξυπευκὲc οὐτᾶι   640
διαὶ Δίκαc †τὸ μὴ θέμιc γὰρ οὔ†
λὰξ πέδοι πατουμέναc,
τὸ πᾶν Διὸc cέβαc παρεκ-
βάντοc οὐ θεμιcτῶc.   645

Δίκαc δ' ἐρείδεται πυθμήν,   [ἀντ. δ
προχαλκεύει δ' Αἶcα φαcγανουργόc·
τέκνον δ' ἐπειcφέρει δόμοιc
αἱμάτων παλαιτέρων
τίνειν μύcοc χρόνωι κλυτὰ   650
βυccόφρων Ἐρινύc.

Ορ. παῖ παῖ, θύραc ἄκουcον ἑρκείαc κτύπον.
τίc ἔνδον, ὦ παῖ παῖ μάλ' αὖθιc, ἐν δόμοιc;
τρίτον τόδ' ἐκπέραμα δωμάτων καλῶ,   655
εἴπερ φιλόξεν' ἐcτὶν Αἰγίcθου διαί.

ΟΙΚΕΤΗΣ
εἶέν, ἀκούω· ποδαπὸc ὁ ξένοc; πόθεν;
Ορ. ἄγγελλε τοῖcι κυρίοιcι δωμάτων,
πρὸc οὕcπερ ἥκω καὶ φέρω καινοὺc λόγουc.
τάχυνε δ', ὡc καὶ νυκτὸc ἅρμ' ἐπείγεται   660
cκοτεινόν, ὥρα δ' ἐμπόρουc μεθιέναι

640 οὐτᾶι Hermann: cοὔται M   641–5 lectio incerta; 641 γὰρ
οὐ del. H. L. Ahrens, sed τὸ μὴ θέμιc in hoc contextu enerve est
642 πέδοι Hermann: -δον M   πατουμέναc H. L. Ahrens: -μενον M
645 -βάντοc Stanley: -βάντεc M   ἄθεμ- M^ac   646 Δίκαc M^s: -κηc M
647 προχαλκ- Iacob: προcχαλκ- M   648–9 δόμοιc Schütz, αἱμάτων
M^Σ: διμαcε δωμάτων M   650 τίνειν Lachmann: τείνει M   κλυτὰ
Dindorf: -τὴ M   654 αὖ, τίc ἐν δόμ. M^Σ   656 suspectus; εἴπερ
φιλόξενόc τιc Αἰγίcθου βία Elmsley   657 Οἰκέτηc praefixit Turnebus,
paragr. M   661 ὥραι M^s   καθιέναι Musgrave

ἄγκυραν ἐν δόμοιcι πανδόκοιc ξένων.
ἐξελθέτω τιc δωμάτων τελεcφόροc
γυνὴ τόπαρχοc, ἄνδρα δ' εὐπρεπέcτερον·
αἰδὼc γὰρ ἐν λέcχαιcιν οὓc' ἐπαργέμουc   665
λόγουc τίθηcιν. εἶπε θαρcήcαc ἀνὴρ
πρὸc ἄνδρα κἀcήμηνεν ἐμφανὲc τέκμαρ.

ΚΛΥΤΑΙΜΗCΤΡΑ

    ξένοι, λέγοιτ' ἂν εἴ τι δεῖ· πάρεcτι γὰρ
    ὁποῖάπερ δόμοιcι τοῖcδ' ἐπεικότα,
    καὶ θερμὰ λουτρὰ καὶ πόνων θελκτήρια   670
    cτρωμνὴ δικαίων τ' ὀμμάτων παρουcία.
    εἰ δ' ἄλλο πρᾶξαι δεῖ τι βουλιώτερον,
    ἀνδρῶν τόδ' ἐcτὶν ἔργον, οἷc κοινώcομεν.

Ορ.   ξένοc μέν εἰμι Δαυλιεὺc ἐκ Φωκέων,
    cτείχοντα δ' αὐτόφορτον οἰκείαι cαγῆι   675
    ἐc Ἄργοc, ὥcπερ δεῦρ' ἀπεζύγην πόδαc,
    ἀγνὼc πρὸc ἀγνῶτ' εἶπε cυμβαλὼν ἀνὴρ
    ἐξιcτορήcαc καὶ cαφηνίcαc ὁδόν,
    Cτροφίοc ὁ Φωκεύc· πεύθομαι γὰρ ἐν λόγωι·
    "ἐπείπερ ἄλλωc, ὦ ξέν', εἰc Ἄργοc κίειc,   680
    πρὸc τοὺc τεκόνταc πανδίκωc μεμνημένοc
    τεθνεῶτ' Ὀρέcτην εἰπέ, μηδαμῶc λάθηι·
    εἴτ' οὖν κομίζειν δόξα νικήcει φίλων,
    εἴτ' οὖν μέτοικον, εἰc τὸ πᾶν ἀεὶ ξένον,
    θάπτειν, ἐφετμὰc τάcδε πόρθμευcον πάλιν.   685
    νῦν γὰρ λέβητοc χαλκέου πλευρώματα
    cποδὸν κέκευθεν ἀνδρὸc εὖ κεκλαυμένου."
    τοcαῦτ' ἀκούcαc εἶπον. εἰ δὲ τυγχάνω
    τοῖc κυρίοιcι καὶ προcήκουcιν λέγων
    οὐκ οἶδα, τὸν τεκόντα δ' εἰκὸc εἰδέναι.   690

663 -φόρουc M^{ac}   664 τόπαρχοc M^s : τάπ- M   δ' Turnebus : τ'
M   665 λέcχαιcιν Emperius : λεχθεῖcιν M   οὓc' Bothe : οὐκ M
670 θελκτήρια M   675 οἰκείαι cαγῆι Turnebus : οἰκίαιc ἄγη M
676 πόδα Dindorf

Κλ. οἲ 'γώ, κατ' ἄκρας †ἐνπᾶϲ† ὡϲ πορθούμεθα.
ὦ δυϲπάλαιϲτε τῶνδε δωμάτων Ἀρά,
ὡϲ πόλλ' ἐπωπᾷϲ κἀκποδὼν εὖ κείμενα·
τόξοιϲ πρόϲωθεν εὐϲκόποιϲ χειρουμένη
φίλων ἀποψιλοῖϲ με τὴν παναθλίαν.   695
καὶ νῦν 'Ορέϲτηϲ, ἦν γὰρ εὐβούλωϲ ἔχων,
ἔξω κομίζων ὀλεθρίου πηλοῦ πόδα
⟨   ⟩
νῦν δ' ἥπερ ἐν δόμοιϲι βακχείαϲ κακῆϲ
ἰατρὸϲ ἐλπὶϲ ἦν, προδοῦϲαν ἔγγραφε.

Ορ. ἐγὼ μὲν οὖν ξένοιϲιν ὧδ' εὐδαίμοϲιν   700
κεδνῶν ἕκατι πραγμάτων ἂν ἤθελον
γνωτὸϲ γενέϲθαι καὶ ξενωθῆναι· τί γὰρ
ξένου ξένοιϲίν ἐϲτιν εὐμενέϲτερον;
πρὸϲ δυϲϲεβείαϲ ⟨δ'⟩ ἦν ἐμοὶ τόδ' ἐν φρεϲίν,
τοιόνδε πρᾶγμα μὴ καρανῶϲαι φίλοιϲ   705
καταινέϲαντα καὶ κατεξενωμένον.

Κλ. οὔτοι κυρήϲειϲ μεῖον ἀξίων ϲέθεν,
οὐδ' ἧϲϲον ἂν γένοιο δώμαϲιν φίλοϲ.
ἄλλοϲ δ' ὁμοίωϲ ἦλθεν ἂν τάδ' ἀγγελῶν.
ἀλλ' ἔϲθ' ὁ καιρὸϲ ἡμερεύονταϲ ξένουϲ   710
μακρᾶϲ κελεύθου τυγχάνειν τὰ πρόϲφορα·
ἄγ' αὐτὸν εἰϲ ἀνδρῶναϲ εὐξένουϲ δόμων,
ὀπιϲθόπουν τε τοῦδε καὶ ξυνέμπορον,
κἀκεῖ κυρούντων δώμαϲιν τὰ πρόϲφορα.
αἰνῶ δὲ πράϲϲειν ὡϲ ὑπευθύνωι τάδε.   715
ἡμεῖϲ δὲ ταῦτα τοῖϲ κρατοῦϲι δωμάτων

691–9 Electrae tribuit Aldina   691 εἶπαϲ Bamberger   697 κομίζων
Μ^Σ: νομ- Μ   post h.v. lacunam statuit Blaydes   698 βακχίαϲ
Μ   κακῆϲ Portus: καλῆϲ Μ   699 προδοῦϲαν Pauw: παροῦϲαν Μ;
ἀφανιϲθεῖϲαν Μ^Σ, unde ἀποῦϲαν Canter, παρ' οὐδὲν Butler   ἔγγραφε
Stephanus ex Μ^Σ: -φει Μ   700 οὖν Μ^s: ὦν Μ   702 γνωϲτὸϲ
Μ   704 δ' suppl. Portus   707 ἀξίων Pauw ex Μ^Σ: ἀξίωϲ Μ
710 ξένοϲ Μ^{ac}   712–14 om. Μ, in marg. add. Μ^s   713 ὀπιϲθό-
πουν Pauw: -πουϲ Μ   τε Bamberger: δὲ Μ   τοῦδε Hermann: τούϲδε
Μ; τόνδε Hartung   ξυνέμπορον·Pauw: -ρουϲ Μ   715 ὑπευθ- Turne-
bus: ἐπευθ- Μ   716 paragr. praefixa

κοινώcομέν τε κού cπανίζοντεc φίλων
βουλευcόμεcθα τῆcδε cυμφορᾶc πέρι.

Χο.   εἶέν, φίλιαι δμωΐδεc οἴκων,
πότε δὴ cτομάτων   720
δείξομεν ἰcχὺν ἐπ' Ὀρέcτηι;
ὦ πότνια χθὼν καὶ πότνι' ἀκτὴ
χώματοc, ἣ νῦν ἐπὶ ναυάρχωι
cώματι κεῖcαι τῶι βαcιλείωι,
νῦν ἐπάκουcον, νῦν ἐπάρηξον·   725
νῦν γὰρ ἀκμάζει Πειθὼ δολίαν
ξυγκαταβῆναι, χθόνιον δ' Ἑρμῆν
καὶ τὸν νύχιον τοῖcδ' ἐφοδεῦcαι
ξιφοδηλήτοιcιν ἀγῶcιν.

ἔοικεν ἀνὴρ ὁ ξένοc τεύχειν κακόν.   730
τροφὸν δ' Ὀρέcτου τήνδ' ὁρῶ κεκλαυμένην·
ποῖ δὴ πατεῖc, Κίλιccα, δωμάτων πύλαc;
λύπη δ' ἄμιcθόc ἐcτί cοι ξυνέμποροc.

ΤΡΟΦΟC
Αἴγιcθον ἡ κρατοῦcα τοῖc ξένοιc καλεῖν
ὅπωc τάχιcτ' ἄνωγεν, ὡc cαφέcτερον   735
ἀνὴρ ἀπ' ἀνδρὸc τὴν νεάγγελτον φάτιν
ἐλθὼν πύθηται τήνδε. πρὸc μὲν οἰκέταc
θέτο cκυθρωπῶν πένθοc ὀμμάτων, γέλων
κεύθουc' ἐπ' ἔργοιc διαπεπραγμένοιc καλῶc
κείνηι, δόμοιc δὲ τοῖcδε παγκάκωc ἔχειν,   740
φήμηc ὕφ', ἧc ἤγγειλαν οἱ ξένοι τορῶc.

717 κοινώcωμεν M   718 -μεcθα Stephanus : -μεθα M   719 δμωΐ-
δεc M   724 τῶι del. Weil   726 δολίαν Pauw : δολία M
727 seq. δ': θ' Blomfield   Ἑρμῆν Turnebus : Ἑρμῆα M   νύχιον δ'
Ἑρμῆν Hermann, del. καὶ τὸν νύχιον, sed fort. ὁ νύχιοc = Thanatos
fort. τούcδ' (Hermann) ἐφοδῶcαι (Bamberger)   730 paragr. prae-
fixa   734 nulla personae nota   τοῖc ξένοιc Pauw : τοὺc ξένουc M
738 θέτο* M   cκυθρωπῶν Victorius : -πὸν M   πένθοc Hartung :
ἐντὸc M   γέλον Wilamowitz   740 ἔχει Robortello   741 ἦν
Blaydes

ἦ δὴ κλύων ἐκεῖνος εὐφρανεῖ νόον
εὖτ' ἂν πύθηται μῦθον. ὦ τάλαιν' ἐγώ,
ὡς μοι τὰ μὲν παλαιὰ συγκεκραμένα
ἄλγη δύσοιστα τοῖσδ' ἐν Ἀτρέως δόμοις   745
τυχόντ' ἐμὴν ἤλγυνεν ἐν στέρνοις φρένα·
ἀλλ' οὔτι πω τοιόνδε πῆμ' ἀνεσχόμην·
τὰ μὲν γὰρ ἄλλα τλημόνως ἤντλουν κακά,
φίλον δ' Ὀρέστην, τῆς ἐμῆς ψυχῆς τριβήν,
ὃν ἐξέθρεψα μητρόθεν δεδεγμένη   750
καὶ νυκτιπλάγκτων ὀρθίων κελευμάτων
⟨   ⟩
καὶ πολλὰ καὶ μοχθήρ' ἀνωφέλητ' ἐμοὶ
τλάσῃ· τὸ μὴ φρονοῦν γὰρ ὡσπερεὶ βοτὸν
τρέφειν ἀνάγκη, πῶς γὰρ οὔ; τρόπωι φρενός·
οὐ γάρ τι φωνεῖ παῖς ἔτ' ὢν ἐν σπαργάνοις   755
εἰ λιμὸς ἢ δίψη τις ἢ λιψουρία
ἔχει· νέα δὲ νηδὺς αὐτάρκης τέκνων.
τούτων πρόμαντις οὖσα, πολλὰ δ' οἴομαι
ψευσθεῖσα, παιδὸς σπαργάνων φαιδρύντρια,
κναφεὺς τροφεύς τε ταὐτὸν εἰχέτην τέλος.   760
ἐγὼ διπλᾶς δὲ τάσδε χειρωναξίας
ἔχουσ' Ὀρέστην ἐξεδεξάμην πατρί·
τεθνηκότος δὲ νῦν τάλαινα πεύθομαι.
στείχω δ' ἐπ' ἄνδρα τῶνδε λυμαντήριον
οἴκων, θέλων δὲ τόνδε πεύσεται λόγον.   765
Χο.   πῶς οὖν κελεύει νιν μολεῖν ἐσταλμένον;
Τρ.   τί πῶς; λέγ' αὖθις, ὡς μάθω σαφέστερον.
Χο.   εἰ ξὺν λοχίταις εἴτε καὶ μονοστιβῆ.
Τρ.   ἄγειν κελεύει δορυφόρους ὀπάονας.

742 paragr. praefixa   ἐκεῖνος Robortello: -νον M   747 ἠνεςχ-
Butler   751 κἀκ Portus   post h.v. lacunam statuit Hermann
754 τρόπωι suspectum   756 εἰ Stanley: ἦ M   δίψῃ forma su-
specta   760 κναφ- Dobree: γναφ- M   τροφεύς Robortello: ϲτροφ- M
762 ἐξεθρεψάμην Portus   πατρὸς Mˢ   764 ϲτείχω Aldina: -χων M
765 τόνδε ... λόγον Blomfield: τῶνδε ... λόγων M   766–9 nullae
personarum notae   767 τί πῶς Canter: ἦ πῶς M   768 εἰ Turne-
bus: ἦ M

Χο.   μή νυν σὺ ταῦτ' ἄγγελλε δεσπότου στύγει,   770
       ἀλλ' αὐτὸν ἐλθεῖν, ὡς ἀδειμάντως κλύηι,
       ἄνωχθ' ὅσον τάχιστα γαθούσηι φρενί.
       ἐν ἀγγέλωι γὰρ κυπτὸς ὀρθοῦται λόγος.

Τρ.   ἀλλ' ἦ φρονεῖς εὖ τοῖσι νῦν ἠγγελμένοις;

Χο.   ἀλλ' εἰ τροπαίαν Ζεὺς κακῶν θήσει ποτέ.   775

Τρ.   καὶ πῶς; Ὀρέστης ἐλπὶς οἴχεται δόμων.

Χο.   οὔπω· κακός γε μάντις ἂν γνοίη τάδε.

Τρ.   τί φήις; ἔχεις τι τῶν λελεγμένων δίχα;

Χο.   ἄγγελλ' ἰοῦσα, πρᾶσσε τἀπεσταλμένα.
       μέλει θεοῖσιν ὧνπερ ἂν μέληι πέρι.   780

Τρ.   ἀλλ' εἶμι καὶ σοῖς ταῦτα πείσομαι λόγοις·
       γένοιτο δ' ὡς ἄριστα σὺν θεῶν δόσει.

Χο.   νῦν παραιτουμέναι μοι, πάτερ   [στρ. α
               Ζεῦ θεῶν Ὀλυμπίων,
            δὸς †τύχας τυχεῖν δέ μου   785
            κυρίως σωφροσυνευ†
            μαιομένοις ἰδεῖν.
            διὰ δίκας ἅπαν ἔπος ἔλακον·
            Ζεῦ, σύ νιν φυλάσσοις.

            ἒ ἔ· πρὸ δὲ δὴ 'χθρῶν τὸν ἔσω   [μεσωιδ. α

---

770 ἄγγελε Μ   771 ἀδειμάντων Hartung   772 γηθ- Pauw
773 κυπτὸς schol. B Hom. Il. 15. 207 (ubi voc. Euripidi tribuitur):
κρυπτὸς Μ et schol. T Hom. loc. cit.   ὀρθούσηι λόγος scholl. BT Hom.:
ὀρθούσηι φρενί (cf. 772 fin.) Μ   779 ἄγγελ' Μ   ἰοῦσαι . . . τ'
ἀπεταλμένα Μᵃᶜ   780 paragr. praefixa   μέλει . . . μέληι Turnebus:
μέλλει . . . μέλληι Μ   783–837 textum foedissime depravatum prae-
bet Μ; necesse est aut tradita obelis scatentia repraesentare aut
textum coniecturis incertissimis plenum legentibus offerre. hoc praetuli
783 -μέναι μοι Turnebus: -μέν' ἐμοὶ Μ   785 seq. e.g. δὸς τύχας
εὐτυχεῖς (del. δέ μου) κυρίως vel εὐτυχεῖν δὸς δόμου κυρίοις (δόμ. κυρ.
Merkel), sed omnia incerta   τὰ σώφρον' εὖ Hermann (αὖ Verrall)
788 διὰ δίκας Pauw, ἅπαν Tucker: διαδικάσαι πᾶν Μ   789 νιν
Hermann: δέ νιν Μ   790 δὴ 'χθρῶν: δήιων (vel δάιων) Weil, δὴ
'χθρῶν e confusione voc. δήιων cum gloss. ἐχθρῶν ortum esse ratus   τὸν
Seidler: τῶν Μ

μελάθρων, Ζεῦ, θές, ἐπεί νιν μέγαν ἆραι   791
δίδυμα καὶ τριπλᾶ παλίμ-
   ποινα θέλων ἀμείψηι.

ἴσθι δ' ἀνδρὸς φίλου πῶλον εὖ-   [ἀντ. α
   νιν ζυγέντ' ἐν ἅρμασιν   795
πημάτων· ἐν δρόμωι
προστιθεὶς μέτρον, κτίσον
†σωζόμενον† ῥυθμόν,
τοῦτ' ἰδεῖν δάπεδον ἀνόμενον
βημάτων ὄρεγμα.

οἵ τ' ἔσωθε δωμάτων   [στρ. β
πλουτογαθῆ μυχὸν ἐνίζετε,   801
κλῦτε σύμφρονες θεοί·
ἄγετε ⟨   ⟩
τῶν πάλαι πεπραγμένων
λύσασθ' αἷμα προσφάτοις δίκαις·   805
γέρων φόνος μηκέτ' ἐν δόμοις τέκοι.

τὸ δὲ καλῶς κτίμενον ὦ μέγα ναίων   [μεσωιδ. β
στόμιον, εὖ δὸς ἀνιδεῖν δόμον ἀνδρός,
καί νιν ἐλευθερίας φῶς
λαμπρὸν ἰδεῖν φιλίοις   810
ὄμμασιν ⟨ἐκ⟩ δνοφερᾶς καλύπτρας.

791 seqq. Ζεῦ . . . νιν Seidler: ὦ Ζεῦ . . . μιν M   ἆραι . . .
θέλων Page: ἆρας . . . θέλων M   795 ἅρμασι(ν) M^Σ: ἅρματι M
796 πημάτων δ' ἐν δρόμωι Schoemann   κτίσον Schoemann: τίς ἂν M
797 veri sim. ζωσαμένωι, cf. Hom. Il. 23. 685; σωιζομένων Bamberger
798 ἀνόμενον Emperius: -νων M   800–18 lectio saepius incerta
800 ἔσω Hermann; cf. 812   801 πλουτογαθῆ Turnebus: -ταγαθῆ
M   ἐνίζετε Seidler: νομίζετε M; M^Σ ἡνιοχεῖτε, διοικεῖτε fort. ad ὁρί-
ζετε (Hermann) spectat, quod omnino ineptum foret   802 κλῦτε
Dindorf: κλύετε M   σώφρ- M^ac   803 cf. 815; aut lacuna statuenda
aut hic ἄγετε et 815 πολλὰ . . . χρήιζων delenda   805 προσφ- M^s:
προφ- M   807 ταδε vel τωδε M^ac   κτίμενον Blomfield: κτάμενον
M^s, κταμένων M   809 seq. ἐλευθερίας φῶς λαμπρὸν Dindorf:
ἐλευθερίως λαμπρῶς M   811 ἐκ suppl. Hermann

ξυλλάβοιτο δ' ἐνδίκως　　　　　　　　　　[ἀντ. β
παῖς ὁ Μαίας ἐπιφορώτατος
πρᾶξιν οὐρίαν τελεῖν·
πολλὰ δ' ἀλά' ἔφανε χρήιζων,　　　　　　　815
ἄσκοπον δέ πως βλέπων
νυκτὸς προὐμμάτων σκότον φέρει,
καθ' ἡμέραν δ' οὐδὲν ἐμφανέστερος.

καὶ τότ' ἤδη κλυτὸν　　　　　　　　　　[στρ. γ
δωμάτων λυτήριον　　　　　　　　　　　820
θῆλυν οὐριοστάταν
ὀξύκρεκτον βοητὸν νόμον
μεθήσομεν· πόλει τάδ' εὖ·
ἐμὸν ἐμὸν κέρδος αὔξεται τόδ', ἄ-　　　　825
τα δ' ἀποστατεῖ φίλων.

σὺ δὲ θαρσῶν ὅταν ἥκηι μέρος ἔργων,　　[μεσωιδ. γ
ἐπαύσας θροεούσαι
"τέκνον", "ἔργωι πατρός" αὔδα,
καὶ πέραιν' ἀνεπίμομφον ἄταν.　　　　　830

812 ξυλλάβοιτο Weil: -βοι M; cf. 800　　　814 τελεῖν Stanley: θέλεν
M, θέλων Mˢ　　　815 cf. 803; versum del. Hermann; ἀλά' Her-
mann: ἄλλα M　　　ἔφανε Wilamowitz: φανεῖ M　　　κρυπτὰ (-ταὶ ut vid.
Mᵃᶜ) post χρήιζων M, del. Hermann　　　816 δέ πως Wilamo-
witz: δ' ἔπος M　　　βλέπων Page: λέγων M; ἔπος λέγειν quid hoc
loco significare posset nemo quisquam explanavit　　　817 νυκτὸς
προὐμμάτων Bamberger: νύκτα πρό τ' ὀμμάτων M　　　818 fort. ἁμέραν
819-37 plura corrupta quam sana; textum plane facticium offero
819 τότ' ἤδη Blomfield: τότε δὴ M　　　κλυτὸν Bamberger: πλοῦτον M;
διπλοῦν Emperius　　　820 δειμάτων H. L. Ahrens　　　821 οὐριοστάταν
iure suspectum　　　823 ὀξύκρεκτον Kirchhoff: ὁμοῦ (ὁμο in litura)
κρεκτὸν M　　　βοητὸν Enger (βοατ-): γοήτων M; aegre γόος, nedum γόης,
iubilantibus congruit; inter γοη- γοα-, βοη- βοα-, -τον -ταν -των fluctu-
ant edd.　　　824 πλεῖ τάδ' Kirchhoff; cf. 835　　　825 ἀμὸν ἀμὸν
Kirchhoff; cf. 836　　　ἀέξεται ut vid. Mᵖᶜ　　　826 ἄτα Mˢ: ἄτη M
828-30 ἐπαύσας πατρός ἔργωι θροούσαι πρὸς σὲ τέκνον πατρός αὔδαν (-δῶν
Mⁱ) καὶ περαίνων ἐπίμομφαν ἄταν M; πατρός ἔργωι del. Seidler, ἔργωι
ante alterum πατρός trai. Page, θροεούσαι coni. G. Schneider, πρὸς σὲ del.
Schwenk, αὔδα coni. Tucker, πέραιν' Auratus, ἀνεπίμομφον Schütz

Περσέως δ' ἐν φρεcὶν   [ἀντ. γ
καρδίαν ⟨   ⟩ cχεθὼν
τοῖc θ' ὑπὸ χθονὸc φίλοιc
τοῖc τ' ἄνωθεν πρόπραcc' ὧν χάριc,
Γοργοῦc λυγρᾶc ⟨τοῖc⟩ ἔνδοθεν   835
φόνιον ἄταν τιθείc, τὸν αἴτιον
δ' ἐξαπόλλυ' εἰcορῶν.

ΑΙΓΙCΘΟC

ἥκω μὲν οὐκ ἄκλητοc ἀλλ' ὑπάγγελοc·
νέαν φάτιν δὲ πεύθομαι λέγειν τινὰc
ξένουc μολόνταc οὐδαμῶc ἐφίμερον,   840
μόρον γ' 'Ορέcτου· καὶ τόδ' ἂν φέρειν δόμοιc
γένοιτ' ἂν ἄχθοc †δειματοcταγὲc†, φόνωι
τῶι πρόcθεν ἑλκαίνουcι καὶ δεδηγμένοιc.
πῶc ταῦτ' ἀληθῆ καὶ βλέποντα δοξάcω;
ἢ πρὸc γυναικῶν δειματούμενοι λόγοι   845
πεδάρcιοι θρώιcκουcι, θνήιcκοντεc μάτην;
τί τῶνδ' ἂν εἴποιc ὥcτε δηλῶcαι φρενί;
Χο. ἠκούcαμεν μέν, πυνθάνου δὲ τῶν ξένων
ἔcω παρελθών. οὐδὲν ἀγγέλων cθένοc
ὡc αὐτὸν αὐτῶν ἄνδρα πεύθεcθαι πάρα.   850
Αι. ἰδεῖν ἐλέγξαι τ' εὖ θέλω τὸν ἄγγελον,
εἴτ' αὐτὸc ἦν θνήιcκοντοc ἐγγύθεν παρών,
εἴτ' ἐξ ἀμαυρᾶc κληδόνοc λέγει μαθών·

---

831 δ' Stanley: τε Μ   φρεcὶν Μ   Ο32 ⟨ἀνα⟩cχεθὼν
Grotefend, ⟨caῖcι⟩ καρδίαν Blomfield   833 θ' Robortello: δ' Μ
φίλοιcιν Μ   834 πρόπραcc' ὧν χάριc Hartung: προπράccων
χάριτοc Μ   835 Γοργοῦc λυγρᾶc Kirchhoff: ὀργᾶc λυπρᾶc Μ
τοῖc suppl. Blomfield; cf. 824   836 φόνιον Heimsoeth: φοινίαν
Μ; cf. 825   837 ἐξαπόλλυ' εἰcορῶν Murray: -ολλὺc μόρον Μ
841 γ' Portus: δ' Μ   ἂν φέρειν Turnebus: ἀμφέρειν Μ; αὖ φέρειν
Blomfield   842 δειματοcταγὲc (-cτάγ' ἐc Μ) vix tolerabile; αἱματο-
cταγὲc Portus   843 ἑλκαίνουcι καὶ δεδηγμένοιc Bamberger: -νοντι
καὶ -μένωι Μ   850 αὐτὸν Canter, αὐτῶν Turnebus, ... πάρα Portus:
αὐτὸc αὐτὸν ... πέρι Μ   851 nulla personae nota   εὖ Μ: αὖ Μ^s
852 ἦν θνήιcκοντοc Turnebus: ἦεν θνήcκοντοc in rasura (fin. -κοτοc Μ) Μ^s

οὗτοι φρέν' ἂν κλέψειεν ὠμματωμένην.

Χο.   Ζεῦ Ζεῦ, τί λέγω; πόθεν ἄρξωμαι   855
τάδ' ἐπευχομένη κἀπιθεάζουσ',
ὑπὸ δ' εὐνοίας
πῶς ἴσον εἰποῦσ' ἀνύσωμαι;
νῦν γὰρ μέλλουσι μιανθεῖσαι
πειραὶ κοπάνων ἀνδροδαϊκτων   860
ἢ πάνυ θήσειν Ἀγαμεμνονίων
οἴκων ὄλεθρον διὰ παντός,
ἢ πῦρ καὶ φῶς ἐπ' ἐλευθερίαι
δαίων †ἀρχὰς τε πολισσονόμους†
ἕξει πατέρων μέγαν ὄλβον.   865
τοιάνδε πάλην μόνος ὢν ἔφεδρος
διccοῖc μέλλει θεῖοc Ὀρέστης
ἄψειν. εἴη δ' ἐπὶ νίκηι.

Αι.   ἒ ἒ ὀτοτοτοῖ.
Χο.   ἔα ἔα μάλα.   870
πῶς ἔχει; πῶς κέκρανται δόμοις;
ἀποσταθῶμεν πράγματος τελουμένου,
ὅπως δοκῶμεν τῶνδ' ἀναίτιαι κακῶν
εἶναι· μάχης γὰρ δὴ κεκύρωται τέλος.

ΟΙΚΕΤΗС

οἴμοι πανοίμοι δεσπότου ⟨πεπληγμένου⟩·   875
οἴμοι μάλ' αὖθις ἐν τρίτοις προσφθέγμασιν·
Αἴγιστος οὐκέτ' ἔστιν. ἀλλ' ἀνοίξατε
ὅπως τάχιστα, καὶ γυναικείους πύλας
μοχλοῖς χαλᾶτε· καὶ μάλ' ἡβῶντος δὲ δεῖ,

854 φρέν' ἂν Elmsley: φρένα M   κλέψειεν Stephanus: -ειαν M
856 -θεάζουσ' Schütz: -θοάζουσα (οά in rasura) M   864–5 ἀρχαῖσι
πολισσονόμοιc Blaydes   lacunam post -νόμους statuit Hermann   πατέρων
θ' ἕξει Weil   867 θεῖος Turnebus: θείοις M; θηρςὶν Wecklein
869, 870 paragr. praefixae, 872 chori nota   873 ἀναίτιοι Blom-
field, sed cf. 100, 910   875 nulla personae nota   πεπληγμένου
suppl. Schütz: τελουμένου M (cf. 872 fin.)   879 γε δεῖ Blomfield

    οὐχ ὡς δ' ἀρῆξαι διαπεπραγμένωι· τί γάρ;   880
    ἰοὺ ἰού·
    κωφοῖς αὐτῶ καὶ καθεύδουσιν μάτην
    ἄκραντα βάζω· ποῦ Κλυταιμήστρα; τί δρᾶι;
    ἔοικε νῦν αὐτῆς ἐπιξήνου πέλας
    αὐχὴν πεσεῖσθαι πρὸς δίκης πεπληγμένος.
Κλ. τί ἐστὶ χρῆμα; τίνα βοὴν ἴστης δόμοις;   885
Οικ. τὸν ζῶντα καίνειν τοὺς τεθνηκότας λέγω.
Κλ. οἲ 'γώ, ξυνῆκα τοὔπος ἐξ αἰνιγμάτων·
    δόλοις ὀλούμεθ' ὥσπερ οὖν ἐκτείναμεν.
    δοίη τις ἀνδροκμῆτα πέλεκυν ὡς τάχος·
    εἰδῶμεν εἰ νικῶμεν ἢ νικώμεθα·   890
    ἐνταῦθα γὰρ δὴ τοῦδ' ἀφικόμην κακοῦ.
Ορ. σὲ καὶ ματεύω· τῶιδε δ' ἀρκούντως ἔχει.
Κλ. οἲ 'γώ, τέθνηκας, φίλτατ' Αἰγίσθου βία.
Ορ. φιλεῖς τὸν ἄνδρα; τοιγὰρ ἐν ταὐτῶι τάφωι
    κείσηι· θανόντα δ' οὔτι μὴ προδῶις ποτε.   895
Κλ. ἐπίσχες, ὦ παῖ, τόνδε δ' αἴδεσαι, τέκνον,
    μαστόν, πρὸς ὦι σὺ πολλὰ δὴ βρίζων ἅμα
    οὔλοισιν ἐξήμελξας εὐτραφὲς γάλα.
Ορ. Πυλάδη, τί δράσω; μητέρ' αἰδεσθῶ κτανεῖν;

ΠΥΛΑΔΗΣ

    ποῦ δαὶ τὸ λοιπὸν Λοξίου μαντεύματα   900
    τὰ πυθόχρηστα, πιστά τ' εὐορκώματα;
    ἅπαντας ἐχθροὺς τῶν θεῶν ἡγοῦ πλέον.
Ορ. κρίνω σε νικᾶν, καὶ παραινεῖς μοι καλῶς.
    ἕπου, πρὸς αὐτὸν τόνδε σὲ σφάξαι θέλω·

880 ὥστ' Porson; fort. οὐδ' ὡς δ' (Denniston) ἀρήξει (Wordsworth)
διαπεπραγμένωι Turnebus: -νων M   882 ποῦ Elmsley: ποῖ M
883 ἔοικεν αὐτῆς νῦν Butler   ἐπιξήνου Abresch: ἐπὶ ξυροῦ M
884 δίκης fort. M^{ac}: δίκη* M^{pc}, δίκην Guelf.   885 τί Page: τί δ'
M   889 δοίη M^s: δ*** M; δότω Heyse   890 εἰ Turnebus:
ἢ M   896 δ' αἴδεσαι Sophianus: δήσεται M   897 ὦι σὺ
Robortello: ὠκὺ M   898 εὐτρεφὲς Tzetz. Il. 62. 13, Chil. 12. 808
900 δὴ Auratus   τὸ λοιπὸν Nauck: τὰ λοιπὰ M   901 -χρηστα
man. rec. in M: -χριστα M   τ' Hermann: δ' M

καὶ ζῶντα γάρ νιν κρείσσον' ἡγήσω πατρός.　905
τούτωι θανοῦσα ξυγκάθευδ', ἐπεὶ φιλεῖς
τὸν ἄνδρα τοῦτον, ὃν δὲ χρῆν φιλεῖν στυγεῖς.
Κλ.　ἐγώ σ' ἔθρεψα, σὺν δὲ γηράναι θέλω.
Ορ.　πατροκτονοῦσα γὰρ ξυνοικήσεις ἐμοί;
Κλ.　ἡ Μοῖρα τούτων, ὦ τέκνον, παραιτία.　910
Ορ.　καὶ τόνδε τοίνυν Μοῖρ' ἐπόρσυνεν μόρον.
Κλ.　οὐδὲν σεβίζηι γενεθλίους ἀράς, τέκνον;
Ορ.　τεκοῦσα γάρ μ' ἔρριψας ἐς τὸ δυστυχές.
Κλ.　οὔτοι σ' ἀπέρριψ' εἰς δόμους δορυξένους.
Ορ.　αἰκῶς ἐπράθην ὢν ἐλευθέρου πατρός.　915
Κλ.　ποῦ δῆθ' ὁ τῖμος ὅντιν' ἀντεδεξάμην;
Ορ.　αἰσχύνομαί σοι τοῦτ' ὀνειδίσαι σαφῶς.
Κλ.　μὴ ἀλλ' εἴφ' ὁμοίως καὶ πατρὸς τοῦ σοῦ μάτας.
Ορ.　μὴ ἔλεγχε τὸν πονοῦντ' ἔσω καθημένη.
Κλ.　ἄλγος γυναιξὶν ἀνδρὸς εἴργεσθαι, τέκνον.　920
Ορ.　τρέφει δέ γ' ἀνδρὸς μόχθος ἡμένας ἔσω.
Κλ.　κτενεῖν ἔοικας, ὦ τέκνον, τὴν μητέρα.
Ορ.　σύ τοι σεαυτήν, οὐκ ἐγώ, κατακτενεῖς.
Κλ.　ὅρα, φύλαξαι μητρὸς ἐγκότους κύνας.
Ορ.　τὰς τοῦ πατρὸς δὲ πῶς φύγω παρεὶς τάδε;　925
Κλ.　ἔοικα θρηνεῖν ζῶσα πρὸς τύμβον μάτην.
Ορ.　πατρὸς γὰρ αἶσα τόνδε σουρίζει μόρον.
Κλ.　οἲ 'γώ, τεκοῦσα τόνδ' ὄφιν ἐθρεψάμην·
ἦ κάρτα μάντις οὐξ ὀνειράτων φόβος.
Ορ.　ἔκανες ὃν οὐ χρῆν, καὶ τὸ μὴ χρεὼν πάθε.　930
Χο.　στένω μὲν οὖν καὶ τῶνδε συμφορὰν διπλῆν·
ἐπεὶ δὲ πολλῶν αἱμάτων ἐπήκρισεν
τλήμων Ὀρέστης, τοῦθ' ὅμως αἱρούμεθα,
ὀφθαλμὸν οἴκων μὴ πανώλεθρον πεσεῖν.

905 κρέσσον' Μ　　907 δ' ἐχρῆν Μ　　908 σὺν Auratus: νῦν
Μ　　910 παναιτία Bothe　　911 ἐπώρσ- Μ　　915 αἰκῶς
Bothe: διχῶς Μ　　917 σοι Canter: σου Μ　　918 μὴ del. Hermann
927 σουρίζει Elmsley: σ' ὁρίζει Μᵖᶜ, πορίζει Μᵃᶜ; τόνδ' ἐπουρίζει Her-
mann　　929 Oresti tribuit Μ, correxi; versum Clyt. post 929
intercidisse censet Wellauer　　930 ἔκανες Pauw: κάνες γ' Μ

ἔμολε μὲν Δίκα Πριαμίδαις χρόνωι,   [cτρ. α
βαρύδικος ποινά·   936
ἔμολε δ᾽ ἐς δόμον τὸν Ἀγαμέμνονος
διπλοῦς λέων, διπλοῦς Ἄρης·
ἔλασε δ᾽ ἐς τὸ πᾶν
ὁ πυθόχρηστος φυγὰς   940
θεόθεν εὖ φραδαῖσιν ὡρμημένος.

ἐπολολύξατ᾽ ὦ δεσποσύνων δόμων   [μεcωιδ. α
ἀναφυγᾶι κακῶν καὶ κτεάνων τριβᾶς
ὑπὸ δυοῖν μιαστόροιν,
δυςοίμου τύχας.   945

ἔμολε δ᾽ ἇι μέλει κρυπταδίου μάχας   [ἀντ. α
δολιόφρων Ποινά,
ἔθιγε δ᾽ ἐν μάχαι χερὸς ἐτήτυμος
Διὸς κόρα, Δίκαν δέ νιν
προσαγορεύομεν   950
βροτοὶ τυχόντες καλῶς,
ὀλέθριον πνέους᾽ ἐν ἐχθροῖς κότον.

τάνπερ ὁ Λοξίας ὁ Παρνασσίας   [cτρ. β
μέγαν ἔχων μυχὸν χθονὸς ἐπωρθία-
ξεν ἀδόλως δόλια   955
βλαπτομέναν· χρονισθεῖσα δ᾽ ἐποίχεται.
κρατείτω δέ πως τὸ θεῖον, τὸ μή μ᾽
ὑπουργεῖν κακοῖς·

936 βαρύ- Victorius: καρύ- M   939 ἔλασε Pauw ex M^Σ (ἤλασεν):
ἔλακε M; ἔλαχε Hermann   940 πυθόχρηστος Butler: -τας M, -της
M^s   942 -ατ᾽ ὦ Seidler: -άτω M   943 ἀναφυγᾶι Heimsoeth:
-γὰς M   944 ὑπαὶ Hermann   δυοῖν Guelf.: δοιοῖν M   946 ἇι
Auratus: ὦι M   948 δ᾽ ἐν Abresch: δὲ M   ἐτητύμως Scaliger
952 πνέουσαν ἐχθροῖς Auratus, πνέους᾽ ἐπ᾽ ἐχθροῖς Schütz   post h.v.
942–5 iteravit G. Schneider; vid. 971 n.   953 τάνπερ Heath:
τάπερ M   Παρνασσίας Paley: -άσσιος M   954 seq. ἐπωρθίαξεν
Meineke: ἐπ᾽ ὄχθει ἄξεν M   δόλια Hermann: -ίας M   956 χρο-
νισθεῖσα δ᾽ Metzger: ἐν χρόνοις θεῖσαν M   957 ita Hermann: κρατεῖ-
ταί πως τὸ θεῖον παρὰ τὸ μὴ M, hiatu inter μὴ et ὑπουργ. illicito

ἄξιον οὐρανοῦχον ἀρχὰν cέβειν.   960

πάρα τὸ φῶc ἰδεῖν, μέγα τ' ἀφηιρέθη   [μεcωιδ. β
ψάλιον οἴκων.
ἄναγε μὰν δόμοc· πολὺν ἄγαν χρόνον
χαμαιπετὴc ἔκειcο δή.

τάχα δὲ παντελὴc χρόνοc ἀμείψεται   [ἀντ. β
πρόθυρα δωμάτων, ὅταν ἀφ' ἑcτίαc   966
μύcοc ἅπαν ἐλαθῆι
καθαρμοῖcιν ἀτᾶν ἐλατηρίοιc·
τύχαι δ' εὐπρόcωποι †κοίται† τὸ πᾶν
ἰδεῖν πρευμενεῖc   970
μετοίκοιc δόμων πεcοῦνται πάλιν.

Ορ. ἴδεcθε χώραc τὴν διπλῆν τυραννίδα
πατροκτόνουc τε δωμάτων πορθήτοραc·
cεμνοὶ μὲν ἦcαν ἐν θρόνοιc τόθ' ἥμενοι,   975
φίλοι δὲ καὶ νῦν, ὡc ἐπεικάcαι πάθη
πάρεcτιν, ὅρκοc τ' ἐμμένει πιcτώμαcιν·
ξυνώμοcαν μὲν θάνατον ἀθλίωι πατρὶ
καὶ ξυνθανεῖcθαι· καὶ τάδ' εὐόρκωc ἔχει.
ἴδεcθε δ' αὖτε, τῶνδ' ἐπήκοοι κακῶν,   980
τὸ μηχάνημα, δεcμὸν ἀθλίωι πατρί,

960 ἄξιον Bothe: ἄξιον δ' Μ; ἄξια δ' Hermann   961 τὸ φῶc
Μ post 971, ubi versus iteratur: τε φῶc hoc loco Μ   μέγα τ' ἀφηιρέθη
Stanley: μέγαν τ' ἀφηιρέθην Μ   963 δόμοc Meineke: -μοιc Μ
964 -πετὴc ἔκειcο δὴ Meineke: -πετεῖc ἔκειcθ' αἰεὶ Μ   966 ἀφ' Μˢ:
ἀμφ' Μ   967 ἅπαν Hermann: πᾶν Μ; cf. 787   ἐλαθῆι Kayser:
ἐλάcη Μˢ, ἐλάcει Μ   968 καθαρμοῖc Μ   ἀτᾶν ἐλατηρίοιc Schütz:
ἅπαν ἐλατήριον Μ   969 seqq. τύχαι δ' εὐπρόcωποι H. L. Ahrens:
τύχα δ' εὐπροcώπω Μ   pro κοίται, aptum foret τότε καὶ   ἰδεῖν Her-
mann: ἰδεῖν ἀκοῦcαι Μ   πρευμενεῖc Paley: θρεομένοιc Μ   μετοίκοιc
δόμων Paley: μετοικοδόμων Μ   post 971 pergit Μ παρὰ τὸ φῶc ἰδεῖν
(= 961); alii reliqua ephymnii (962–4) addunt, etiam 942–5 post 952
iterant, alii παρὰ τὸ φῶc ἰδεῖν hic retinent, eadem post 960 addunt, alii
delent tamquam perperam e v. 961 iterata   976 δὲ Abresch: τε
Μ   978 ἀθλίωι Portus: -ωc Μ   979 ἢ ξυν- Maas

πέδας τε χειροῖν καὶ ποδοῖν ξυνωρίδος.
ἐκτείνατ' αὐτὸ καὶ κύκλωι παρασταδὸν
στέγαστρον ἀνδρὸς δείξαθ', ὡς ἴδηι πατήρ,
οὐχ οὑμός, ἀλλ' ὁ πάντ' ἐποπτεύων τάδε   985
Ἥλιος, ἄναγνα μητρὸς ἔργα τῆς ἐμῆς,
ὡς ἂν παρῆι μοι μάρτυς ἐν δίκηι ποτὲ
ὡς τόνδ' ἐγὼ μετῆλθον ἐνδίκως φόνον
τὸν μητρός· Αἰγίσθου γὰρ οὐ λέγω μόρον·
ἔχει γὰρ αἰσχυντῆρος, ὡς νόμος, δίκην.   990
ἥτις δ' ἐπ' ἀνδρὶ τοῦτ' ἐμήσατο στύγος
ἐξ οὗ τέκνων ἤνεγκ' ὑπὸ ζώνην βάρος,
φίλον τέως νῦν δ' ἐχθρόν, ὡς φαίνει, κακόν,
τί σοι δοκεῖ; μύραινά γ' εἴτ' ἔχιδν' ἔφυ,
σήπειν θιγοῦς' ἂν ἄλλον οὐ δεδηγμένον   995
τόλμης ἕκατι κἀκδίκου φρονήματος;
τί νιν προσείπω, κἂν τύχω μάλ' εὐστομῶν;
ἄγρευμα θηρός, ἢ νεκροῦ ποδένδυτον
δροίτης κατασκήνωμα; δίκτυον μὲν οὖν
ἄρκυν τ' ἂν εἴποις καὶ ποδιστῆρας πέπλους.   1000
τοιοῦτον ἂν κτήσαιτο φιλήτης ἀνὴρ
ξένων ἀπαιόλημα κἀργυροστερῆ
βίον νομίζων, τῶιδέ τ' ἂν δολώματι
πολλοὺς ἀναιρῶν πολλὰ θερμαίνοι φρένα.
τοιάδ' ἐμοὶ ξύνοικος ἐν δόμοισι μὴ   1005
γένοιτ'· ὀλοίμην πρόσθεν ἐκ θεῶν ἄπαις.

982 ξυνωρίδος Hermann: -δα M   983 αὐτὸ Auratus: αὐτὸν M
περισταδὸν Paley   988 φόνον Rohde: μόρον M   989 λέγω Μ^Σ:
ψέγω M   990 νόμος Portus: -μου M   992 ἐξ οὗ Robortello:
ἐκ σοῦ M   ἤνεγκ' Victorius: ην ἔχη M^s (in hoc versu, ἐκ σοῦ scr. M,
reliqua M^s ut vid.)   ζώνηι Heyse   994 γ' εἴτ' Hermann: τ' ἤτ'
M, γ' ἤτ' M^s   995 θιγοῦς' ἂν Robortello: θίγουσαν M   996 κἀκ-
δίκου H. L. Ahrens: κἀνδίκου M; κἀδίκου Turnebus   997–1004
vix credibile est hos vv. proprio loco stare; post 990 traiecit Proctor (vid.
Lloyd-Jones CQ 1961. 181 seqq.), post 982 Scholefield; neuter satisfacit
999 δρύτης M^s   1000 τ' Hermann: δ' M   1001 τοιοῦτον
ἂν Turnebus: τοιοῦτο μὰν M   1003 νομίζων Turnebus: -ζω
M   1004 φρένα Lobeck: φρενί M   1006 πρόσθεν Turnebus:
πρόσθ' M

Χο.   αἰαῖ αἰαῖ μελέων ἔργων·
              στυγερῶι θανάτωι διεπράχθης.
              αἰαῖ αἰαῖ,
              μίμνοντι δὲ καὶ πάθος ἀνθεῖ.

Ορ.   ἔδρασεν ἢ οὐκ ἔδρασε; μαρτυρεῖ δέ μοι   1010
              φᾶρος τόδ' ὡς ἔβαψεν Αἰγίσθου ξίφος·
              φόνου δὲ κηκὶς ξὺν χρόνωι ξυμβάλλεται
              πολλὰς βαφὰς φθείρουσα τοῦ ποικίλματος.
              νῦν αὐτὸν αἰνῶ, νῦν ἀποιμώζω παρών,
              πατροκτόνον γ' ὕφασμα προσφωνῶν τόδε·   1015
              ἀλγῶ μὲν ἔργα καὶ πάθος γένος τε πᾶν,
              ἄζηλα νίκης τῆςδ' ἔχων μιάσματα.

Χο.   οὔτις μερόπων ἀσινῆ βίοτον
              διὰ πάντ' ⟨ἂν⟩ ἄτιμος ἀμείψαι·
              αἰαῖ αἰαῖ,
              μόχθος δ' ὁ μὲν αὐτίχ', ὁ δ' ἥξει.   1020

Ορ.   ἀλλ' ὡς ἂν εἰδῆτ', οὐ γὰρ οἶδ' ὅπηι τελεῖ,
              ὥσπερ ξὺν ἵπποις ἡνιοστροφῶ δρόμου
              ἐξωτέρω· φέρουσι γὰρ νικώμενον
              φρένες δύσαρκτοι, πρὸς δὲ καρδίαι φόβος
              ἄιδειν ἑτοῖμος ἠδ' ὑπορχεῖσθαι κότωι.   1025
              ἔως δ' ἔτ' ἔμφρων εἰμί, κηρύσσω φίλοις
              κτανεῖν τέ φημι μητέρ' οὐκ ἄνευ δίκης,
              πατροκτόνον μίασμα καὶ θεῶν στύγος.
              καὶ φίλτρα τόλμης τῆσδε πλειστηρίζομαι
              τὸν πυθόμαντιν Λοξίαν, χρήσαντ' ἐμοὶ   1030
              πράξαντα μὲν ταῦτ' ἐκτὸς αἰτίας κακῆς

1007 nulla personae nota   αἰαῖ bis Bothe: semel M   1009 αἰαῖ
αἰαῖ Wellauer: ἐέ M   1012 κηκὶς Mˢ: κικὶς M   1014 νῦν δ'
F. W. Schmidt   1015 γ' Page: θ' M   1018 nulla personae
nota ἀσινεῖ Mᵃᶜ   1019 ἂν suppl. Page   ἀμείψαι Page: -ψεται
M; διὰ παντὸς ἄτιμος ἀμείψει Heath, sed vid. Parker CQ 1958. 87;
ἄτιμος = ἀτιμώρητος (Mˣ)   αἰαῖ αἰαῖ Weil: ἐς (= ἐέ; cf. 1008) M
1020 μόχθο* tantum M, reliqua suppl. Mˢ   ἥξει Turnebus: ἥξε Mˢ
1021 nulla personae nota ἀλλ' ὡς ἂν Blomfield: ἄλλος ἂν M   εἰδῆτ'
Martin, οὐ γὰρ Erfurdt: εἰ δὴ τούτ' ἄρ M   1022 -στροφῶ Stanley:
-στρόφου M   1027–8 inverso ordine Lobel   1031 πράξαντα Portus: -τι M

εἶναι, παρέντι δ' οὐκ ἐρῶ τὴν ζημίαν.
τόξωι γὰρ οὔτις πημάτων ἐφίξεται.
καὶ νῦν ὁρᾶτέ μ', ὡς παρεσκευασμένος
ξὺν τῶιδε θαλλῶι καὶ στέφει προσίξομαι   1035
μεσόμφαλόν θ' ἵδρυμα, Λοξίου πέδον,
πυρός τε φέγγος ἄφθιτον κεκλημένον,
φεύγων τόδ' αἷμα κοινόν· οὐδ' ἐφ' ἑστίαν
ἄλλην τραπέσθαι Λοξίας ἐφίετο.
τάδ' ἐν χρόνωι μοι πάντας Ἀργείους λέγω   1040
†καὶ μαρτυρεῖν μοι Μενέλεως ἐπορσύνθη κακά,†
ἐγὼ δ' ἀλήτης τῆσδε γῆς ἀπόξενος,
ζῶν καὶ τεθνηκὼς τάσδε κληδόνας λιπὼν
⟨   ⟩

Χο.   ἀλλ' εὖ γ' ἔπραξας, μηδ' ἐπιζευχθῆις στόμα
φήμηι πονηρᾶι μηδ' ἐπιγλωσσῶ κακά·   1045
ἠλευθέρωσας πᾶσαν Ἀργείων πόλιν
δυοῖν δρακόντοιν εὐπετῶς τεμὼν κάρα.

Ορ.   ἆ ἆ
δμοιαὶ γυναῖκες αἵδε Γοργόνων δίκην
φαιοχίτωνες καὶ πεπλεκτανημέναι
πυκνοῖς δράκουσιν· οὐκέτ' ἂν μείναιμ' ἐγώ.   1050

Χο.   τίνες σε δόξαι, φίλτατ' ἀνθρώπων πατρί,
στροβοῦσιν; ἴσχε, μὴ φοβοῦ, νικῶν πολύ.

Ορ.   οὐκ εἰσὶ δόξαι τῶνδε πημάτων ἐμοί,

1032 παρέντι Turnebus: -τα M   1033 ἐφίξεται Schütz ex M^Σ:
προσίξεται (cf. 1035) M   1038 ἐφ' ἑστίαν Turnebus: ἐφέστιον M;
ἐφέστιον / ἄλληι Hermann   1041 vv. duorum reliquias consarcina-
tas esse coni. Franz, e.g. ⟨μνήμηι φυλάσσειν οἵ'⟩ ἐπορσύνθη κακά, / καὶ μαρ-
τυρεῖν μοι Μενέλεως ⟨ὅταν μόληι⟩ (suppl. Wilamowitz)   1043 post
h.v. lacunam statuit Hermann, post 1042 Dindorf; φεύγω pro ἐγώ
v. 1042 coni. Weil   1044 nulla personae nota   γ' ἔπραξας Tyr-
whitt: τε πράξας M   -ζευχθῆις Heath: -ζεύχθη M   1045 φήμηι
Heath: φῆμαι M   1046 ἠλευθέρωσας Blomfield: ἐλευθερώσας M
Ἀργείων Guelf.^ac: Ἀργείην M   1048 nulla personae nota   δμοιαὶ
Lobel (cf. Fraenkel Ag. 2. 318 n.): δμωαὶ M   1050 πυκνοῖς: δεινοῖς
Tzetz. An. Ox. Cramer 3. 358   ἂν μείναιμ' e Tzetz. loc. cit.: ἀμμεί-
νοιμ' M   1052 στροβῶσιν M^ac   φόβου νικῶ Porson

σαφῶς γὰρ αἵδε μητρὸς ἔγκοτοι κύνες.
Χο. ποταίνιον γὰρ αἷμά σοι χεροῖν ἔτι·   1055
ἐκ τῶνδέ τοι ταραγμὸς ἐς φρένας πίτνει.
Ορ. ἄναξ Ἄπολλον, αἵδε πληθύουσι δή,
κἀξ ὀμμάτων στάζουσιν αἷμα δυσφιλές.
Χο. εἷς σοι καθαρμός· Λοξίας δὲ προσθιγὼν
ἐλεύθερόν σε τῶνδε πημάτων κτίσει.   1060
Ορ. ὑμεῖς μὲν οὐχ ὁρᾶτε τάσδ᾽, ἐγὼ δ᾽ ὁρῶ.
ἐλαύνομαι δὲ κοὐκέτ᾽ ἂν μείναιμ᾽ ἐγώ.
Χο. ἀλλ᾽ εὐτυχοίης, καί σ᾽ ἐποπτεύων πρόφρων
θεὸς φυλάσσοι καιρίοισι συμφοραῖς.

ὅδε τοι μελάθροις τοῖς βασιλείοις   1065
τρίτος αὖ χειμὼν
πνεύσας γονίας ἐτελέσθη.
παιδοβόροι μὲν πρῶτον ὑπῆρξαν
μόχθοι τάλανες,
δεύτερον ἀνδρὸς βασίλεια πάθη,   1070
λουτροδάικτος δ᾽ ὤλετ᾽ Ἀχαιῶν
πολέμαρχος ἀνήρ,
νῦν δ᾽ αὖ τρίτος ἦλθέ ποθεν σωτήρ,
ἢ μόρον εἴπω;
ποῖ δῆτα κρανεῖ, ποῖ καταλήξει   1075
μετακοιμισθὲν μένος ἄτης;

1054 σαφεῖς Wecklein   μὴ πρὸς Mᵃᶜ   1055 χεροῖν ἔπι Stanley
1056 σοι Hermann   1057 πληθύουσι Turnebus: -σαι M   1058 στά-
ζουσι νᾶμα Burges   1059 εἷς σοι Erfurdt: εἷςς᾽ ὁ Mᵖᶜ, εἷςω Mᵃᶜ;
εἰςὶν καθαρμοί Schütz   Λοξίας Auratus: -ίου M   1062 ἂν μείν-
Robortello: ἀμμείν- M   1064 συμφορᾶς Mᵃᶜ   1067 πνεύσας
Scaliger: πνεύσας M   cf. Hesych. γονίας· . . . Αἰσχύλος Ἀγαμέμνονι
1068 παιδοβόροι Auratus: -όμοροι M   1069 τάλανές τε Θυέστου M,
τε Θυέστου del. Hermann   1075-6 μεταλήξει / κατακοιμ- (hoc
iam Franz) Lobel

EYMENIΔEC

EYMENIΔEC

Αἰσχύλου Εὐμενίδες

ὑπόθεcιc Ἀριcτοφάνουc γραμματικοῦ

ἡ ὑπόθεcιc· Ὀρέcτηc ἐν Δελφοῖc περιεχόμενος ὑπὸ τῶν Ἐρινύων βουλῆι Ἀπόλλωνος παρεγένετο εἰc Ἀθήναc εἰc τὸ ἱερὸν τῆc Ἀθηνᾶc· ἧc βουλῆι νικήcαc κατῆλθεν εἰc Ἄργος· τὰc δὲ Ἐρινύας πραΰνας προcηγόρευcεν Εὐμενίδαc. παρ' οὐδετέρωι κεῖται ἡ μυθοποιία. τὰ τοῦ δράματος πρόcωπα· Πυθιὰc προφῆτις, Ἀπόλλων, Ὀρέcτηc, Κλυταιμήcτρας εἴδωλον, χορὸc Εὐμενίδων, Ἀθηνᾶ, προπομποί.

ita M ; fere eadem EFGTr   nugas omitto
fabula acta anno 458 a.C.
codices MEFGTr; EFG nisi separatim nominantur, cum Tr consentiunt
accedunt apographa codicis M:
  Guelf. = Guelferbytanus Gudianus Graecus 88
  Par. = Parisinus Graecus 2286

ΕΥΜΕΝΙΔΕC

ΠΡΟΦΗΤΙC

πρῶτον μὲν εὐχῆι τῆιδε πρεσβεύω θεῶν
τὴν πρωτόμαντιν Γαῖαν· ἐκ δὲ τῆς Θέμιν,
ἣ δὴ τὸ μητρὸς δευτέρα τόδ' ἕζετο
μαντεῖον, ὡς λόγος τις· ἐν δὲ τῶι τρίτωι
λάχει, θελούσης, οὐδὲ πρὸς βίαν τινός,   5
Τιτανὶς ἄλλη παῖς Χθονὸς καθέζετο
Φοίβη, δίδωσιν δ' ἣ γενέθλιον δόσιν
Φοίβωι· τὸ Φοίβης δ' ὄνομ' ἔχει παρώνυμον.
λιπὼν δὲ λίμνην Δηλίαν τε χοιράδα,
κέλσας ἐπ' ἀκτὰς ναυπόρους τὰς Παλλάδος,   10
ἐς τήνδε γαῖαν ἦλθε Παρνησοῦ θ' ἕδρας.
πέμπουσι δ' αὐτὸν καὶ σεβίζουσιν μέγα
κελευθοποιοὶ παῖδες Ἡφαίστου, χθόνα
ἀνήμερον τιθέντες ἡμερωμένην.
μολόντα δ' αὐτὸν κάρτα τιμαλφεῖ λεὼς   15
Δελφός τε χώρας τῆσδε πρυμνήτης ἄναξ·
τέχνης δέ νιν Ζεὺς ἔνθεον κτίσας φρένα
ἵζει τέταρτον τοῖσδε μάντιν ἐν θρόνοις·
Διὸς προφήτης δ' ἐστὶ Λοξίας πατρός.
τούτους ἐν εὐχαῖς φροιμιάζομαι θεούς.   20
Παλλὰς προναία δ' ἐν λόγοις πρεσβεύεται.
σέβω δὲ νύμφας, ἔνθα Κωρυκὶς πέτρα
κοίλη, φίλορνις, δαιμόνων ἀναστροφή.
Βρόμιος ἔχει τὸν χῶρον, οὐδ' ἀμνημονῶ,
ἐξ οὗτε Βάκχαις ἐστρατήγησεν θεὸς   25

1 Προφῆτις praefixit M^s 11 Παρνηςοῦ θ' Robortello: Παρ✳νη-
ςοῦςθ' (ex Παραν-) M, Παρνηςούς θ' Tr; -νηςοῦ θ' Burges (cf. Cho. 563,
953)   12 μέγαν fortasse E^{ac} 18 τοῖςδε I. Voss: τόνδε codd.
θρόνοις Turnebus: χρόνοις codd.   19 πατρός . . . Διὸς Macrob. sat.
5. 22. 13   21 δ' εὐλόγως Hermann   23 ἀναστροφή M^Σ: -φά M,
-φαί Tr   24 δ' ἔχει Tr

247

λαγὼ δίκην Πενθεῖ καταρράψαc μόρον.
Πλειcτοῦ δὲ πηγὰc καὶ Ποcειδῶνοc κράτοc
καλοῦcα καὶ τέλειον ὕψιcτον Δία,
ἔπειτα μάντιc εἰc θρόνουc καθιζάνω.
καὶ νῦν τυχεῖν με τῶν πρὶν εἰcόδων μακρῶι   30
ἄριcτα δοῖεν· κεἰ πάρ' Ἑλλήνων τινέc,
ἴτων πάλωι λαχόντεc, ὡc νομίζεται·
μαντεύομαι γὰρ ὡc ἂν ἡγῆται θεόc.

ἦ δεινὰ λέξαι, δεινὰ δ' ὀφθαλμοῖc δρακεῖν,
πάλιν μ' ἔπεμψεν ἐκ δόμων τῶν Λοξίου,   35
ὡc μήτε cωκεῖν μήτε μ' ἀκταίνειν cτάcιν·
τρέχω δὲ χερcίν, οὐ ποδωκείαι cκελῶν·
δείcαcα γὰρ γραῦc οὐδέν, ἀντίπαιc μὲν οὖν.
ἐγὼ μὲν ἕρπω πρὸc πολυcτεφῆ μυχόν,
ὁρῶ δ' ἐπ' ὀμφαλῶι μὲν ἄνδρα θεομυcῆ   40
ἕδραν ἔχοντα προcτρόπαιον, αἵματι
cτάζοντα χεῖραc, καὶ νεοcπαδὲc ξίφοc
ἔχοντ', ἐλαίαc θ' ὑψιγέννητον κλάδον
λήνει μεγίcτωι cωφρόνωc ἐcτεμμένον,
ἀργῆτι μαλλῶι· τῆιδε γὰρ τρανῶc ἐρῶ.   45
πρόcθεν δὲ τἀνδρὸc τοῦδε θαυμαcτὸc λόχοc
εὕδει γυναικῶν ἐν θρόνοιcιν ἥμενοc.
οὔτοι γυναῖκαc ἀλλὰ Γοργόναc λέγω·
οὐδ' αὖτε Γοργείοιcιν εἰκάcω τύποιc
⟨   ⟩
εἶδόν ποτ' ἤδη Φινέωc γεγραμμέναc   50

27 Πλειcτοῦ Turnebus: πλείcτουc codd.   δὲ Blaydes: τε codd.
31 πάρ' Abresch: παρ' codd.   33 μαντεύcομαι Kirchhoff   34 paragr.
praefixit M, διάλειμμα γί(νεται) scr. Mˢ in marg.   36 βάcιν Mˢʸᵖ,
Et. Mag. s.v. ἀκταίνω   37 οὐ ποδωκείαι EFG: οὐ ποδωκίαι MᵖᶜTr,
οὔπω δοκία Mᵃᶜ   40 θεομιcῆ Tr   41 ἕδραc Tr   ἔχοντα Tr: -τι
M   42 νεοcπαθὲc Tr   44 μεγίcτωι suspectum   45 τῆιδε . . .
ἐρῶ suspectum, nam valde abnormis est voc. τῆιδε usus; ὁρῶ Paley
46 λόχοc Tr : λέχοc M   49 post h.v. lacunam statuit Wakefield; e.g.
⟨ἀλλ' οὐδ' ἂν Ἁρπυιαῖcι, τὰc γὰρ εὐπτέρουc⟩ / εἶδόν κτλ. suppl. Schütz
50 ἤδη : εἶδον Tr

δεῖπνον φερούϲαϲ· ἄπτεροί γε μὴν ἰδεῖν
αὗται μέλαιναί τ᾽, ἐϲ τὸ πᾶν βδελύκτροποι,
ῥέγκουϲι δ᾽ οὐ πλατοῖϲι φυϲιάμαϲιν,
ἐκ δ᾽ ὀμμάτων λείβουϲι δυϲφιλῆ λίβα·
καὶ κόϲμοϲ οὔτε πρὸϲ θεῶν ἀγάλματα   55
φέρειν δίκαιοϲ οὔτ᾽ ἐϲ ἀνθρώπων ϲτέγαϲ.
τὸ φῦλον οὐκ ὄπωπα τῆϲδ᾽ ὁμιλίαϲ
οὐδ᾽ ἥτιϲ αἶα τοῦτ᾽ ἐπεύχεται γένοϲ
τρέφουϲ᾽ ἀνατεὶ μὴ μεταϲτένειν πόνον.
τἀντεῦθεν ἤδη τῶνδε δεϲπότηι δόμων   60
αὐτῶι μελέϲθω Λοξίαι μεγαϲθενεῖ·
ἰατρόμαντιϲ δ᾽ ἐϲτὶ καὶ τεραϲκόποϲ
καὶ τοῖϲιν ἄλλοιϲ δωμάτων καθάρϲιοϲ.

ΑΠΟΛΛΩΝ

οὔτοι προδώϲω, διὰ τέλουϲ δέ ϲοι φύλαξ
ἐγγὺϲ παρεϲτὼϲ καὶ πρόϲωθ᾽ ἀποϲτατῶν   65
ἐχθροῖϲ τοῖϲ ϲοῖϲ οὐ γενήϲομαι πέπων.
καὶ νῦν ἁλούϲαϲ τάϲδε τὰϲ μάργουϲ ὁρᾶιϲ·
ὕπνωι πεϲοῦϲαι δ᾽ αἱ κατάπτυϲτοι κόραι,
γραῖαι παλαιαὶ παῖδεϲ, αἷϲ οὐ μείγνυται
θεῶν τιϲ οὐδ᾽ ἄνθρωποϲ οὐδὲ θήρ ποτε,   70
κακῶν δ᾽ ἕκατι κἀγένοντ᾽, ἐπεὶ κακὸν
ϲκότον νέμονται Τάρταρόν θ᾽ ὑπὸ χθονόϲ,
μιϲήματ᾽ ἀνδρῶν καὶ θεῶν Ὀλυμπίων.
ὅμωϲ δὲ φεῦγε, μηδὲ μαλθακὸϲ γένηι·
ἐλῶϲι γάρ ϲε καὶ δι᾽ ἠπείρου μακρᾶϲ   75
βιβῶντ᾽ ἀν᾽ αἰεὶ τὴν πλανοϲτιβῆ χθόνα

53 πλατοῖϲι Elmsley: πλαϲτ- codd.   54 λίβα Burges (cf. Tr^Σ
λείβουϲιν αἱματηρὸν ϲταλαγμόν): δία Μ, βίαν Tr   57 τῆϲ Μᵃᶜ   58 ἤ
τι γαῖα Tr   59 πόνον Arnaldus: -νων codd.   60 τἀντεῦθε
(vel -θεν) μὲν οὖν τῶνδε EFGTr   63 post h.v. 85–7 inseruit Burges
65 πρόϲωθ᾽ Wakefield: πρόϲω δ᾽ codd.   66 πρέπων Μᵍʸᵖ   68 seqq.
dura constructio; πεδῶνται pro πεϲοῦϲαι Weil   69 Νυκτὸϲ παλαιαὶ
Valckenaer   76 βιβῶντ᾽ Stephanus: βεβῶντ᾽ Μ; βεβῶτ᾽ idem
Stephanus, βεβόντ᾽ Tr   ἀν᾽ αἰεὶ (ἂν αἰεὶ codd.) suspectum   voc.
πλανοϲτιβῆ audacissime compositum

ὑπέρ τε πόντον καὶ περιρρύτας πόλεις.
καὶ μὴ πρόκαμνε τόνδε βουκολούμενος
πόνον· μολὼν δὲ Παλλάδος ποτὶ πτόλιν
ἵζου παλαιὸν ἄγκαθεν λαβὼν βρέτας·   80
κἀκεῖ δικαστὰς τῶνδε καὶ θελκτηρίους
μύθους ἔχοντες μηχανὰς εὑρήσομεν
ὥστ' ἐς τὸ πᾶν σε τῶνδ' ἀπαλλάξαι πόνων.
καὶ γὰρ κτανεῖν c' ἔπεισα μητρῶιον δέμας.

ΟΡΕΣΤΗΣ

    ἄναξ Ἄπολλον, οἶσθα μὲν τὸ μὴ ἀδικεῖν·   85
    ἐπεὶ δ' ἐπίσται, καὶ τὸ μὴ ἀμελεῖν μάθε.
    cθένος δὲ ποιεῖν εὖ φερέγγυον τὸ cόν.
Απ. μέμνησο, μὴ φόβος σε νικάτω φρένας.
    cὺ δ', αὐτάδελφον αἷμα καὶ κοινοῦ πατρός,
    Ἑρμῆ, φύλασσε, κάρτα δ' ὢν ἐπώνυμος   90
    πομπαῖος ἴσθι, τόνδε ποιμαίνων ἐμὸν
    ἱκέτην. cέβει τοι Ζεὺς τόδ' ἐκνόμων cέβας
    ὁρμώμενον βροτοῖσιν εὐπόμπωι τύχηι.

ΚΛΥΤΑΙΜΗΣΤΡΑΣ ΕΙΔΩΛΟΝ

    εὕδοιτ' ἄν, ὠή· καὶ καθευδουcῶν τί δεῖ;
    ἐγὼ δ' ὑφ' ὑμῶν ὧδ' ἀπητιμασμένη   95
    ἄλλοισιν ἐν νεκροῖσιν, ὧν μὲν ἔκτανον
    ὄνειδος ἐν φθιτοῖσιν οὐκ ἐκλείπεται,
    αἰσχρῶς δ' ἀλῶμαι. προυννέπω δ' ὑμῖν ὅτι
    ἔχω μεγίστην αἰτίαν κείνων ὕπο.
    παθοῦσα δ' οὕτω δεινὰ πρὸς τῶν φιλτάτων,   100
    οὐδεὶς ὑπέρ μου δαιμόνων μηνίεται
    κατασφαγείσης πρὸς χερῶν μητροκτόνων.
    ὅρα δὲ πληγὰς τάσδε καρδίαι σέθεν·
    εὕδουσα γὰρ φρὴν ὄμμασιν λαμπρύνεται,

77 πόντον Turnebus: -του codd.   85–7 vid. 63 n.   89 κἀκ
Burges   94 Κλυταιμήστρας εἴδωλον praefixit Mˢ   96 ὢν Tyr-
whitt ex Mᶜ: ὡς codd.   99 κείνων ὕπερ Weil   100–1 παθοῦσά
γ' . . . οὐδεὶς δ' Tr   103 ὁράτε . . . καρδίας ὅθεν Hermann

ἐν ἡμέραι δὲ μοῖρ' ἀπρόςκοπος βροτῶν.　　105
ἦ πολλὰ μὲν δὴ τῶν ἐμῶν ἐλείξατε,
χοάς τ' ἀοίνους, νηφάλια μειλίγματα,
καὶ νυκτίςεμνα δεῖπν' ἐπ' ἐςχάραι πυρὸς
ἔθυον, ὥραν οὐδενὸς κοινὴν θεῶν·
καὶ πάντα ταῦτα λὰξ ὁρῶ πατούμενα,　　110
ὁ δ' ἐξαλύξας οἴχεται νεβροῦ δίκην,
καὶ ταῦτα κούφως ἐκ μέςων ἀρκυςτάτων
ὤρουςεν, ὑμῖν ἐγκατιλλώψας μέγα.
ἀκούςαθ' ὡς ἔλεξα τῆς ἐμῆς περὶ
ψυχῆς· φρονήςατ', ὦ κατὰ χθονὸς θεαί·　　115
ὄναρ γὰρ ὑμᾶς νῦν Κλυταιμήςτρα καλῶ.

ΧΟΡΟΣ
　　(μυγμός)
Κλ.　μύζοιτ' ἄν· ἀνὴρ δ' οἴχεται φεύγων πρόςω·
　　†φίλοις γάρ εἰςιν οὐκ ἐμοῖς† προςίκτορες.
Χο.　(μυγμός)　　　　　　　　　　　　　　120
Κλ.　ἄγαν ὑπνώςςεις, κοὐ κατοικτίζεις πάθος·
　　φονεὺς δ' Ὀρέςτης τῆςδε μητρὸς οἴχεται.
Χο.　(ὠγμός)
Κλ.　ὤζεις, ὑπνώςςεις· οὐκ ἀναςτήςηι τάχος;
　　τί ςοι πέπρωται πρᾶγμα πλὴν τεύχειν κακά;　　125
Χο.　(ὠγμός)
Κλ.　ὕπνος πόνος τε κύριοι ςυνωμόται
　　δεινῆς δρακαίνης ἐξεκήραναν μένος.
Χο.　(μυγμὸς διπλοῦς ὀξύς)
　　λαβὲ λαβὲ λαβὲ λαβέ· φράζου.　　　　　130

105 μοῖρα πρόςκοπος codd.; versum del. Prien　　107 νιφάλια codd.
108 νυκτὶ ςεμνὰ Μ　　　110 ταῦτα πάντα Ε　　　111 νεκροῦ Tr
112 ἀρκυςτάτων Turnebus: ἀρκυςμάτων codd.　　113 ὤρουςε δ' Groene-
boom　ἐγκατ- Turnebus: ἔκκατ- codd.　　114 ἠκούςαθ' Pauw　ὦν
Auratus　116 -μνήςτρα hic etiam Μ　　117–31 personas paragraphis
distinxit Μ　　119 desperatus　　121–3 om. Μ, suppl. Μˢ in marg.
123 ὠγμός Robortello: μωγμός codd.　　124 ὤζεις Μ　κοὐκ Tr
125 πέπρωται Stanley: πέπρακται codd.; τέτακται Wakefield

Κλ. ὄναρ διώκεις θῆρα, κλαγγαίνεις δ' ἅπερ
κύων μέριμναν οὔποτ' ἐκλείπων φόνου.
τί δρᾶις; ἀνίςτω· μή ςε νικάτω πόνος,
μηδ' ἀγνοήςηις πῆμα μαλθαχθεῖς' ὕπνωι.
ἄλγηςον ἧπαρ ἐνδίκοις ὀνείδεςιν·   135
τοῖς ςώφροςιν γὰρ ἀντίκεντρα γίγνεται.
cὺ δ' αἱματηρὸν πνεῦμ' ἐπουρίcαcα τῶι,
ἀτμῶι κατιcχναίνουcα, νηδύος πυρί,
ἕπου, μάραινε δευτέροις διώγμαcιν.

Χο. ἔγειρ', ἔγειρε καὶ cὺ τήνδ', ἐγὼ δὲ cέ.   140
εὕδεις; ἀνίcτω, κἀπολακτίcαc' ὕπνον
ἰδώμεθ' εἴ τι τοῦδε φροιμίου ματᾶι.

ἰοὺ ἰοὺ πόπαξ· ἐπάθομεν, φίλαι·   [cτρ. α
ἦ πολλὰ δὴ παθοῦcα καὶ μάτην ἐγώ·
ἐπάθομεν πάθος δυcακές, ὦ πόποι,   145
ἄφερτον κακόν·
ἐξ ἀρκύων πέπτωκεν, οἴχεται δ' ὁ θήρ·
ὕπνωι κρατηθεῖc' ἄγραν ὤλεcα.

ἰὼ παῖ Διός, ἐπίκλοπος πέληι,   [ἀντ. α
νέος δὲ γραίας δαίμονας καθιππάcω   150
τὸν ἱκέταν cέβων, ἄθεον ἄνδρα καὶ
τοκεῦcιν πικρόν,
τὸν μητραλοίαν δ' ἐξέκλεψας ὢν θεός.
τί τῶνδ' ἐρεῖ τις δικαίως ἔχειν;

ἐμοὶ δ' ὄνειδος ἐξ ὀνειράτων μολὸν   [cτρ. β
ἔτυψεν δίκαν διφρηλάτου   156

131 θ' ἅπερ Scaliger   132 ἐκλιπὼν codd.   φόνου Dawe (cf. 246–
7): πόνου M   137 cὺ δ' Pierson: οὐδ' codd.   138 κατιcχαίν- codd.
140 Χορὸς Ἐρινύων praefixit M, ἐξ ὧν μία add. Mˢ   142 ἰδώμεθ'
Turnebus: εἰδ- codd.   143–54 inter choreutas alii aliter distribuunt,
perperam opinor   143 πόπαξ Aldina: πύπαξ codd.   145 δυcακὲc
Lindau: -αχὲc M, -αχθὲc Tr   147 θ' ὁ Abresch   149 Διός:
abnormis syll. brevis in elemento longo inter dimetr. dochm.; cf. ScT
109, Eum. 840; ἰὼ ἰὼ παῖ Διός Platt, fort. recte, quamvis haec dochmiaci
forma apud Aesch. et Soph. nusquam, apud Eur. bis vel ter reperiatur

ΕΥΜΕΝΙΔΕΣ

μεσολαβεῖ κέντρωι
ὑπὸ φρένας, ὑπὸ λοβόν·
πάρεστι μαστίκτορος δαΐου δαμίου   160
βαρύ τι περίβαρυ κρύος ἔχειν.

τοιαῦτα δρῶσιν οἱ νεώτεροι θεοί,   [ἀντ. β
κρατοῦντες τὸ πᾶν δίκας πλέον.
φονολιβῆ θρόνον
περὶ πόδα, περὶ κάρα,   165
πάρεστι γᾶς ⟨τ'⟩ ὀμφαλὸν προσδρακεῖν αἱμάτων
βλοσυρὸν ἀρόμενον ἄγος ἔχειν.

ἐφεστίωι δὲ μάντις ὢν μιάσματι   [στρ. γ
μυχὸν ἔχρανας αὐτόσσυτος, αὐτόκλητος,   170
παρὰ νόμον θεῶν βρότεα μὲν τίων,
παλαιγενεῖς δὲ μοίρας φθίσας.

κἀμοί γε λυπρός, καὶ τὸν οὐκ ἐκλύσεται,   [ἀντ. γ
ὑπὸ δὲ γᾶν φυγὼν οὔποτ' ἐλευθεροῦται,   175
ποτιτρόπαιος ὢν δ' ἕτερον ἐν κάραι
μιάστορ' εἷσιν οὗ πάσεται.

Απ. ἔξω, κελεύω, τῶνδε δωμάτων τάχος
χωρεῖτ', ἀπαλλάσσεσθε μαντικῶν μυχῶν,   180
μὴ καὶ λαβοῦσα πτηνὸν ἀργηστὴν ὄφιν
χρυσηλάτου θώμιγγος ἐξορμώμενον
ἀνῆις ὑπ' ἄλγους μέλαν' ἀπ' ἀνθρώπων ἀφρόν,
ἐμοῦσα θρόμβους οὓς ἀφείλκυσας φόνου.

161 τι Schütz: τὸ codd.; τὸ βαρὺ περίβ. Merkel, βαρὺ περίβ. τὸ
Wilamowitz   164 -λειβῆ codd.   166 τ' suppl. Wilamowitz
167 ἀρόμενον Abresch: αἱρόμενον M (vix αἱρούμ-), αἱρο- vel αἱρο- EFGTr
169 μάντις ὢν Schütz: μάντι ἐῶι codd.   170 μυχὸν Robortello:
μυκὸν M, σὸν οἶκον Tr   ἔχρανας Turnebus: ἔχρανά τ' M, ἐχράνατ' F,
ἐχθράνατ' EGTr   171 παρανόμων MᵃᶜEF, παρὰ νόμων GTr   βρέτεα Tr
174 κἀμοί γε Casaubon: κἀμοί τε codd.   175 δὲ Heyse: τε codd.
φυγὼν Porson: φεύγ- codd.   176 ὢν δ' Porson: δ' ὢν codd.   177 εἷσιν
οὗ Kirchhoff: ἐκείνου codd.   πά*σεται M: πάσσεται FGTr, πράσσεται E

οὗτοι δόμοιϲι τοῖϲδε χρίμπτεϲθαι πρέπει,   185
ἀλλ' οὗ καρανιϲτῆρεϲ ὀφθαλμωρύχοι
δίκαι ϲφαγαί τε, ϲπέρματόϲ τ' ἀποφθορᾶι
παίδων κακοῦται χλοῦνιϲ, ἠδ' ἀκρωνίαι
λευϲμοί τε, καὶ μύζουϲιν οἰκτιϲμὸν πολὺν
ὑπὸ ῥάχιν παγέντεϲ. ἆρ' ἀκούετε   190
οἵαϲ ἑορτῆϲ ἔϲτ' ἀπόπτυϲτοι θεοῖϲ
ϲτέργηθρ' ἔχουϲαι; πᾶϲ δ' ὑφηγεῖται τρόποϲ
μορφῆϲ· λέοντοϲ ἄντρον αἱματορρόφου
οἰκεῖν τοιαύταϲ εἰκόϲ, οὐ χρηϲτηρίοιϲ
ἐν τοῖϲδε πληϲίοιϲι τρίβεϲθαι μύϲοϲ.   195
χωρεῖτ' ἄνευ βοτῆροϲ αἰπολούμεναι·
ποίμνηϲ τοιαύτηϲ δ' οὔτιϲ εὐφιλὴϲ θεῶν.
Χο.   ἄναξ Ἄπολλον, ἀντάκουϲον ἐν μέρει·
αὐτὸϲ ϲὺ τούτων οὐ μεταίτιοϲ πέληι,
ἀλλ' εἰϲ τὸ πᾶν ἔπραξαϲ ὡϲ παναίτιοϲ.   200
Απ.   πῶϲ δή; τοϲοῦτο μῆκοϲ ἔκτεινον λόγου.
Χο.   ἔχρηϲαϲ ὥϲτε τὸν ξένον μητροκτονεῖν;
Απ.   ἔχρηϲα ποινὰϲ τοῦ πατρὸϲ πέμψαι· τί μήν;
Χο.   κἄπειθ' ὑπέϲτηϲ αἵματοϲ δέκτωρ νέου;
Απ.   καὶ προϲτραπέϲθαι τούϲδ' ἐπέϲτελλον δόμουϲ.   205
Χο.   καὶ τὰϲ προπομποὺϲ δῆτα τάϲδε λοιδορεῖϲ;
Απ.   οὐ γὰρ δόμοιϲι τοῖϲδε πρόϲφοροι μολεῖν.
Χο.   ἀλλ' ἔϲτιν ἡμῖν τοῦτο προϲτεταγμένον.
Απ.   τίϲ ἥδε τιμή; κόμπαϲον γέραϲ καλόν.
Χο.   τοὺϲ μητραλοίαϲ ἐκ δόμων ἐλαύνομεν.   210
Απ.   τί γάρ, γυναικὸϲ ἥτιϲ ἄνδρα νοϲφίϲηι;

---

185 δόμοιϲ ϲε Askew   186 οὗ Turnebus, καρανιϲτῆρεϲ Stanley: οὐ-
καρανηϲτῆρεϲ Μ, οὐκ ἄρ' ἀνηϲτῆρεϲ, sscr. ἀνυϲτ-, FGTr, οὐκ ἄρτ' νῆϲτῆρεϲ Ε
187 -φθορᾶι Musgrave: -φθοραί codd.   188 ἀκρωνίαι Murray: -νία
codd.   189 λευϲμοί Casaubon: -μόν codd.   190 ὑπὸ ῥάχιν Ε^ac:
ὑπόρραχιν Ε^pc rell.   195 πληϲίοιϲι suspectum   197 δ' fort.
delendum   200 εἰϲ Canter: εἰϲ codd.   ὧν παν- Wakefield
201 πῶϲ δῆτα τοῦτο μῆκοϲ Tr   203 πέμψαι suspectum; vid. Dawe
Coll. and Invest. 100; πρᾶξαι Bigot   204 δέκτωρ Μ^s: δ' ἔκτωρ Μ
rell.   207 πρόϲφοροι Stanley: -ρον codd   211 τί γάρ Μ^s: τίϲ
γὰρ Μ rell.

EYMENIΔEC

Χο. οὐκ ἂν γένοιθ᾽ ὅμαιμος αὐθέντης φόνος.

Απ. ἦ κάρτ᾽ ἄτιμα καὶ παρ᾽ οὐδὲν ἠργάσω
"Ηρας τελείας καὶ Διὸς πιστώματα·
Κύπρις δ᾽ ἄτιμος τῶιδ᾽ ἀπέρριπται λόγωι,   215
ὅθεν βροτοῖσι γίγνεται τὰ φίλτατα.
εὐνὴ γὰρ ἀνδρὶ καὶ γυναικὶ μόρσιμος
ὅρκου 'cτὶ μείζων τῆι δίκηι φρουρουμένη.
εἰ τοῖσιν οὖν κτείνουσιν ἀλλήλους χαλᾶις
τὸ μὴ τίνεσθαι μηδ᾽ ἐποπτεύειν κότωι,   220
οὔ φημ᾽ Ὀρέστην c᾽ ἐνδίκως ἀνδρηλατεῖν.
τὰ μὲν γὰρ οἶδα κάρτα c᾽ ἐνθυμουμένην,
τὰ δ᾽ ἐμφανῶς πράccουσαν ἡσυχαίτερα.
δίκας δὲ Παλλὰς τῶνδ᾽ ἐποπτεύcει θεά.

Χο. τὸν ἄνδρ᾽ ἐκεῖνον οὔ τι μὴ λίπω ποτέ.   225

Απ. cὺ δ᾽ οὖν δίωκε καὶ πόνον πλέω τίθου.

Χο. τιμὰς cὺ μὴ cύντεμνε τὰς ἐμὰς λόγωι.

Απ. οὐδ᾽ ἂν δεχοίμην ὥcτ᾽ ἔχειν τιμὰς cέθεν.

Χο. μέγας γὰρ ἔμπας πὰρ Διὸς θρόνοις λέγηι.
ἐγὼ δ᾽, ἄγει γὰρ αἷμα μητρῶιον, δίκας   230
μέτειμι τόνδε φῶτα †κἀκκυνηγέτης†.

Απ. ἐγὼ δ᾽ ἀρήξω τὸν ἱκέτην τε ῥύcομαι·
δεινὴ γὰρ ἐν βροτοῖσι κἂν θεοῖς πέλει
τοῦ προστροπαίου μῆνις, εἰ προδῶ cφ᾽ ἑκών.

Ορ. ἄναcc᾽ Ἀθάνα, Λοξίου κελεύμασιν   235

212 nulla personae nota in M   213 ἠργάcω Rutherford (εἰργ-
Wordsworth) : ἠρκέcω codd.   217 μόρcιμος Tr et sscr. EFG: -μοι
MEFG   219 εἰ Canter : ἢ codd.   220 τίνεcθαι Meineke :
γενέcθαι codd.; μέλεcθαι Auratus   221 Apollinis nomen praefix.
MEFG   c᾽ Robortello : γ᾽ M, om. Tr; γ᾽ ἐνδίκως c᾽ Merkel   ἐν δίκαις
EFG   222 τὸ μὲν Blass   οἶδα MFγρ: οὗτοι EFGTr   223 ἡcυ-
χαίτερα Meineke : -τέραν codd.; πράccουcιν ἡcυχαιτέραν idem Meineke
224 δὲ Παλλὰς Sophianus : δ᾽ ἐπάλλας M, δ᾽ ἐπ᾽ ἄλλας Tr   ἐποπτεύει Tr
225 λείπω codd.   226 πλέω Auratus : πλέον codd.   τίθει Tr et
sscr. FG   229 παρὰ Porson   230 ἄγει ... μητρῶιον Tr: ἄγειν
... μητρώων M   δίκης EFG, δίκηι Tr et sscr. FG   231 γ᾽ ὡς
κυνηγέτης Tr; κἀκκυνηγέcω Powell, -γετῶ Erfurdt   235 κελεύμ-
ETr: κελεύcμ- MFG

255

ἥκω, δέχου δὲ πρευμενῶς ἀλάστορα,
οὐ προστρόπαιον οὐδ' ἀφοίβαντον χέρα,
ἀλλ' ἀμβλὺν ἤδη προστετριμμένον τε πρὸς
ἄλλοισιν οἴκοις καὶ πορεύμασιν βροτῶν.
ὁμοῖα χέρσον καὶ θάλασσαν ἐκπερῶν,   240
cώιζων ἐφετμὰς Λοξίου χρηστηρίους,
πρόσειμι δῶμα καὶ βρέτας τὸ σόν, θεά.
αὐτοῦ φυλάσσων ἀναμένω τέλος δίκης.

Χο. εἶέν· τόδ' ἐστὶ τἀνδρὸς ἐκφανὲς τέκμαρ·
ἔπου δὲ μηνυτῆρος ἀφθέγκτου φραδαῖς·   245
τετραυματισμένον γὰρ ὡς κύων νεβρὸν
πρὸς αἷμα καὶ σταλαγμὸν ἐκματεύομεν.
πολλοῖς δὲ μόχθοις ἀνδροκμῆσι φυσιᾶι
σπλάγχνον· χθονὸς γὰρ πᾶς πεποίμανται τόπος,
ὑπέρ τε πόντον ἀπτέροις ποτήμασιν   250
ἦλθον διώκους' οὐδὲν ὑστέρα νεώς.
καὶ νῦν ὅδ' ἐνθάδ' ἐστί που καταπτακών·
ὀσμὴ βροτείων αἱμάτων με προσγελᾶι.

ὅρα, ὅρα μάλ' αὖ·
†λεύσσε * * τον πάντα†, μὴ   255
λάθηι φύγδα βὰς ματροφόνος ἀτίτας.
ὁ δ' †αὖτε γοῦν† ἀλκὰν ἔχων
περὶ βρέτει πλεχθεὶς θεᾶς ἀμβρότου
ὑπόδικος θέλει γενέσθαι χερῶν.   260

238 ἀμβλὺς ... -μένος Prien (deleto puncto post 239)   241 cώιζων
τ' Tr; cώιζων δ' Casaubon   243 ἀναμενῶ Stanley, ἀμμενῶ Dindorf
δ' ἀναμένω Dawe   245 μηνυτῆρος MFᵞᵖ: μηνυτῆισιν Tr, μηνυτῆ✱✱✱
E, μηνυτῇ, tum spat. vac. litt. ii, FG   246 νεβρὸν Victorius: νεκρὸν
codd.   247 ἐκματ- Dindorf: ἐκμαςτ- codd.   250 πόντου Tr
ποτή- Dindorf: πωτή- codd.   255 ita M: λεῦσσε τὸν πάντα Tr;
πάντᾱι Mˢ; λευστέον πάντα Thomson, λεύσσετε πάντα (om. τὸν) Wakefield
256 φυγάδα Mᵃᶜ   βὰς Hermann: βὰς ὁ codd.   ἀτίμας Tr   257 αὖτε
suspectum, γοῦν non intellegitur; ὁ δ' αὐτὸς οὖν Auratus, tum οὖν del.
Hermann   259 περιβλέπει πλαγχθεὶς Tr   θεᾶς ἀμβρ. περὶ βρ. πλ.
Murray, hiatus vitandi causa   260 χρεῶν Scaliger ex Mᶻ ἀνθ' ὧν
χρεωστεῖ

EYMENIΔEC

τὸ δ' οὐ πάρεςτιν. αἷμα μητρῷον χαμαὶ
δυςαγκόμιςτον, παπαῖ·
τὸ διερὸν πέδοι χύμενον οἴχεται.
ἀλλ' ἀντιδοῦναι δεῖ ς' ἀπὸ ζῶντος ῥοφεῖν
ἐρυθρὸν ἐκ μελέων πελανόν· ἀπὸ δὲ coῦ   265
βοςκὰν φεροίμαν πώματος δυςπότου·
καὶ ζῶντά ς' ἰςχνάνας' ἀπάξομαι κάτω,
⟨ἵν'⟩ ἀντιποίνους τίνηις μητροφόντας δύας·
ὄψηι δὲ κεἴ τις ἄλλος ἤλιτεν βροτῶν
ἢ θεὸν ἢ ξένον τιν' ἀcεβῶν   270
ἢ τοκέας φίλους,
ἔχονθ' ἕκαστον τῆς δίκης ἐπάξια.
μέγας γὰρ Ἅιδης ἐστὶν εὔθυνος βροτῶν
ἔνερθε χθονός,
δελτογράφωι δὲ πάντ' ἐπωπᾶι φρενί.   275

Ορ. ἐγὼ διδαχθεὶς ἐν κακοῖς ἐπίςταμαι
     †πολλοὺς καθαρμοὺς† καὶ λέγειν ὅπου δίκη
     ςιγᾶν θ' ὁμοίως· ἐν δὲ τῶιδε πράγματι
     φωνεῖν ἐτάχθην πρὸς coφοῦ διδαςκάλου.
     βρίζει γὰρ αἷμα καὶ μαραίνεται χερός,   280
     μητροκτόνον μίαςμα δ' ἔκπλυτον πέλει·
     ποταίνιον γὰρ ὂν πρὸς ἑςτίαι θεοῦ
     Φοίβου καθαρμοῖς ἠλάθη χοιροκτόνοις.
     πολὺς δέ μοι γένοιτ' ἂν ἐξ ἀρχῆς λόγος,

262 -κόμιστον Mᵖᶜ: -κόμιστρον Mᵃᶜ rell.   263 πέδοι χύμενον Por-
son: πέδω(ι) κεχύμενον codd.   266 φεροίμαν βοσκὰν Wellauer
267 ἰσχνάν- Turnebus: ἰχνάν- M, ἰσχάν- rell.   268 ἵν' suppl.
Abresch, et ἵνα supra τίνηις scr. Tr   τίνηις Tr: τείνηις M, τείνεις Mˢ
μητροφόντας Pauw: -φόνας codd.; -φόνος Butler; vel fort. ἀντίποιν' ὡς
(Schütz) τίνηις μητροφόνου (Casaubon; ματρο-) δύας   269 ὄψει
codd.   δὲ κεἴ τις Schütz: δ' ἐκεῖ τίς codd.   ἄλλος Heath: -ον codd.
270 ξένων Wecklein   275 ἐποπτᾶι τῆι φρενί Tr   276–7 multas
purificationes non docet miseria; καιροὺς pro καθαρμοὺς legisse videtur
Mᶻ alter, ἐπίσταμαι καὶ σιγᾶν καὶ λαλεῖν ὅπου δεῖ, ἑκάτερου καιρὸν γινώσκων,
unde πολλῶν τε καιροὺς Blass   280 κἀκμαρ- Richards   281 -κτόνου
Stanley

ὅϲοιϲ προϲῆλθον ἀβλαβεῖ ξυνουϲίαι,   285
[χρόνος καθαίρει πάντα γηράϲκων ὁμοῦ]
καὶ νῦν ἀφ' ἁγνοῦ ϲτόματος εὐφήμως καλῶ
χώρας ἄναϲϲαν τῆϲδ' Ἀθηναίαν ἐμοὶ
μολεῖν ἀρωγόν· κτήϲεται δ' ἄνευ δορὸς
αὐτόν τε καὶ γῆν καὶ τὸν Ἀργεῖον λεὼν   290
πιϲτὸν δικαίως ἐς τὸ πᾶν τε ϲύμμαχον.
ἀλλ' εἴτε χώρας ἐν τόποιϲ Λιβυϲτικῆϲ
Τρίτωνος ἀμφὶ χεῦμα γενεθλίου πόρου
τίθηϲιν ὀρθὸν ἢ κατηρεφῆ πόδα
φίλοις ἀρήγους', εἴτε Φλεγραίαν πλάκα   295
θραϲὺς ταγοῦχος ὡς ἀνὴρ ἐπιϲκοπεῖ,
ἔλθοι, κλύει δὲ καὶ πρόϲωθεν ὢν θεός,
ὅπως γένοιτο τῶνδ' ἐμοὶ λυτήριος.
Χο.   οὔτοι ϲ' Ἀπόλλων οὐδ' Ἀθηναίας ϲθένος
ῥύϲαιτ' ἂν ὥϲτε μὴ οὐ παρημελημένον   300
ἔρρειν, τὸ χαίρειν μὴ μαθόνθ' ὅπου φρενῶν,
ἀναίματον βόϲκημα δαιμόνων, ϲκιάν.
οὐδ' ἀντιφωνεῖς, ἀλλ' ἀποπτύεις λόγους,
ἐμοὶ τραφείς τε καὶ καθιερωμένος;
καὶ ζῶν με δαίϲεις οὐδὲ πρὸς βωμῶι ϲφαγείς·   305
ὕμνον δ' ἀκούϲηι τόνδε δέϲμιον ϲέθεν.

ἄγε δὴ καὶ χορὸν ἅψωμεν, ἐπεὶ
μοῦϲαν ϲτυγερὰν
ἀποφαίνεϲθαι δεδόκηκεν,
λέξαι τε λάχη τὰ κατ' ἀνθρώπους   310
ὡς ἐπινωμᾶι ϲτάϲις ἀμή.

286 del. Musgrave; ante 276 traiecit Buckley (et 276 κἀγὼ . . .
legit); καθαιρεῖ codd.   πάντα γε Tr   290 αὐτόν με Burges
292 Λιβυϲτικῆϲ Auratus: -κοῖϲ codd.   294 obscurus et varie tenta-
tus   298 τῶνδέ μοι Tr   299 οὔτοι ϲ' ΜᵖᶜFᵞᵖ: οὔτιϲ ϲ' ΜᵃᶜFGTr,
οὔτιϲ' Ε   Ἀθηναίαϲ ΜFᶻᵖᶜ: -αίοιϲ ΕFᵃᶜG, -αίης Tr   302 ϲκιάν
Heath: ϲκιά codd.   303 ἀλλ' Μ: οὐδ' Tr   305 paragr. praefixit Μ
306 ὕμνον MG: ὕμνων Tr, ὕπνον EF   δ' om. EFGTr   τόνδε δέϲμιον
MEFG: τῶνδε δεϲμίων Tr   309 δεδόκημεν Tr   311 ἀμή
Dindorf (ἀμά iam Canter): ἄμα codd.

εὐθυδίκαιοι δ' οἰόμεθ' εἶναι·
τὸν μὲν καθαρὰς χεῖρας προνέμοντ'
οὔτις ἐφέρπει μῆνις ἀφ' ἡμῶν,
ἀσινὴς δ' αἰῶνα διοιχνεῖ·   315
ὅςτις δ' ἀλιτὼν ὥςπερ ὅδ' ἀνὴρ
χεῖρας φονίας ἐπικρύπτει,
μάρτυρες ὀρθαὶ τοῖσι θανοῦσιν
παραγιγνόμεναι πράκτορες αἵματος
αὐτῶι τελέως ἐφάνημεν.   320

μᾶτερ ἅ μ' ἔτικτες, ὦ μᾶτερ   [ςτρ. α
Νύξ, ἀλαοῖσι καὶ δεδορκόσιν
ποινάν, κλῦθ'· ὁ Λατοῦς γὰρ ἶ-
νίς μ' ἄτιμον τίθησιν
τόνδ' ἀφαιρούμενος   325
πτῶκα, ματρῶιον ἅ-
γνισμα κύριον φόνου.

ἐπὶ δὲ τῶι τεθυμένωι   [ἐφυμν. α
τόδε μέλος, παρακοπά,
παραφορὰ φρενοδαλής,   330
ὕμνος ἐξ Ἐρινύων
δέςμιος φρενῶν, ἀφόρ-
μικτος, αὐονὰ βροτοῖς.

τοῦτο γὰρ λάχος διανταία   [ἀντ. α
Μοῖρ' ἐπέκλωσεν ἐμπέδως ἔχειν,   335

312 εὐθυδίκαιοι δ' οἰόμεθ' εἶναι H. L. Ahrens: εὐθυδίκαι θ' οἰδ' οἰμεθ'
εἶναι M, εὐθυδίκαι τ' οἰδ' (τῆδ' E) οἰμαι θεῖναι Tr; εὐχόμεθ' εἶναι Her-
mann   313 τὸν . . . προνέμοντ' Hermann: τοὺς . . . προνέμοντας (προς-
νέμ- M) codd.; τοὺς μὲν καθαρῶς / καθαρὰς χεῖρας προνέμοντας Hermann
314 ita Porson: οὔτις ἀφ' ἡμῶν μῆνις ἐφέρπει codd.   316 ἀλιτὼν
Auratus: ἀλιτρῶν codd.   321 'Ορ. praefix. Tr   323 seq. ποινὰν
. . . τίθησιν om. Tr   326 πτῶκα Sophianus: πτᾶκα codd.   328 τῶι
τότε θυμουμένωι Tr   329 μένος Tr   330 παραφορὰ M^pc:
παράφρονα M^ac rell.   φρενοδαλίς M^ac, οἰμαι φρενοδαής M^s; φρενοδακής
Burney   333 αὐονὰ Blaydes

θνατῶν τοῖcιν αὐτουργίαι
ξυμπέcωcιν μάταιοι,
τοῖc ὁμαρτεῖν ὄφρ' ἂν
γᾶν ὑπέλθηι· θανὼν δ'
οὐκ ἄγαν ἐλεύθεροc.   340

ἐπὶ δὲ τῶι τεθυμένωι   [ἐφυμν. α
τόδε μέλοc, παρακοπά,
παραφορὰ φρενοδαλήc,
ὕμνοc ἐξ Ἐρινύων
δέcμιοc φρενῶν, ἀφόρ-   345
μικτοc, αὐονὰ βροτοῖc.

γιγνομέναιcι λάχη τάδ' ἐφ' ἁμὶν ἐκράνθη·   [cτρ. β
ἀθανάτων δ' ἀπέχειν χέραc, οὐδέ τιc ἐcτὶ   350
cυνδαίτωρ μετάκοινοc.
παλλεύκων δὲ πέπλων ἀπόμοιροc ἄκληροc ἐτύχθην
⟨   ⟩

δωμάτων γὰρ εἱλόμαν   [ἐφυμν. β
ἀνατροπάc· ὅταν Ἄρηc   355
τιθαcὸc ὢν φίλον ἕληι,
ἐπὶ τόν, ὤ, διόμεναι
κρατερὸν ὄνθ' ὅμωc ἀμαυ-
ροῦμεν ἀφ' αἵματοc νέου.

†cπευδόμεναι δ' ἀφελεῖν τινα τᾶcδε μερίμναc   [ἀντ. β

336 θνατῶν Canter: θανάτων codd.   336 seq. αὐτουργίαι ξυμ-
πέcωcιν Turnebus: -ίαιc ξύμπαc ωcι(ν) codd.   339 ὑπέλθοι Tr
341 τῶι τεθυμένωι MF: τῶι τότε θυμουμένωι EG, τῶι τε θυμουμένωι Tr
343 παράφρονα hic codd. omnes; cf. 330 n.   344 ὕμνοιc M
349 τάδε φαμὶ κεκράνθαι Wilamowitz   351 -δαίτωρ Turnebus:
-δάτωρ codd.   352 paragr. praefixit M   ἀπόμοιροc O. Müller:
ἄμοιροc codd.; ἄκληροc ἄμοιροc Blass   353 lacunam, e.g. ⟨εὐφρόνων θ'
ὁμιλιᾶν⟩ (ubi θ' add. Groeneboom), statuit Schroeder   356 τιθαcὸc
Par.: πίθ- rell.   φίλον Turnebus: -λοc codd.   357-61 lectio
incertissima; ὧδ' ἱέμεναι E. A. I. Ahrens   ὅμωc Hermann: ὁμοίωc
codd.   ἀμαυρ- Burges: μαυρ- codd.   ἀφ' Schoemann: ὑφ' M, ἐφ' Tr
360 cπευδομένα Mac; cπεύδομεν αἵδ' Doederlein

θεῶν δ᾿ ἀτέλειαν ἐμαῖcι λιταῖc ἐπικραίνειν†   361
μηδ᾿ εἰc ἄγκρισιν ἐλθεῖν·
Ζεὺс δ᾿ αἱμοσταγὲс ἀξιόμισον ἔθνος τόδε λέσχας   365
ᾶс ἀπηξιώσατο.

δόξαι δ᾿ ἀνδρῶν καὶ μάλ᾿ ὑπ᾿ αἰθέρι cεμναὶ   [cτρ. γ
τακόμεναι κατὰ γᾶс μινύθουсιν ἄτιμοι
ἁμετέραιc ἐφόδοιс μελανείμοσιν   370
ὀρχηςμοῖс τ᾿ ἐπιφθόνοιс ποδόс·

μάλα γὰρ οὖν ἁλομένα   [ἐφυμν. γ
ἀνάκαθεν βαρυπετῆ
καταφέρω ποδὸс ἀκμάν,
σφαλερὰ ⟨καὶ⟩ τανυδρόμοιс   375
κῶλα, δύсφορον ἄταν.

πίπτων δ᾿ οὐκ οἶδεν τόδ᾿ ὑπ᾿ ἄφρονι λύμαι·   [ἀντ. γ
τοῖον ἐπὶ κνέφαс ἀνδρὶ μύсος πεπόταται,
καὶ δνοφεράν τιν᾿ ἀχλὺν κατὰ δώματος
αὐδᾶται πολύсτονοс φάτιс.   380

μόναι γὰρ εὐμήχανοί   [cτρ. δ
  τε καὶ τέλειοι, κακῶν
  τε μνήμονεс, cεμναὶ
καὶ δυсπαρήγοροι βροτοῖс,

361 θεῶν, deleto δ᾿, Hermann   ἐμαῖc μελέταιc H. Voss   363 μηδ᾿ ἐc codd.   ἔγκρισιν Tr   365 Ζεὺc Mᵖᶜ: Ζεῦ Mᵃᶜ rell.   δ᾿ Linwood: γὰρ M, om. rell.   αἱμοστ- Bothe: αἱματοστ- codd.   366 post h.v. ephymn. 354–9 iteravit G. C. W. Schneider   368 δ᾿ Bergk: τ᾿ codd.   369 γᾶс Hermann: γᾶν codd.   370 ἁμετ- Dindorf: ἡμετ- codd.   371 -φθόνοιс Heath: -φόνοιс codd.   373 ἀνάκαθεν I. Pearson (ἀνέκ-): ἄγκαθεν codd.   βαρυπετῆ Blaydes: -πεсῆ codd.   375 καὶ suppl. Schoemann   377 λύμαι: λύссαι Casaubon   378 τοῖον ἐπὶ Heath: τοῖον γὰρ ἐπὶ codd.   μύсουс Paley   380 post h.v. ephymn. 372–6 iteravit G. C. W. Schneider; cf. 366 n.   381 μόναι Heath: μένει codd.   382 τε καὶ Wakefield: δὲ καὶ codd.   384 δυсπαρήγοροι MEFG: δυсπαράγωγοι Tr

ἀτίετα διόμεναι λάχη   385
θεῶν διχοστατοῦντ' ἀνηλίωι λάπαι,
δυςοδοπαίπαλα δερκομένοιςι
καὶ δυςομμάτοις ὁμῶς·

τίς οὖν τάδ' οὐχ ἅζεταί   [ἀντ. δ
  τε καὶ δέδοικεν βροτῶν,   390
  ἐμοῦ κλύων θεςμόν,
  τὸν μοιρόκραντον ἐκ θεῶν
  δοθέντα τέλεον; ἔπι δέ μοι
  γέρας παλαιόν, οὐδ' ἀτιμίας κυρῶ,
  καίπερ ὑπὸ χθόνα τάξιν ἔχουςα   395
  καὶ δυςήλιον κνέφας.

ΑΘΗΝΑ
πρόςωθεν ἐξήκουςα κληδόνος βοὴν
ἀπὸ Σκαμάνδρου γῆν καταφθατουμένη,
ἣν δῆτ' Ἀχαιῶν ἄκτορές τε καὶ πρόμοι,
τῶν αἰχμαλώτων χρημάτων λάχος μέγα,   400
ἔνειμαν αὐτόπρεμνον ἐς τὸ πᾶν ἐμοί,
ἐξαίρετον δώρημα Θηςέως τόκοις·
ἔνθεν διώκους' ἦλθον ἄτρυτον πόδα
πτερῶν ἄτερ ῥοιβδοῦςα κόλπον αἰγίδος
[πώλοις ἀκμαίοις τόνδ' ἐπιζεύξας' ὄχον].   405
καινὴν δ' ὁρῶςα τήνδ' ὁμιλίαν χθονὸς
ταρβῶ μὲν οὐδέν, θαῦμα δ' ὄμμαςιν πάρα.
τίνες ποτ' ἐςτέ; πᾶςι δ' ἐς κοινὸν λέγω,
βρέτας τε τοὐμὸν τῶιδ' ἐφημένωι ξένωι

385 ἀτίετα Canter: ἄτιμ' ἀτίεται Μ, ἄτιμ' ἀτίετον Tr; ἄτιμ' del. Hermann   διόμεναι suspectum; διέπομεν Heath   386 ἀναλίωι Dindorf   λάπαι Wieseler coll. Hesych. s.v. λαπτήc· λαπτήν (leg. λάπην) . . . βόρβορον, ἰλύν: λαμπαι Μ, λαμπαί rell.   387 δῦc- suspectum; δυσοπαίπ- Tr, δυσποδοπαίπ- Weil   389 οὐ χάζεταί codd.   396 δυς-άλιον Dindorf   398 γῆν . . . -μένη Stanley: τὴν . . . -μένην codd. 402 τέκνοις Tr   404-5 dittographias esse vidit Paley   406 καινὴν Canter: καὶ νῦν codd.   δ' om. Ε   409 ξένωι Μ: ςτένω Tr

262

ὑμῖν θ᾽· ὁμοῖαι δ᾽ οὐδενὶ ϲπαρτῶν γένει,　　410
οὔτ᾽ ἐν θεαῖϲι πρὸϲ θεῶν ὁρώμεναι,
οὔτ᾽ οὖν βροτείοιϲ ἐμφερεῖϲ μορφώμαϲιν·
λέγειν δ᾽ ἄμομφον ὄντα τοὺϲ πέλαϲ κακῶϲ,
πρόϲω δικαίων ἤδ᾽ ἀποϲτατεῖ θέμιϲ.

Χο.　πεύϲηι τὰ πάντα ϲυντόμωϲ, Διὸϲ κόρη·　　415
ἡμεῖϲ γάρ ἐϲμεν Νυκτὸϲ αἰανῆϲ τέκνα,
Ἀραὶ δ᾽ ἐν οἴκοιϲ γῆϲ ὑπαὶ κεκλήμεθα.

Αθ.　γένοϲ μὲν οἶδα κληδόναϲ τ᾽ ἐπωνύμουϲ.

Χο.　τιμάϲ γε μὲν δὴ τὰϲ ἐμὰϲ πεύϲηι τάχα.

Αθ.　μάθοιμ᾽ ἂν εἰ λέγοι τιϲ ἐμφανῆ λόγον.　　420

Χο.　βροτοκτονοῦνταϲ ἐκ δόμων ἐλαύνομεν.

Αθ.　καὶ τῶι κτανόντι ποῦ τὸ τέρμα τῆϲ φυγῆϲ;

Χο.　ὅπου τὸ χαίρειν μηδαμοῦ νομίζεται.

Αθ.　ἦ καὶ τοιαύταϲ τῶιδ᾽ ἐπιρροιζεῖϲ φυγάϲ;

Χο.　φονεὺϲ γὰρ εἶναι μητρὸϲ ἠξιώϲατο.　　425

Αθ.　ἀλλ᾽ ἦ ᾽ξ ἀνάγκηϲ, ἤ τινοϲ τρέων κότον;

Χο.　ποῦ γὰρ τοϲοῦτο κέντρον ὡϲ μητροκτονεῖν;

Αθ.　δυοῖν παρόντοιν ἥμιϲυϲ λόγου πάρα.

Χο.　ἀλλ᾽ ὅρκον οὐ δέξαιτ᾽ ἄν, οὐ δοῦναι θέλει.

Αθ.　κλύειν δίκαιοϲ μᾶλλον ἢ πρᾶξαι θέλειϲ.　　430

Χο.　πῶϲ δή; δίδαξον· τῶν ϲοφῶν γὰρ οὐ πένηι.

Αθ.　ὅρκοιϲ τὰ μὴ δίκαια μὴ νικᾶν λέγω.

Χο.　ἀλλ᾽ ἐξέλεγχε, κρῖνε δ᾽ εὐθεῖαν δίκην.

Αθ.　ἦ κἀπ᾽ ἐμοὶ τρέποιτ᾽ ἂν αἰτίαϲ τέλοϲ;

Χο.　πῶϲ δ᾽ οὔ; ϲεβουϲαί γ᾽ ἀξίαν κἀπ᾽ ἀξίων.　　435

410 ὑμῖν I. Pearson: ὑμᾶϲ codd.　　ὁμοῖαι δ᾽ Page: ὁμοίαϲ M, -ωϲ Tr
411 ὁρώμεναι Page: -ναιϲ codd.　　413 ἄμομφον Robortello: ἄμορφον
codd.　　τοὺϲ MEFG: τοῦ Tr　　414 ἤδ᾽ F　　416 αἰανῆϲ Tr et
Tzetz. ad Lycophr. 406: αἰανῆ M et M^Σ　　417 Ἀραὶ Tr: Ἀρὰ M
422 ποῦ τὸ Arnaldus: τοῦτο codd.　　φυγῆϲ Scaliger: ϲφαγῆϲ codd.
424 ἐπιρροιζεῖϲ Scaliger: -εῖ M^pc, -εῖν M^ac rell.　　426 ἀλλ᾽
ἦ ᾽ξ Blass: ἄλληϲ codd.　　ἤ τινοϲ vel ἦ τίνοϲ EFGTr: οὔτινοϲ M
427 τοϲοῦτον Elmsley　　428 παρόντων ... λόγοϲ Tr　　429 θέλοι
Schütz　　430 δίκαιοϲ Dindorf: -ουϲ M^ac, -ωϲ M^sTr　　431 πέληι
Tr　　432 τὰ μὲν δίκ. Tr　　434 πρέποιτ᾽ Tr　　435 ϲέβουϲαί γ᾽
M: ϲέβομαί γ᾽ E^acF^acG^ac, ϲέβοιμαί γ᾽ E^pcF^pcG^pcTr　　κἀπ᾽ ἀξίων Arnal-
dus ex M^Σ (ἀξίων οὖϲαν γονέων): τ᾽ ἐπαξίων MF, τ᾽ ἐπ᾽ ἀξίων EGTr

Αθ. τί πρὸς τάδ' εἰπεῖν, ὦ ξέν', ἐν μέρει θέλεις;
λέξας δὲ χώραν καὶ γένος καὶ ξυμφορὰς
τὰς σάς, ἔπειτα τῶνδ' ἀμυναθοῦ ψόγον·
εἴπερ πεποιθὼς τῆι δίκηι βρέτας τόδε
ἧσαι φυλάσσων ἑστίας ἐμῆς πέλας,   440
σεμνὸς προσίκτωρ ἐν τρόποις Ἰξίονος,
τούτοις ἀμείβου πᾶσιν εὐμαθές τί μοι.

Ορ. ἄνασσ' Ἀθάνα, πρῶτον ἐκ τῶν ὑστάτων
τῶν σῶν ἐπῶν μέλημ' ἀφαιρήσω μέγα·
οὐκ εἰμὶ προστρόπαιος, οὐδ' ἔχων μύσος   445
πρὸς χειρὶ τἠμῆι τὸ σὸν ἐφεζόμην βρέτας.
τεκμήριον δὲ τῶνδέ σοι λέξω μέγα·
ἄφθογγον εἶναι τὸν παλαμναῖον νόμος,
ἔστ' ἂν πρὸς ἀνδρὸς αἵματος καθαρσίου
σφαγαὶ καθαιμάξωσι νεοθηλοῦς βοτοῦ.   450
πάλαι πρὸς ἄλλοις ταῦτ' ἀφιερώμεθα
οἴκοισι καὶ βοτοῖσι καὶ ῥυτοῖς πόροις.
ταύτην μὲν οὕτω φροντίδ' ἐκποδὼν λέγω,
γένος δὲ τοὐμὸν ὡς ἔχει πεύσηι τάχα.
Ἀργεῖός εἰμι, πατέρα δ' ἱστορεῖς καλῶς,   455
Ἀγαμέμνον', ἀνδρῶν ναυβατῶν ἁρμόστορα,
ξὺν ὧι σὺ Τροίαν ἄπολιν Ἰλίου πόλιν
ἔθηκας. ἔφθιθ' οὗτος οὐ καλῶς μολὼν
ἐς οἶκον· ἀλλά νιν κελαινόφρων ἐμὴ
μήτηρ κατέκτα ποικίλοις ἀγρεύμασιν   460
κρύψας', ἃ λουτρῶν ἐξεμαρτύρει φόνον.
κἀγὼ κατελθών, τὸν πρὸ τοῦ φεύγων χρόνον,
ἔκτεινα τὴν τεκοῦσαν, οὐκ ἀρνήσομαι,
ἀντικτόνοις ποιναῖσι φιλτάτου πατρός.
καὶ τῶνδε κοινῆι Λοξίας ἐπαίτιος   465

438 τῶνδ' EFG : τόνδ' MTr   440 ἀμῆς M   441 ἐν in spat.
vac. v–vi litt. add. Mˢ   445 seq. ἔχων . . . ἐφεζόμην Wieseler : ἔχει . . .
-ομένη codd.   448 ἄφωνον Tr   450 καθαιμάξωσι Turnebus :
-ξουσι codd.   -σι νεοθηλοῦς Abresch : -σιν οθηλοῦ M, -σιν ὀθνείου Tr ;
-σιν εὐθήλου Wunder   βροτοῦ Tr   452 βροτοῖσι Tr   457 Τροίαν
suspectum ; Τρωϊὶν Headlam   458 ἔφθηθ' Tr   461 κρύψας' ἃ
Musgrave : κρύψασα codd.   λουτρὸν δ' Tr   465 μεταίτιος Weil

ἄλγη προφωνῶν ἀντίκεντρα καρδίαι,
εἰ μή τι τῶνδ' ἔρξαιμι τοὺς ἐπαιτίους.
cὺ δ' εἰ δικαίως εἴτε μὴ κρίνον δίκην·
πράξας γὰρ ἐν coì πανταχῆι τάδ' αἰνέcω.

Αθ. τὸ πρᾶγμα μεῖζον, εἴ τις οἴεται τόδε   470
βροτὸς δικάζειν· οὐδὲ μὴν ἐμοὶ θέμιc
φόνου διαιρεῖν ὀξυμηνίτου δίκας,
ἄλλως τε καὶ cὺ μὲν κατηρτυκὼς †ὅμως†
ἱκέτης προcῆλθες καθαρὸς ἀβλαβὴς δόμοιc,   474
αὗται δ' ἔχουσι μοῖραν οὐκ εὐπέμπελον,   476
καὶ μὴ τυχοῦσαι πράγματος νικηφόρου,
χωρεῖ μεταῦθιc ἰὸc ἐκ φρονημάτων
πέδοι πεcὼν ἄφερτος, αἰανὴc νόcοc.
τοιαῦτα μὲν τάδ' ἐcτίν· ἀμφότερα, μένειν   480
πέμπειν τε †δυcπήματ' ἀμηχάνωc† ἐμοί.
ἐπεὶ δὲ πρᾶγμα δεῦρ' ἐπέcκηψεν τόδε,   482
ὅμως ἀμόμφους ὄντας αἱροῦμαι πόλει   [475] 482ᵃ
φόνων δικαστὰς ὁρκίων αἰδουμένους
θεcμόν, τὸν εἰς ἅπαντ' ἐγὼ θήcω χρόνον.
ὑμεῖς δὲ μαρτύριά τε καὶ τεκμήρια   485
καλεῖcθ', ἀρωγὰ τῆς δίκης ὁρκώματα.
κρίναcα δ' ἀcτῶν τῶν ἐμῶν τὰ βέλτατα
ἥξω διαιρεῖν τοῦτο πρᾶγμ' ἐτητύμωc.

467 ἔρξοιμι Headlam   468 δ' I. Pearson: τ' codd.   471 βρο-
τοῖc M (corr. Mˢ)   472 φόνου Robortello: -νουc codd.   473 fin.
ἐμοῖc Pauw, νόμωι Dindorf (νόμ- etiam Eᵃᶜ)   475 vid. 482ᵃ n.
476 οὔκουν εὔπεπλον EFGTr, sed οὐκ εὐπέμπελον F²ʸʳ   477 τυχού-
cαιc Murray   478 χωρεῖ Wieseler: χῶραι codd.   479 πέδοι
Dindorf: πέδω codd.   αἰανὴ Tr   481 τε Abresch: δὲ MEFG, δὲ
δὴ Tr, et δὴ supra δυc- scr. EF; πέμπειν αὐτὰc ἀμηνίτωc δυcχερέc ἐcτιν ἐμοί
M^Σ, unde fort. πέμπειν ἀμηνίτωc τε (Blaydes) δυcπήμαντ' (Scaliger)
ἐμοί scribendum   482ᵃ huc transtulit Lobel; post 474 codd.
ἀμόμφους ὄντας Lobel: δ' ἀμόμφον ὄντα c' codd.; lacunam hoc loco
statuerat Weil; locus varie tentatus ab illis qui in loco tradito retinent
(ὅπωc ἄμ. . . . αἱρῶμαι Dobree, ἐμοῖc· ἄμ. δ' ὄντα Linwood, fin. αἰδοῦμαι
πόλει Hermann)   483 αἰδου- Prien: αἱρου- codd.   486 κώ in
rasura M; ὀρθώματα Pauw

[ὅρκον περῶντας μηδέν' ἐκδίκοις φρεσίν.]

Χο. νῦν καταστροφαὶ νέων   [στρ. α
      θεσμίων, εἰ κρατήσει δίκα ⟨τε⟩ καὶ βλάβα   491
      τοῦδε μητροκτόνου·
      πάντας ἤδη τόδ' ἔργον εὐχερεί-
      αι συναρμόσει βροτούς·   495
      πολλὰ δ' ἔτυμα παιδότρωτα
      πάθεα προσμένει τοκεῦ-
      σιν μεταῦθις ἐν χρόνωι.

      οὐδὲ γὰρ βροτοσκόπων   [ἀντ. α
      μαινάδων τῶνδ' ἐφέρψει κότος τις ἐργμάτων·   500
      πάντ' ἐφήσω μόρον,
      πεύσεται δ' ἄλλος ἄλλοθεν, προφω-
      νῶν †τὰ τῶν† πέλας κακά,
      λῆξιν ὑπόδοσίν τε μόχθων,   505
      ἄκεα δ' οὐ βέβαια τλά-
      μων μάταν παρηγορεῖ.

      μηδέ τις κικλησκέτω   [στρ. β
      ξυμφορᾶι τετυμμένος
      τοῦτ' ἔπος θροούμενος,   510
      "ὦ Δίκα,
      ὦ θρόνοι τ' Ἐρινύων"·
      ταῦτά τις τάχ' ἂν πατὴρ

489 non suo stat loco; post 485 Tr   ὅρκων Μᵃᶜ   μηδὲν codd.   ἐκδί-
κοις Schütz: ἔκδικον Μ, ἔνδικον Tr; ἐνδίκοις Musgrave   φρενί Tr
ὅρκον διδόντας Μᶲ, unde ὅρκον πορόντας μηδὲν ἔκδικον φράσειν Hermann,
Markland   490 μεταστροφαὶ Meineke   491 τε suppl. Heath
494 εὐχερείαι Μ (-ρίαι): εὐχαρίαι Tr   499 οὐδὲ Elmsley: οὔτε codd.
πὰρ Sidgwick   500 τιν' Weil   504 τὰ τῶν aegre intellexeris; qui
aegritudinum levationem quaerit, sua non propinquorum mala pro-
mulgat; ἃ (Blass, = 'sua') τοῖς (Dawe) exspectasses   505 ὑπόδησίν
EF, ὑπόδυσίν GTr   506 ἄκεα δ' Schwenk: ἄκετ' Μ, ἄκεστ' EFG,
ἄκεστα Tr   οὐ βέβαια MEGTr: ἀβέβαια F   507 τλάμων δέ τις
μάταν codd., δὲ del. Schwenk, τις Pauw, tamquam ex Μᶲ (παθὼν δέ τις
μάτην) illata   511 seq. ὦ . . . ὦ Pauw: ἰὼ . . . ἰὼ codd.

ἢ τεκοῦσα νεοπαθὴς
οἶκτον οἰκτίσαιτ', ἐπει-   515
    δὴ πίτνει δόμος Δίκας.

ἔcθ' ὅπου τὸ δεινὸν εὖ   [ἀντ. β
καὶ φρενῶν ἐπίcκοπον
δεῖ μένειν καθήμενον·
ξυμφέρει   520
cωφρονεῖν ὑπὸ cτένει.
τίc δὲ μηδὲν ἐν †φάει†
καρδίαν ἀνατρέφων
ἢ πόλιc βροτόc θ' ὁμοί-
    ωc ἔτ' ἂν cέβοι Δίκαν;   525

μήτ' ἄναρκτον βίον   [cτρ. γ
μήτε δεcποτούμενον
αἰνέcηιc· παντὶ μέcωι τὸ κράτος θεὸς
    ὤπαcεν, ἀλλ' ἄλλαι δ' ἐφορεύει.   530
ξύμμετρον δ' ἔποc λέγω·
δυccεβίαc μὲν ὕβριc τέκοc ὡc ἐτύμωc,
ἐκ δ' ὑγιείαc   535
φρενῶν ὁ πᾶcιν φίλοc
καὶ πολύευκτοc ὄλβοc.

ἐc τὸ πᾶν cοι λέγω,   [ἀντ. γ
βωμὸν αἴδεcαι Δίκαc,
μηδέ νιν κέρδοc ἰδὼν ἀθέωι ποδὶ   540

515 δεῖ μένειν Dobraei amicus: δειμαίνει codd.   522 seq. lectio
incerta; φάει (hoc etiam M^Σ) non intellegitur; δέει Casaubon, φόβωι
Schütz   καρδίαc ut vid. M^Σ (φρενῶν)   ἀνατρέφων: ἀνα- suspectum
524 βροτὸc πόλιc θ' Rose   525 ἔτ' ἂν * * * * (ἔτ' ἂν iteraverat ut
vid.) cέβει, sscr. cέβοι, M   526 ἄναρκτον M: ἀνάρκητον EFG, ἀνάρ-
κετον Tr; ἀνάρχετον Wieseler; cf. 538   528 -ουμένων Heimsoeth
529 παντὶ Tr: ἄπαντι MEFG   530 ἀλλ' ἄλλαι: ἄλλα ἄλλαι M^pc, ἄλλα
ἄλλα M^ac rell.   δι' ἐφορ- M   534 δυccεβίαc Tr: -βείαc MEFG
538 cοι Lachmann: δέ cοι codd.; cf. 526

λὰξ ἀτίςηις· ποινὰ γὰρ ἐπέσται.
κύριον μένει τέλος.
πρὸς τάδε τις τοκέων cέβας εὖ προτίων   545
καὶ ξενοτίμους
ἐπιστροφὰς δωμάτων
αἰδόμενός τις ἔςτω.

ἑκὼν δ' ἀνάγκας ἄτερ δίκαιος ὢν   [cτρ. δ
οὐκ ἄνολβος ἔςται,   551
πανώλεθρος ⟨δ'⟩ οὔποτ' ἂν γένοιτο.
τὸν ἀντίτολμον δέ φαμι παρβάδαν
ἄγοντα πολλὰ παντόφυρτ' ἄνευ δίκας
βιαίως ξὺν χρόνωι καθήςειν   555
λαῖφος, ὅταν λάβηι πόνος
θραυομένας κεραίας.

καλεῖ δ' ἀκούοντας οὐδὲν ⟨ἐν⟩ μέςαι   [ἀντ. δ
δυςπαλεῖ τε δίναι·
γελᾶι δὲ δαίμων ἐπ' ἀνδρὶ θερμῶι,   560
τὸν οὔποτ' αὐχοῦντ' ἰδὼν ἀμηχάνοις
δύαις λαπαδνὸν οὐδ' ὑπερθέοντ' ἄκραν·
δι' αἰῶνος δὲ τὸν πρὶν ὄλβον
ἕρματι προσβαλὼν Δίκας
ὤλετ' ἄκλαυτος ἄιστος.   565

Αθ.   κήρυςςε, κῆρυξ, καὶ στρατὸν κατειργαθοῦ,

541 ἀντίςης EFG, ἀντήςης Tr   ἐπέσται Μ : ἔπεται Τr   545 τις :
τοι Butler (cf. 549)   547 ἐπιστρ. δωμ. Heath : δωμ. ἐπιστρ. codd.
549 αἰδούμ- EFG   550 ἑκὼν δ' Wieseler : ἐκ τῶνδ' codd.   ὢν om.
Tr (habent EFG)   552 δ' suppl. Pauw   553 παρβάδαν ut
vid. ΜΣ (παραβεβηκότα) : περαιβάδαν Μ, περβάδαν Τr; παρβάταν Her-
mann   554 ἄγοντα Ο. Müller : τὰ codd.   δίκης ΜΕ   558 ἐν
suppl. Abresch   559 δυςπαλεῖ τε Turnebus : δυςπαλεῖται MFGTr,
δυςπλανεῖται Ε   560 θερμῶι Τr : θερμοεργῶι MEF, θυμοεργῶι G
562 λαπαδνὸν Musgrave : λέπ- codd.   565 ἄκλαυςτος ἄιςτος codd.
566 κατεργ- codd.

†εἶτ' οὖν διάτορος† Τυρςηνικὴ
ςάλπιγξ βροτείου πνεύματος πληρουμένη
ὑπέρτονον γήρυμα φαινέτω ςτρατῶι.
πληρουμένου γὰρ τοῦδε βουλευτηρίου   570
ςιγᾶν ἀρήγει καὶ μαθεῖν θεςμοὺς ἐμοὺς
πόλιν τε πᾶςαν εἰς τὸν αἰανῆ χρόνον
καὶ τούςδ', ὅπως ἂν εὖ καταγνωςθῆι δίκη.
Χο.   ἄναξ Ἄπολλον, ὧν ἔχεις αὐτὸς κράτει.
τί τοῦδε ςοὶ μέτεςτι πράγματος λέγε.   575
Απ.   καὶ μαρτυρήςων ἦλθον, ἔςτι γὰρ νόμωι
ἱκέτης ὅδ' ἀνὴρ καὶ δόμων ἐφέςτιος
ἐμῶν, φόνου δὲ τῶιδ' ἐγὼ καθάρςιος,
καὶ ξυνδικήςων αὐτός. αἰτίαν δ' ἔχω
τῆς τοῦδε μητρὸς τοῦ φόνου. ςὺ δ' εἴςαγε   580
ὅπως ⟨τ'⟩ ἐπίςται τήνδε κύρωςον δίκην.
Αθ.   ὑμῶν ὁ μῦθος, εἰςάγω δὲ τὴν δίκην.
ὁ γὰρ διώκων πρότερος ἐξ ἀρχῆς λέγων
γένοιτ' ἂν ὀρθῶς πράγματος διδάςκαλος.
Χο.   πολλαὶ μέν ἐςμεν, λέξομεν δὲ ςυντόμως.   585
ἔπος δ' ἀμείβου πρὸς ἔπος ἐν μέρει τιθείς·
τὴν μητέρ' εἰπὲ πρῶτον εἰ κατέκτονας.
Ορ.   ἔκτεινα. τούτου δ' οὔτις ἄρνηςις πέλει.
Χο.   ἓν μὲν τόδ' ἤδη τῶν τριῶν παλαιςμάτων.
Ορ.   οὐ κειμένωι πω τόνδε κομπάζεις λόγον.   590
Χο.   εἰπεῖν γε μέντοι δεῖ ς' ὅπως κατέκτανες.
Ορ.   λέγω· ξιφουλκῶι χειρὶ πρὸς δέρην τεμών.
Χο.   πρὸς τοῦ δ' ἐπείςθης καὶ τίνος βουλεύμαςιν;

567 ita M (ἢ supra εἴ- scr. Mˢ); εἶτ' οὖν διάκτορος ⟨......⟩ Τυρς.
F (πέλει add. Fˢ in marg.) G, εἶτ' οὖν διάκτορος πέλει Τυρς. ETr; εἰς
οὐρανὸν δὲ διάτ. Τυρς. Wecklein, εἶτ' οὐρανοῦ διάτ. ἡ Τυρς. Wakefield
573 τούςδ' Hermann: τόνδ' ME, τῶνδ' FGTr   εὖ διαγν- Paley
δίκηι M   574–5 choro M, Athenae tribuit Wieseler   576 νό-
μωι Schütz: δόμων codd.   577 ἐφέςτιος Mˢˢᶜʳ: -ίως M, -ίων Tr
578 τῶιδ' Robertson: τοῦδ' codd.   580 τοῦ φόνου Turnebus: τοῦδε
φόνου codd.   580–644 om. E   581 τ' suppl. Hermann
582–644 om. FGTr   587 κατέκτανες Elmsley   588 τούτου
γ' Nauck   593 δὲ πειςθεὶς Burges

Ορ. τοῖc τοῦδε θεcφάτοιcι. μαρτυρεῖ δέ μοι.
Χο. ὁ μάντιc ἐξηγεῖτό coι μητροκτονεῖν;   595
Ορ. καὶ δεῦρό γ᾽ ἀεὶ τὴν τύχην οὐ μέμφομαι.
Χο. ἀλλ᾽ εἴ cε μάρψει ψῆφοc, ἀλλ᾽ ἐρεῖc τάχα.
Ορ. πέποιθ᾽, ἀρωγὰc δ᾽ ἐκ τάφου πέμπει πατήρ.
Χο. νεκροῖcί νυν πέπιcθι μητέρα κτανών.
Ορ. δυοῖν γὰρ εἶχε προcβολὰc μιαcμάτοιν.   600
Χο. πῶc δή; δίδαξον τοὺc δικάζονταc τάδε.
Ορ. ἀνδροκτονοῦcα πατέρ᾽ ἐμὸν κατέκτανε.
Χο. τί γάρ; cὺ μὲν ζῆιc, ἡ δ᾽ ἐλευθέρα φόνωι.
Ορ. τί δ᾽ οὐκ ἐκείνην ζῶcαν ἤλαυνεc φυγῆι;
Χο. οὐκ ἦν ὅμαιμοc φωτὸc ὅν κατέκτανεν.   605
Ορ. ἐγὼ δὲ μητρὸc τῆc ἐμῆc ἐν αἵματι;
Χο. πῶc γάρ c᾽ ἔθρεψεν ἐντόc, ὦ μιαιφόνε,
     ζώνηc; ἀπεύχηι μητρὸc αἷμα φίλτατον;
Ορ. ἤδη cὺ μαρτύρηcον, ἐξηγοῦ δέ μοι,
     Ἄπολλον, εἴ cφε cὺν δίκηι κατέκτανον.   610
     δρᾶcαι γάρ, ὥcπερ ἔcτιν, οὐκ ἀρνούμεθα·
     ἀλλ᾽ εἰ δικαίωc εἴτε μὴ τῆι cῆι φρενὶ
     δοκεῖ, τόδ᾽ αἷμα κρῖνον, ὡc τούτοιc φράcω.
Απ. λέξω πρὸc ὑμᾶc, τόνδ᾽ Ἀθηναίαc μέγαν
     θεcμόν, δικαίωc, μάντιc ὢν δ᾽ οὐ ψεύcομαι.   615
     οὐπώποτ᾽ εἶπον μαντικοῖcιν ἐν θρόνοιc,
     οὐκ ἀνδρόc, οὐ γυναικόc, οὐ πόλεωc πέρι,
     ὃ μὴ κελεύcαι Ζεὺc Ὀλυμπίων πατήρ.
     τὸ μὲν δίκαιον τοῦθ᾽ ὅcον cθένει μάθε.
     βουλῆι πιφαύcκω δ᾽ ὕμμ᾽ ἐπιcπέcθαι πατρόc.   620
     ὅρκοc γὰρ οὔτι Ζηνὸc ἰcχύει πλέον.
Χο. Ζεύc, ὡc λέγειc cύ, τόνδε χρηcμὸν ὤπαcε
     φράζειν Ὀρέcτηι τῶιδε, τὸν πατρὸc φόνον

598 δ᾽ del. Blaydes   πέμψει ex Μᴲ Scaliger   600 μιαcμάτοιν
Elmsley: -των Μ   603 τί γάρ; Hermann: τοιγὰρ Μ   φόνωι Schütz:
-νου Μ   608 φίλτατον Μˢ: -του Μ   612 δίκαιον Auratus
615 ὢν δ᾽ Canter: δ᾽ ὢν Μ   618 κελεύcαι Hermann: -cει Μ
619 μάθε Blaydes: -θεῖν Μ   620 βουλῆι Μᴲ marg. dext.: -λὴ
Μ et Μᴲ marg. sin.   621 οὔτιc Doederlein   623 τὸν Μˢ: τοῦ Μ

πράξαντα μητρὸς μηδαμοῦ τιμὰς νέμειν;
Απ. οὐ γάρ τι ταὐτὸν ἄνδρα γενναῖον θανεῖν   625
διοσδότοις cκήπτροισι τιμαλφούμενον,
καὶ ταῦτα πρὸς γυναικός, οὔ τι θουρίοις
τόξοις ἐκηβόλοισιν ὥcτ' Ἀμαζόνος,
ἀλλ' ὡς ἀκούσηι, Παλλάς, οἵ τ' ἐφήμενοι
ψήφωι διαιρεῖν τοῦδε πράγματος πέρι.   630
ἀπὸ cτρατείας γάρ νιν ἠμπολήκότα
τὰ πλεῖcτ' ἄμεινον εὔφροciν δεδεγμένη
⟨   ⟩
δροίτηι περῶντι λουτρὰ κἀπὶ τέρματι
φᾶρος περεcκήνωcεν, ἐν δ' ἀτέρμονι
κόπτει πεδήcαc' ἄνδρα δαιδάλωι πέπλωι.   635
ἀνδρὸς μὲν ὑμῖν οὗτος εἴρηται μόρος
τοῦ παντοcέμνου, τοῦ cτρατηλάτου νεῶν·
τὴν δ' αὖ τοιαύτην εἶπον, ὡς δηχθῆι λεώς,
ὅcπερ τέτακται τήνδε κυρῶcαι δίκην.
Χο. πατρὸς προτιμᾶι Ζεὺς μόρον τῶι cῶι λόγωι,   640
αὐτὸς δ' ἔδηcε πατέρα πρεcβύτην Κρόνον·
πῶc ταῦτα τούτοις οὐκ ἐναντίως λέγεις;
ὑμᾶς δ' ἀκούειν ταῦτ' ἐγὼ μαρτύρομαι.
Απ. ὦ παντομιcῆ κνώδαλα, cτύγη θεῶν,
πέδας μὲν ἂν λύcειεν, ἔcτι τοῦδ' ἄκος   645
καὶ κάρτα πολλὴ μηχανὴ λυτήριος·
ἀνδρὸς δ' ἐπειδὰν αἷμ' ἀναcπάcηι κόνις
ἅπαξ θανόντος, οὔτις ἔcτ' ἀνάcταcις.
τούτων ἐπωιδὰς οὐκ ἐποίηcεν πατὴρ
οὑμός, τὰ δ' ἄλλα πάντ' ἄνω τε καὶ κάτω   650
cτρέφων τίθηcιν οὐδὲν ἀcθμαίνων μένει.
Χο. πῶc γὰρ τὸ φεύγειν τοῦδ' ὑπερδικεῖς ὅρα·

631 νιν Porson: μιν M   632–4 lectio incerta; lacunam statuit
Schütz (e.g. ⟨λόγοις, παρέcτη θέρμ' ἐν ἀργυρηλάτωι⟩ suppl. Headlam)
δροίτηι MΣ: -τη M   περῶντι et κἀπὶ τέρματι suspecta   περιcκήν- Pauw,
sed cf. Agam. 1147; παρεcκήν- MΣ   638 τὴν δ' αὖ Weil: ταύτην M
645 denuo incipiunt EFGTr   πέδαι ... λυθεῖεν Weil   650 ἄνω τε
Tr: ἄνω M   651 οὐδ' ἐν ἀcθμαίνω M   652 γὰρ suspectum;
πῶc τἀποφεύγειν Dittenberger

271

    τὸ μητρὸς αἷμ' ὅμαιμον ἐκχέας πέδοι
    ἔπειτ' ἐν Ἄργει δώματ' οἰκήσει πατρός;
    ποίοισι βωμοῖς χρώμενος τοῖς δημίοις;   655
    ποία δὲ χέρνιψ φρατέρων προσδέξεται;
Απ. καὶ τοῦτο λέξω, καὶ μάθ' ὡς ὀρθῶς ἐρῶ·
    οὐκ ἔστι μήτηρ ἡ κεκλημένη τέκνου
    τοκεύς, τροφὸς δὲ κύματος νεοσπόρου·
    τίκτει δ' ὁ θρώισκων, ἡ δ' ἅπερ ξένωι ξένη   660
    ἔσωσεν ἔρνος, οἷσι μὴ βλάψηι θεός.
    τεκμήριον δὲ τοῦδέ σοι δείξω λόγου·
    πατὴρ μὲν ἂν γείναιτ' ἄνευ μητρός· πέλας
    μάρτυς πάρεστι παῖς Ὀλυμπίου Διός,
    οὐκ ἐν σκότοισι νηδύος τεθραμμένη,   665
    ἀλλ' οἷον ἔρνος οὔτις ἂν τέκοι θεά.
    ἐγὼ δέ, Παλλάς, τἄλλα θ' ὡς ἐπίσταμαι
    ⟨   ⟩
    τὸ σὸν πόλισμα καὶ στρατὸν τεύξω μέγαν·
    καὶ τόνδ' ἔπεμψα σῶν δόμων ἐφέστιον,
    ὅπως γένοιτο πιστὸς ἐς τὸ πᾶν χρόνου,   670
    καὶ τόνδ' ἐπικτήσαιο σύμμαχον, θεά,
    καὶ τοὺς ἔπειτα, καὶ τάδ' αἰανῶς μένοι,
    στέργειν τὰ πιστὰ τῶνδε τοὺς ἐπισπόρους.
Αθ. ἤδη κελεύω τούσδ' ἀπὸ γνώμης φέρειν
    ψῆφον δικαίαν, ὡς ἅλις λελεγμένων.   675
Απ. ἡμῖν μὲν ἤδη πᾶν τετόξευται βέλος,
    μένω δ' ἀκοῦσαι πῶς ἀγὼν κριθήσεται.
Αθ. τί γάρ; πρὸς ὑμῶν πῶς τιθεῖς' ἄμομφος ὦ;
Χο. ἠκούσαθ' ὧν ἠκούσατ', ἐν δὲ καρδίαι
    ψῆφον φέροντες ὅρκον αἰδεῖσθε, ξένοι.   680

653 πέδοι Dindorf: πέδω(ι) codd.   656 προσδέξαιτε M   58 κε-
κλημένου M   663 γείναιτ' Wieseler: γένοιτ' codd.   664 retento
οὐδ' 665, post h.v. lacunam statuit Butler   665 οὐκ Schütz: οὐδ'
codd.   666 θεά Weil: θεός codd.   667 lacunam post h.v. statuit
Dawe   674 κελεύσω Robortello   τάσδ' Tr et sscr. FG   676–
9 versuum distributio incerta: 676–7 Apollini, 679–80 choro tribuit
Winnington-Ingram; 676–7 choro, 679–80 Apollini Karsten; choro
et 676–7 et 679–80 codd.   679 ὧν M: ὡς Tr   680 αἰδεῖσθαι Mᵃᶜ

Αθ.   κλύοιτ' ἂν ἤδη θεcμόν, Ἀττικὸc λεώc,
πρώταc δίκαc κρίνοντεc αἵματοc χυτοῦ.
ἔcται δὲ καὶ τὸ λοιπὸν Αἰγέωc cτρατῶι
αἰεὶ δικαcτῶν τοῦτο βουλευτήριον.
πάγον δ' †Ἄρειον† τόνδ', Ἀμαζόνων ἕδραν   685
cκηνάc θ', ὅτ' ἦλθον Θηcέωc κατὰ φθόνον
cτρατηλατοῦcαι, καὶ πόλιν νεόπτολιν
τήνδ' ὑψίπυργον ἀντεπύργωcαν τότε,
Ἄρει δ' ἔθυον, ἔνθεν ἔcτ' ἐπώνυμοc
πέτρα πάγοc τ' Ἄρειοc· ἐν δὲ τῶι cέβαc   690
ἀcτῶν φόβοc τε ξυγγενὴc τὸ μὴ ἀδικεῖν
cχήcει τό τ' ἦμαρ καὶ κατ' εὐφρόνην ὁμῶc,
αὐτῶν πολιτῶν μὴ 'πικαινούντων νόμουc·
κακαῖc ἐπιρροαῖcι βορβόρωι θ' ὕδωρ
λαμπρὸν μιαίνων οὔποθ' εὑρήcειc ποτόν.   695
τὸ μήτ' ἄναρχον μήτε δεcποτούμενον
ἀcτοῖc περιcτέλλουcι βουλεύω cέβειν
καὶ μὴ τὸ δεινὸν πᾶν πόλεωc ἔξω βαλεῖν·
τίc γὰρ δεδοικὼc μηδὲν ἔνδικοc βροτῶν;
τοιόνδε τοι ταρβοῦντεc ἐνδίκωc cέβαc   700
ἔρυμά τε χώραc καὶ πόλεωc cωτήριον
ἔχοιτ' ἂν οἷον οὔτιc ἀνθρώπων ἔχει,
οὔτ' ἐν Cκύθηιcιν οὔτε Πέλοποc ἐν τόποιc.
κερδῶν ἄθικτον τοῦτο βουλευτήριον,
αἰδοῖον, ὀξύθυμον, εὑδόντων ὕπερ   705
ἐγρήγοροc φρούρημα γῆc καθίcταμαι.
ταύτην μὲν ἐξέτειν' ἐμοῖc παραίνεcιν

681–718 om. E   682 κρίναντεc Tr   683 Αἰγέωι M
684 δικαcτῶν Canter: δ' ἑκάcτων M, δ' ἑκάcτω Tr; δέκ' ἀcτῶν Raphael
685 verbum (ἐδοῦνται Weil) expulit gloss. ut vid.   687 πόλει Orelli
688 τὴν Tr; τῆιδ' Paley   692 τό τ' Grotius: τόδ' codd.   ὁμῶc
codd.   693 seq. 'πικαινούντων Stephanus: 'πικαινόντων codd.; τι
κινούντων Zakas, πικραινόντων . . . / κακαῖc ἐπιρρ. Valckenaer; punctum
post ἐπιρρ. habet M, quo retento δ' ὕδωρ I. Pearson; κακαῖc δ' ἐπιρρ.
Schütz   696 μήτε Guelf.: μηδὲ rell.   697 cέβειν MˢTr: cέθεν
M   701 ἔρειcμα χώραc Robertson   702 οὔτιc M: οὔποτ' Tr
703 Cκύθηιcιν MFG: -θαιcιν Tr   706 ἐγρήγορον Tr

ἀςτοῖςιν ἐς τὸ λοιπόν· ὀρθοῦςθαι δὲ χρὴ
καὶ ψῆφον αἴρειν καὶ διαγνῶναι δίκην
αἰδουμένους τὸν ὅρκον. εἴρηται λόγος.   710

Χο. καὶ μὴν βαρεῖαν τήνδ' ὁμιλίαν χθονὸς
     ξύμβουλός εἰμι μηδαμῶς ἀτιμάςαι.

Απ. κἄγωγε χρηςμοὺς τοὺς ἐμούς τε καὶ Διὸς
     ταρβεῖν κελεύω μηδ' ἀκαρπώτους κτίςαι.

Χο. ἀλλ' αἱματηρὰ πράγματ' οὐ λαχὼν ςέβεις,   715
     μαντεῖα δ' οὐκέθ' ἁγνὰ μαντεύςῃ νέμων.

Απ. ἦ καὶ πατήρ τι ςφάλλεται βουλευμάτων
     πρωτοκτόνοιςι προςτροπαῖς Ἰξίονος;

Χο. λέγεις· ἐγὼ δὲ μὴ τυχοῦςα τῆς δίκης
     βαρεῖα χώρᾳ τῇδ' ὁμιλήςω πάλιν.   720

Απ. ἀλλ' ἔν τε τοῖς νέοιςι καὶ παλαιτέροις
     θεοῖς ἄτιμος εἶ ςύ· νικήςω δ' ἐγώ.

Χο. τοιαῦτ' ἔδραςας καὶ Φέρητος ἐν δόμοις·
     Μοίρας ἔπειςας ἀφθίτους θεῖναι βροτούς.

Απ. οὔκουν δίκαιον τὸν ςέβοντ' εὐεργετεῖν,   725
     ἄλλως τε πάντως χὦτε δεόμενος τύχοι;

Χο. ςύ τοι παλαιὰς διανομὰς καταφθίςας
     οἴνῳ παρηπάφηςας ἀρχαίας θεάς.

Απ. ςύ τοι τάχ' οὐκ ἔχουςα τῆς δίκης τέλος
     ἐμῇ τὸν ἰὸν οὐδὲν ἐχθροῖςιν βαρύν.   730

Χο. ἐπεὶ καθιππάζῃ με πρεςβῦτιν νέος,
     δίκης γενέςθαι τῆςδ' ἐπήκοος μένω,
     ὡς ἀμφίβουλος οὖςα θυμοῦςθαι πόλει.

Αθ. ἐμὸν τόδ' ἔργον, λοιςθίαν κρῖναι δίκην·
     ψῆφον δ' Ὀρέςτῃ τήνδ' ἐγὼ προςθήςομαι·   735
     μήτηρ γὰρ οὔτις ἐςτὶν ἥ μ' ἐγείνατο,

710 αἰδουμένους Canter: -νοις M, αἱρουμένοις Tr   713 κἄγωγε
Robortello: κἀγώ τε codd.   715 seq. lectio dubia   fin. 716 νέμων
Hermann: μένων codd.; fin. 715 νέμεις Rauchenstein, fin. 716 ςέβειν
(= οὐκέθ' ἁγνὰ ςέβειν) Dawe   717 ςφήλεται Tr   718 προτροπ-
Tr   719 denuo incipit E   727 διανομὰς schol. E. Alc. 12:
δαίμονας codd.; δαιμονὰς Maas   728 παρηπάφηςας Davies:
-πάτηςας codd. et schol. E. l.c.   733 ἀμφίβουλος F: -βολος MEGTr

τὸ δ' ἄρcεν αἰνῶ πάντα, πλὴν γάμου τυχεῖν,
ἅπαντι θυμῶι, κάρτα δ' εἰμὶ τοῦ πατρόc.
οὕτω γυναικὸc οὐ προτιμήcω μόρον
ἄνδρα κτανούcηc δωμάτων ἐπίcκοπον.   740
νικᾶι δ' Ὀρέcτηc κἂν ἰcόψηφοc κριθῆι.
ἐκβάλλεθ' ὡc τάχιcτα τευχέων πάλουc,
ὅcοιc δικαcτῶν τοῦτ' ἐπέcταλται τέλοc.
Ορ. ὦ Φοῖβ' Ἄπολλον, πῶc ἀγὼν κριθήcεται;
Χο. ὦ Νύξ, μέλαινα μῆτερ, ἆρ' ὁρᾶιc τάδε;   745
Ορ. νῦν ἀγχόνηc μοι τέρματ', ἢ φάοc βλέπειν.
Χο. ἡμῖν γὰρ ἔρρειν, ἢ πρόcω τιμὰc νέμειν.
Απ. πεμπάζετ' ὀρθῶc ἐκβολὰc ψήφων, ξένοι,
τὸ μὴ ἀδικεῖν cέβοντεc ἐν διαιρέcει.
γνώμηc δ' ἀπούcηc πῆμα γίγνεται μέγα,   750
βαλοῦcα δ' οἶκον ψῆφοc ὤρθωcεν μία.
Αθ. ἀνὴρ ὅδ' ἐκπέφευγεν αἵματοc δίκην·
ἴcον γάρ ἐcτι τἀρίθμημα τῶν πάλων.
Ορ. ὦ Παλλάc, ὦ cώcαcα τοὺc ἐμοὺc δόμουc,
γαίαc πατρώιαc ἐcτερημένον cύ τοι   755
κατώικιcάc με. καί τιc Ἑλλήνων ἐρεῖ
"Ἀργεῖοc ἀνὴρ αὖθιc, ἔν τε χρήμαcιν
οἰκεῖ πατρώιοιc, Παλλάδοc καὶ Λοξίου
ἕκατι καὶ τοῦ πάντα κραίνοντοc τρίτου
Cωτῆροc"· ὃc πατρῶιον αἰδεcθεὶc μόρον   760
cώιζει με, μητρὸc τάcδε cυνδίκουc ὁρῶν.
ἐγὼ δὲ χώραι τῆιδε καὶ τῶι cῶι cτρατῶι
τὸ λοιπὸν εἰc ἅπαντα πλειcτήρη χρόνον
ὁρκωμοτήcαc νῦν ἄπειμι πρὸc δόμουc,
μή τοί τιν' ἄνδρα δεῦρο πρυμνήτην χθονὸc   765
ἐλθόντ' ἐποίcειν εὖ κεκαcμένον δόρυ.
αὐτοὶ γὰρ ἡμεῖc ὄντεc ἐν τάφοιc τότε

737 τὰ δ' ἄρcεν' Casaubon   746, 747 nulla personae nota in M
746 ναῦ ἀγχ- M   747 δ' ἄρ' Schütz   750 δ' del. Rauchenstein
751 βαλοῦcα suspectum; βληθεῖcα Bentley   δ' I. Pearson: τ' codd.
752 ὅ γ' M   755 γαίαc Dindorf: καὶ γῆc codd.; cτέγηc Merkel
759 τρίτον Tr   760 ὅν EFG   767 ποτέ Heyse

τοῖς τἀμὰ παρβαίνουσι νῦν ὁρκώματα
†ἀμηχάνοισι πράξομεν† δυσπραξίαις,
ὁδοὺς ἀθύμους καὶ παρόρνιθας πόρους   770
τιθέντες, ὡς αὐτοῖσι μεταμέλῃ πόνος·
ὀρθουμένων δὲ καὶ πόλιν τὴν Παλλάδος
τιμῶσιν ἀεὶ τήνδε συμμάχωι δορὶ
αὐτοῖς ἂν ἡμεῖς εἶμεν εὐμενέστεροι.
καὶ χαῖρε καὶ σὺ καὶ πολισσοῦχος λεώς·   775
πάλαισμ᾽ ἄφυκτον τοῖς ἐναντίοις ἔχοις,
σωτήριόν τε καὶ δορὸς νικηφόρον.

Χο.   ἰὼ θεοὶ νεώτεροι, παλαιοὺς νόμους
καθιππάσασθε κἀκ χερῶν εἵλεσθέ μου·
ἐγὼ δ᾽ ἄτιμος ἁ τάλαινα βαρύκοτος   780
ἐν γᾶι τᾶιδε, φεῦ,
ἰὸν ἰὸν ἀντιπενθῆ μεθεῖσα καρδίας
σταλαγμὸν † χθονὶ
ἄφορον, ἐκ δὲ τοῦ
λειχὴν ἄφυλλος ἄτεκνος, ὦ Δίκα Δίκα,   785
πέδον ἐπισύμενος
βροτοφθόρους κηλῖδας ἐν χώραι βαλεῖ.
στενάζω· τί ῥέξω;
γελῶμαι· δύσοιστ᾽ ἐν

768–71 sententiae laboranti frustra succurrunt versu 769 post 767
(Paley) vel post 771 (Burges) transposito; fort. lacuna post 768 statuenda
768 παρβ- M^{pc}GTr: παραβ- M^{ac}, προβ- EF   769 ἀμηχάνοις M
771 πόνου Butler   772 ὀρθουμένοις Tr (-νων EFG)   773 αἰεὶ
Tr   774 αὐτοῖς ἂν ... εἶμεν Hermann: αὐτοῖσιν ... ἐσμεν codd.;
ἀστοῖς ἂν ... Paley   778–92: (1) = 778–92 (quos om. EFGTr);
(2) = 808–22   780 ἁ: ἡ codd.   782 ἀντιπενθῆ M (1): -παθῆ
codd. (2)   καρδία Tr (2)   783–4 χθονιαφόρον codd. (1) et (2);
χθόνιον ἄφορον Hermann; cum sententia verbo careat et hiatus χθονὶ
ἄφορον in dochm. usu abhorreat, fort. e.g. ⟨χέω⟩ σταλαγμὸν χθονί /
scribendum   785 λιχ- codd.   ὦ Δίκα Δίκα Lachmann: ἰὼ Δίκα
codd. (1) et (2)   786 ἐπισύμ- M (1): ἐπεσσύμ- codd. (2)
787 βαλεῖ Turnebus: -εῖν codd. (1) et (2)   788 στενάξω M (1)
789 seq. γελῶμαι Tyrwhitt: γένωμαι codd. (1) et (2)   δύσοιστ᾽ ἐν
Murray: δύσοιστα codd. (1) et (2)

πολίταις ἔπαθον. 790
ἰὼ μεγάλατοι κόραι δυστυχεῖς
Νυκτὸς ἀτιμοπενθεῖς.

Aθ. ἐμοὶ πίθεςθε μὴ βαρυςτόνως φέρειν·
οὐ γὰρ νενίκηςθ᾽, ἀλλ᾽ ἰςόψηφος δίκη
ἐξῆλθ᾽ ἀληθῶς οὐκ ἀτιμίαι ςέθεν· 795
ἀλλ᾽ ἐκ Διὸς γὰρ λαμπρὰ μαρτύρια παρῆν,
αὐτός θ᾽ ὁ χρήςας αὐτὸς ἦν ὁ μαρτυρῶν
ὡς ταῦτ᾽ Ὀρέςτην δρῶντα μὴ βλάβας ἔχειν.
ὑμεῖς δὲ μήτε τῆιδε γῆι βαρὺν κότον 800
ςκήψητε, μὴ θυμοῦςθε, μηδ᾽ ἀκαρπίαν
τεύξητ᾽ ἀφεῖςαι †δαιμόνων† ςταλάγματα,
βρωτῆρας αἰχμὰς ςπερμάτων ἀνημέρους.
ἐγὼ γὰρ ὑμῖν πανδίκως ὑπίςχομαι
ἕδρας τε καὶ κευθμῶνας ἐνδίκου χθονὸς 805
λιπαροθρόνοισιν ἡμένας ἐπ᾽ ἐςχάραις
ἕξειν ὑπ᾽ ἀςτῶν τῶνδε τιμαλφουμένας.

Xo. ἰὼ θεοὶ νεώτεροι, παλαιοὺς νόμους
καθιππάςαςθε κἀκ χερῶν εἵλεςθέ μου.
ἐγὼ δ᾽ ἄτιμος ἁ τάλαινα βαρύκοτος 810
ἐν γᾶι τᾶιδε, φεῦ,
ἰὸν ἰὸν ἀντιπενθῆ μεθεῖςα καρδίας
ςταλαγμὸν † χθονὶ
ἄφορον, ἐκ δὲ τοῦ
λειχὴν ἄφυλλος ἄτεκνος, ὦ Δίκα Δίκα, 815
πέδον ἐπιςύμενος
βροτοφθόρους κηλῖδας ἐν χώραι βαλεῖ.
ςτενάζω· τί ῥέξω;

794–807 om. EFGTr   794 πείθ- M   798 θ᾽ ὁ Mᵖᶜ:
δ᾽ ὁ Mᵃᶜ   ὁ χρήςας Turnebus: ὁ θήςας Mᵖᶜ, ὀρθήςας ut vid. Mᵃᶜ
800 μήτε Wieseler: τε M   801 ςκήψητε Elmsley: -ηςθε M
802 λαιμόνων Wellauer   γρ. ςτενάγματα Mˢ   803 αἰχμὰς
suspectum; αὐχμοὺς Scaliger   805 ἐνδίκου suspectum; ἐντίμους
Herwerden   808–22 vid. 778–92 nn.

γελῶμαι· δύcοιcτ' ἐν
πολίταιc ἔπαθον.   820
ἰὼ μεγάλατοι κόραι δυcτυχεῖc
Νυκτὸc ἀτιμοπενθεῖc.

Αθ. οὐκ ἔcτ' ἄτιμοι, μηδ' ὑπερθύμωc ἄγαν
      θεαὶ βροτῶν κτίcητε δύcκηλον χθόνα.   825
      κἀγὼ πέποιθα Ζηνί, καὶ τί δεῖ λέγειν;
      καὶ κλῆιδαc οἶδα δώματοc μόνη θεῶν
      ἐν ὧι κεραυνόc ἐcτιν ἐcφραγιcμένοc.
      ἀλλ' οὐδὲν αὐτοῦ δεῖ. cὺ δ' εὐπιθὴc ἐμοὶ
      γλώccηc ματαίαc μὴ 'κβάληιc ἔπη χθονί,   830
      καρπὸν φέροντα πάντα μὴ πράccειν καλῶc.
      κοίμα κελαινοῦ κύματοc πικρὸν μένοc,
      ὡc cεμνότιμοc καὶ ξυνοικήτωρ ἐμοί.
      πολλῆc δὲ χώραc τῆcδε τἀκροθίνια
      θύη πρὸ παίδων καὶ γαμηλίου τέλουc   835
      ἔχουc' ἐc αἰεὶ τόνδ' ἐπαινέcειc λόγον.

Χο.   ἐμὲ παθεῖν τάδε,
             φεῦ,
             ἐμὲ παλαιόφρονα κατά τε γᾶν οἰκεῖν,
             ἀτίετον μύcοc·
             φεῦ·
             πνέω τοι μένοc ⟨θ'⟩ ἅπαντά τε κότον·   840
             οἰοῖ δᾶ, φεῦ·
             τίc μ' ὑποδύεται πλευρὰc ὀδύνα;

825 κτίcητε Linwood: cτήcητε codd.   δύcκολον E   827 δώματοc
Casaubon: -των codd.   828 ἐν ὧι MEFG: ἐν οἷc Tr   829 εὐπειθ-
codd.   830 ἔπη χθονί Burges: ἐπὶ χθόνα codd.   832 κοίμα M:
καὶ κῦμα Tr   834 τῆcδ' ἔτ' ἀκρο- Hermann   835 τέλουc Mˢ
Tr: -λοc M   837–46: (1) = 837–46, (2) = 870–80   838 τε γᾶν
M (2): γᾶν rell. (2), omnes (1); γᾶc Hermann   839 μύcοc φεῦ
Hermann: φεῦ μύcοc codd. (1) et (2)   840 θ' suppl. Hartung; vid.
149 n.   843 ὑπόδεται M (1)   πλευρὰc ὀδύνα M (1) et (2): πλευρᾶc
ὀδύνα EFG (2), Tr (1) et (2), πλευρᾶc ὀδύναι EFG (1); post ὀδύνα voc.
θυμὸν habent omnes (1) et (2), quod delendum videtur tamquam gloss.
ad κότον vel fort. μένοc; πλευράc, τίc ὀδύνα metri gratia H. L. Ahrens

ἄιε μᾶτερ Νύξ·
ἀπό με γὰρ τιμᾶν δαναιᾶν θεῶν   845
δυcπάλαμοι παρ' οὐδὲν ἦραν δόλοι.

Αθ.   ὀργὰc ξυνοίcω coι· γεραιτέρα γὰρ εἶ,
καὶ τῶι μὲν εἶ cὺ κάρτ' ἐμοῦ coφωτέρα,
φρονεῖν δὲ κἀμοὶ Ζεὺc ἔδωκεν οὐ κακῶc.   850
ὑμεῖc δ' ἐc ἀλλόφυλον ἐλθοῦcαι χθόνα
γῆc τῆcδ' ἐραcθήcεcθε. προυννέπω τάδε·
οὐπιρρέων γὰρ τιμιώτεροc χρόνοc
ἔcται πολίταιc τοῖcδε, καὶ cὺ τιμίαν
ἕδραν ἔχουcα πρὸc δόμοιc 'Ερεχθέωc   855
τεύξηι παρ' ἀνδρῶν καὶ γυναικείων cτόλων
ὅc' ἂν παρ' ἄλλων οὔποτ' ἂν cχέθοιc βροτῶν.
cὺ δ' ἐν τόποιcι τοῖc ἐμοῖcι μὴ βάληιc
μήθ' αἱματηρὰc θηγάναc, cπλάγχνων βλάβαc
νέων, ἀοίνοιc ἐμμανεῖc θυμώμαcιν,   860
μήτ' †ἐξελοῦc'† ὡc καρδίαν ἀλεκτόρων
ἐν τοῖc ἐμοῖc ἀcτοῖcιν ἱδρύcηιc Ἄρη
ἐμφύλιόν τε καὶ πρὸc ἀλλήλουc θραcύν.
θυραῖοc ἔcτω πόλεμοc, οὐ μόλιc παρών,
ἐν ὧι τιc ἔcται δεινὸc εὐκλείαc ἔρωc·   865
ἐνοικίου δ' ὄρνιθοc οὐ λέγω μάχην.
τοιαῦθ' ἑλέcθαι coι πάρεcτιν ἐξ ἐμοῦ,
εὖ δρῶcαν, εὖ πάcχουcαν, εὖ τιμωμένην
χώραc μεταcχεῖν τῆcδε θεοφιλεcτάτηc.

845 με γὰρ metri gratia Page : γάρ με codd.   τιμῶν Μᵃᶜ (1), τιτὰν EF (2)
δαναιᾶν Dindorf : ᵛδαμαίαν Μˢ (1), δαμαί⁕ων Μ (1), δαμίαν Μ (2), δαμέαν
EFGTr (1) et (2)   846 δόλοι Μˢˢᶜʳ (1) et (2) : δόλω MTr (1) et
(2), EFG (1), δόλον EFG (2)   849 τῶι Wakefield : τοι codd.   μὲν
εἶ cὺ Abresch : μὲν cὺ Μ, γε μὴν cὺ Tr   857 ὅc' ἂν H. L. Ahrens :
ὅcην codd. ; ὅcων Pauw   οὔποτε cχέθ- Thomson
Tr   860 ἀοίνοιc Robortello : -νουc codd.   861 μήτ' Dindorf :
μηδ' codd.   ἐξελοῦc' non intellegitur ; ἀναπτερώcαcα Μᶻ   862 ἱδρύ-
cηιc Ἄρη Stephanus : ἱδρύcηι κάρη, mut. in κάρα, Μ, ἱδρύcηι κάρα Tr
865 ἔcτι Μᵃᶜ   866 οὐ λέγω suspectum ; οὐ κλείω Musgrave,
οὐκ ἐῶ Blaydes

Χο.   ἐμὲ παθεῖν τάδε,   870
φεῦ,
ἐμὲ παλαιόφρονα κατά τε γᾶν οἰκεῖν,
ἀτίετον μύϲοϲ·
φεῦ·
πνέω τοι μένοϲ ⟨θ'⟩ ἅπαντά τε κότον·
οἰοῖ δᾶ φεῦ·
τίϲ μ' ὑποδύεται πλευρὰϲ ὀδύνα;   875
ἄιε μᾶτερ Νύξ·
ἀπό με γὰρ τιμᾶν δαναιᾶν θεῶν
δυϲπάλαμοι παρ' οὐδὲν ἦραν δόλοι.   880

Αθ.   οὔτοι καμοῦμαί ϲοι λέγουϲα τἀγαθά,
ὡϲ μήποτ' εἴπηιϲ πρὸϲ νεωτέραϲ ἐμοῦ
θεὸϲ παλαιὰ καὶ πολιϲϲούχων βροτῶν
ἄτιμοϲ ἔρρειν τοῦδ' ἀπόξενοϲ πέδου.
ἀλλ' εἰ μὲν ἁγνόν ἐϲτί ϲοι Πειθοῦϲ ϲέβαϲ,   885
γλώϲϲηϲ ἐμῆϲ μείλιγμα καὶ θελκτήριον,
ϲὺ δ' οὖν μένοιϲ ἄν· εἰ δὲ μὴ θέλειϲ μένειν,
οὔ τἂν δικαίωϲ τῆιδ' ἐπιρρέποιϲ πόλει
μῆνίν τιν' ἢ κότον τιν' ἢ βλάβην ϲτρατῶι·
ἔξεϲτι γάρ ϲοι τῆϲδε γαμόρωι χθονὸϲ   890
εἶναι δικαίωϲ ἐϲ τὸ πᾶν τιμωμένηι.
Χο.   ἄναϲϲ' Ἀθάνα, τίνα με φὴιϲ ἔχειν ἕδραν;
Αθ.   πάϲηϲ ἀπήμον' οἰζύοϲ· δέχου δὲ ϲύ.
Χο.   καὶ δὴ δέδεγμαι· τίϲ δέ μοι τιμὴ μένει;
Αθ.   ὡϲ μή τιν' οἶκον εὐθενεῖν ἄνευ ϲέθεν.   895
Χο.   ϲὺ τοῦτο πράξειϲ, ὥϲτε με ϲθένειν τόϲον;
Αθ.   τῶι γὰρ ϲέβοντι ϲυμφορὰϲ ὀρθώϲομεν.
Χο.   καί μοι πρόπαντοϲ ἐγγύην θήϲηι χρόνου;
Αθ.   ἔξεϲτι γάρ μοι μὴ λέγειν ἃ μὴ τελῶ.
Χο.   θέλξειν μ' ἔοικαϲ, καὶ μεθίϲταμαι κότου.   900

870–80 vid. 837–46 nn.   881 καλοῦμαι Tr   888 ἐπιρρέπειν
Tr   890 τῆϲδε γαμόρωι Dobree: τῆδέ γ' ἀμοίρου MEFGTrˢˢᶜʳ, τῆδέ
γ' ἀμοίρωι Tr   892 ἔξειν Elmsley   895 εὐθενεῖν Scaliger: εὐϲθ-
codd.   900 μεθίϲταϲθαι Tr

Αθ.   τοιγὰρ κατὰ χθόν' οὓς' ἐπικτήςῃι φίλους.
Χο.   τί οὖν μ' ἄνωγας τῇδ' ἐφυμνῆςαι χθονί;
Αθ.   ὁποῖα νίκης μὴ κακῆς ἐπίςκοπα,
       καὶ ταῦτα γῆθεν ἔκ τε ποντίας δρόςου
       ἐξ οὐρανοῦ τε, κἀνέμων ἀήματα   905
       εὐηλίως πνέοντ' ἐπιςτείχειν χθόνα,
       καρπόν τε γαίας καὶ βοτῶν ἐπίρρυτον
       ἀςτοῖςιν εὐθενοῦντα μὴ κάμνειν χρόνωι,
       καὶ τῶν βροτείων ςπερμάτων ςωτηρίαν·
       τῶν δυςςεβούντων δ' ἐκφορωτέρα πέλοις.   910
       ςτέργω γάρ, ἀνδρὸς φιτυποίμενος δίκην,
       τὸ τῶν δικαίων τῶνδ' ἀπένθητον γένος.
       τοιαῦτά coῦcτι. τῶν ἀρειφάτων δ' ἐγὼ
       πρεπτῶν ἀγώνων οὐκ ἀνέξομαι τὸ μὴ οὐ
       τήνδ' ἀςτύνικον ἐν βροτοῖς τιμᾶν πόλιν.   915

Χο.   δέξομαι Παλλάδος ξυνοικίαν,   [cτρ.α
       οὐδ' ἀτιμάςω πόλιν
       τὰν καὶ Ζεὺς ὁ παγκρατὴς Ἄρης
          τε φρούριον θεῶν νέμει,
       ῥυςίβωμον Ἑλλά-
          νων ἄγαλμα δαιμόνων·
       αἷ τ' ἐγὼ κατεύχομαι   920
       θεςπίςαςα πρευμενῶς
       ἐπιςςύτους βίου τύχας ὀνηςίμους
       γαίας ἐξαμβρῦςαι   925
       φαιδρὸν ἁλίου ςέλας.

902 τί νῦν μ' Hermann, τί μ' οὖν Porson   905 τἀνέμων Blass
907 βοτῶν Stanley: βροτ- codd.   908 εὐθενοῦντα Mᵖᶜ: -ταc Mᵃᶜ,
εὐcτενοῦντα FGTr, εὐcθενοῦντα ETrˢˢᶜʳ   910 δ' om. Tr.; δ' εὐcεβούν-
των Heath, atqui sententia est τοὺς δὲ δυccεβοῦνταc μᾶλλον ἐκτοπίζειν χρή
911–12 choro tribuit Tr, 913 paragr. praefixit M   912 ἀπέν-
θετον Heyse   914 τρεπτῶν Tr   οὐ om. Tr   919 νέμει M:
νόμον EFGTr, νόμων Eˢˢᶜʳ   921 αἷc ἐγὼ Tr (non EFG)   924 βίου
τύχαc M: βίου (om. τύχαc) E, βίουc τύχαc Fᵃᶜ, βίουc (om. τύχαc) FᵖᶜGTr
925 ἐξαμβρῦcαι Pauw: -αμβρόcαι M, -αμυρόcαι Tr

Αθ. τάδ' ἐγὼ προφρόνως τοῖσδε πολίταις
     πράσσω, μεγάλας καὶ δυσαρέστους
     δαίμονας αὐτοῦ καταναασαμένη·
     πάντα γὰρ αὗται τὰ κατ' ἀνθρώπους   930
     ἔλαχον διέπειν.
     ὅ γε μὴν κύρσας βαρεῶν τούτων
     οὐκ οἶδεν ὅθεν πληγαὶ βιότου·
     τὰ γὰρ ἐκ προτέρων ἀπλακήματά νιν
     πρὸς τάσδ' ἀπάγει, σιγῶν ⟨δ'⟩ ὄλεθρος   935
     καὶ μέγα φωνοῦντ'
     ἐχθραῖς ὀργαῖς ἀμαθύνει.

Χο. δενδροπήμων δὲ μὴ πνέοι βλάβα,   [ἀντ. α
     τὰν ἐμὰν χάριν λέγω,
     φλογμοὺς ὀμματοστερεῖς φυτῶν
     τὸ μὴ περᾶν ὅρον τόπων,   940
     μηδ' ἄκαρπος αἰα-
     νὴς ἐφερπέτω νόσος,
     μῆλά τ' εὐθενοῦντα Πὰν
     ξὺν διπλοῖσιν ἐμβρύοις
     τρέφοι χρόνωι τεταγμένωι· γόνος ⟨   ⟩   945
     πλουτόχθων ἑρμαίαν
     δαιμόνων δόσιν τίοι.

Αθ. ἦ τάδ' ἀκούετε, πόλεως φρούριον,
     οἷ' ἐπικραίνει;
     μέγα γὰρ δύναται πότνι' Ἐρινὺς   950

932 ὅ γε μὴν Linwood: ὁ δὲ μὴ codd., quo retento πράιων pro βαρεῶν
Schütz   βαρεῶν H. L. Ahrens: -ρέων codd.   933 βιότου ⟨προσ-
έπαισαν⟩ Hermann   934 ἀπλακήματά: ἄμπλακ- Μ, ἁμαρτήματα Tr
νιν om. Tr   935 δ' suppl. Musgrave   938 πνέοι Μ: πλέοι Tr
939–40 φλογμοὺς ὀμματοστερεῖς Wilamowitz: φλοιγμὸς ὀμματοστερὴς
Μ (φλογ- Tr; τ' ante ὀμμ. inserit Tr, carent MEFG) alioquin non
poterit explanari constructio vocc. τὸ μή; ὅρον τόπων = ὅρους Ἀττικῆς
943 εὐθενοῦντα Πὰν Meineke: εὐθενοῦντ' (εὐθην- Tr) ἄγαν codd.; εὐθε-
νοῦντα γᾶ Dobree   946 ⟨δ' ἀεὶ⟩ suppl. Musgrave, ⟨δὲ γᾶς⟩ Her-
mann   947 τίοι obscurum   948 ἀκούεις Meineke   949 ἐπι-
κραίνει ΜᵃᶜTr: -κρανεῖ Μᵖᶜ

παρά τ' ἀθανάτοιc τοῖc θ' ὑπὸ γαῖαν,
περί τ' ἀνθρώπων φανέρ' ὡc τελέωc
διαπράccουcιν, τοῖc μὲν ἀοιδάc,
τοῖc δ' αὖ δακρύων
βίον ἀμβλωπὸν παρέχουcαι.   955

Χο.   ἀνδροκμῆτας δ' ἀώ-   [cτρ. β
        ρουc ἀπεννέπω τύχαc·
        νεανίδων δ' ἐπηράτων
        ἀνδροτυχεῖc βιότουc δότε, κύρι' ἔχοντεc,   960
        θεαί τ', ὦ Μοῖραι
        ματροκαcιγνῆται,
        δαίμονεc ὀρθονόμοι,
        παντὶ δόμωι μετάκοινοι,
        παντὶ χρόνωι δ' ἐπιβριθεῖc,   965
        ἐνδίκοιc ὁμιλίαιc
        πάνται τιμιώταται θεῶν.

Αθ.   τάδε τοι χώραι τῆμῆι προφρόνωc
        ἐπικραινομένων
        γάνυμαι. cτέργω δ' ὄμματα Πειθοῦc,   970
        ὅτι μοι γλῶccαν καὶ cτόμ' ἐπωπᾶι
        πρὸc τάcδ' ἀγρίωc ἀπανηναμέναc.
        ἀλλ' ἐκράτηcε Ζεὺc ἀγοραῖοc,
        νικᾶι δ' ἀγαθῶν
        ἔριc ἡμετέρα διὰ παντόc.   975

Χο.   τὰν δ' ἄπληcτον κακῶν   [ἀντ. β
        μήποτ' ἐν πόλει Cτάcιν
        τᾶιδ' ἐπεύχομαι βρέμειν,

951 γαίαc Bothe   952 τ': δ' Hartung   φανέρ' ὡc Meineke: φανερῶc codd.   954 δακρύων Tr: κρύων MEFG   956 ἀώροιc EFG   959 δ' Blaydes: τ' codd.   960 βιότου Tr   κύρι' M^{pc} (υ in rasura): κύριεc Tr; κῦροc Heyse   ἔχουcαι I. Pearson 961 τ' ὦ Hermann: τῶν codd.   963 ὀρθοδόμοι E   964 δαίμω EFG   μετάκοινοι Turnebus: μέγα κοινοι M, μεγάκοινοι Tr   967 πάνται Canter: -τα MEFG, -των Tr   970 ὄμματι Tr   971 ἐποπτᾶι Tr; ἐπώπα Schütz   972 ἀπονην- Tr

AICXYΛOY

μηδὲ πιοῦσα κόνις μέλαν αἷμα πολιτᾶν   980
δι' ὀργὰν ποινὰς
ἀντιφόνους Ἄτας
ἁρπαλίσαι πόλεως,
χάρματα δ' ἀντιδιδοῖεν
κοινοφιλεῖ διανοίαι   985
καὶ στυγεῖν μιᾶι φρενί·
πολλῶν γὰρ τόδ' ἐν βροτοῖς ἄκος.

Αθ.   ἆρα φρονοῦσιν γλώccηc ἀγαθῆc
ὁδὸν εὑρίσκειν;
ἐκ τῶν φοβερῶν τῶνδε προσώπων   990
μέγα κέρδος ὁρῶ τοῖσδε πολίταις·
τάσδε γὰρ εὔφρονας εὔφρονες ἀεὶ
μέγα τιμῶντες καὶ γῆν καὶ πόλιν
ὀρθοδίκαιον
πρέψετε πάντως διάγοντες.   995

Χο.   ⟨χαίρετε⟩ χαίρετ' ἐν αἰcιμίαιcι πλούτου,   [cτρ. γ
χαίρετ', ἀcτικὸc λεώc,
ἴκταρ ἥμενοι Διὸc
παρθένου φίλας φίλοι,
cωφρονοῦντες ἐν χρόνωι·   1000
Παλλάδος δ' ὑπὸ πτεροῖc
ὄντας ἅζεται πατήρ.

Αθ.   χαίρετε χὑμεῖς, προτέραν δ' ἐμὲ χρὴ
cτείχειν θαλάμους
ἀποδείξουσαν πρὸς φῶς ἱερὸν   1005
τῶνδε προπομπῶν.

980 πολιητᾶν Tr   981 ποινᾶc Tr   982 post h.v. deficit E
985 κοινοφιλεῖ Hermann : κοινοφελεῖ M, κοινωφελεῖ Mˢ Tr   988 ἆρα
Tr : ἄρα M, ἀρὰ Mˢ ; ἦ ῥα Wakefield   989 εὑρίσκειν Pauw : -κει
codd.   990 προcέρπον Headlam   992 αἰεὶ Tr   995 πάντωc
G : πάντες MFTr   996 suppl. Turnebus   997 Ἀττικὸc Erotian.
s.v. ἴκταρ   999 παρθένου Robortello : -νους MF, -νοιc GTr
1003 δ' ὑμεῖc Tr   1005 προπομπῶν Bentley : -πὸν codd.

ἴτε καὶ cφαγίων τῶνδ' ὑπὸ cεμνῶν
κατὰ γῆϲ cύμεναι τὸ μὲν ἀτηρὸν
χώραϲ ἀπέχειν, τὸ δὲ κερδαλέον
πέμπειν πόλεωϲ ἐπὶ νίκηι.
ὑμεῖϲ δ' ἡγεῖcθε, πολιccοῦχοι   1010
παῖδεϲ Κραναοῦ, ταῖcδε μετοίκοιϲ·
εἴη δ' ἀγαθῶν
ἀγαθὴ διάνοια πολίταιϲ.

Χο.   χαίρετε, χαίρετε δ' αὖθιϲ, ἐπανδιπλοίζω,   [ἀντ. γ
πάντεϲ οἱ κατὰ πτόλιν   1015
δαίμονέϲ τε καὶ βροτοὶ
Παλλάδοϲ πόλιν νέμον-
τεϲ, μετοικίαν δ' ἐμὴν
εὐcεβοῦντεϲ οὔτι μέμ-
ψεcθε cυμφορὰc βίου.   1020

Αθ.   αἰνῶ τε μύθουϲ τῶνδε τῶν κατευγμάτων
πέμψω τε φέγγει λαμπάδων cελαcφόρων
εἰϲ τοὺϲ ἔνερθε καὶ κάτω χθονὸϲ τόπουϲ
ξὺν προϲπόλοιcιν αἵτε φρουροῦcιν βρέταϲ
τοὐμὸν δικαίωϲ· ὄμμα γὰρ πάcηϲ χθονὸϲ   1025
Θηcῆιδοϲ ἐξίκοιτ' ἄν, εὐκλεὴϲ λόχοϲ
παίδων γυναικῶν, καὶ cτόλοϲ πρεϲβυτίδων
⟨   ⟩
φοινικοβάπτοιϲ ἐνδυτοὺϲ ἐcθήμαcι
τιμᾶτε, καὶ τὸ φέγγοϲ ὁρμάcθω πυρόϲ,

1008 ἀτηρὸν Bentley: -ριον codd.   χώραϲ ἀπέχειν Burges: χ. κατέχειν
codd.; χωρὶϲ κατέχειν Linwood   1010 ὑμεῖϲ Tr: ἡμεῖϲ MFG
1011 μετοίκοιϲ Turnebus: -κοι codd.   1014 ἐπανδιπλοίζω Hermann:
ἐπιδιπλοίζω MFG, διπλοίζω (om. δ' αὖθιϲ) Tr   1019 εὖ cέβοντεϲ
Turnebus   1021 τε Hermann: δὲ codd.   1023 κατὰ χθονὸϲ
Burges   1027 post h.v. lacunam statuit Hermann; cf. argumentum
huius fabulae et Harpocrat. s.v. Εὐμενίδεϲ· Αἰcχύλοϲ ἐν Εὐμενίcιν εἰπὼν
τὰ περὶ τὴν κρίcιν τοῦ Ὀρέϲτου φηcὶν ὡϲ ἡ Ἀθηνᾶ πραΰναcα τὰϲ Ἐρινύαϲ
ὥcτε μὴ χαλεπῶϲ ἔχειν Εὐμενίδαϲ ὠνόμαcεν   1028 ἐνδυτοὺϲ Head-
lam: -τοῖϲ codd.

ὅπως ἂν εὔφρων ἥδ' ὁμιλία χθονὸς   1030
τὸ λοιπὸν εὐάνδροισι cυμφοραῖc πρέπηι.

ΠΡΟΠΟΜΠΟΙ

βᾶτε δόμωι μεγάλαι φιλότιμοι   [cτρ. α
Νυκτὸc παῖδεc ἄπαιδεc ὑπ' εὔφρονι πομπᾶι·
εὐφαμεῖτε δέ, χωρῖται.   1035

γᾶc ὑπὸ κεύθεcιν ὠγυγίοιcιν   [ἀντ. α
τιμαῖc καὶ θυcίαιc περίcεπτα τύχοιτε·
εὐφαμεῖτε δὲ πανδαμεί.

ἵλαοι δὲ καὶ εὐθύφρονεc γᾶι   [cτρ. β
δεῦρ' ἴτε cεμναὶ ⟨ ⟩ πυριδάπτωι   1041
λαμπάδι τερπόμεναι καθ' ὁδόν·
ὀλολύξατε νῦν ἐπὶ μολπαῖc.

cπονδαὶ δ' †ἐc τὸ πᾶν ἔνδαιδεc οἴκων†   [ἀντ. β
Παλλάδοc ἀcτοῖc· Ζεὺc παντόπτας   1045
οὕτω Μοῖρά τε cυγκατέβα·
ὀλολύξατε νῦν ἐπὶ μολπαῖc.

1033 *Προπομποί* praefixit M^Σ, choro tribuit M; 1035, 1039, 1043, 1047 praeconi tribuit Kirchhoff   βᾶτε Wellauer : βᾶτ' ἐν codd. 1034 εὔφρονι Burney : εὐθύφρονι MGTr, εὐθύφρῖ F   1035 χωρῖται Hermann : χωρεῖτε codd.   1037 τιμαῖc Hermann : καὶ τιμαῖc codd. περιcέπται codd.   τύχοιτε Wakefield : τύχαι τε codd.   1038 -δημεὶ Tr   1041 ⟨θεαὶ⟩ suppl. Hartung, ⟨cὺν⟩ Hermann, ⟨τᾶι⟩ Weil 1042 ὁδὸν Boissonade : ὁδὸν δ' codd.   1044 εἰcόπιν pro ἐc τὸ πᾶν Linwood   ἔνδαδεc Tr   ἔcτων pro οἴκων Hartung, ἴτων Musgrave 1045 Ζεὺc ὁ πανόπταc Musgrave et vulgo edd., sed cf. *Suppl.* 140, S. *OC* 1085

ΠΡΟΜΗΘΕΥC ΔΕCΜΩΤΗC

ΠΡΟΜΗΘΕΥΣ ΔΕΣΜΩΤΗΣ

ὑπόθεсιс· Προμηθέως ἐν Cκυθίαι δεδεμένου διὰ τὸ κεκλοφέναι
τὸ πῦρ πυνθάνεται Ἰὼ πλανωμένη ὅτι κατ' Αἴγυπτον γενομένη
ἐκ τῆс ἐπαφήсεωс τοῦ Διὸc τέξεται τὸν "Επαφον· ʽΕρμῆс τε
παράγεται ἀπειλῶν αὐτῶι κεραυνωθήсεсθαι ἐὰν μὴ εἴπηι τὰ
5 μέλλοντα ἔсεсθαι τῶι Διί· καὶ τέλοс βροντῆс γενομένηс ἀφανὴс
γίνεται ὁ Προμηθεύс. κεῖται ἡ μυθοποιία ἐν παρεκβάсει παρὰ
Cοφοκλεῖ ἐν Κολχίсι, παρὰ δ' Εὐριπίδηι ὅλωс οὐ κεῖται. ἡ μὲν
сκηνὴ τοῦ δράματοс ὑπόκειται ἐν Cκυθίαι ἐπὶ τὸ Καυκάсιον ὄροс,
ὁ δὲ χορὸс συνέστηκεν ἐξ Ὠκεανίδων νυμφῶν. τὸ δὲ κεφάλαιον
10 αὐτοῦ ἐсτι Προμηθέωс δέсιс.

τὰ τοῦ δράματοс πρόσωπα· Κράτοс καὶ Βία "Ηφαιстοс
χορὸс Ὠκεανίδων Προμηθεύс Ὠκεανόс [Γῆ ʽΗρακλῆс]
ʽΕρμῆс Ἰὼ Ἰνάχου.

15 marg. inf. eiusdem folii haec addit M: ἰсτέον ὅτι οὐ κατὰ
τὸν κοινὸν λόγον ἐν Καυκάсωι φηсὶ δεδέсθαι τὸν Προμηθέα
ἀλλὰ πρὸς τοῖс Εὐρωπαίοις τέρμαсιν τοῦ ὠκεανοῦ, ὡс ἀπὸ τῶν
πρὸс τὴν Ἰὼ λεγομένων ἔсτιν сυμβαλεῖν.

ita M; fere eadem multi   2 ὅτι hoc loco K, post γενομένη M cum
plurimis   7 Κολχίсι Brunck: Κόλχοιс M   8 ἐπὶ . . . ὄροc del.
Wilamowitz ob 'male Graecum praepositionis usum'; testis idem haec
in cod. R omissa esse   12 Γῆ ʽΗρακλῆс om. K

quonam anno acta sit fabula omnino ignoramus; etiam de auctore
Aeschylo dubitatur
codd. omnes qui in catalogo commemorantur exceptis AE; vid.
etiam v. 1 n.

ΠΡΟΜΗΘΕΥC ΔΕCΜΩΤΗC

ΚΡΑΤΟC

Χθονὸς μὲν εἰς τηλουρὸν ἥκομεν πέδον,
Cκύθην ἐς οἶμον, ἄβροτον εἰς ἐρημίαν.
Ἥφαιστε, coì δὲ χρὴ μέλειν ἐπιστολὰς
ἅς coι πατὴρ ἐφεῖτο, τόνδε πρὸς πέτραις
ὑψηλοκρήμνοις τὸν λεωργὸν ὀχμάσαι   5
ἀδαμαντίνων δεσμῶν ἐν ἀρρήκτοις πέδαις.
τὸ cὸν γὰρ ἄνθος, παντέχνου πυρὸς cέλας,
θνητοῖcι κλέψας ὤπασεν. τοιᾶcδέ τοι
ἁμαρτίας cφε δεῖ θεοῖc δοῦναι δίκην,
ὡς ἂν διδαχθῆι τὴν Διὸς τυραννίδα   10
cτέργειν, φιλανθρώπου δὲ παύεcθαι τρόπου.

ΗΦΑΙCΤΟC

Κράτος Βία τε, cφῶιν μὲν ἐντολὴ Διὸς
ἔχει τέλος δὴ κοὐδὲν ἐμποδὼν ἔτι,
ἐγὼ δ' ἄτολμός εἰμι cυγγενῆ θεὸν
δῆcαι βίαι φάραγγι πρὸς δυcχειμέρωι.   15
πάντως δ' ἀνάγκη τῶνδέ μοι τόλμαν cχεθεῖν·
εὐωριάζειν γὰρ πατρὸς λόγους βαρύ.
τῆς ὀρθοβούλου Θέμιδος αἰπυμῆτα παῖ,
ἄκοντά c' ἄκων δυcλύτοις χαλκεύμαcι
προcπαccαλεύcω τῶιδ' ἀπανθρώπωι πάγωι,   20
ἵν' οὔτε φωνὴν οὔτε του μορφὴν βροτῶν
ὄψηι, cταθευτὸς δ' ἡλίου φοίβηι φλογὶ

1–50 om. Y, 1–267 om. H, 1–1042 om. Nd; deficit omnino A
2 οἶμον plerique   ἄβροτον schol. (BT) Hom. *Il.* 14. 78, schol. (Ven.)
Ar. *Ran.* 814 (ἄδρ-): ἀβατόν τ' M et fort. V^ac, ἄβατον rell. et schol.
(Rav.) Ar. l.c.   6 ita schol. Ar. l.c.: ἀδαμαντίναις (vel -νοις) πέδηcιν
(vel -δαιcιν) ἐν (hoc om. BKYaF) ἀρρήκτοις πέτραις fere codd.
17 εὐωρ- Porson: ἐξωρ- codd.   20 πάγωι: τόπωι M   21 βρο-
τῶν: θεῶν Ha^γρXBCNVYaWPQGF   22 ὄψηι O^sscr: ὄψει rell.

χροιᾶc ἀμείψειc ἄνθοc· ἀcμένωι δέ coι
ἡ ποικιλείμων νὺξ ἀποκρύψει φάοc
πάχνην θ' ἑώιαν ἥλιοc cκεδᾶι πάλιν·   25
ἀεὶ δὲ τοῦ παρόντοc ἀχθηδὼν κακοῦ
τρύcει c', ὁ λωφήcων γὰρ οὐ πέφυκέ πω.
τοιαῦτ' ἐπηύρου τοῦ φιλανθρώπου τρόπου·
θεὸc θεῶν γὰρ οὐχ ὑποπτήccων χόλον
βροτοῖcι τιμὰc ὤπαcαc πέρα δίκηc·   30
ἀνθ' ὧν ἀτερπῆ τήνδε φρουρήcειc πέτραν
ὀρθοcτάδην ἄυπνοc, οὐ κάμπτων γόνυ·
πολλοὺc δ' ὀδυρμοὺc καὶ γόουc ἀνωφελεῖc
φθέγξηι· Διὸc γὰρ δυcπαραίτητοι φρένεc,
ἅπαc δὲ τραχὺc ὅcτιc ἂν νέον κρατῆι.   35

Κρ.   εἶέν, τί μέλλειc καὶ κατοικτίζηι μάτην;
τί τὸν θεοῖc ἔχθιcτον οὐ cτυγεῖc θεόν,
ὅcτιc τὸ cὸν θνητοῖcι προύδωκεν γέραc;

Ηφ.   τὸ cυγγενέc τοι δεινὸν ἥ θ' ὁμιλία.

Κρ.   cύμφημ', ἀνηκουcτεῖν δὲ τῶν πατρὸc λόγων   40
οἷόν τε πῶc; οὐ τοῦτο δειμαίνειc πλέον;

Ηφ.   αἰεί γε δὴ νηλὴc cὺ καὶ θράcουc πλέωc.

Κρ.   ἄκοc γὰρ οὐδὲν τόνδε θρηνεῖcθαι· cὺ δὲ
τὰ μηδὲν ὠφελοῦντα μὴ πόνει μάτην.

Ηφ.   ὦ πολλὰ μιcηθεῖcα χειρωναξία.   45

Κρ.   τί νιν cτυγεῖc; πόνων γὰρ ὡc ἀπλῶι λόγωι
τῶν νῦν παρόντων οὐδὲν αἰτία τέχνη.

Ηφ.   ἔμπαc τιc αὐτὴν ἄλλοc ὤφελεν λαχεῖν.

Κρ.   ἅπαντ' ἐπαχθῆ πλὴν θεοῖcι κοιρανεῖν·
ἐλεύθεροc γὰρ οὔτιc ἐcτὶ πλὴν Διόc.   50

Ηφ.   ἔγνωκα, τοῖcδε δ' οὐδὲν ἀντειπεῖν ἔχω.

Κρ.   οὔκουν ἐπείξηι τῶιδε δεcμὰ περιβαλεῖν,
ὡc μή c' ἐλινύοντα προcδερχθῆι πατήρ;

28 ἐπηύρου Elmsley: ἐπηύρω M, ἀπηύρω rell.   35 νεοκρατῆι Μ^Σ
in lemmate   42 γε δὴ KQ^cTr: τε δὴ MG, τι δὴ vel τοι δὴ fere
rell.   49 ἐπαχθῆ Stanley: ἐπράχθη codd.   51 τοῖcδε δ' οὐδὲν anon.:
τοῖcδε κοὐδὲν codd. excepto G τοῖcδέ τ' οὐδὲν; τοιcίδ' οὐδὲν Elmsley; inci-
pit Y   52 δεcμὰ τῶιδε plerique   53 ἐλινύ- MXD: ἐλιννύ- rell.

Ηφ. καὶ δὴ πρόχειρα ψάλια δέρκεσθαι πάρα.

Κρ. βαλών νιν ἀμφὶ χερcὶν ἐγκρατεῖ cθένει   55
ῥαιcτῆρι θεῖνε, παccάλευε πρὸc πέτραιc.

Ηφ. περαίνεται δὴ κοὐ ματᾶι τοὔργον τόδε.

Κρ. ἄραccε μᾶλλον, cφίγγε, μηδαμῆι χάλα,
δεινὸc γὰρ εὑρεῖν κἀξ ἀμηχάνων πόρον.

Ηφ. ἄραρεν ἥδε γ' ὠλένη δυcεκλύτωc.   60

Κρ. καὶ τήνδε νῦν πόρπαcον ἀcφαλῶc, ἵνα
μάθηι cοφιcτὴc ὢν Διὸc νωθέcτεροc.

Ηφ. πλὴν τοῦδ' ἂν οὐδεὶc ἐνδίκωc μέμψαιτό μοι.

Κρ. ἀδαμαντίνου νῦν cφηνὸc αὐθάδη γνάθον
cτέρνων διαμπὰξ παccάλευ' ἐρρωμένωc.   65

Ηφ. αἰαῖ Προμηθεῦ, cῶν ὕπερ cτένω πόνων.

Κρ. cὺ δ' αὖ κατοκνεῖc τῶν Διόc τ' ἐχθρῶν ὕπερ
cτένειc; ὅπωc μὴ cαυτὸν οἰκτιεῖc ποτε.

Ηφ. ὁρᾶιc θέαμα δυcθέατον ὄμμαcιν.

Κρ. ὁρῶ κυροῦντα τόνδε τῶν ἐπαξίων.   70
ἀλλ' ἀμφὶ πλευραῖc μαcχαλιcτῆραc βάλε.

Ηφ. δρᾶν ταῦτ' ἀνάγκη· μηδὲν ἐγκέλευ' ἄγαν.

Κρ. ἦ μὴν κελεύcω κἀπιθωύξω γε πρόc.
χώρει κάτω, cκέλη δὲ κίρκωcον βίαι.

Ηφ. καὶ δὴ πέπρακται τοὔργον οὐ μακρῶι πόνωι.   75

Κρ. ἐρρωμένωc νῦν θεῖνε διατόρουc πέδαc,
ὡc οὑπιτιμητήc γε τῶν ἔργων βαρύc.

Ηφ. ὁμοῖα μορφῆι γλῶccά cου γηρύεται.

Κρ. cὺ μαλθακίζου· τὴν δ' ἐμὴν αὐθαδίαν
ὀργῆc τε τραχυτῆτα μὴ 'πίπληccέ μοι.   80

Ηφ. cτείχωμεν, ὡc κώλοιcιν ἀμφίβληcτρ' ἔχει.

Κρ. ἐνταῦθα νῦν ὕβριζε καὶ θεῶν γέρα
cυλῶν ἐφημέροιcι προcτίθει. τί cοι
οἷοί τε θνητοὶ τῶνδ' ἀπαντλῆcαι πόνων;
ψευδωνύμωc cε δαίμονεc Προμηθέα   85

55 βαλών Stanley: λαβών codd.   νυν West   59 πόρουc Vit. (Marc.)
Thuc. 5, Dion Hal. *ant. Rom.* 7. 36, schol. Ar. *Equ.* 759   66 ὑπερcτένω
codd. exceptis M^{ac}O ὑποcτ-, unde ὕπο cτένω Wecklein   71 πλευρὰc
OGTr   75 πόνωι: χρόνωι HaOYa   78 γαρύεται ΙΔΚΘ²F
82 γέραc ΟΥ

καλοῦσιν· αὐτὸν γάρ σε δεῖ προμηθίας,
ὅτωι τρόπωι τῆςδ' ἐκκυλισθήςηι τέχνης.

ΠΡΟΜΗΘΕΥΣ

ὦ δῖος αἰθὴρ καὶ ταχύπτεροι πνοαί,
ποταμῶν τε πηγαὶ ποντίων τε κυμάτων
ἀνήριθμον γέλαςμα παμμῆτόρ τε γῆ,⁣   90
καὶ τὸν πανόπτην κύκλον ἡλίου καλῶ,
ἴδεςθέ μ', οἷα πρὸς θεῶν πάςχω θεός.
δέρχθηθ' οἵαις αἰκείαισιν
διακναιόμενος τὸν μυριετῆ
χρόνον ἀθλεύςω·   95
τοιόνδ' ὁ νέος ταγὸς μακάρων
ἐξηῦρ' ἐπ' ἐμοὶ δεςμὸν ἀεικῆ.
φεῦ φεῦ τὸ παρὸν τό τ' ἐπερχόμενον
πῆμα στενάχω· πῆι ποτε μόχθων
χρὴ τέρματα τῶνδ' ἐπιτεῖλαι;   100
καίτοι τί φημί; πάντα προυξεπίσταμαι
ςκεθρῶς τὰ μέλλοντ', οὐδέ μοι ποταίνιον
πῆμ' οὐδὲν ἥξει. τὴν πεπρωμένην δὲ χρὴ
αἷςαν φέρειν ὡς ῥᾶιςτα, γιγνώςκονθ' ὅτι
τὸ τῆς ἀνάγκης ἔςτ' ἀδήριτον ςθένος.   105
ἀλλ' οὔτε ςιγᾶν οὔτε μὴ ςιγᾶν τύχας
οἷόν τέ μοι τάςδ' ἐςτί· θνητοῖς γὰρ γέρα
πορὼν ἀνάγκαις ταῖςδ' ἐνέζευγμαι τάλας.
ναρθηκοπλήρωτον δὲ θηρῶμαι πυρὸς
πηγὴν κλοπαίαν, ἣ διδάςκαλος τέχνης   110
πάςης βροτοῖς πέφηνε καὶ μέγας πόρος.
τοιῶνδε ποινὰς ἀμπλακημάτων τίνω

86 προμηθίας Elmsley: -θέως codd.   87 τέχνης: τύχης Q²ʸᵖGF
88 δῖος CⁱᵖᶜKQPʸᵖTr: διὸς rell.   89 κυμάτων: ῥευμάτων KˢʸᵖPʸᵖ
93 αἰκείαισιν (-κίαι- codd.): ἀνίαισι NNcVWPʸᵖFˢˢᶜʳ, ἀνοίαισι Y
95 ἀθλεύςω MVXTr: ἀεθλ- Xˢˢᶜʳ rell.   98 φεῦ φεῦ: αἶ αἶ plerique
99 πῆι YaLcTr: ποῖ Ya²ˢˢᶜʳ rell.   100 τέρματα MΔᵖᶜPG: τέρμα
ΔᵃᶜPʸᵖ rell.   102 τορῶς Ya   107 γέρας Y   108 ἐνέζευγμαι
MΔIBC: ὑπέζ- HaNcLcLhKG, ἐπέζ- rell.   111 πέφυκε ΔOQFTr
112 τοιῶνδε Stanley: τοιάςδε codd.

ΠΡΟΜΗΘΕΥΣ ΔΕΣΜΩΤΗΣ

ὑπαίθριος δεσμοῖς πεπασσαλευμένος.
 ἆ ἆ ἔα ἔα·
 τίς ἀχώ, τίς ὀδμὰ προσέπτα μ' ἀφεγγής; 115
 θεόσυτος ἢ βρότειος ἢ κεκραμένη
 τερμόνιον ἵκετ' ἐπὶ πάγον;
 πόνων ἐμῶν θεωρός, ἢ τί δὴ θέλων;
 ὁρᾶτε δεσμώτην με δύσποτμον θεόν,
 τὸν Διὸς ἐχθρόν, τὸν πᾶσι θεοῖς 120
 δι' ἀπεχθείας ἐλθόνθ', ὁπόσοι
 τὴν Διὸς αὐλὴν εἰσοιχνεῦσιν,
 διὰ τὴν λίαν φιλότητα βροτῶν.
 φεῦ φεῦ τί ποτ' αὖ κινάθισμα κλύω
 πέλας οἰωνῶν; αἰθὴρ δ' ἐλαφραῖς 125
 πτερύγων ῥιπαῖς ὑποσυρίζει·
 πᾶν μοι φοβερὸν τὸ προσέρπον.

ΧΟΡΟΣ

 μηδὲν φοβη-   [στρ. α
 θῇς· φιλία γὰρ ἥδε τά-
 ξις πτερύγων θοαῖς ἁμίλ-
 λαις προσέβα τόνδε πάγον, πατρώιας 130
 μόγις παρειποῦσα φρένας·
 κραιπνοφόροι δέ μ' ἔπεμψαν αὖραι·
 κτύπου γὰρ ἀ-
 χὼ χάλυβος διῇξεν ἄν-
 τρων μυχόν, ἐκ δ' ἔπληξέ μου
 τὰν θεμερῶπιν αἰδῶ·
 σύθην δ' ἀπέδιλος ὄχωι πτερωτῶι. 135

Πρ. αἰαῖ αἰαῖ,
  τῆς πολυτέκνου Τηθύος ἔκγονα,

113 ὑπαιθρίοις Blomfield πεπασσαλευμένος Robortello : πασσαλεύμενος
vel -ευμένος MHaYaKQ²ᵞᵖTr, πασσαλευτὸς fere rell. ; δεσμοῖσι (hoc codd.
omn.) πασσαλευτὸς ὤν Turnebus 116 θεόσυτος XY : θεόσσυτος rell.
117 τερμ. ἴκ. Headlam : ἴκ. τερμ. codd. 119 θεῶν CBYaKPFˢˢᶜʳ
(-όν sscr. PBYa) 131 μόλις OYG 134 θεμερ- Mᵃᶜ : θερμερ-
M²ᵖᶜ rell. 136 αἲ quater PTr : diverse rell.

293

τοῦ περὶ πᾶσάν θ' εἰλισσομένου
χθόν' ἀκοιμήτωι ῥεύματι παῖδες
πατρὸς Ὠκεανοῦ,   140
δέρχθητ', ἐσίδεσθ' οἵωι δεσμῶι
προσπορπατὸς τῆσδε φάραγγος
σκοπέλοις ἐν ἄκροις
φρουρὰν ἄζηλον ὀχήσω.

Χο.   λεύσσω, Προμη-   [ἀντ. α
           θεῦ, φοβερὰ δ' ἐμοῖσιν ὄσ-
           σοις ὀμίχλα προσῇξε πλή-   145
           ρης δακρύων, σὸν δέμας εἰσιδοῦσα
           πέτραι προσαυαινόμενον
           ταῖσδ' ἀδαμαντοδέτοισι λύμαις·
           νέοι γὰρ οἰ-
           ακονόμοι κρατοῦσ' Ὀλύμ-
           που, νεοχμοῖς δὲ δὴ νόμοις
           Ζεὺς ἀθέτως κρατύνει,   150
           τὰ πρὶν δὲ πελώρια νῦν ἀιστοῖ.

Πρ.   εἰ γάρ μ' ὑπὸ γῆν νέρθεν θ' Ἅιδου
           τοῦ νεκροδέγμονος εἰς ἀπέραντον
           Τάρταρον ἧκεν
           δεσμοῖς ἀλύτοις ἀγρίως πελάσας,   155
           ὡς μήτε θεὸς μήτε τις ἄλλος
           τοῖσδ' ἐγεγήθει·

138 θ' εἰλ- ΔHaLcLhPGFTr: θ' ἰλ- K, τ' εἰλ- rell.   141 ἐσίδεσθ'
ΜΔΙ: ἐσίδεσθέ μ(ε) rell. (ἐπίδ- QK)   142 πρὸς πατρὸς Μ (corr. Μ²
marg.), προσπαρτὸς VYG   145 ὀμίχλα (vel ὀμ-) ΙΔLcLhTr: ὀμίχλη
(vel ὀμ-) Δ^sscrTr^sscr rell.   146 εἰσιδοῦσα(ι) Μ^c ut vid., -σα(ι) etiam
Δ^2sscrBONc^sscr: -σι (plerumque sscr. -ση vel -ση(ι)) rell.; de Μ^ac non
liquet; εἰσιδούσας Pallis   147 πέτραις Μ^acIBCYaOPLc^sscrF (-α
sscr. F)GTr   148 ταῖσδ' Victorius: ταῖς codd.; τᾱιδ' Elmsley
150 ἀθέτως Hesych. s.v. (Αἰσχύλος Προμ. Δεσμ.): ἀθέσμως codd.
152 θ' Ἅιδου Lc: τ' Ἅιδου rell.   153 ἀπέρατον Μ^acNcC^ac et fort.
Ν^pc   155 ἀγρίοις ΜΒC (ω sscr. Β¹C²)P¹^sscr   156 ὡς μήτε
NcLhTr: ὡς μήποτε rell.   157 ἐγεγήθει DN: ἐπιγήθει ΔΒ, ἐπιγεγήθει
Ο^pc, ἐπεγεγήθει LcG et Δ in marg., ἐπεγήθει rell.

νῦν δ' αἰθέριον κίνυγμ' ὁ τάλας
ἐχθροῖς ἐπίχαρτα πέπονθα.

Χο.   τίς ὧδε τλησικάρδιος   [στρ. β
        θεῶν, ὅτωι τάδ' ἐπιχαρῆ;   161
        τίς οὐ ξυνασχαλᾶι κακοῖς
        τεοῖσι δίχα γε Διός; ὁ δ' ἐπικότως ἀεὶ
        θέμενος ἄγναμπτον νόον
        δάμναται οὐρανίαν
        γένναν, οὐδὲ λήξει   165
        πρὶν ἂν ἢ κορέσηι κέαρ ἢ παλάμαι τινὶ
        τὰν δυσάλωτον ἕληι τις ἀρχάν.

Πρ.   ἦ μὴν ἔτ' ἐμοῦ καίπερ κρατεραῖς
        ἐν γυιοπέδαις αἰκιζομένου
        χρείαν ἕξει μακάρων πρύτανις,
        δεῖξαι τὸ νέον βούλευμ', ὑφ' ὅτου   170
        σκῆπτρον τιμάς τ' ἀποσυλᾶται·
        καί μ' οὔτι μελιγλώσσοις πειθοῦς
        ἐπαοιδαῖσιν θέλξει, στερεάς τ'
        οὔποτ' ἀπειλὰς πτήξας τόδ' ἐγὼ
        καταμηνύσω πρὶν ἂν ἐξ ἀγρίων   175
        δεσμῶν χαλάσηι ποινάς τε τίνειν
        τῆςδ' αἰκείας ἐθελήσηι.

Χο.   σὺ μὲν θρασύς τε καὶ πικραῖς   [ἀντ. β
        δύαισιν οὐδὲν ἐπιχαλᾶις,
        ἄγαν δ' ἐλευθεροστομεῖς.   180
        ἐμὰς δὲ φρένας ἠρέθισε διάτορος φόβος,
        δέδια δ' ἀμφὶ σαῖς τύχαις,

159 ἐπίχαρτα MQ KPYaLcO^{isscr}W^{sscr}Lh(in ras.)GF^{γρ}TrB^{γρ}C^{2γρ}: -χαρ-
μα fere rell.   163 ἀεὶ ΔKYYaFTr: αἰεὶ rell.   168 ἔτ' ἀπ'
ἐμοῦ M, ἔτ' ἐπ' ἐμοῦ WD   172 καί μ' οὔτοι MCO^{pc}, καίτοι μ' οὐ
BDWP; καί μ' οὔτε Porson   -γλώσσης ΔBY   176 τε τίνειν Tr: τέ
μοι τίνειν rell.   177 τῆς M   αἰκίας codd.   181 ἐρέθισε Tur-
nebus   182 δ' Tr: γὰρ rell., quo retento τιθέμενος v. 164 Pauw

πᾶι ποτε τῶνδε πόνων
χρή cε τέρμα κέλcαντ᾽
ἐcιδεῖν· ἀκίχητα γὰρ ἤθεα καὶ κέαρ
ἀπαράμυθον ἔχει Κρόνου παῖc.   185

Πρ. οἶδ᾽ ὅτι τραχὺc καὶ παρ᾽ ἑαυτῶι
τὸ δίκαιον ἔχων Ζεύc· ἀλλ᾽ ἔμπαc
μαλακογνώμων
ἔcται ποθ᾽, ὅταν ταύτηι ῥαιcθῆι·
τὴν δ᾽ ἀτέραμνον cτορέcαc ὀργὴν   190
εἰc ἀρθμὸν ἐμοὶ καὶ φιλότητα
cπεύδων cπεύδοντί ποθ᾽ ἥξει.

Χο. πάντ᾽ ἐκκάλυψον καὶ γέγων᾽ ἡμῖν λόγον,
ποίωι λαβών cε Ζεὺc ἐπ᾽ αἰτιάματι
οὕτωc ἀτίμωc καὶ πικρῶc αἰκίζεται·   195
δίδαξον ἡμᾶc, εἴ τι μὴ βλάπτηι λόγωι.
Πρ. ἀλγεινὰ μέν μοι καὶ λέγειν ἐcτὶν τάδε,
ἄλγοc δὲ cιγᾶν, πανταχῆι δὲ δύcποτμα.
ἐπεὶ τάχιcτ᾽ ἤρξαντο δαίμονεc χόλου
cτάcιc τ᾽ ἐν ἀλλήλοιcιν ὠροθύνετο,   200
οἱ μὲν θέλοντεc ἐκβαλεῖν ἕδραc Κρόνον
ὡc Ζεὺc ἀνάccοι δῆθεν, οἱ δὲ τοὔμπαλιν
cπεύδοντεc ὡc Ζεὺc μήποτ᾽ ἄρξειεν θεῶν,
ἐνταῦθ᾽ ἐγὼ τὰ λῶιcτα βουλεύων πιθεῖν
Τιτᾶναc, Οὐρανοῦ τε καὶ Χθονὸc τέκνα,   205

183 πᾶι Tr : ὅπαι MI, ὅπα vel ὅπη vel ὅποι vel ὅπου rell.   185 οὐ
παράμυθον MIVXYDWTrP²ˢˢᶜʳCᵃᶜNᵃᶜKᵃᶜQᵃᶜ   186 τραχὺc MI
BCYaDLcLhPWᵞᵖFˢˢᶜʳTr : θραcὺc rell.   καὶ BCDTr : τε καὶ rell.
187 ἔμπαc Tr : ἔμπαc (-πηc KLc) ὅίω rell. (peculiarem occupat lineam
ὅίω in M; ἰὼ litt. maioribus ἐν εἰcθέcει scr. M, in ὅίω mut. M²)
189 ῥαιcθῆι ΔΧHaWVNLcLhQKGFOᵃᶜM²ᵖᶜ(ῥωcθ- Mᵃᶜ)Tr et prob.
Y : ῥεχθῆι fere rell.   191 ἀρθμὸν M²ᵖᶜXVPᵞᵖFᵖᶜ et prob. WIᵃᶜOᵖᶜ :
ἀριθμὸν MᵃᶜI¹ᵖᶜ rell.   192 τόθ᾽ Porson   201 ἔδρηc plerique
202 ἀνάccηι plerique   203-38 om. B   204 ἐγὼ τἄριcτα
CDWPG

οὐκ ἠδυνήθην· αἱμύλας δὲ μηχανὰς
ἀτιμάσαντες καρτεροῖς φρονήμασιν
ὤιοντ᾽ ἀμοχθὶ πρὸς βίαν τε δεσπόσειν·
ἐμοὶ δὲ μήτηρ οὐχ ἅπαξ μόνον Θέμις
καὶ Γαῖα, πολλῶν ὀνομάτων μορφὴ μία,   210
τὸ μέλλον ἧι κρανοῖτο προυτεθεσπίκει,
ὡς οὐ κατ᾽ ἰςχὺν οὐδὲ πρὸς τὸ καρτερὸν
χρείη, δόλωι δὲ τοὺς ὑπερςχόντας κρατεῖν.
τοιαῦτ᾽ ἐμοῦ λόγοισιν ἐξηγουμένου
οὐκ ἠξίωςαν οὐδὲ προσβλέψαι τὸ πᾶν.   215
κράτιστα δή μοι τῶν παρεςτώτων τότε
ἐφαίνετ᾽ εἶναι προσλαβόντα μητέρα
ἑκόνθ᾽ ἑκόντι Ζηνὶ ςυμπαραςτατεῖν·
ἐμαῖς δὲ βουλαῖς Ταρτάρου μελαμβαθὴς
κευθμὼν καλύπτει τὸν παλαιγενῆ Κρόνον   220
αὐτοῖςι ςυμμάχοιςι. τοιάδ᾽ ἐξ ἐμοῦ
ὁ τῶν θεῶν τύραννος ὠφελημένος
κακαῖςι ποιναῖς ταῖςδέ μ᾽ ἐξημείψατο·
ἔνεςτι γάρ πως τοῦτο τῆι τυραννίδι
νόςημα, τοῖς φίλοιςι μὴ πεποιθέναι.   225
ὃ δ᾽ οὖν ἐρωτᾶτ᾽, αἰτίαν καθ᾽ ἥντινα
αἰκίζεταί με, τοῦτο δὴ ςαφηνιῶ.
ὅπως τάχιστα τὸν πατρῶιον ἐς θρόνον
καθέζετ᾽, εὐθὺς δαίμοςιν νέμει γέρα
ἄλλοιςιν ἄλλα καὶ διεςτοιχίζετο   230
ἀρχήν, βροτῶν δὲ τῶν ταλαιπώρων λόγον
οὐκ ἔςχεν οὐδέν᾽, ἀλλ᾽ ἀιςτώςας γένος
τὸ πᾶν ἔχρηιζεν ἄλλο φιτῦςαι νέον.
καὶ τοῖςιν οὐδεὶς ἀντέβαινε πλὴν ἐμοῦ,

206 αἱμύλους KQᴵˢˢᶜʳ   208 ἀμοχθὶ M et fort. V: -θεὶ rell.
209 ἐμὴ δὲ in linea vel sscr. plerique   211 κρανοῖτο Elmsley:
κραίν- codd.   213 χρείη Dawes: χρεῖ᾽ ἧι IM² marg. GTr, χρὴ ἧ
fere rell.   δὲ M²ᵖᶜLΔGFᵖᶜTr: τε vel omnino omittunt rell.   ὑπερ-
ςχόντας Porson: ὑπερέχοντας codd. (-έξοντας LcK)   217 -λαβόντα
CLcLhKQᴵˢˢᶜʳGˢˢᶜʳTr: -λαβόντι rell.   219 μελαμ- MIHaPˢˢᶜʳ:
μελεμ- rell.   223 ποιναῖς: τιμαῖς DWPᵞᵖ   ἀντημείψατο LhTr
234 τοιςίδ᾽ Elmsley

ἐγὼ δ' ὁ τολμῆς ἐξελυσάμην βροτοὺς   235
τὸ μὴ διαρραισθέντας εἰς Ἅιδου μολεῖν.
τῶι τοι τοιαῖσδε πημοναῖσι κάμπτομαι,
πάσχειν μὲν ἀλγειναῖσιν, οἰκτραῖσιν δ' ἰδεῖν.
θνητοὺς δ' ἐν οἴκτωι προθέμενος τούτου τυχεῖν
οὐκ ἠξιώθην αὐτός, ἀλλὰ νηλεῶς   240
ὧδ' ἐρρύθμισμαι, Ζηνὶ δυσκλεὴς θέα.

Χο.   σιδηρόφρων τε κἀκ πέτρας εἰργασμένος
ὅστις, Προμηθεῦ, σοῖσιν οὐ συνασχαλᾶι
μόχθοις· ἐγὼ γὰρ οὔτ' ἂν εἰσιδεῖν τάδε
ἔχρηιζον εἰσιδοῦσά τ' ἠλγύνθην κέαρ.   245

Πρ.   καὶ μὴν φίλοις ἐλεινὸς εἰσορᾶν ἐγώ.

Χο.   μή πού τι προύβης τῶνδε καὶ περαιτέρω;

Πρ.   θνητούς γ' ἔπαυσα μὴ προδέρκεσθαι μόρον.

Χο.   τὸ ποῖον εὑρὼν τῆσδε φάρμακον νόσου;

Πρ.   τυφλὰς ἐν αὐτοῖς ἐλπίδας κατώικισα.   250

Χο.   μέγ' ὠφέλημα τοῦτ' ἐδωρήσω βροτοῖς.

Πρ.   πρὸς τοῖσδε μέντοι πῦρ ἐγώ σφιν ὤπασα.

Χο.   καὶ νῦν φλογωπὸν πῦρ ἔχουσ' ἐφήμεροι;

Πρ.   ἀφ' οὗ γε πολλὰς ἐκμαθήσονται τέχνας.

Χο.   τοιοῖσδε δή σε Ζεὺς ἐπ' αἰτιάμασιν   255

Πρ.   αἰκίζεταί γε κοὐδαμῆι χαλᾶι κακῶν.

Χο.   οὐδ' ἐστὶν ἄθλου τέρμα σοι προκείμενον;

Πρ.   οὐκ ἄλλο γ' οὐδὲν πλὴν ὅταν κείνωι δοκῆι.

Χο.   δόξει δὲ πῶς; τίς ἐλπίς; οὐχ ὁρᾶις ὅτι
ἥμαρτες; ὡς δ' ἥμαρτες, οὔτ' ἐμοὶ λέγειν   260

235 δ' ὁ τολμῆς (τόλμης omnes excepto Iac) Iιpc HaXNGKLcLhYYa
O2pcDsscrPsscrTr, etiam δὲ τολμῆς I, δὲ τόλμης cum gloss. ὁ τολμηρὸς
Nc: δ' ἐτόλμης' D, δὲ τόλμης' M (τινὲς ἐτόλμησα ... δύναται καὶ τολμῆς
εἶναι ὡς τιμῆς τιμήεις, MΣ), δὲ τόλμας QPF, δὲ τόλμης ΔCVWOac et sscr.
QPF ἐξερυς- (vel ἐξερρυς-) XHaNcWDYYaVNOQKPF   236 τὸ
μὴ MHaIΣ: τοῦ μὴ rell.   239 denuo incipit B   240 ἀλλ' ἀνη-
λεῶς codd.   242 τε: τι GTr; τοι Wilamowitz   245 ἀλγ- plurimi
246 φίλοις γ' Cobet, sed vid. Denniston GP 353–4   ἐλεινὸς B:
ἐλεεινὸς rell.   248 γ' ΔINPsscr: om. XHaDYYa, δ' O, τ' rell.
250 κατοικίσας Nicephorus ad Synes. p. 403   253 πῦρ: σπέρμ' Weil
256–7 nulla personae nota in M   256 γε Ribbeck: τε fere codd.
257 ἄθλων ITr

καθ' ἡδονὴν σοί τ' ἄλγος. ἀλλὰ ταῦτα μὲν
μεθῶμεν, ἄθλου δ' ἔκλυσιν ζήτει τινά.

Πρ. ἐλαφρόν, ὅστις πημάτων ἔξω πόδα
ἔχει, παραινεῖν νουθετεῖν τε τοὺς κακῶς
πράσσοντας· εὖ δὲ ταῦθ' ἅπαντ' ἠπιστάμην.   265
ἑκὼν ἑκὼν ἥμαρτον· οὐκ ἀρνήσομαι.
θνητοῖς ἀρήγων αὐτὸς ηὑρόμην πόνους.
οὐ μήν τι ποιναῖς γ' ὠιόμην τοίαισί με
κατισχνανεῖσθαι πρὸς πέτραις πεδαρσίοις
τυχόντ' ἐρήμου τοῦδ' ἀγείτονος πάγου.   270
καί μοι τὰ μὲν παρόντα μὴ δύρεσθ' ἄχη,
πέδοι δὲ βᾶσαι τὰς προσερπούσας τύχας
ἀκούσαθ', ὡς μάθητε διὰ τέλους τὸ πᾶν.
πίθεσθέ μοι πίθεσθε, συμπονήσατε
τῶι νῦν μογοῦντι. †ταῦτά τοι† πλανωμένη   275
πρὸς ἄλλοτ' ἄλλον πημονὴ προσιζάνει.

Χο. οὐκ ἀκούσαις ἐπεθώυξας
τοῦτο, Προμηθεῦ. καὶ νῦν ἐλαφρῶι
ποδὶ κραιπνόσυτον θᾶκον προλιποῦσ'
αἰθέρα θ' ἁγνὸν πόρον οἰωνῶν   280
ὀκριόεσσηι χθονὶ τῆιδε πελῶ·
τοὺς σοὺς δὲ πόνους
χρήιζω διὰ παντὸς ἀκοῦσαι.

ΩΚΕΑΝΟΣ

ἥκω δολιχῆς τέρμα κελεύθου
διαμειψάμενος πρὸς σέ, Προμηθεῦ,   285
τὸν πτερυγωκῆ τόνδ' οἰωνὸν
γνώμηι στομίων ἄτερ εὐθύνων.

262 ἄθλων Ya   265 εὖ Elmsley: ἐγὼ codd.   εὖ 'γὼ Iacobs,
deleto δέ; τὸν κακῶς / πράσσοντ'· ἐγὼ δὲ Stanley   267 θνητοῖς M:
θνητοῖς δ' rell.   ηὑρόμην Lh: εὑρ- rell.   268 incipit H   οὐ μήν τι
MNNcHaXLcPKQ²ᵖᶜF: οὐ μήν γε LhTr, οὐ μήν τοι vel οὐ μέντοι rell.
269 κατισχναν- Δ²ᵖᶜH¹ᵖᶜ: κατισχαν- rell.   271 δύρ- M: ὀδύρ- vel
'δύρ- rell.   272 τύχας: βλάβας Mˢʸᵖ   274 πείθ- bis codd.
275 nec ταῦτά (codd.) nec ταῦτά (Mᶻ) intellegitur   279 -όσυτον K:
-όσσυτον rell.   θῶκον plerique   281 ὀκρυο- plurimi

ταῖς caῖc δὲ τύχαιc, ἴcθι, cυναλγῶ·
τό τε γάρ με, δοκῶ, ξυγγενὲc οὕτωc
ἐcαναγκάζει,   290
χωρίc τε γένουc οὐκ ἔcτιν ὅτῳ·.
μείζονα μοῖραν νείμαιμ᾽ ἢ cοί.
γνώcῃ δὲ τάδ᾽ ὡc ἔτυμ᾽, οὐδὲ μάτην
χαριτογλωccεῖν ἔνι μοι· φέρε γὰρ
cήμαιν᾽ ὅ τι χρή cοι cυμπράccειν·   295
οὐ γάρ ποτ᾽ ἐρεῖc ὡc Ὠκεανοῦ
φίλοc ἐcτὶ βεβαιότερόc cοι.

Πρ.   ἔα· τί χρῆμα; καὶ cὺ δὴ πόνων ἐμῶν
ἥκειc ἐπόπτηc; πῶc ἐτόλμηcαc, λιπὼν
ἐπώνυμόν τε ῥεῦμα καὶ πετρηρεφῆ   300
αὐτόκτιτ᾽ ἄντρα, τὴν cιδηρομήτορα
ἐλθεῖν ἐc αἶαν; ἢ θεωρήcων τύχαc
ἐμὰc ἀφῖξαι καὶ cυναcχαλῶν κακοῖc;
δέρκου θέαμα, τόνδε τὸν Διὸc φίλον,
τὸν cυγκαταcτήcαντα τὴν τυραννίδα,   305
οἵαιc ὑπ᾽ αὐτοῦ πημοναῖcι κάμπτομαι.
Ὠκ.   ὁρῶ, Προμηθεῦ, καὶ παραινέcαι γέ cοι
θέλω τὰ λῷcτα καίπερ ὄντι ποικίλῳ.
γίγνωcκε cαυτὸν καὶ μεθάρμοcαι τρόπουc
νέουc· νέοc γὰρ καὶ τύραννοc ἐν θεοῖc.   310
εἰ δ᾽ ὧδε τραχεῖc καὶ τεθηγμένουc λόγουc
ῥίψειc, τάχ᾽ ἄν cου καὶ μακρὰν ἀνωτέρω
θακῶν κλύοι Ζεύc, ὥcτε cοι τὸν νῦν ὄχλον
παρόντα μόχθων παιδιὰν εἶναι δοκεῖν.
ἀλλ᾽, ὦ ταλαίπωρ᾽, ἃc ἔχειc ὀργὰc ἄφεc,   315
ζήτει δὲ τῶνδε πημάτων ἀπαλλαγάc.

289 cυγγενὲc ΙΔΧΚ   290 ἐπαναγκ- Blaydes   293 ἔτυμ᾽ ΙΤr,
ἔτυμα Μ: ἐτήτυμ(α) fere rell.   294 χαριτογλωccεῖν Τr et Athen.
4. 165c : cὲ τὸ (Μ) vel cοι vel cε χαριτογλ. rell.   295 -πράττειν
codd.   296 ποτ᾽ ἐρεῖc ΜΙΔΒCΗDLcLhP^{γρ}Τr : ποτε φὴιc rell.
302 θεωρὸc ὢν Δ^{sγρ}F^{sscr}   309 γίγν- Μ : γίν- rell.   μεθάρμοcον
plerique   312 ἀπωτέρω ΙΟΥa²^{γρ}P^{γρ}Τr   313 ὄχλον Doederlein:
χόλον codd.

ἀρχαῖ' ἴcωc coι φαίνομαι λέγειν τάδε·
τοιαῦτα μέντοι τῆc ἄγαν ὑψηγόρου
γλώccηc, Προμηθεῦ, τἀπίχειρα γίγνεται.
cὺ δ' οὐδέπω ταπεινόc, οὐδ' εἴκειc κακοῖc,   320
πρὸc τοῖc παροῦcι δ' ἄλλα προcλαβεῖν θέλειc.
οὔκουν ἔμοιγε χρώμενοc διδαcκάλωι
πρὸc κέντρα κῶλον ἐκτενεῖc, ὁρῶν ὅτι
τραχὺc μόναρχοc οὐδ' ὑπεύθυνοc κρατεῖ.
καὶ νῦν ἐγὼ μὲν εἶμι καὶ πειράcομαι   325
ἐὰν δύνωμαι τῶνδέ c' ἐκλῦcαι πόνων·
cὺ δ' ἡcύχαζε, μηδ' ἄγαν λαβροcτόμει.
ἢ οὐκ οἶcθ' ἀκριβῶc ὢν περιccόφρων ὅτι
γλώccηι ματαίαι ζημία προcτρίβεται;

Πρ.   ζηλῶ c' ὁθούνεκ' ἐκτὸc αἰτίαc κυρεῖc   330
πάντων †μεταcχὼν καὶ† τετολμηκὼc ἐμοί·
καὶ νῦν ἔαcον μηδέ cοι μελΗcάτω,
πάντωc γὰρ οὐ πείcειc νιν· οὐ γὰρ εὐπιθήc.
πάπταινε δ' αὐτὸc μή τι πημανθῆιc ὁδῶι.

Ωκ.   πολλῶι γ' ἀμείνων τοὺc πέλαc φρενοῦν ἔφυc   335
ἢ cαυτόν· ἔργωι κοὐ λόγωι τεκμαίρομαι.
ὁρμώμενον δὲ μηδαμῶc ἀντιcπάcηιc·
αὐχῶ γὰρ αὐχῶ τήνδε δωρειὰν ἐμοὶ
δώcειν Δί', ὥcτε τῶνδέ c' ἐκλῦcαι πόνων.

Πρ.   τὰ μέν c' ἐπαινῶ κοὐδαμῆι λήξω ποτέ,   340
προθυμίαc γὰρ οὐδὲν ἐλλείπειc· ἀτὰρ
μηδὲν πόνει. μάτην γὰρ οὐδὲν ὠφελῶν
ἐμοὶ πονήcειc, εἴ τι καὶ πονεῖν θέλειc.
ἀλλ' ἡcύχαζε cαυτὸν ἐκποδὼν ἔχων·
ἐγὼ γὰρ οὐκ, εἰ δυcτυχῶ, τοῦδ' οὕνεκα   345

319 γίγν- GF^pc: γίν- rell.   327 βαρυcτόμει ΔΙ   329 προc-
γίνεται Men. monost. 111 et codd. plerique (-γίνεται G)   331 μετα-
cχεῖν οὐ τετολμ. Denniston; post h.v. lacunam statuit Groeneboom, e.g.
⟨ἡδύc γ' ἂν ἦλθεc· ἀλλά μ' εἴαcαc τότε,⟩ suppl. Rose   332 μηδέ
ΙΔVPNc^pcDGTr: μηδέν rell.   333 πείθειc M   337 μ' ἀντι- LhTr
338 δωρεὰν codd.   340 κοὐδαμῆι ΔHaYaN²^pcLcLhKQ¹^pcGFTr:
κοὐδὲ μὴ fere rell.; κοὔ τι μὴ Nauck, ἐπαινῶν οὐδαμῆι Valckenaer
343 θέλοιc BC^sscrHLcP   345 οὕνεκα Brunck: εἴν- codd.

θέλοιμ' ἂν ὡς πλείστοισι πημονὰς τυχεῖν.
οὐ δῆτ', ἐπεί με καὶ κασιγνήτου τύχαι
τείρουσ' Ἄτλαντος, ὃς πρὸς ἑσπέρους τόπους
ἕστηκε κίον' οὐρανοῦ τε καὶ χθονὸς
ὤμοιν ἐρείδων, ἄχθος οὐκ εὐάγκαλον.   350
τὸν γηγενῆ τε Κιλικίων οἰκήτορα
ἄντρων ἰδὼν ὤικτιρα, δάιον τέρας,
ἑκατογκάρανον πρὸς βίαν χειρούμενον,
Τυφῶνα θοῦρον· †πᾶσιν ὃς† ἀντέστη θεοῖς
cμερδναῖcι γαμφηλαῖcι cυρίζων φόβον,   355
ἐξ ὀμμάτων δ' ἤcτραπτε γοργωπὸν cέλας,
ὡς τὴν Διὸς τυραννίδ' ἐκπέρcων βίαι.
ἀλλ' ἦλθεν αὐτῶι Ζηνὸς ἄγρυπνον βέλος,
καταιβάτης κεραυνὸς ἐκπνέων φλόγα,
ὃς αὐτὸν ἐξέπληξε τῶν ὑψηγόρων   360
κομπαcμάτων· φρένας γὰρ εἰς αὐτὰς τυπεὶς
ἐφεψαλώθη κἀξεβροντήθη cθένος.
καὶ νῦν ἀχρεῖον καὶ παράορον δέμας
κεῖται cτενωποῦ πληcίον θαλαccίου
ἱπούμενος ῥίζαιcιν Αἰτναίαιc ὕπο.   365
κορυφαῖς δ' ἐν ἄκραις ἥμενος μυδροκτυπεῖ
Ἥφαιcτος, ἔνθεν ἐκραγήcονταί ποτε
ποταμοὶ πυρὸς δάπτοντες ἀγρίαιc γνάθοιc
τῆς καλλικάρπου Cικελίας λευροὺς γύας.
τοιόνδε Τυφὼς ἐξαναζέcει χόλον   370

347 με χαὶ Porson   348 πρὸς : ἐς ΜΙΔ   ἑσπέροιc τόποιc Valcke-
naer   350 ὤμοιν Ο : -οιc rell.   353 ἑκατογκάρανον Blomfield :
ἑκατοντακάρηνον vel -κάρανον fere codd.   354 πᾶcιν ὃcΜΙΔΒCΗ
WDLcLhPGTr : ὃc πᾶcιν ΧΗαVNNcΟYYαKQF ; ὅcτιc (deleto πᾶcιν
tamquam gloss.) Gaisford, θεὸc ὃc (deleto πᾶcιν) Headlam   355 γαμ-
φηλαῖcι ΜΔΙΟᵃᶜW(ut vid.)KQG : -λῆcι rell.   φόβον ΜΙΔΒΗᵃᶜΟ²ᵖᶜ
et sscr. XWF : φόνον Iˢˢᶜʳ rell.   357 ἐκπέρcαι θέλων D, ἐκπέρcαι
etiam KQ¹ˢˢᶜʳ, θέλων Q²ʸᵖ, ἐκπέρcαι θέλων βίαι W   363 παράορον
ΜᵃᶜIᵃᶜΔQ¹ : παράωρον vel παρήωρον vel παρήορον rell.   365 ἱπού-
ΜΒᵖᶜΗ¹ᵖᶜΡʸᵖ: ἱπνού- vel ἱπνού- fere rell.   ῥίζηcιν VNcPOYαWF
369 λευροὺς ΜΥΟᵃᶜ(vel Οᵖᶜ)Pˢˢᶜʳ: -ρὰc rell.   γύαc ΜΡVΟΔᵃᶜG : γυίαc
rell.

θερμοῖς ἀπλάτου βέλεσι πυρπνόου ζάλης,
καίπερ κεραυνῶι Ζηνὸς ἠνθρακωμένος.
cὺ δ' οὐκ ἄπειρος, οὐδ' ἐμοῦ διδασκάλου
χρήιζεις· ceαυτὸν cῶιζ' ὅπως ἐπίcταcαι.
ἐγὼ δὲ τὴν παροῦσαν ἀντλήcω τύχην   375
ἔcτ' ἂν Διὸς φρόνημα λωφήcηι χόλου.

Ωκ. οὔκουν, Προμηθεῦ, τοῦτο γιγνώcκεις, ὅτι
      ὀργῆς νοcούcης εἰcὶν ἰατροὶ λόγοι;

Πρ. ἐάν τις ἐν καιρῶι γε μαλθάccηι κέαρ
      καὶ μὴ cφριγῶντα θυμὸν ἰcχναίνηι βίαι.   380

Ωκ. ἐν τῶι προθυμεῖcθαι δὲ καὶ τολμᾶν τίνα
      ὁρᾶις ἐνοῦcαν ζημίαν; δίδαcκέ με.

Πρ. μόχθον περιccὸν κουφόνουν τ' εὐηθίαν.

Ωκ. ἔα με τῆιδε τῆι νόcωι νοcεῖν, ἐπεὶ
      κέρδιcτον εὖ φρονοῦντα μὴ φρονεῖν δοκεῖν.   385

Πρ. ἐμὸν δοκήcει τἀμπλάκημ' εἶναι τόδε.

Ωκ. cαφῶς μ' ἐc οἶκον còc λόγος cτέλλει πάλιν.

Πρ. μὴ γάρ ce θρῆνος οὑμὸς εἰc ἔχθραν βάληι.

Ωκ. ἦ τῶι νέον θακοῦντι παγκρατεῖς ἕδρας;

Πρ. τούτου φυλάccου μή ποτ' ἀχθεcθῆι κέαρ.   390

Ωκ. ἡ cή, Προμηθεῦ, cυμφορὰ διδάcκαλος.

Πρ. cτέλλου, κομίζου, cῶιζε τὸν παρόντα νοῦν.

Ωκ. ὁρμωμένωι μοι τόνδ' ἐθώυξας λόγον·
      λευρὸν γὰρ οἶμον αἰθέρος ψαίρει πτεροῖc
      τετρασκελὴc οἰωνόc· ἄcμενος δέ τἂν   395
      cταθμοῖς ἐν οἰκείοιcι κάμψειεν γόνυ.

371 θερμοῖc XNcVPᶜᶜ⁾ʳF: -μῆς FˢˢᶜʳNcˢˢᶜʳrell.   ἀπλήcτου codd.;
ἄπλατοc anon.   378–9 Plut. *mor.* 102b; 378 etiam Men. monost.
550, Stob. *ecl.* 3. 20. 35ᶜ   378 ὀργῆc: ψυχῆc Plut.   381 προ-
μηθεῖcθαι HWPQG, et gloss. προνοεῖcθαι vel προνοεῖν in multis
384 τήνδε τὴν νόcον HaLcLhPᵞᵖGˢˢᶜʳTr   385 δοκεῖν φρονεῖν XHaN
NcWDOVYKQGF   386 δοκεῖ coι HDˢˢᶜʳPQᶜTr; δοκείτω (Dawe)
aptius foret   387 πάλαι BⁱˢˢᶜʳH   389 θακοῦντι: κρατοῦντι
XNcOYYaVNPᵞᵖLhKQW et gloss. in ΔBCH   394 λευρῶν γὰρ
οἴμων XOGKNᵃᶜD¹ᵖᶜ et sscr. WQC²F   ψαίρει MBHD, γρ. in WPYa,
et ante correctionem in IΔK: ψαύει vel ψαύοι rell.

303

Χο.   στένω σε τᾶς   [στρ. α
        οὐλομένας τύχας, Προμη-
        θεῦ, δακρυσίστακτα δ' ἀπ' ὄσ-
        σων ῥαδινὰν λειβομένα ῥέος παρει-   400
        ὰν νοτίοις ἔτεγξα πα-
        γαῖς· ἀμέγαρτα γὰρ τάδε
        Ζεὺς ἰδίοις νόμοις κρατύ-
        νων ὑπερήφανον θεοῖς
        τοῖς πάρος ἐνδείκνυσιν αἰχμάν.   405

        πρόπασα δ' ἤ-   [ἀντ. α
        δη στονόεν λέλακε χώ-
        ρα μεγαλοσχήμονά τ' ἀρ-
        χαιοπρεπῆ ⟨   ⟩ στένουσι τὰν
        σὰν ξυνομαιμόνων τε τι-   410
        μάν· ὁπόσοι τ' ἔποικον ἁ-
        γνᾶς Ἀσίας ἕδος νέμον-
        ται, μεγαλοστόνοισι σοῖς
        πήμασι συγκάμνουσι θνατοί.

        Κολχίδος τε γᾶς ἔνοικοι   [στρ. β
        παρθένοι μάχας ἄτρεστοι   416
        καὶ Σκύθης ὅμιλος, οἳ γᾶς
        ἔσχατον τόπον ἀμφὶ Μαι-
        ῶτιν ἔχουσι λίμναν,

        Ἀραβίας τ' ἄρειον ἄνθος   [ἀντ. β
        ὑψίκρημνόν θ' οἳ πόλισμα   421

399 seqq. -στακτα Minckwitz: -στακτον codd. δ' om. BOTr ῥαδινὰν Hartung: -νῶν vel -νὸν codd. λειβομένα om. Tr; -στακτον ἀπ' ὄσσων δ' ἀδινὸν λειβ. Weil ἔτεγξε codd. recc. sec. Wecklein, idem coni. Heath deletis δ' et λειβ. πηγαῖς plurimi 405 ἐνδείκνυσι(ν) DP^{γρ}O^{ac}(ut vid.)Tr: ἐνδεικνύειν M, ἐνδεικνύει IΔO^{c}N^{2gl}, δεικνύει CHLc, δείκνυσι(ν) rell. 409 ⟨θ' ἑσπέριοι⟩ suppl. Wecklein στένουσα ΔIHaO^{ac}Ya NLcLhKQ^{c}F^{ac}Tr 414 θνατοί M^{pc}ILcTr: θνητ- Tr^{sscr} rell. 416 μάχας MI^{ac}DYO^{ac}Q^{sscr}GF^{sscr}Tr: -χης Ha, -χῃς Nc, -χαις rell. 419 τόπον: πόρον XWNNcVYYa^{2γρ}P^{γρ}KQGF 421 θ' om. Tr, ignorat M^Σ (λείπει τὸ καί)

Καυκάσου πέλας νέμονται,
δάιος cτρατὸς ὀξυπρώι-
ροιcι βρέμων ἐν αἰχμαῖc.

†μόνον δὴ πρόcθεν ἄλλον ἐν πόνοιc   [?cτρ. γ
δαμέντ᾽ ἀκαμαντοδέτοιc   426
Τιτᾶνα λύμαιc εἰcιδόμαν θεὸν
Ἄτλανθ᾽ ὃc αἰὲν ὑπέροχον cθένοc κραταιὸν
οὐράνιόν τε πόλον
νώτοιc ὑποcτενάζει†.   430

βοᾶι δὲ πόντιοc κλύδων   [?ἀντ. γ
ξυμπίτνων, cτένει βυθόc,
κελαινὸc Ἅιδοc ὑποβρέμει μυχὸc γᾶc,
παγαί θ᾽ ἀγνορύτων ποταμῶν
cτένουcιν ἄλγοc οἰκτρόν.   435

Πρ.   μή τοι χλιδῆι δοκεῖτε μηδ᾽ αὐθαδίαι
cιγᾶν με· cυννοίαι δὲ δάπτομαι κέαρ
ὁρῶν ἐμαυτὸν ὧδε προυcελούμενον.
καίτοι θεοῖcι τοῖc νέοιc τούτοιc γέρα
τίc ἄλλοc ἢ ᾽γὼ παντελῶc διώριcεν;   440
ἀλλ᾽ αὐτὰ cιγῶ· καὶ γὰρ εἰδυίαιcιν ἂν
ὑμῖν λέγοιμι. τἀν βροτοῖc δὲ πήματα
ἀκούcαθ᾽, ὥc cφαc νηπίουc ὄνταc τὸ πρὶν
ἔννουc ἔθηκα καὶ φρενῶν ἐπηβόλουc.

422 νέμουcι(ν) MBCHPᵞᵖTr (νέμονται MΣ)   425–30 desperati
425 ἄλλων plerique   426 ἀδαμαντοδέτοιc IᵃᶜCO²ˢˢᶜʳF   427 θεῶν
scr. vel sscr. plurimi   428 Ἄτλανθ᾽ ὡc M   ὑπέροχον BCH: ὑπείρ-
Cⁱˢˢᶜʳ rell.   430 ὑποcτεγάζει Bⁱᵖᶜ; cf. fr. 312. 2 (Ἄτλαντοc) ἆθλον
οὐρανοcτεγῆ; stropham restituere conati sunt plurimi, ex. grat. Heim-
soeth μόνον δὲ πρόcθεν ἐν πόνοιc / εἰδόμαν θεὸν δαμέντ᾽, / Ἄτλαντοc
ὑπέροχον cθένοc κραταιόν, / ὃc γᾶν οὐράνιόν τε πόλον / νώτοιc ὑποcτεγάζει
433 Ἅιδοc Lachmann: δ᾽ Ἅιδοc codd.   435 οἰκτρόν: πικρόν BCH
DLcYaᶻᵞᵖPᵞᵖFᵞᵖV²ᵍˡ   438 προυcελ- codd. Vat. gr. 58 et Vat. regin.
gr. 155 teste Wilamowitz, et Et. Mag. s.v. προcέληνοι: προcελ- vel προcηλ-
fere rell. (προccελ- GKᵖᶜTr)   442 δ᾽ εὑρήματα Heath

λέξω δὲ μέμψιν οὔτιν' ἀνθρώποις ἔχων,   445
ἀλλ' ὧν δέδωκ' εὔνοιαν ἐξηγούμενος·
οἳ πρῶτα μὲν βλέποντες ἔβλεπον μάτην,
κλύοντες οὐκ ἤκουον, ἀλλ' ὀνειράτων
ἀλίγκιοι μορφαῖσι τὸν μακρὸν βίον
ἔφυρον εἰκῆι πάντα, κοὔτε πλινθυφεῖς   450
δόμους προσείλους ἦισαν, οὐ ξυλουργίαν,
κατώρυχες δ' ἔναιον ὥστ' ἀήσυροι
μύρμηκες ἄντρων ἐν μυχοῖς ἀνηλίοις.
ἦν δ' οὐδὲν αὐτοῖς οὔτε χείματος τέκμαρ
οὔτ' ἀνθεμώδους ἦρος οὔτε καρπίμου   455
θέρους βέβαιον, ἀλλ' ἄτερ γνώμης τὸ πᾶν
ἔπρασσον, ἔστε δή σφιν ἀντολὰς ἐγὼ
ἄστρων ἔδειξα τάς τε δυσκρίτους δύσεις.
καὶ μὴν ἀριθμόν, ἔξοχον σοφισμάτων,
ἐξηῦρον αὐτοῖς, γραμμάτων τε συνθέσεις,   460
μνήμην ἁπάντων, μουσομήτορ' ἐργάνην·
κἄζευξα πρῶτος ἐν ζυγοῖσι κνώδαλα
ζεύγλαισι δουλεύοντα, σώμασίν θ' ὅπως
θνητοῖς μεγίστων διάδοχοι μοχθημάτων
γένοινθ', ὑφ' ἅρμα τ' ἤγαγον φιληνίους   465
ἵππους, ἄγαλμα τῆς ὑπερπλούτου χλιδῆς·
θαλασσόπλαγκτα δ' οὔτις ἄλλος ἀντ' ἐμοῦ
λινόπτερ' ηὗρε ναυτίλων ὀχήματα.
τοιαῦτα μηχανήματ' ἐξευρὼν τάλας
βροτοῖσιν αὐτὸς οὐκ ἔχω σόφισμ' ὅτωι   470
τῆς νῦν παρούσης πημονῆς ἀπαλλαγῶ.

---

449 βίον: χρόνον XHaWVNNcPOYYaKQGF   450 κού τι Porson
451 προσήλους scr. vel sscr. plurimi   452 ἀήσυροι MᵃᶜO et sscr.
IWDNcP: ἀείς- M²ᵖᶜOˢˢᶜʳ et fere rell.   454–60 schol. Arat. p. 27
M., 455–9 Stob. ecl. 1. 1, 459–61 Stob. ecl. 2. 4. 2   458 δύσεις:
ὁδοὺς Stob.   459 νοσφισμάτων M et γρ. in schol. BYVVaNP (σοφισ-
M² marg.)   461 μνήμην MᵃᶜIΔ: -ην θ' M²ᵖᶜ rell.   ἐργάνην Stob.
l.c., ἔργαν incepit Mᵃᶜ: ἐργάτιν Mᵖᶜ rell.   463 ζεύγλησι plerique
δουλεύοντα O   465 γένοινθ' G: γένωνθ' fere rell.   467 -πλαγκτα
MˢᵖᶜIVNNcYᵖᶜYaGFᵖᶜ: -πλακτα MᵃᶜYᵃᶜFᵃᶜ rell.   469–70 ἐξεῦρον . . .
αὐτὸς δ' XNNcVPOYWDF, ἐξεῦρον etiam HaPᵃᶜYaᵃᶜ

ΠΡΟΜΗΘΕΥϹ ΔΕϹΜΩΤΗϹ

Χο.   πέπονθας αἰκὲς πῆμ'· ἀποσφαλεὶς φρενῶν
πλανᾶι, κακὸς δ' ἰατρὸς ὥς τις ἐς νόσον
πεσὼν ἀθυμεῖς, καὶ σεαυτὸν οὐκ ἔχεις
εὑρεῖν ὁποίοις φαρμάκοις ἰάσιμος.   475

Πρ.   τὰ λοιπά μου κλύουσα θαυμάσηι πλέον,
οἵας τέχνας τε καὶ πόρους ἐμησάμην·
τὸ μὲν μέγιστον, εἴ τις ἐς νόσον πέσοι,
οὐκ ἦν ἀλέξημ' οὐδέν, οὔτε βρώσιμον
οὐ χριστὸν οὐδὲ πιστόν, ἀλλὰ φαρμάκων   480
χρείαι κατεσκέλλοντο, πρίν γ' ἐγώ σφισιν
ἔδειξα κράσεις ἠπίων ἀκεσμάτων,
αἷς τὰς ἁπάσας ἐξαμύνονται νόσους·
τρόπους τε πολλοὺς μαντικῆς ἐστοίχισα,
κἄκρινα πρῶτος ἐξ ὀνειράτων ἃ χρὴ   485
ὕπαρ γενέσθαι, κληδόνας τε δυσκρίτους
ἐγνώρισ' αὐτοῖς ἐνοδίους τε συμβόλους,
γαμψωνύχων τε πτῆσιν οἰωνῶν σκεθρῶς
διώρισ', οἵτινές τε δεξιοὶ φύσιν
εὐωνύμους τε, καὶ δίαιταν ἥντινα   490
ἔχουσ' ἕκαστοι καὶ πρὸς ἀλλήλους τίνες
ἔχθραι τε καὶ στέργηθρα καὶ συνεδρίαι·
σπλάγχνων τε λειότητα, καὶ χροιὰν τίνα
ἔχουσ' ἂν εἴη δαίμοσιν πρὸς ἡδονὴν
χολή, λοβοῦ τε ποικίλην εὐμορφίαν·   495
κνίσηι τε κῶλα συγκαλυπτὰ καὶ μακρὰν
ὀσφῦν πυρώσας δυστέκμαρτον εἰς τέχνην
ὥδωσα θνητούς, καὶ φλογωπὰ σήματα
ἐξωμμάτωσα πρόσθεν ὄντ' ἐπάργεμα.

472 αἰκὲς Porson : ἀεικὲς codd.   473 πλάνα vel -νη vel -νῆ plerique;
εὕρηται καὶ τὸ πλάνα καὶ πλανᾶ Ι^Σ   ὅστις plerique   475 ἰάσιμον
Ι²ᵧᵖHᶜXNcVQ (corr. Qˢˢᶜʳ) et sscr. OPF   476 μου MIOLh : μοι
Ι²ˢˢᶜʳLhˢˢᶜʳ rell.   477 πόρους MIBCHOPLcLhTr et γρ. ΔYNcF, gl.
Q : δόλους rell. et γρ. C²P   479 οὔτε Lh et γρ. PQ²Bᵍˡ : οὐδὲ rell.
481 γ' MBCHDLhGTr : om. rell.   483 ἐξαμείβονται VNˡˢˢᶜʳF
et γρ. NcWP   484 τε MBO : δὲ rell.   490 εὐώνυμοί τε DWˢˢᶜʳF
494-5 ἔχουσ'... χολή Wieseler : ἔχοντ'... χολῆς codd. (sed χολῆ Bᵖᶜ)
496 κνίση M : κνίσση rell.   μακρὰν suspectum

τοιαῦτα μὲν δὴ ταῦτ'· ἔνερθε δὲ χθονὸς   500
κεκρυμμέν' ἀνθρώποισιν ὠφελήματα,
χαλκὸν σίδηρον ἄργυρον χρυσόν τε, τίς
φήσειεν ἂν πάροιθεν ἐξευρεῖν ἐμοῦ;
οὐδείς, σάφ' οἶδα, μὴ μάτην φλῦσαι θέλων.
βραχεῖ δὲ μύθωι πάντα συλλήβδην μάθε·   505
πᾶσαι τέχναι βροτοῖσιν ἐκ Προμηθέως.

Χο. μή νυν βροτοὺς μὲν ὠφέλει καιροῦ πέρα,
σαυτοῦ δ' ἀκήδει δυστυχοῦντος· ὡς ἐγὼ
εὔελπίς εἰμι τῶνδέ σ' ἐκ δεσμῶν ἔτι
λυθέντα μηδὲν μεῖον ἰσχύσειν Διός.   510

Πρ. οὐ ταῦτα ταύτηι Μοῖρά πω τελεσφόρος
κρᾶναι πέπρωται, μυρίαις δὲ πημοναῖς
δύαις τε κναφθεὶς ὧδε δεσμὰ φυγγάνω.
τέχνη δ' ἀνάγκης ἀσθενεστέρα μακρῶι.

Χο. τίς οὖν ἀνάγκης ἐστὶν οἰακοστρόφος;   515
Πρ. Μοῖραι τρίμορφοι μνήμονές τ' Ἐρινύες.
Χο. τούτων ἄρα Ζεύς ἐστιν ἀσθενέστερος;
Πρ. οὔκουν ἂν ἐκφύγοι γε τὴν πεπρωμένην.
Χο. τί γὰρ πέπρωται Ζηνὶ πλὴν ἀεὶ κρατεῖν;
Πρ. τοῦτ' οὐκέτ' ἂν πύθοιο, μηδὲ λιπάρει.   520
Χο. ἦ πού τι σεμνόν ἐστιν ὃ ξυναμπέχεις;
Πρ. ἄλλου λόγου μέμνησθε, τόνδε δ' οὐδαμῶς
καιρὸς γεγωνεῖν, ἀλλὰ συγκαλυπτέος
ὅσον μάλιστα. τόνδε γὰρ σώιζων ἐγὼ
δεσμοὺς ἀεικεῖς καὶ δύας ἐκφυγγάνω.   525

Χο.   μηδάμ' ὁ πάντα νέμων   [στρ. α
θεῖτ' ἐμᾶι γνώμαι κράτος ἀντίπαλον Ζεύς,
μηδ' ἐλινύσαιμι θεοὺς ὁσίαις

502 τε I: δὲ rell.   504 οἶδ' εἰ μὴ BCHNcKPQG   505 πάν-
τα: ταῦτα MNVLhNc(γρ. πάντα)PγρF   513 κναφθεὶς Naber:
κναμφθεὶς IMˢ, καμφθεὶς rell.   518 ἐκφύγοι γε MLcKQ: ἐκφύγη
γε vel τε plurimi, ἐκφύγοιτο IᶜHaYa   520 οὐκέτ' ἂν LcLhKQF(in
ras.): οὐκ ἂν οὖν vel οὐκ ἂν fere rell., οὐκ ἂν ἐκπύθοιο G   525 δύας
MIΔNNcγρVPKQFTr: βίας ΔγρPγρ rell.   529 ἐλινύ- MBCHDNc:
ἐλινύ- rell.

θοίναιc ποτινιcομένα   530
βουφόνοιc παρ' 'Ωκεανοῦ πατρὸc ἄcβεcτον πόρον,
μηδ' ἀλίτοιμι λόγοιc,
ἀλλά μοι τόδ' ἐμμένοι καὶ μήποτ' ἐκτακείη.   535

ἡδύ τι θαρcαλέαιc   [ἀντ. α
τὸν μακρὸν τείνειν βίον ἐλπίcι, φαναῖc
θυμὸν ἀλδαίνουcαν ἐν εὐφροcύναιc·
φρίccω δέ cε δερκομένα   540
μυρίοιc μόχθοιc διακναιόμενον ⟨   ⟩·
Ζῆνα γὰρ οὐ τρομέων
†ἰδίαι† γνώμαι cέβηι θνατούc ἄγαν, Προμηθεῦ.

φέρε πῶc χάριc ἀ χάριc, ὦ φίλοc,   [cτρ. β
    εἰπέ, ποῦ τιc ἀλκά;   546
τίc ἐφαμερίων ἄρηξιc; οὐδ' ἐδέρχθηc
ὀλιγοδρανίαν ἄκικυν, ἰ-
    cόνειρον, ἇι τὸ φωτῶν
ἀλαὸν γένοc ἐμπεποδιcμένον†· οὔποτε †   550
τὰν Διὸc ἁρμονίαν θνατῶν παρεξίαcι βουλαί.

ἔμαθον τάδε cὰc προcιδοῦc' ὀλο-   [ἀντ. β
    ὰc τύχαc, Προμηθεῦ,
τὸ διαμφίδιον δέ μοι μέλοc προcέπτα   555
τόδ' ἐκεῖνό θ' ὅτ' ἀμφὶ λουτρὰ καὶ
    λέχοc cὸν ὑμεναίουν
ἰότατι γάμων, ὅτε τὰν ὁμοπάτριον ἕδνοιc
ἄγαγεc 'Ηcιόναν πιθὼν δάμαρτα κοινόλεκτρον.   560

530 ποτινιccό- plurimi   535 μάλα μοι metri gratia Hermann
(cf. 543)   541 seqq. ⟨θνατῶν χάριν⟩ suppl. **Tommasini**   γνώμα(ι)
MI^acHaCTr: -μη rell.; ἰδίαι γνώμαι tamquam gloss. del. multi; vid.
Headlam *J. Phil.* 20. 294   545 φέρε πῶc Sikes et Willson: φέρ'
ὅπωc codd.   χάριc ἀ χάριc Headlam: ἄχαριc χάριc Tr, χάριc ἄχαριc rell.
550 λείπει ἔcτιν ἢ (ἵν' ἧι Dindorf) ἐμπεπόδιcται M^Σ; οὔποτε ⟨γάρ τοι⟩
suppl. Bergk, ⟨δέδεται⟩ γένοc Meincke, tum fort. οὔ πωc (Paley; οὔ πω
Tr) pro οὔποτε   556 seq. ἐκεῖνό θ' ὅτ' ἀμφὶ Tr, ἐκεῖνό τε ὅτ' ἀμφὶ
VNOWQKP^ac: ἐκεῖν' ὅτε τότ' ἀμφὶ (M) vel ὅτε τἀμφὶ vel ὅτ' ἀμφὶ fere
rell.   λοετρὰ plerique

ΙΩ

τίς γῆ; τί γένος; τίνα φῶ λεύσσειν
τόνδε χαλινοῖς ἐν πετρίνοισιν
χειμαζόμενον;
τίνος ἀμπλακίας ποινὰς ὀλέκηι;
σήμηνον ὅποι
γῆς ἡ μογερὰ πεπλάνημαι.   565

ἇ ἇ ἒ ἔ·
χρίει τις αὖ με τὰν τάλαιναν οἶστρος,
εἴδωλον Ἄργου γηγενοῦς.
ἄλευ', ἆ δᾶ, φοβοῦμαι
τὸν μυριωπὸν εἰσορῶςα βούταν·
ὁ δὲ πορεύεται δόλιον ὄμμ' ἔχων,
ὃν οὐδὲ κατθανόντα γαῖα κεύθει·   570
ἀλλά με τὰν τάλαιναν
ἐξ ἐνέρων περῶν κυναγεῖ, πλανᾶι
τε νῆςτιν ἀνὰ τὰν παραλίαν ψάμμον.

ὑπὸ δὲ κηρόπλαςτος ὀτοβεῖ δόναξ   [cτρ. α
ἀχέτας ὑπνοδόταν νόμον·   575
ἰὼ ἰὼ πόποι, ποῖ δέ μ' ἄγουςι τηλέπλαγκτοι πλάναι;
τί ποτέ μ', ὦ Κρόνιε παῖ, τί ποτε ταῖςδ'
        ἐνέζευξας εὑρὼν ἁμαρτοῦςαν ἐν πημοναῖςιν,
ἒ ἔ,
οἰςτρηλάτωι δὲ δείματι δειλαίαν   580
παράκοπον ὧδε τείρεις;

562 post πετρίνοιςιν gl. in textu ὀρείοις vel τοῖς ὀρείοις habent omnes
exceptis MIHO (gl. add. H²O²)   564 ὅποι MIOYa²sscrKPsscr
GF: ὅπηι rell.   566 seqq. ἇ ἇ ἒ ἔ MICO²pcDP: ἇ ἇ ἔα ἔα fere rell.
τὰν HaXWLcLhYYaGTr: τὴν OQ²pc, om. rell.   οἶςτροις MacIac
ἇ MBCWVNPY: ὦ rell.; ἀλευάδα Msyp marg.   φοβοῦμαι om. Ya, del.
Dindorf   εἰςιδοῦςα plerique   571 ἀλλ' ἐμὲ edd. (ἀλλὰ ἔμε B¹)
572 κυναγεῖ Hermann: κυνηγετεῖ codd.   573 ψάμμαν M (-ον M²)
574 ὀτοβεῖ M: ὀττο- rell.   576 πόποι: diverse plurimi   ποῖ δέ μ'
metri gratia Page: ποῖ μ' ΔHaYaKQTr, πῆ μ' fere rell.   τηλέπλαγκτοι
MIVNNcVDKPacG: -πλακτοι rell.   πλάνοι M(corr. M²)IBHVTr

πυρί ⟨με⟩ φλέξον, ἢ χθονὶ κάλυψον, ἢ ποντίοις δάκεσι δὸς
  βοράν·
μηδέ μοι φθονήσῃς
εὐγμάτων, ἄναξ· ἄδην με πολύπλανοι πλάναι   585
γεγυμνάκασιν, οὐδ' ἔχω μαθεῖν ὅπαι
πημονὰς ἀλύξω.
κλύεις φθέγμα τᾶς βούκερω παρθένου;

Πρ. πῶς δ' οὐ κλύω τῆς οἰστροδινήτου κόρης
    τῆς Ἰναχείας, ἣ Διὸς θάλπει κέαρ   590
    ἔρωτι, καὶ νῦν τοὺς ὑπερμήκεις δρόμους
    Ἥραι στυγητὸς πρὸς βίαν γυμνάζεται;

Ιω πόθεν ἐμοῦ σὺ πατρὸς ὄνομ' ἀπύεις;   [ἀντ. α
    εἰπέ μοι τᾶι μογερᾶι, τίς ὤν,
    τίς ἄρα μ', ὦ τάλας, ταλαίπωρον ὧδ' ἔτυμα προσθροεῖς 595
    θεόσυτόν τε νόσον ὠνόμασας, ἃ
      μαραίνει με χρίουσα κέντροισι φοιταλέοισιν;
    ἒ ἔ·
    σκιρτημάτων δὲ νήστισιν αἰκείαις
    λαβρόσυτος ἦλθον ⟨Ἥρας⟩   600
    ἐπικότοισι μήδεσι δαμεῖσα. δυσδαιμόνων δὲ τίνες, οἲ ἒ ἔ,
    οἳ' ἐγὼ μογοῦσιν;
    ἀλλά μοι τορῶς τέκμηρον ὅ τι μ' ἐπαμμένει   605
    παθεῖν· τί μῆχαρ ἢ τί φάρμακον νόσου;
    δεῖξον εἴπερ οἶσθα,
    θρόει, φράζε τᾶι δυσπλάνωι παρθένωι.

582 με suppl. Elmsley 585 ἄδην ΜΔG : ἄδδην rell. πολύπλαγκτοι
vel -πλακτοι plerique πλάνοι VP(corr. Pˢˢᶜʳ)Tr 586 ὅπηι (-οι
Tr) codd. 588 φθέγμα ΜΗαΧWΟΥαΚΟΡʸᵖGTr: πρόσφθεγμα
Μ²ΥVΝcΡʸᵖ, φθέγματα rell.; versum choro tribuunt codd., fort. recte;
cf. 608 589 δ' om. I 595 ταλαίπωρον Hartung: τὰν ταλ. codd.
596 θεόσυτον ΚᵃᶜTr : -όσσυτον Κ¹ᵖᶜ rell. 595 φοιτᾱλ- suspectum;
cf. E. Or. 327 599 αἰκίαις codd. 600 λαβρόσυτος ΔTr: -όσσυτος
rell. Ἥρας suppl. Hermann (τοῖς τῆς Ἥρας Μᶻ) 602 οἳ
VPC: οἷ rell. 606 μῆχαρ ἢ Elmsley, Martin : μὴ χρὴ, με χρὴ, μοι
χρὴ, οὐ χρὴ fere codd. 608 φράζε τᾶι: φράζε τὲ vel (Μ) φράζετε
plerique; versus fort. choro tribuendus; cf. 588

Πρ. λέξω τορῶς σοι πᾶν ὅπερ χρήιζεις μαθεῖν,
     οὐκ ἐμπλέκων αἰνίγματ᾽, ἀλλ᾽ ἁπλῶι λόγωι   610
     ὥςπερ δίκαιον πρὸς φίλους οἴγειν στόμα·
     πυρὸς βροτοῖς δοτῆρ᾽ ὁρᾶις Προμηθέα.

Ιω ὦ κοινὸν ὠφέλημα θνητοῖσιν φανείς,
     τλῆμον Προμηθεῦ, τοῦ δίκην πάσχεις τάδε;

Πρ. ἁρμοῖ πέπαυμαι τοὺς ἐμοὺς θρηνῶν πόνους.   615

Ιω οὔκουν πόροις ἂν τήνδε δωρειὰν ἐμοί;

Πρ. λέγ᾽ ἥντιν᾽ αἰτῆι· πᾶν γὰρ ἂν πύθοιό μου.

Ιω σήμηνον ὅςτις ἐν φάραγγί ς᾽ ὤχμασεν.

Πρ. βούλευμα μὲν τὸ Δῖον, Ἡφαίςτου δὲ χείρ.

Ιω ποινὰς δὲ ποίων ἀμπλακημάτων τίνεις;   620

Πρ. τοςοῦτον ἀρκῶ ςοι ςαφηνίςαι μόνον.

Ιω καὶ πρός γε τούτοις τέρμα τῆς ἐμῆς πλάνης
     δεῖξον, τίς ἔςται τῆι ταλαιπώρωι χρόνος.

Πρ. τὸ μὴ μαθεῖν σοι κρεῖςςον ἢ μαθεῖν τάδε.

Ιω μή τοί με κρύψηις τοῦθ᾽, ὅπερ μέλλω παθεῖν.   625

Πρ. ἀλλ᾽ οὐ μεγαίρω τοῦδε τοῦ δωρήματος.

Ιω τί δῆτα μέλλεις μὴ οὐ γεγωνίςκειν τὸ πᾶν;

Πρ. φθόνος μὲν οὐδείς, ςὰς δ᾽ ὀκνῶ θρᾶξαι φρένας.

Ιω μή μου προκήδου μᾶςςον ὧν ἐμοὶ γλυκύ.

Πρ. ἐπεὶ προθυμῆι, χρὴ λέγειν· ἄκουε δή.   630

Χο. μήπω γε, μοῖραν δ᾽ ἡδονῆς κἀμοὶ πόρε·
     τὴν τῆςδε πρῶτον ἱςτορήςωμεν νόςον
     αὐτῆς λεγούςης τὰς πολυφθόρους τύχας,
     τὰ λοιπὰ δ᾽ ἄθλων ςοῦ διδαχθήτω πάρα.

Πρ. ςὸν ἔργον, Ἰοῖ, ταῖςδ᾽ ὑπουργῆςαι χάριν,   635
     ἄλλως τε πάντως καὶ κασιγνήταις πατρός·

609–11 Et. Mag. s.v. τορός   609 ὅπερ Et. Mag. et gl. BCVY:
ὅςον Y, ὁ XWNYaF, ὅτι rell.   614 δίκην : χάριν XQKP^{γρ}
616 δωρεὰν codd.   617 πᾶν γὰρ ἂν πύθοιο P^{γρ} : πᾶν γὰρ οὖν πύθ.
M, πᾶν γὰρ πύθ. DHOQ^{ac}C^{ac}, πάντα γὰρ πύθ. vel πᾶν γὰρ ἐκπύθ. rell.
619 μέντοι τὸ DBH ; μέντοι Blaydes   621 ἀρκεῖ . . . ςαφηνίςαι Schütz
ςαφηνίςας Linwood : -ίςαι codd.   624 ςοι : ςε plerique   626 τοῦ :
ςοι Turnebus   627 μὴ sine οὐ plerique   629 ὧν Hermann : ὡς
codd.

ὡς τἀποκλαῦσαι κἀποδύρασθαι τύχας
ἐνταῦθ', ὅπου μέλλοι τις οἴσεσθαι δάκρυ
πρὸς τῶν κλυόντων, ἀξίαν τριβὴν ἔχει.

Ιω   οὐκ οἶδ' ὅπως ὑμῖν ἀπιστῆσαί με χρή,   640
σαφεῖ δὲ μύθωι πᾶν ὅπερ προσχρήιζετε
πεύσεσθε· καίτοι καὶ λέγουσ' αἰσχύνομαι
θεόσσυτον χειμῶνα καὶ διαφθορὰν
μορφῆς, ὅθεν μοι σχετλίαι προσέπτατο.

αἰεὶ γὰρ ὄψεις ἔννυχοι πωλεύμεναι   645
ἐς παρθενῶνας τοὺς ἐμοὺς παρηγόρουν
λείοισι μύθοις· ὦ μέγ' εὔδαιμον κόρη,
τί παρθενεύηι δαρόν, ἐξόν σοι γάμου
τυχεῖν μεγίστου; Ζεὺς γὰρ ἱμέρου βέλει
πρὸς σοῦ τέθαλπται καὶ συναίρεσθαι Κύπριν   650
θέλει· σὺ δ', ὦ παῖ, μὴ 'πολακτίσηις λέχος
τὸ Ζηνός, ἀλλ' ἔξελθε πρὸς Λέρνης βαθὺν
λειμῶνα, ποίμνας βουστάσεις τε πρὸς πατρός,
ὡς ἂν τὸ Δῖον ὄμμα λωφήσηι πόθου.

τοιοῖσδε πάσας εὐφρόνας ὀνείρασι   655
ξυνειχόμην δύστηνος, ἔστε δὴ πατρὶ
ἔτλην γεγωνεῖν νυκτίφοιτ' ὀνείρατα·
ὁ δ' ἔς τε Πυθὼ κἀπὶ Δωδώνην πυκνοὺς
θεοπρόπους ἴαλλεν, ὡς μάθοι τί χρὴ
δρῶντ' ἢ λέγοντα δαίμοσιν πράσσειν φίλα.   660
ἧκον δ' ἀναγγέλλοντες αἰολοστόμους
χρησμούς, ἀσήμους δυσκρίτως τ' εἰρημένους.
τέλος δ' ἐναργὴς βάξις ἦλθεν Ἰνάχωι

637 τἀποκλαῦσαι ΔΙ^γρC²N²O^cPLcLhQGF: κἀπο- MIBHHa^pcNcYaK Tr, ἀπο- XWDVCYN   638 ὅπου sscr. B²C²P²: ὅποι vel ὅπηι rell. μέλλοι MILcP: -ει P^sscr rell.   642 αἰσχύνομαι LcLhTr, etiam O² in ras. et γρ. MΔIPQF: ὀδύρομαι rell.   645 αἰεὶ MΔDLcPGFTr: ἀεὶ rell. πωλ- M^ac: πολ- M² rell.   647 εὐδαίμων MIΔXCHOLcP^sscr(-μον sscr. M^sO¹)   650 ξυναίρ- plerique   657 νυκτίφαντ' MI   658 Δω-δώνην KC²P^acO²sscr: -νης rell.   659 μάθηι plurimi   660 φίλωι M (φίλα M²sscr), -λον BNYaXHaWDC²sscrF, φίλως Q²γρ   661 ἀπαγγ-Δ^sγρY   662 ἀσήμως ΔΙHaYaLcLhG (-ους sscr. Δ¹I¹)   δυσκρίτως sine τ' BCHDTr   ἠινιγμένους Nc   663 ἦλθε βάξις ΔOLcLh

cαφῶc ἐπιcκήπτουcα καὶ μυθουμένη
ἔξω δόμων τε καὶ πάτραc ὠθεῖν ἐμὲ 665
ἄφετον ἀλᾶcθαι γῆc ἐπ' ἐcχάτοιc ὅροιc·
κεἰ μὴ θέλοι, πυρωπὸν ἐκ Διὸc μολεῖν
κεραυνὸν ὃc πᾶν ἐξαϊcτώcοι γένοc.
τοιοῖcδε πειcθεὶc Λοξίου μαντεύμαcιν
ἐξήλαcέν με κἀπέκληcε δωμάτων 670
ἄκουcαν ἄκων· ἀλλ' ἐπηνάγκαζέ νιν
Διὸc χαλινὸc πρὸc βίαν πράccειν τάδε.
εὐθὺc δὲ μορφὴ καὶ φρένεc διάcτροφοι
ἦcαν, κεραcτὶc δ', ὡc ὁρᾶτ', ὀξυcτόμωι
μύωπι χριcθεῖc' ἐμμανεῖ cκιρτήματι 675
ἦιccον πρὸc εὔποτόν τε Κερχνείαc ῥέοc
Λέρνηc τε κρήνην· βουκόλοc δὲ γηγενὴc
ἄκρατοc ὀργὴν Ἄργοc ὡμάρτει πυκνοῖc
ὄccοιc δεδορκὼc τοὺc ἐμοὺc κατὰ cτίβουc.
ἀπροcδόκητοc δ' αὐτὸν †αἰφνίδιοc† μόροc 680
τοῦ ζῆν ἀπεcτέρηcεν, οἰcτροπλὴξ δ' ἐγὼ
μάcτιγι θείαι γῆν πρὸ γῆc ἐλαύνομαι.
κλύειc τὰ πραχθέντ'· εἰ δ' ἔχειc εἰπεῖν ὅ τι
λοιπὸν πόνων, cήμαινε, μηδέ μ' οἰκτίcαc
ξύνθαλπε μύθοιc ψευδέcιν· νόcημα γὰρ 685
αἴcχιcτον εἶναί φημι cυνθέτουc λόγουc.

Χο.   ἔα ἔα· ἄπεχε, φεῦ·
       οὔποθ' ὧδ' οὔποτ' ηὔχουν ξένουc

667 εἰ μὴ WYNᵃᶜ   668 ἐξαϊcτώcοι Blomfield : -cει codd.   670 -κλει-
cε codd.   674 κεράcτηc plerique   676 Κερχνείαc ΜΔCLh
PʸᵖQ²ᵖᶜFˢˢᶜʳTr : Κεγχρ- vel Κεχρείαc fere rell.   677 τε κρήνην Can-
ter : ἄκρην τε ΜΙΧΗaVDNPGFTr, ἄκρην sine τε NcBCH, ἄκραν τε vel
ἄκρον τε rell.; τ' ἐc ἀκτήν Reisig   679 καταcτίβουc codd.   680 ἀφνίδιοc
Elmsley, ἄπτεροc Headlam coll. Hesych. ἄπτεροc· αἰφνίδιοc   682 γῆν
πρὸ γῆc ΜᵃᶜLLhᵖᶜFʸᵖTr et fort. Y : γῆν πρὸc γῆc Μᵖᶜ ΔYaLcG, γῆc
πρὸc γῆν fere rell.   683 ὅ τι VaVᵃᶜ : ἔτι V¹ᵖᶜ rell.   684 πόνων
HaBᵖᶜCHVYaPQ KGF : πόνου XNOWˢˢᶜʳ, πόνον rell. et sscr. ONP
688 οὔποθ' ὧδ' Wecklein : οὔποτ' codd. excepto V οὐπώποτ'   ηὔχόμην
Μ (sed -χουν Μᶻ)NVWDPʸᵖF

μολεῖcθαι λόγουc ἐc ἀκοὰν ἐμάν,
οὐδ' ὧδε δυcθέατα καὶ δύcοιcτα   690
†πήματα λύματα δείματ'
    ἀμφήκει κέντρωι ψύχειν ψυχὰν ἐμάν†.
ἰὼ ἰὼ μοῖρα μοῖρα,
πέφρικ' εἰcιδοῦcα πρᾶξιν Ἰοῦc.   695

Πρ. πρώι γε cτενάζειc καὶ φόβου πλέα τιc εἶ·
    ἐπίcχεc ἔcτ' ἂν καὶ τὰ λοιπὰ προcμάθηιc.
Χο. λέγ', ἐκδίδαcκε· τοῖc νοcοῦcί τοι γλυκὺ
    τὸ λοιπὸν ἄλγοc προυξεπίcταcθαι τορῶc.

Πρ. τὴν πρίν γε χρείαν ἠνύcαcθ' ἐμοῦ πάρα   700
    κούφωc· μαθεῖν γὰρ τῆcδε πρῶτ' ἐχρήιζετε
    τὸν ἀμφ' ἑαυτῆc ἆθλον ἐξηγουμένηc·
    τὰ λοιπὰ νῦν ἀκούcαθ', οἷα χρὴ πάθη
    τλῆναι πρὸc Ἥραc τήνδε τὴν νεάνιδα.
    cύ τ', Ἰνάχειον cπέρμα, τοὺc ἐμοὺc λόγουc   705
    θυμῶι βάλ', ὡc ἂν τέρματ' ἐκμάθηιc ὁδοῦ.
    πρῶτον μὲν ἐνθένδ' ἡλίου πρὸc ἀντολὰc
    cτρέψαcα cαυτὴν cτεῖχ' ἀνηρότουc γύαc·
    Cκύθαc δ' ἀφίξηι νομάδαc, οἳ πλεκτὰc cτέγαc
    πεδάρcιοι ναίουc' ἐπ' εὐκύκλοιc ὄχοιc,   710
    ἐκηβόλοιc τόξοιcιν ἐξηρτυμένοι·
    οἷc μὴ πελάζειν, ἀλλ' ἁλιcτόνοιc πόδαc
    χρίμπτουcα ῥαχίαιcιν ἐκπερᾶν χθόνα.
    λαιᾶc δὲ χειρὸc οἱ cιδηροτέκτονεc

---

689 εἰc plurimi   690 καὶ om. MIBCHHaNcTr   691 seq.
lectio incertissima: aut λύμ. aut δείμ. om. Qᵃᶜ; δείματα λύματα hoc or-
dine Y; δείματ' del. Hermann, ἐμάν del. Dindorf; fort. πήματα λύματ' ἂν
ἀμφήκει / κέντρωι ψύχειν μοι ψυχάν (del. ἐμάν; ἂν suppl. Sikes et Willson)
695 εἰcιδοῦcα BHNOQKTr: ἐcιδ- rell.   696 πρώι γε MIʸᵖ: πρό
γε M² rell.   700 χρείαν ΔOᵃᶜHaNcLcLhKF: χρείαν τ' rell.
702 ἀμφ' MIVNPGFᵖᶜ: ἐφ' HaNcY, ἀφ' Fᵃᶜ rell.   705 cὺ δ' VDLc
KPGF   706 βάλ': μάθ' MC   707 ἀντολὰc MKQᶜGTr et fort.
Pᵖᶜ: ἀνατ- rell.   711 -τυμένοι Y: -τημένοι rell.   712 πόδαc
LcLhQKΔᵃᶜGTr: γυιπόδαc Y, γύποδαc rell. (-ων sscr. M²C²O¹); ἀλλὰ
γυῖ' ἁλιcτόνοιc (deleto πόδαc) Hermann

οἰκοῦϲι Χάλυβεϲ, οὓϲ φυλάξαϲθαί ϲε χρή,　715
ἀνήμεροι γὰρ οὐδὲ πρόϲπλατοι ξένοιϲ.
ἥξειϲ δ' Ὑβριϲτὴν ποταμὸν οὐ ψευδώνυμον·
ὃν μὴ περάϲῃϲ, οὐ γὰρ εὔβατοϲ περᾶν,
πρὶν ἂν πρὸϲ αὐτὸν Καύκαϲον μόλῃϲ, ὁρῶν
ὕψιϲτον, ἔνθα ποταμὸϲ ἐκφυϲᾷ μένοϲ　720
κροτάφων ἀπ' αὐτῶν· ἀϲτρογείτοναϲ δὲ χρὴ
κορυφὰϲ ὑπερβάλλουϲαν ἐϲ μεϲημβρινὴν
βῆναι κέλευθον, ἔνθ' Ἀμαζόνων ϲτρατὸν
ἥξειϲ ϲτυγάνορ', αἳ Θεμίϲκυράν ποτε
κατοικιοῦϲιν ἀμφὶ Θερμώδονθ', ἵνα　725
τραχεῖα πόντου Ϲαλμυδηϲϲία γνάθοϲ
ἐχθρόξενοϲ ναύτῃϲι, μητρυιὰ νεῶν·
αὗταί ϲ' ὁδηγήϲουϲι καὶ μάλ' ἀϲμένωϲ.
ἰϲθμὸν δ' ἐπ' αὐταῖϲ ϲτενοπόροιϲ λίμνηϲ πύλαιϲ
Κιμμερικὸν ἥξειϲ, ὃν θραϲυϲπλάγχνωϲ ϲε χρὴ　730
λιποῦϲαν αὐλῶν' ἐκπερᾶν Μαιωτικόν.
ἔϲται δὲ θνητοῖϲ εἰϲαεὶ λόγοϲ μέγαϲ
τῆϲ ϲῆϲ πορείαϲ, Βόϲποροϲ δ' ἐπώνυμοϲ
κεκλήϲεται. λιποῦϲα δ' Εὐρώπηϲ πέδον
ἤπειρον ἥξειϲ Ἀϲιάδ'. ἆρ' ὑμῖν δοκεῖ　735
ὁ τῶν θεῶν τύραννοϲ ἐϲ τὰ πάνθ' ὁμῶϲ
βίαιοϲ εἶναι; τῇδε γὰρ θνητῇ θεὸϲ
χρῄζων μιγῆναι τάϲδ' ἐπέρριψεν πλάναϲ.
πικροῦ δ' ἔκυρϲαϲ, ὦ κόρη, τῶν ϲῶν γάμων
μνηϲτῆροϲ· οὓϲ γὰρ νῦν ἀκήκοαϲ λόγουϲ　740
εἶναι δόκει ϲοι μηδέπω 'ν προοιμίοιϲ.

Ιω　ἰώ μοί μοι· ἒ ἔ.

Πρ.　ϲὺ δ' αὖ κέκραγαϲ κἀναμυχθίζῃ· τί που
δράϲειϲ ὅταν τὰ λοιπὰ πυνθάνῃ κακά;

716 -πλατοι I: -πλαϲτοι rell.　717 fluminis Araxi nomen post
h.v. excidisse censent nonnulli, coll. Μ^Σ τὸν Ἀράξην παρὰ τὸ ἀράϲϲειν
καὶ ἠχεῖν τὰ κύματα αὐτοῦ　721 ἀπ' ἄκρων Blaydes　722 -βαλοῦ-
ϲαν Groeneboom (-βάλουϲαν Δ^{ac}Lc^{ac})　727 -η(ι)ϲι hoc loco omnes
excepto Y (-οιϲι)　729 ϲτενοπόρου WDOP^{sscr} (-οιϲ W^{sscr}), fort. recte
738 τάϲδ' ἐπέζευξε(ν) YYa^{2γρ}　741 μηδέπω 'ν Turnebus: μηδ'
ἐπῶν codd.

Χο. ἦ γάρ τι λοιπὸν τῆιδε πημάτων ἐρεῖς;   745
Πρ. δυσχείμερόν γε πέλαγος ἀτηρᾶς δύης.
Ιω   τί δῆτ' ἐμοὶ ζῆν κέρδος, ἀλλ' οὐκ ἐν τάχει
     ἔρριψ' ἐμαυτὴν τῆςδ' ἀπὸ στύφλου πέτρας,
     ὅπως πέδοι σκήψασα τῶν πάντων πόνων
     ἀπηλλάγην; κρεῖσσον γὰρ εἰσάπαξ θανεῖν   750
     ἢ τὰς ἁπάσας ἡμέρας πάσχειν κακῶς.
Πρ. ἦ δυσπετῶς ἂν τοὺς ἐμοὺς ἄθλους φέροις,
     ὅτωι θανεῖν μέν ἐστιν οὐ πεπρωμένον·
     αὕτη γὰρ ἦν ἂν πημάτων ἀπαλλαγή·
     νῦν δ' οὐδέν ἐστι τέρμα μοι προκείμενον   755
     μόχθων πρὶν ἂν Ζεὺς ἐκπέσηι τυραννίδος.
Ιω   ἦ γάρ ποτ' ἔστιν ἐκπεσεῖν ἀρχῆς Δία;
Πρ. ἥδοι' ἄν, οἶμαι, τήνδ' ἰδοῦσα συμφοράν.
Ιω   πῶς δ' οὐκ ἄν, ἥτις ἐκ Διὸς πάσχω κακῶς;
Πρ. ὡς τοίνυν ὄντων τῶνδε γαθεῖν σοι πάρα.   760
Ιω   πρὸς τοῦ τύραννα σκῆπτρα συληθήσεται;
Πρ. πρὸς αὐτὸς αὑτοῦ κενοφρόνων βουλευμάτων.
Ιω   ποίωι τρόπωι; σήμηνον, εἰ μή τις βλάβη.
Πρ. γαμεῖ γάμον τοιοῦτον ὧι ποτ' ἀσχαλεῖ.
Ιω   θέορτον ἢ βρότειον; εἰ ῥητόν, φράσον.   765
Πρ. τί δ' ὄντιν'; οὐ γὰρ ῥητὸν αὐδᾶσθαι τόδε.
Ιω   ἦ πρὸς δάμαρτος ἐξανίσταται θρόνων;
Πρ. ἦ τέξεταί γε παῖδα φέρτερον πατρός.
Ιω   οὐδ' ἔστιν αὐτῶι τῆςδ' ἀποστροφὴ τύχης;
Πρ. οὐ δῆτα, πλὴν ἔγωγ' ἂν ἐκ δεσμῶν λυθείς.   770
Ιω   τίς οὖν ὁ λύσων ἐστὶν ἄκοντος Διός;

745 τῆςδε πημονῆς Nc   749 πέδω codd.   752 τούς γ' vel
ἐμούς γ' Headlam   754 ἦν ἂν MICVPGTr : ἦν sine ἂν HaNcYaFD,
ἂν ἦν fere rell.   758 ἥδοι' ἂν Tr, ἥδοιο ἂν HB²ᵖᶜ : ἥδοιμ' ἂν fere
rell.   758–9 nullae personarum notae in M   759 δ' om. BH
760 γαθεῖν σοι Zakas (γηθ- iam Schütz) : σοὶ μαθεῖν Tr, μαθεῖν σοι rell.
762 πρὸς αὐτὸς MINcLcLhFTr : αὐτὸς πρὸς fere rell.   764 ἀσχαλεῖ
Herwerden : -λᾶι codd.   766 τάδε ΔWHaYYaLhF   770 πλὴν . . .
λυθείς MBHXWFˢˢᶜʳ et fort. Iᵃᶜ : πλὴν . . . λυθῶ HaNcΔVYaQˢTr, πρὶν
. . . λυθῶ COYPQKN²ᵖᶜLcLhF, πρὶν . . . λυθείς IᶜWᵃᶜNᵃᶜPʸᵖΔˢʸᵖ, πρίν γ'
. . . λυθῶ D, πρίν γ' ἂν αὐτὸς ἐκ δεσμῶν λυθῶ G   771 λύσων c' DVP

Πρ. τῶν cῶν τιν' αὐτὸν ἐκγόνων εἶναι χρεών.
Ιω πῶς εἶπας; ἦ 'μὸς παῖς c' ἀπαλλάξει κακῶν;
Πρ. τρίτος γε γένναν πρὸς δέκ' ἄλλαιcιν γοναῖc.
Ιω ἥδ' οὐκέτ' εὐξύμβλητος ἡ χρηcμωιδία.   775
Πρ. καὶ μηδὲ cαυτῆς γ' ἐκμαθεῖν ζήτει πόνουc.
Ιω μή μοι προτείνων κέρδος εἶτ' ἀποcτέρει.
Πρ. δυοῖν λόγοιν cε θατέρωι δωρήcομαι.
Ιω ποίοιν; πρόδειξον αἵρεcίν τ' ἐμοὶ δίδου.
Πρ. δίδωμ'· ἑλοῦ γάρ, ἢ πόνων τὰ λοιπά cοι   780
      φράcω caφηνῶc ἢ τὸν ἐκλύcοντ' ἐμέ.
Χο. τούτων cὺ τὴν μὲν τῆιδε, τὴν δ' ἐμοὶ χάριν
      θέcθαι θέληcον, μηδ' ἀτιμάcηιc λόγου,
      καὶ τῆιδε μὲν γέγωνε τὴν λοιπὴν πλάνην,
      ἐμοὶ δὲ τὸν λύcοντα· τοῦτο γὰρ ποθῶ.   785
Πρ. ἐπεὶ προθυμεῖcθ', οὐκ ἐναντιώcομαι
      τὸ μὴ οὐ γεγωνεῖν πᾶν ὅcον προcχρήιζετε.
      cοὶ πρῶτον, Ἰοῖ, πολύδονον πλάνην φράcω,
      ἣν ἐγγράφου cὺ μνήμοcιν δέλτοιc φρενῶν.
      ὅταν περάcηιc ῥεῖθρον ἠπείροιν ὅρον,   790
      πρὸc ἀντολὰc φλογῶπαc ἡλίου cτίβει,
      πόντου περῶcα φλοῖcβον ἔcτ' ἂν ἐξίκηι
      πρὸc Γοργόνεια πεδία Κιcθήνηc, ἵνα
      αἱ Φορκίδεc ναίουcι, δηναιαὶ κόραι
      τρεῖc κυκνόμορφοι, κοινὸν ὄμμ' ἐκτημέναι,   795
      μονόδοντεc, ἃc οὔθ' ἥλιος προcδέρκεται
      ἀκτῖcιν οὔθ' ἡ νύκτεροc μήνη ποτέ·
      πέλαc δ' ἀδελφαὶ τῶνδε τρεῖc κατάπτεροι,
      δρακοντόμαλλοι Γοργόνεc βροτοcτυγεῖc,
      ἃc θνητὸc οὐδεὶc εἰcιδὼν ἕξει πνοάc.   800

τοιοῦτο μέν coι τοῦτο φροίμιον λέγω,
ἄλλην δ᾽ ἄκουcον δυcχερῆ θεωρίαν·
ὀξυcτόμουc γὰρ Ζηνὸc ἀκραγεῖc κύναc
γρῦπαc φύλαξαι, τόν τε μουνῶπα cτρατὸν
Ἀριμαcπὸν ἱπποβάμον᾽, οἳ χρυcόρρυτον   805
οἰκοῦcιν ἀμφὶ νᾶμα Πλούτωνοc πόρου·
τούτοιc cὺ μὴ πέλαζε· τηλουρὸν δὲ γῆν
ἥξειc, κελαινὸν φῦλον, οἳ πρὸc ἡλίου
ναίουcι πηγαῖc, ἔνθα ποταμὸc Αἰθίοψ·
τούτου παρ᾽ ὄχθαc ἕρφ᾽ ἕωc ἂν ἐξίκηι   810
καταβαcμόν, ἔνθα Βυβλίνων ὀρῶν ἄπο
ἵηcι cεπτὸν Νεῖλοc εὔποτον ῥέοc.
οὗτόc c᾽ ὁδώcει τὴν τρίγωνον ἐc χθόνα
Νειλῶτιν, οὗ δὴ τὴν μακρὰν ἀποικίαν,
Ἰοῖ, πέπρωται cοί τε καὶ τέκνοιc κτίcαι.   815
τῶνδ᾽ εἴ τί cοι ψελλόν τε καὶ δυcεύρετον,
ἐπανδίπλαζε καὶ cαφῶc ἐκμάνθανε·
cχολὴ δὲ πλείων ἢ θέλω πάρεcτί μοι.

Χο.   εἰ μέν τι τῆιδε λοιπὸν ἢ παρειμένον
ἔχειc γεγωνεῖν τῆc πολυφθόρου πλάνηc,   820
λέγ᾽· εἰ δὲ πάντ᾽ εἴρηκαc, ἡμῖν αὖ χάριν
δὸc ἥντιν᾽ αἰτούμεcθα· μέμνηcαι δέ που.

Πρ.   τὸ πᾶν πορείαc ἥδε τέρμ᾽ ἀκήκοεν·
ὅπωc δ᾽ ἂν εἰδῆι μὴ μάτην κλύουcά μου,
ἃ πρὶν μολεῖν δεῦρ᾽ ἐκμεμόχθηκεν φράcω,   825
τεκμήριον τοῦτ᾽ αὐτὸ δοὺc μύθων ἐμῶν.
ὄχλον μὲν οὖν τὸν πλεῖcτον ἐκλείψω λόγων,
πρὸc αὐτὸ δ᾽ εἶμι τέρμα cῶν πλανημάτων.
ἐπεὶ γὰρ ἦλθεc πρὸc Μολοccὰ γάπεδα
τὴν αἰπύνωτόν τ᾽ ἀμφὶ Δωδώνην, ἵνα   830

801 τοιοῦτον plurimi   φροίμιον Wakefield : φρούριον codd.
806 πόρον MLcLhNcYᶜKˢˢᶜʳQˢˢᶜʳGTr   807 γῆc Elmsley
811 Βιβλ- MOQLcLhᵃᶜ   816–18 Athen. 8. 347c   817 ἐπανδ-
Dindorf : ἐπαναδ- codd., Athen.   818 om. M, add. Mˢ marg.
821 vel ἡμῖν; cf. Eum. 349, Suppl. 959   822 ἦν πρὶν ἠιτούμεcθα
Hermann   829 γάπεδα Porson : δάπεδα codd.

μαντεῖα θᾶκόc τ᾽ ἐcτὶ Θεcπρωτοῦ Διὸc
τέραc τ᾽ ἄπιcτον, αἱ προcήγοροι δρύεc,
ὑφ᾽ ὧν cὺ λαμπρῶc κοὐδὲν αἰνικτηρίωc
προcηγορεύθηc ἡ Διὸc κλεινὴ δάμαρ
μέλλουc᾽ ἔcεcθαι· τῶνδε προccαίνει cέ τι;   835
ἐντεῦθεν οἰcτρήcαcα τὴν παρακτίαν
κέλευθον ᾖξαc πρὸc μέγαν κόλπον Ῥέαc,
ἀφ᾽ οὗ παλιμπλάγκτοιcι χειμάζῃ δρόμοιc·
χρόνον δὲ τὸν μέλλοντα πόντιοc μυχόc,
cαφῶc ἐπίcταc᾽, Ἰόνιοc κεκλήcεται,   840
τῆc cῆc πορείαc μνῆμα τοῖc πᾶcιν βροτοῖc.
cημεῖά cοι τάδ᾽ ἐcτὶ τῆc ἐμῆc φρενόc,
ὡc δέρκεται πλέον τι τοῦ πεφαcμένου.
τὰ λοιπὰ δ᾽ ὑμῖν τῇδέ τ᾽ ἐc κοινὸν φράcω,
ἐc ταὐτὸν ἐλθὼν τῶν πάλαι λόγων ἴχνοc.   845
ἔcτιν πόλιc Κάνωβοc, ἐcχάτη χθονὸc
Νείλου πρὸc αὐτῶι cτόματι καὶ προcχώματι·
ἐνταῦθα δή cε Ζεὺc τίθηc᾽ ἐγκύμονα
ἐπαφῶν ἀταρβεῖ χειρὶ καὶ θιγὼν μόνον·
ἐπώνυμον δὲ τῶν Διὸc γεννημάτων   850
τέξειc κελαινὸν Ἔπαφον, ὃc καρπώcεται
ὅcην πλατύρρουc Νεῖλοc ἀρδεύει χθόνα·
πέμπτη δ᾽ ἀπ᾽ αὐτοῦ γέννα πεντηκοντάπαιc
πάλιν πρὸc Ἄργοc οὐχ ἑκοῦc᾽ ἐλεύcεται
θηλύcποροc, φεύγουcα cυγγενῆ γάμον   855
ἀνεψιῶν· οἱ δ᾽ ἐπτοημένοι φρέναc,
κίρκοι πελειῶν οὐ μακρὰν λελειμμένοι,
ἥξουcι θηρεύοντεc οὐ θηραcίμουc
γάμουc, φθόνον δὲ cωμάτων ἕξει θεόc·

831 θᾶκοc Brunck: θῶκ- codd.   835 προccαίνει I[ssccr]XVPONcTr:
προcαίνει rell.   838 παλιμπλάγκτοιcι HaP[pc]G (παλιπλ-): πολυ-
πλάγκτοιcι NcF, πολυπλάκτοιcι ΔIYaLhTr, παλιμπλάκτοιcι F[γρ] rell.
839 μέλλονθ᾽ ὁ Wecklein   840 κληθήcεται MVONc et γρ. Δ[s]PF;
cf. E. *Tro.* 13   848 τίθηc᾽ ἐγκύμονα Elmsley: τίθηcιν ἔμφρονα codd.
848–fin. om. N, suppl. man. rec.   853 -τόπαιc MΔCHLhFTr
858 θηρεύοντεc Δ[ssccr]HHaCF: θηρεύcοντεc ΔF[ssccr] rell.   859 φόνον
M[pc]X

Πελασγία δὲ δέξεται θηλυκτόνωι   860
Ἄρει †δαμέντων† νυκτιφρουρήτωι θράσει·
γυνὴ γὰρ ἄνδρ' ἕκαστον αἰῶνος στερεῖ
δίθηκτον ἐν σφαγαῖσι βάψασα ξίφος.
τοιάδ' ἐπ' ἐχθροὺς τοὺς ἐμοὺς ἔλθοι Κύπρις.
μίαν δὲ παίδων ἵμερος θέλξει, τὸ μὴ   865
κτεῖναι σύνευνον, ἀλλ' ἀπαμβλυνθήσεται
γνώμην· δυοῖν δὲ θάτερον βουλήσεται,
κλύειν ἄναλκις μᾶλλον ἢ μιαιφόνος.
αὕτη κατ' Ἄργος βασιλικὸν τέξει γένος.
μακροῦ λόγου δεῖ ταῦτ' ἐπεξελθεῖν τορῶς·   870
σπόρος γε μὴν ἐκ τῆσδε φύσεται θρασύς,
τόξοισι κλεινός, ὃς πόνων ἐκ τῶνδ' ἐμὲ
λύσει. τοιόνδε χρησμὸν ἡ παλαιγενὴς
μήτηρ ἐμοὶ διῆλθε Τιτανὶς Θέμις·
ὅπως δὲ χὤπηι, ταῦτα δεῖ μακροῦ λόγου   875
εἰπεῖν, σύ τ' οὐδὲν ἐκμαθοῦσα κερδανεῖς.

Ιω   ἐλελεῦ ἐλελεῦ·
    ὑπό μ' αὖ σφάκελος καὶ φρενοπλῆγες
    μανίαι θάλπους', οἴστρου δ' ἄρδις
    χρίει μ' ἄπυρος,   880
    κραδία δὲ φόβωι φρένα λακτίζει,
    τροχοδινεῖται δ' ὄμμαθ' ἑλίγδην,
    ἔξω δὲ δρόμου φέρομαι λύσσης
    πνεύματι μάργωι γλώσσης ἀκρατής,
    θολεροὶ δὲ λόγοι παίουσ' εἰκῆι   885
    στυγνῆς πρὸς κύμασιν ἄτης.

860–1 δέξεται ⟨τὸν ἐγγενῆ / στόλον γυναικῶν, νυμφίων⟩ θηλ. suppl.
Hermann; δαμέντα Lc; δαμέντας Pauw   864 ἐπ' XVHaYWDPʸᵖ:
ἐς rell.   871 σπόρος Sikes et Willson: σποράς codd.   872 κλεινοῖς
MIᵃᶜ   874 ἐμοὶ MIΔCYYaHaNcLhF et sscr. QᴵPWD: ἐμὴ rell. et
sscr.FLh   875 λόγου: χρόνου OYYaXHaVWD(λόγου sscr.
OᴵWᴵDᴵ)BˢʸᵖPʸᵖG   876 σὺ δ' BCH   877 ita Hesych. s.v.:
ἐλελελελελεῦ fere codd.   878 φρενοπλῆγες Cobet: -βλαβεῖς XHa
WDVYaPʸᵖ, -πλανεῖς Nc, -πληγεῖς rell.   881 κραδία PKTr:
καρδία rell.   885 πταίουσ' M et fort. Qᵃᶜ

Χο.   ἦ coφὸc ἦ coφὸc ἦν ὃc πρῶτοc ἐν γνώ-   [cτρ.
      μαι τόδ᾿ ἐβάcταcε καὶ γλώc-
      cαι διεμυθολόγηcεν,
      ὡc τὸ κηδεῦcαι καθ᾿ ἑαυτὸν ἀριcτεύει μακρῶι,   890
      καὶ μήτε τῶν πλούτωι διαθρυπτομένων
      μήτε τῶν γένναι μεγαλυνομένων
      ὄντα χερνήταν ἐραcτεῦcαι γάμων.

      μήποτε μήποτέ μ᾿, ὦ Μοῖραι ⟨   [ἀντ.
      ⟩, λεχέων Διὸc εὐνά-   895
      τειραν ἴδοιcθε πέλουcαν,
      μηδὲ πλαθείην γαμέται τινὶ τῶν ἐξ οὐρανοῦ·
      ταρβῶ γὰρ ἀcτεργάνορα παρθενίαν
      εἰcορῶc᾿ Ἰοῦc ἀμαλαπτομέναν
      δυcπλάνοιc Ἥραc ἀλατείαιc ὕπο.   900

      ἐμοὶ δ᾿ ὅτε μὲν ὁμαλὸc ὁ γάμοc,   [ἐπωιδ.
      ἄφοβοc ἔφυ· δέδια δὲ μὴ
            κρειccόνων θεῶν ἔρωι
            μ᾿ ἄφυκτον ὄμμα προcδράκοι·
      ἀπόλεμοc ὅδε γ᾿ ὁ πόλεμοc, ἄπορα πόριμοc, οὐδ᾿
            ἔχω τίc ἂν γενοίμαν·   905
      τὰν Διὸc γὰρ οὐχ ὁρῶ
      μῆτιν ὅπαι φύγοιμ᾿ ἄν.

Πρ.   ἦ μὴν ἔτι Ζεύc, καίπερ αὐθάδηc φρενῶν,
      ἔcται ταπεινόc, οἷον ἐξαρτύεται

894–5 ⟨μακραίωνεc⟩ suppl. Hermann   897 πλαθ- M^{ac}I^{ac}WO
VaTr: πλαcθ- M²I¹ rell.   γαμέται LLhTr: ἐν γαμ. rell.   899 ἀμα-
λαπτομέναν Weil (γ᾿ ἀμ-; γ᾿ del. Dindorf): γάμω δαπτομέναν fere codd.
900 δυcπλάνοιc NcP^{γρ}Tr: δυcπλάνηc Q²^{γρ}, δυc(c)πλάγχνοιc fere rell.
ὕπο Page: πόνων codd.   901 ὅτε Arnaldus: ὅτι codd.   902 seqq.
ἔφυ· δέδια δὲ μὴ Page: οὐ δέδια μηδὲ fere codd.   ἔρωι μ᾿ Page: ἔρωc
codd., qui με habent post προcδράκοι   προcδράκοι Salvinius: -δάρκοι
M, -δράμοι HaYYa, -δέρκοι fere rell.   906 ὅπηι vel ὅπου plerique
907 αὐθάδηc φρενῶν MIB^{ac}CHOVPNcW^{sscr}DLc^{sscr}Q²^{γρ}FTr: αὐθάδη
φρονῶν M²ΔHaWYaLcLhQKP^{γρ}G, -δηc φρονῶν XC^{sscr}V^{sscr}, -δη φρενῶν
B^{pc}Lh^{sscr} (de Y non liquet)

γάμον γαμεῖν, ὃς αὐτὸν ἐκ τυραννίδος
θρόνων τ' ἄιστον ἐκβαλεῖ· πατρὸς δ' ἀρὰ   910
Κρόνου τότ' ἤδη παντελῶς κρανθήσεται,
ἣν ἐκπίτνων ἠρᾶτο δηναιῶν θρόνων.
τοιῶνδε μόχθων ἐκτροπὴν οὐδεὶς θεῶν
δύναιτ' ἂν αὐτῶι πλὴν ἐμοῦ δεῖξαι σαφῶς·
ἐγὼ τάδ' οἶδα χὦι τρόπωι. πρὸς ταῦτά νυν   915
θαρςῶν καθήςθω τοῖς πεδαρςίοις κτύποις
πιςτὸς τινάςςων τ' ἐν χεροῖν πύρπνουν βέλος·
οὐδὲν γὰρ αὐτῶι ταῦτ' ἐπαρκέςει τὸ μὴ οὐ
πεςεῖν ἀτίμως πτώματ' οὐκ ἀνασχετά.
τοῖον παλαιστὴν νῦν παρασκευάζεται   920
ἐπ' αὐτὸς αὐτῶι, δυςμαχώτατον τέρας,
ὃς δὴ κεραυνοῦ κρείςςον' εὑρήςει φλόγα
βροντῆς θ' ὑπερβάλλοντα καρτερὸν κτύπον,
θαλαςςίαν τε γῆς τινάκτειραν †νόςον†
τρίαιναν, αἰχμὴν τὴν Ποςειδῶνος, ςκεδᾶι.   925
πταίςας δὲ τῶιδε πρὸς κακῶι μαθήςεται
ὅςον τό τ' ἄρχειν καὶ τὸ δουλεύειν δίχα.
Χο.   σύ θην, ἃ χρήιζεις, ταῦτ' ἐπιγλωςςᾶι Διός.
Πρ.   ἅπερ τελεῖται, πρὸς δ' ἃ βούλομαι λέγω.
Χο.   καὶ προσδοκᾶν χρὴ δεςπόςειν Ζηνός τινα;   930
Πρ.   καὶ τῶνδέ γ' ἕξει δυςλοφωτέρους πόνους.
Χο.   πῶς οὐχὶ ταρβεῖς τοιάδ' ἐκρίπτων ἔπη;
Πρ.   τί δ' ἂν φοβοίμην, ὧι θανεῖν οὐ μόρςιμον;
Χο.   ἀλλ' ἆθλον ἄν ςοι τοῦδ' ἔτ' ἀλγίω πόροι.
Πρ.   ὁ δ' οὖν ποείτω· πάντα προσδοκητά μοι.   935
Χο.   οἱ προσκυνοῦντες τὴν Ἀδράςτειαν ςοφοί.

---

910 τ' om. M   τ' ἀρά plurimi   917 πύρπνουν MIPTr: πύρπνοον
vel πυρίπνουν fere rell.   918 μὴ sine οὐ plerique   921 αὐτῶι:
αὐτῶι MPIKYa, ἑαυτῶι Δ   922 εὑρήςοι MNcP^sscrQ^sscrTr
923 βροντάς Blomfield   924 νόςων M^ac (νόςον M^Ipc); fort. latet
ςέων = ςειςμῶν; cf. Alcaei fr. 373 γᾶς ... ςέος   930 Διός τινα XHa
WYYa, τινὰ Διός ΔLcLhP^γρF (corr. Δ^γρF^γρ)   932 πῶς δ' OYYaLc
LhQK   933 τί δαὶ M   934 τοῦδ' ἔτ' Elmsley: τοῦδ' vel τοῦδέ
γ' codd.   935 ποείτω HaVPKQ^pc: ποιείτω rell.

323

Πρ. σέβου, προσεύχου, θῶπτε τὸν κρατοῦντ' ἀεί·
     ἐμοὶ δ' ἔλασσον Ζηνὸς ἢ μηδὲν μέλει.
     δράτω, κρατείτω τόνδε τὸν βραχὺν χρόνον
     ὅπως θέλει· δαρὸν γὰρ οὐκ ἄρξει θεοῖς.   940
     ἀλλ' εἰσορῶ γὰρ τόνδε τὸν Διὸς τρόχιν,
     τὸν τοῦ τυράννου τοῦ νέου διάκονον·
     πάντως τι καινὸν ἀγγελῶν ἐλήθυθεν.

ΕΡΜΗΣ
     σὲ τὸν σοφιστήν, τὸν πικρῶς ὑπέρπικρον,
     τὸν ἐξαμαρτόντ' εἰς θεοὺς ἐφημέροις   945
     πορόντα τιμάς, τὸν πυρὸς κλέπτην λέγω·
     πατὴρ ἄνωγέ σ' οὕστινας κομπεῖς γάμους
     αὐδᾶν, πρὸς ὧν τ' ἐκεῖνος ἐκπίπτει κράτους·
     καὶ ταῦτα μέντοι μηδὲν αἰνικτηρίως,
     ἀλλ' αὔθ' ἕκαστα φράζε, μηδέ μοι διπλᾶς   950
     ὁδούς, Προμηθεῦ, προσβάληις. ὁρᾶις δ' ὅτι
     Ζεὺς τοῖς τοιούτοις οὐχὶ μαλθακίζεται.
Πρ. σεμνόστομός γε καὶ φρονήματος πλέως
     ὁ μῦθός ἐστιν, ὡς θεῶν ὑπηρέτου.
     νέον νέοι κρατεῖτε, καὶ δοκεῖτε δὴ   955
     ναίειν ἀπενθῆ πέργαμ'· οὐκ ἐκ τῶνδ' ἐγὼ
     δισσοὺς τυράννους ἐκπεσόντας ἡισθόμην·
     τρίτον δὲ τὸν νῦν κοιρανοῦντ' ἐπόψομαι
     αἴσχιστα καὶ τάχιστα. μή τί σοι δοκῶ
     ταρβεῖν ὑποπτήσσειν τε τοὺς νέους θεούς;   960
     πολλοῦ γε καὶ τοῦ παντὸς ἐλλείπω. σὺ δὲ
     κέλευθον ἥνπερ ἦλθες ἐγκόνει πάλιν,

937 θῶπτε MᵃᶜLcLhPKGFTr: θῶπε HMᵖᶜ, θώπευε Mˢ rell.
944 πικρῶν Y   945 ἐφημέροις ΔYaHaLh: τὸν ἐφημέροις BˢᵖᶜCVWD
XˢˢᶜʳLcLh²KQPʸᵖF, τὸν ἡμέροις MIBᵃᶜHXOPYQʸᵖGTr   948 ὧν
τ': ὧν Elmsley, οὗ τ' Dindorf coll. 996   ἐκπίπτει κράτους: ἐκβληθή-
σεται W, ἐκβλήθη κράτους XHaYYaIˢʸᵖ   950 ἕκαστ' ἔκφραζε DVP
953 γε: τε CPˢˢᶜʳ   958 κοιρανοῦντ' MIBCHNcOⁱᵖᶜLhᵖᶜQK:
τυραννοῦντ' rell.   959 τάχιστα: κάκιστα Yᵃᶜ; τράχιστα Dawe
961 πολλοῦ δὲ καὶ MVWDPʸᵖ

πεύσηι γὰρ οὐδὲν ὧν ἀνιστορεῖς ἐμέ.
Ερ. τοιοῖσδε μέντοι καὶ πρὶν αὐθαδίσμασιν
ἐς τάσδε σαυτὸν πημονὰς καθώρμισας.   965
Πρ. τῆς σῆς λατρείας τὴν ἐμὴν δυσπραξίαν,
σαφῶς ἐπίστασ᾽, οὐκ ἂν ἀλλάξαιμ᾽ ἐγώ.
Ερ. κρεῖσσον γὰρ οἶμαι τῆιδε λατρεύειν πέτραι
ἢ πατρὶ φῦναι Ζηνὶ πιστὸν ἄγγελον.
Πρ. †οὕτως ὑβρίζειν τοὺς ὑβρίζοντας χρεών†.   970
Ερ. χλιδᾶν ἔοικας τοῖς παροῦσι πράγμασιν.
Πρ. χλιδῶ; χλιδῶντας ὧδε τοὺς ἐμοὺς ἐγὼ
ἐχθροὺς ἴδοιμι· καὶ σὲ δ᾽ ἐν τούτοις λέγω.
Ερ. ἦ κἀμὲ γάρ τι συμφορᾶς ἐπαιτιᾶι;
Πρ. ἁπλῶι λόγωι τοὺς πάντας ἐχθαίρω θεούς,   975
ὅσοι παθόντες εὖ κακοῦσί μ᾽ ἐκδίκως.
Ερ. κλύω σ᾽ ἐγὼ μεμηνότ᾽ οὐ σμικρὰν νόσον.
Πρ. νοσοῖμ᾽ ἄν, εἰ νόσημα τοὺς ἐχθροὺς στυγεῖν.
Ερ. εἴης φορητὸς οὐκ ἄν, εἰ πράσσοις καλῶς.
Πρ. ὤμοι.   Ερ. τόδε Ζεὺς τοὔπος οὐκ ἐπίσταται.   980
Πρ. ἀλλ᾽ ἐκδιδάσκει πάνθ᾽ ὁ γηράσκων χρόνος.
Ερ. καὶ μὴν σύ γ᾽ οὔπω σωφρονεῖν ἐπίστασαι.
Πρ. σὲ γὰρ προσηύδων οὐκ ἄν, ὄνθ᾽ ὑπηρέτην.
Ερ. ἐρεῖν ἔοικας οὐδὲν ὧν χρήιζει πατήρ.
Πρ. καὶ μὴν ὀφείλων γ᾽ ἂν τίνοιμ᾽ αὐτῶι χάριν.   985
Ερ. ἐκερτόμησας δῆθεν ὥστε παῖδά με.
Πρ. οὐ γὰρ σὺ παῖς τε κἄτι τοῦδ᾽ ἀνούστερος,
εἰ προσδοκᾶις ἐμοῦ τι πεύσεσθαι πάρα;
οὐκ ἔστιν αἴκισμ᾽ οὐδὲ μηχάνημ᾽, ὅτωι

963 ὧν ἂν ἱστορῆις ICDPVYaLcLhGF, ὧν ἂν ἱστορεῖς ΔHaQTr
965–1006 om. Ha, suppl. man. rec.   965 καθώρμησας X, καθώ∗οσας
M, καθώρισας IBH, κατώρουσας ΔGF, κατήγαγες QF^{γρ}   968 et
970 nullae personarum notae in M   969 φῦναι ΔLcLhF : φυῆναι Ya,
φῆναι rell.   970 non intellegitur; lacunam unius versus, ut postu-
lat symmetria, statuit Reisig   971 πράγμασιν : πήμασι DVP^{γρ}
973 σέ γ᾽ Elmsley   974 γάρ τοι LhP^{sscr}   συμφορᾶς I^{sscr} C^{ac} :
-ραῖς rell.   977 σμικρὰν IY : μι- rell.   986 ὥστε παῖδά με
Hermann : ὡς παῖδά με MIBHXWDVYYaQ^{ac}, ὡς παῖδ᾽ ὄντα με rell.
988 πευσεῖσθαι plurimi

προτρέψεταί με Ζεὺς γεγωνῆςαι τάδε   990
πρὶν ἂν χαλαςθῆι δεςμὰ λυμαντήρια.
πρὸς ταῦτα ῥιπτέςθω μὲν αἰθαλοῦςςα φλόξ,
λευκοπτέρωι δὲ νιφάδι καὶ βροντήμαςι
χθονίοις κυκάτω πάντα καὶ ταραςςέτω·
γνάμψει γὰρ οὐδὲν τῶνδέ μ᾽ ὥςτε καὶ φράςαι   995
πρὸς οὗ χρεών νιν ἐκπεςεῖν τυραννίδος.
Ερ. ὅρα νυν εἴ ςοι ταῦτ᾽ ἀρωγὰ φαίνεται.
Πρ. ὦπται πάλαι δὴ καὶ βεβούλευται τάδε.
Ερ. τόλμηςον, ὦ μάταιε, τόλμηςόν ποτε
πρὸς τὰς παρούςας πημονὰς ὀρθῶς φρονεῖν.   1000
Πρ. ὀχλεῖς μάτην με, κῦμ᾽ ὅπως παρηγορῶν.
εἰςελθέτω ςε μήποθ᾽ ὡς ἐγὼ Διὸς
γνώμην φοβηθεὶς θηλύνους γενήςομαι
καὶ λιπαρήςω τὸν μέγα ςτυγούμενον
γυναικομίμοις ὑπτιάςμαςιν χερῶν   1005
λῦςαί με δεςμῶν τῶνδε· τοῦ παντὸς δέω.
Ερ. λέγων ἔοικα πολλὰ καὶ μάτην ἐρεῖν,
τέγγηι γὰρ οὐδὲν οὐδὲ μαλθάςςηι λιταῖς
ἐμαῖς, δακὼν δὲ ςτόμιον ὡς νεοζυγὴς
πῶλος βιάζηι καὶ πρὸς ἡνίας μάχηι.   1010
ἀτὰρ ςφοδρύνηι γ᾽ ἀςθενεῖ ςοφίςματι·
αὐθαδία γὰρ τῶι φρονοῦντι μὴ καλῶς
αὐτὴ καθ᾽ αὑτὴν οὐδενὸς μεῖζον ςθένει.
ςκέψαι δ᾽, ἐὰν μὴ τοῖς ἐμοῖς πειςθῆις λόγοις,
οἷός ςε χειμὼν καὶ κακῶν τρικυμία   1015
ἔπεις᾽ ἄφυκτος. πρῶτα μὲν γὰρ ὀκρίδα
φάραγγα βροντῆι καὶ κεραυνίαι φλογὶ
πατὴρ ςπαράξει τήνδε καὶ κρύψει δέμας
τὸ ςόν, πετραία δ᾽ ἀγκάλη ςε βαςτάςει.

992 αἰθαλοῦςςα Yᵃᶜ (ut vid.) : αἰθάλουςα vel αἰθάλλουςα rell. (αἰθερούςςα MˢʸʳYᵖᶜ, αἰθεροῦςα IˢʸʳQ²ʸʳ)   993 λευκοπτέροις ... νιφάςι CYaPˢˢᶜʳ
995 φράςειν MIBCHYaNc   998 ὦ παῖ πάλαι M (verum habuit Mˣ)
1008 μαλ. κέαρ λιταῖς O   1011 αὐτὰρ plerique   1013 καθ᾽ αὑτήν codd. exceptis BHᵃᶜO²ᵖᶜ καθ᾽ αὐτὴν   μεῖον Stanley   1016 ἀ-φύκτως M (-ος M²)   1017 κεραυνίωι XBCᵃᶜHHα(-ίαι sscr. Hα)
1019 πετραίαι δ᾽ ἀγκάληι Reisig

μακρὸν δὲ μῆκος ἐκτελευτήσας χρόνου   1020
ἄψορρον ἥξεις εἰς φάος· Διὸς δέ σοι
πτηνὸς κύων, δαφοινὸς αἰετός, λάβρως
διαρταμήσει σώματος μέγα ῥάκος,
ἄκλητος ἕρπων δαιταλεὺς πανήμερος,
κελαινόχρωτον δ' ἧπαρ ἐκθοινήσεται.   1025
τοιοῦδε μόχθου τέρμα μή τι προσδόκα
πρὶν ἂν θεῶν τις διάδοχος τῶν σῶν πόνων
φανῆι, θελήσηι τ' εἰς ἀναύγητον μολεῖν
Ἅιδην κνεφαῖά τ' ἀμφὶ Ταρτάρου βάθη.
πρὸς ταῦτα βούλευ', ὡς ὅδ' οὐ πεπλασμένος   1030
ὁ κόμπος ἀλλ' εὖ καὶ λίαν εἰρημένος·
ψευδηγορεῖν γὰρ οὐκ ἐπίσταται στόμα
τὸ Δῖον, ἀλλὰ πᾶν ἔπος τελεῖ. σὺ δὲ
πάπταινε καὶ φρόντιζε, μηδ' αὐθαδίαν
εὐβουλίας ἀμείνον' ἡγήσηι ποτέ.   1035
Χο. ἡμῖν μὲν Ἑρμῆς οὐκ ἄκαιρα φαίνεται
λέγειν, ἄνωγε γάρ σε τὴν αὐθαδίαν
μεθέντ' ἐρευνᾶν τὴν σοφὴν εὐβουλίαν.
πιθοῦ, σοφῶι γὰρ αἰσχρὸν ἐξαμαρτάνειν.
Πρ. εἰδότι τοί μοι τάσδ' ἀγγελίας   1040
ὅδ' ἐθώυξεν, πάσχειν δὲ κακῶς
ἐχθρὸν ὑπ' ἐχθρῶν οὐδὲν ἀεικές.
πρὸς ταῦτ' ἐπ' ἐμοὶ ῥιπτέσθω μὲν
πυρὸς ἀμφήκης βόστρυχος, αἰθὴρ δ'
ἐρεθιζέσθω βροντῆι σφακέλωι τ'   1045
ἀγρίων ἀνέμων, χθόνα δ' ἐκ πυθμένων
αὐταῖς ῥίζαις πνεῦμα κραδαίνοι,
κῦμα δὲ πόντου τραχεῖ ῥοθίωι
συγχώσειεν τῶν οὐρανίων

1021 δέ σοι Y et sscr. YaF : δέ τοι fere rell.   1022 λάβρως MHV
DLhF et sscr. plerique : -ος Fsscr rell.   1025 κελαινόχρωτον Her-
werden : -όβρωτον codd.   -νάσεται Nauck   1026 τοῦ σοῦ δὲ LhGPγρ
μή τοι, μοι μὴ, μηδὲ plerique   1027 θεός τις NcTr   1028 δ'
εἰς NcCpcKLcLh   1031 ἀλλ' εὖ Page : ἀλλὰ codd.   1039 πιθοῦ
YaLcLhF : πείθου rell. et sscr. LcLhF   1043 ἐπί μοι MWYOc
1049 ἐμὲ post συγχ. habent plerique   τῶν BXNcKac : τῶν τ' rell.

ἄcτρων διόδουc ἔc τε κελαινὸν   1050
Τάρταρον ἄρδην ῥίψειε δέμαc
τοὐμὸν ἀνάγκηc cτερραῖc δίναιc·
πάντωc ἐμέ γ᾽ οὐ θανατώcει.

Ἑρ. τοιάδε μέντοι τῶν φρενοπλήκτων
βουλεύματ᾽ ἔπη τ᾽ ἔcτιν ἀκοῦcαι·   1055
τί γὰρ ἐλλείπει μὴ ⟨οὐ⟩ παραπαίειν
ἡ τοῦδ᾽ εὐχή; τί χαλᾶι μανιῶν;
ἀλλ᾽ οὖν ὑμεῖc γ᾽, αἱ πημοcύναιc
cυγκάμνουcαι ταῖc τοῦδε, τόπων
μετά ποι χωρεῖτ᾽ ἐκ τῶνδε θοῶc,   1060
μὴ φρέναc ὑμῶν ἠλιθιώcηι
βροντῆc μύκημ᾽ ἀτέραμνον.

Χο. ἄλλο τι φώνει καὶ παραμυθοῦ μ᾽
ὅ τι καὶ πείcειc· οὐ γὰρ δή που
τοῦτό γε τλητὸν παρέcυραc ἔποc.   1065
πῶc με κελεύειc κακότητ᾽ ἀcκεῖν;
μετὰ τοῦδ᾽ ὅ τι χρὴ πάcχειν ἐθέλω·
τοὺc προδόταc γὰρ μιcεῖν ἔμαθον,
κοὐκ ἔcτι νόcοc
τῆcδ᾽ ἥντιν᾽ ἀπέπτυcα μᾶλλον.   1070

Ἑρ. ἀλλ᾽ οὖν μέμνηcθ᾽ ἁγὼ προλέγω,
μηδὲ πρὸc ἄτηc θηραθεῖcαι
μέμψηcθε τύχην, μηδέ ποτ᾽ εἴπηθ᾽
ὡc Ζεὺc ὑμᾶc εἰc ἀπρόοπτον
πῆμ᾽ εἰcέβαλεν, μὴ δῆτ᾽, αὐταὶ δ᾽   1075
ὑμᾶc αὐτάc· εἰδυῖαι γὰρ
κοὐκ ἐξαίφνηc οὐδὲ λαθραίωc
εἰc ἀπέραντον δίκτυον ἄτηc
ἐμπλεχθήcεcθ᾽ ὑπ᾽ ἀνοίαc.

Πρ. καὶ μὴν ἔργωι κοὐκέτι μύθωι   1080

1050 εἰc δὲ Schütz   1056 οὐ suppl. Wecklein   1057 ἡ
τοῦδ᾽ εὐχή Winckelmann: ἢ τοῦδ᾽ εὐτυχῆ M, εἰ τοῦδ᾽ εὐτυχῇ vel εἰ τάδ᾽
εὐτυχῇ (hoc M² in marg.) vel εἰ τάδ᾽ εὐτυχεῖ fere rell.   1058 γ᾽ αἱ
Υ: δὲ Η, γ᾽ ἐν Tr, γε rell.   1060 ποι Gˢˢᶜʳ: που rell.   1071 ἁγὼ
Porson: ἅτ᾽ ἐγὼ fere codd.   1078 ἀπέρατον Μ(-αντον Μ²ˢˢᶜʳ)HaPˢˢᶜʳ

χθὼν ϲεϲάλευται,
βρυχία δ' ἠχὼ παραμυκᾶται
βροντῆϲ, ἕλικεϲ δ' ἐκλάμπουϲι
ϲτεροπῆϲ ζάπυροι, ϲτρόμβοι δὲ κόνιν
εἰλίϲϲουϲι, ϲκιρτᾶι δ' ἀνέμων   1085
πνεύματα πάντων εἰϲ ἄλληλα
ϲτάϲιν ἀντίπνουν ἀποδεικνύμενα,
ξυντετάρακται δ' αἰθὴρ πόντωι·
τοιάδ' ἐπ' ἐμοὶ ῥιπὴ Διόθεν
τεύχουϲα φόβον ϲτείχει φανερῶϲ.   1090
ὦ μητρὸϲ ἐμῆϲ ϲέβαϲ, ὦ πάντων
αἰθὴρ κοινὸν φάοϲ εἰλίϲϲων,
ἐϲορᾶιϲ μ' ὡϲ ἔκδικα πάϲχω.

1082 περιμυκᾶται Naber   1085 ἑλί- codd.   1092 εἰλί- Tr:
ἑλί- rell.

329

ΑΙCΧΥΛΟΥ ΒΙΟC

Αἰcχύλοc ὁ τραγικὸc γένει μέν ἐcτιν Ἀθηναῖοc, Ἐλευcίνιοc τῶν
δήμων, υἱὸc Εὐφορίωνοc, Κυνεγείρου ἀδελφόc, ἐξ εὐπατριδῶν
τὴν φύcιν. νέοc δὲ ἤρξατο τῶν τραγωιδιῶν καὶ πολὺ τοὺc
πρὸ ἑαυτοῦ ὑπερῆρεν κατά τε τὴν ποίηcιν καὶ τὴν διάθεcιν τῆc
cκηνῆc τήν τε λαμπρότητα τῆc χορηγίαc καὶ τὴν cκευὴν τῶν 5
ὑποκριτῶν τήν τε τοῦ χοροῦ cεμνότητα, ὡc καὶ Ἀριcτοφάνηc·

ἀλλ' ὦ πρῶτοc τῶν Ἑλλήνων πυργώcαc ῥήματα cεμνὰ
καὶ κοcμήcαc τραγικὸν λῆρον.

cυνεχρόνιcεν δὲ Πινδάρωι, γεγονὼc κατὰ τὴν †μ̄† Ὀλυμπιάδα.
γενναῖον δὲ αὐτόν φαcι, καὶ μεταcχεῖν τῆc ἐν Μαραθῶνι 10
μάχηc cὺν τῶι ἀδελφῶι Κυνεγείρωι, τῆc τε ἐν Cαλαμῖνι ναυ-
μαχίαc cὺν τῶι νεωτάτωι τῶν ἀδελφῶν Ἀμεινίαι, καὶ τῆc ἐν
Πλαταιαῖc πεζομαχίαc. κατὰ δὲ τὴν cύνθεcιν τῆc ποιήcεωc
ζηλοῖ τὸ ἁδρὸν ἀεὶ πλάcμα ὀνοματοποιίαιc τε καὶ ἐπιθέτοιc,
ἔτι δὲ μεταφοραῖc καὶ πᾶcι τοῖc δυναμένοιc ὄγκον τῆι φράcει 15
περιθεῖναι χρώμενοc· αἵ τε διαθέcειc τῶν δραμάτων οὐ πολλὰc
αὐτῶι περιπετείαc καὶ πλοκὰc ἔχουcιν ὡc παρὰ τοῖc νεωτέροιc·
μόνον γὰρ ζηλοῖ τὸ βάροc περιτιθέναι τοῖc προcώποιc, ἀρχαῖον
εἶναι κρίνων τοῦτο τὸ μέροc, ⟨τὸ⟩ μεγαλοπρεπέc τε καὶ ἡρωϊκόν,
τὸ δὲ πανοῦργον κομψοπρεπέc τε καὶ γνωμολογικὸν ἀλλότριον 20
τῆc τραγωιδίαc ἡγούμενοc· ὥcτε διὰ τὸ πλεονάζειν τῶι βάρει
τῶν προcώπων κωμωιδεῖται παρὰ Ἀριcτοφάνει. ἐν μὲν γὰρ
τῆι Νιόβηι ἕωc τρίτου μέρουc ἐπικαθημένη τῶι τάφωι τῶν
παίδων οὐδὲν φθέγγεται ἐγκεκαλυμμένη, ἐν δὲ τοῖc Ἕκτοροc
λύτροιc Ἀχιλλεὺc ὁμοίωc ἐγκεκαλυμμένοc οὐ φθέγγεται πλὴν 25

Mediceum (M) sequor quoad possum. 'A' = 'Commentarius A' (=
codd. BCDNPPdVWXXc), ed. C. J. Herington, *The Older Scholia on
the Prom. Bound*, 1972.

2 et 11 Κυνεγ-: αι supra ε scr. man. rec. in M   7-8 Ar. *Ran.*
1004-5   9 μ̄: ξγ' Casaubon, ξδ' Westermann   10 ὁμολογοῦcι
post μεταcχεῖν add. 'A'   13 πεζο- BX: ναυ- M   19 ⟨τὸ⟩ supplevi
(μέροc = 'elementum'; τοῦτο et μέροc temere del. Triclinius)   23 τρίτου
μέρουc M: τρίτηc ἡμέραc 'A'   24 ἐν δὲ 'A': ἔν τε M

331

ἐν ἀρχαῖς ὀλίγα πρὸς Ἑρμῆν ἀμοιβαῖα· διὸ ἐκλογαὶ μὲν παρ'
αὐτῶι τῆι κατασκευῆι διαφέρουσαι πάμπολλαι ἂν εὑρεθεῖεν,
γνῶμαι δὲ ἢ συμπάθειαι ἢ ἄλλο τι τῶν δυναμένων εἰς δάκρυον
ἀγαγεῖν οὐ πάνυ· ταῖς τε γὰρ ὄψεσι καὶ τοῖς μύθοις πρὸς ἔκπλη-
5 ξιν τερατώδη μᾶλλον ἢ πρὸς ἀπάτην κέχρηται. ἀπῆρεν δὲ ὡς
Ἱέρωνα, κατά τινας μὲν ὑπὸ Ἀθηναίων κατασπουδασθεὶς καὶ
ἡσσηθεὶς νέωι ὄντι Σοφοκλεῖ, κατὰ δὲ ἐνίους ἐν τῶι εἰς τοὺς ἐν
Μαραθῶνι τεθνηκότας ἐλεγείωι ἡσσηθεὶς Σιμωνίδηι· τὸ γὰρ
ἐλεγεῖον πολὺ τῆς περὶ τὸ συμπαθὲς λεπτότητος μετέχειν θέλει,
10 ὃ τοῦ Αἰσχύλου, ὡς ἔφαμεν, ἐστὶν ἀλλότριον. τινὲς δέ φασιν ἐν
τῆι ἐπιδείξει τῶν Εὐμενίδων σποράδην εἰσαγαγόντα τὸν χορὸν
τοσοῦτον ἐκπλῆξαι τὸν δῆμον ὡς τὰ μὲν νήπια ἐκψῦξαι, τὰ δὲ
ἔμβρυα ἐξαμβλωθῆναι. ἐλθὼν τοίνυν εἰς Σικελίαν Ἱέρωνος τότε
τὴν Αἴτνην κτίζοντος ἐπεδείξατο τὰς Αἰτναίας οἰωνιζόμενος
15 βίον ἀγαθὸν τοῖς συνοικίζουσι τὴν πόλιν. καὶ σφόδρα τῶι τε
τυράννωι Ἱέρωνι καὶ τοῖς Γελώιοις τιμηθεὶς ἐπιζήσας τρίτον
ἔτος γηραιὸς ἐτελεύτα τοῦτον τὸν τρόπον· ἀετὸς γὰρ χελώνην
ἁρπάσας, ὡς ἐγκρατὴς γενέσθαι τῆς ἄγρας οὐκ ἴσχυεν, ἀφίησι
κατὰ πετρῶν αὐτὴν συνθλάσσων τὸ δέρμα, ἡ δὲ ἐνεχθεῖσα
20 κατὰ τοῦ ποιητοῦ φονεύει αὐτόν. χρηστηριασθεὶς δὲ ἦν, "οὐράνιόν
σε βέλος κατακτενεῖ." ἀποθανόντα δὲ Γελῶιοι πολυτελῶς ἐν τοῖς
δημοσίοις μνήμασι θάψαντες ἐτίμησαν μεγαλοπρεπῶς, ἐπιγρά-
ψαντες οὕτω·

25   Αἰσχύλον Εὐφορίωνος Ἀθηναῖον τόδε κεύθει
        μνῆμα καταφθίμενον πυροφόροιο Γέλας·
     ἀλκὴν δ' εὐδόκιμον Μαραθώνιον ἄλσος ἂν εἴποι
        καὶ βαθυχαιτήεις Μῆδος ἐπιστάμενος.

εἰς τὸ μνῆμα δὲ φοιτῶντες ὅσοις ἐν τραγωιδίαις ἦν ὁ βίος
ἐνήγιζόν τε καὶ τὰ δράματα ὑπεκρίνοντο. Ἀθηναῖοι δὲ τοσοῦτον

---

2 πάμπολλαι 'A': -οι M   6 τινα M   12 ὥστε τὰ 'A'
13 τότε 'A': τε M   Αἰτναίας recc.: Αἴτνας M'A'   15 τῶι τε (non
τῶι, quod scribunt edd. recc.) M   19 ita 'A': τοῦ δέρματος, ἐνεχθεῖσα
δὲ M   21 fuerit δὲ βέλος σε (Wilamowitz)   24 Ἀθηναίων M
25 πυροφ- Plut. mor. 604 f: παραφ- M, πυραφ- 'A'   Γέλας Plut.: πέλας
M'A'   26 ἄλλος M   28 lectio suspecta; ἐν om. M

ἠγάπησαν Αἰςχύλον ὡς ψηφίςαςθαι μετὰ ⟨τὸν⟩ θάνατον αὐτοῦ
τὸν βουλόμενον διδάςκειν τὰ Αἰςχύλου χορὸν λαμβάνειν. ἐβίω
δὲ ἔτη ξ̄γ̄, ἐν οἷς ἐποίηςεν δράματα ō καὶ ἐπὶ τούτοις ςατυρικὰ
ἀμφὶ τὰ †ε̄†. νίκας δὲ τὰς πάςας εἴληφε τρεισκαίδεκα· οὐκ ὀλίγας
δὲ μετὰ τελευτὴν νίκας ἀπηνέγκατο.   5

πρῶτος Αἰςχύλος πάθεςι γεννικωτάτοις τὴν τραγωιδίαν
ηὔξηςεν τήν τε ςκηνὴν ἐκόςμηςεν καὶ τὴν ὄψιν τῶν θεωμένων
κατέπληξεν τῆι λαμπρότητι, γραφαῖς καὶ μηχαναῖς, βωμοῖς
τε καὶ τάφοις, ςάλπιγξιν, εἰδώλοις, Ἐρινύςι· τούς τε ὑποκριτὰς
χειρίςι ςκεπάςας καὶ τῶι ςύρματι ἐξογκώςας μείζοςί τε τοῖς 10
κοθόρνοις μετεωρίςας. ἐχρήςατο δὲ ὑποκρίτηι πρώτωι μὲν
Κλεάνδρωι, ἔπειτα καὶ τὸν δεύτερον αὐτῶι προςῆψε Μυννίςκον
τὸν Χαλκιδέα, τὸν δὲ τρίτον ὑποκριτὴν αὐτὸς ἐξεῦρεν, ὡς δὲ
Δικαίαρχος ὁ Μεσσήνιος, Σοφοκλῆς. τὸ δὲ ἁπλοῦν τῆς δραματο-
ποιίας εἰ μέν τις πρὸς τοὺς μετ' αὐτὸν λογίζοιτο, φαῦλον ἂν ἐκλαμ- 15
βάνοι καὶ ἀπραγμάτευτον· εἰ δὲ πρὸς τοὺς ἀνωτέρω, θαυμάςειε
τῆς ἐπινοίας τὸν ποιητὴν καὶ τῆς εὑρέςεως. ὅτωι δὲ δοκεῖ τελεώ-
τερος τραγωιδίας ποιητὴς Σοφοκλῆς γεγονέναι, ὀρθῶς μὲν δοκεῖ,
λογιζέςθω δὲ ὅτι πολλῶι χαλεπώτερον ἦν ἐπὶ Θέςπιδι Φρυνίχωι
τε καὶ Χοιρίλωι εἰς τοςόνδε μεγέθους τὴν τραγωιδίαν προαγα- 20
γεῖν ἢ ἐπὶ Αἰςχύλωι εἰπόντα εἰς τὴν Σοφοκλέους ἐλθεῖν τελειότητα.
ἐπιγέγραπται τῶι τάφωι αὐτοῦ·

     αἰετοῦ ἐξ ὀνύχων βρέγμα τυπεὶς ἔθανον.

φαςὶν ὑπὸ Ἱέρωνος ἀξιωθέντα ἀναδιδάξαι τοὺς Πέρςας ἐν
Σικελίαι καὶ λίαν εὐδοκιμεῖν.   25

---

1 ⟨τὸν⟩ suppl. Wilamowitz   3 ō: ςη(μειωτέον) ὅτι ō̄ε̄ δράματα
M in marg.   4 ε̄: ῑε̄ Wecklein   6–21 'A' = BCNVWXc
6 γεννικωτέροις Blomfield   10 χειρίςι Ritter: χειρὶ M'A'
11–13 confusa refert; vid. Wilamowitz   15 ἂν Dindorf: μὲν M'A'
ὑπολαμ- Dindorf   19 χαλεπώτερος MV   Φρον- M   21 εἰπόντα
suspectum: εἰπόντος 'A', εἰςιόντα Wilamowitz   22–3 'A' =
BCNPPdVWXc   23 ἔθανεν 'A'   24–5 'A' = LaO

ΑΙCΧΥΛΟΥ ΒΙΟC

ἐκ τῆς μουcικῆς ἱcτορίας

ταύτηι καὶ ἄριστος εἰς τραγωιδίαν Αἰcχύλος κρίνεται ὅτι εἰcάγει
πρόcωπα μεγάλα καὶ ἀξιόχρεα. καί τινεc ἤδη τῶν τραγωιδιῶν
αὐτῶι διὰ μόνων οἰκονομοῦνται θεῶν καθάπερ οἱ Προμηθεῖc.
τὰ γὰρ δράματα cυμπληροῦcιν οἱ πρεcβύτατοι τῶν θεῶν καὶ ἔcτι
5 τὰ ἀπὸ τῆς cκηνῆς καὶ τῆς ὀρχήcτραc θεῖα πάντα πρόcωπα.

ἰcτέον ὡς οὐ κατὰ τὸν κοινὸν λόγον ἐν Καυκάcωι φηcὶ δεδέcθαι
Προμηθέα ἀλλὰ πρὸς τοῖc Εὐρωπαίοιc τέρμαcι τοῦ Ὠκεανοῦ,
ὡς ἀπὸ τῶν πρὸς τὴν Ἰὼ λεγομένων ἔcτι cυμβαλεῖν.

τῶν ποιημάτων ἃ μέν ἐcτι διεξοδικὰ καὶ διηγηματικὰ καὶ ἀπ-
10 αγγελτικά, ἃ δὲ δραματικὰ καὶ μιμητικά, ἃ δὲ ἐξ ἀμφοῖν, ἃ δὲ
μόνον δραματικά· αὐτὰ γὰρ ἐνεργεῖ καὶ λέγει ἅμα τὰ πρόcωπα
καὶ αὐτὰ τὸ κῦρος ἔχει. διὰ τοῦτο αἱ τῶν δραμάτων ἐπιγραφαὶ
προγράφονται τοῦ ποιητοῦ, Νιόβη Αἰcχύλου, Ὁμήρου δὲ Ἰλιάc·
μικταὶ γάρ εἰcιν αἱ ποιήcειc αὐτῶν.

1–3 'A' = DLaOV   διὰ μόνων cod. O: δαιμόνων MV   6–
8 caret 'A'   9–14 'A' = BOVX

334

Κατάλογος τῶν Αἰσχύλου δραμάτων

ἀγαμέμνων	ἀθάμας	αἰγύπτιοι	αἰτναῖαι γνήσιοι
αἰτναῖαι νόθοι	ἀμυμώνη	ἀργεῖοι	ἀργὼ ἢ κωπα-
			στής
ἀταλάντη	βάκχαι	βασσάραι	γλαῦκος πόντιος
δαναΐδες	δικτυουλκοί	ἔπτ' ἐπὶ θήβας	εὐμενίδες
ἐπίγονοι	ἐλευσίνιοι	ἡλιάδες	ἠδωνοί 5
ἡρακλεῖδαι	θρῇσσαι	θεωροὶ ἢ ἰσθμι-	ἰφιγένεια
		ασταί	
ἰξίων	ἱκέτιδες	κάβειροι	καλλιστώ
κρῆσσαι	κερκυών	κίρκη σατυρική	κήρυκες
κᾶρες ἢ εὐρώπη	λάιος	λέων	λήμνιοι
λυκοῦργος	μέμνων	μυσοί	μυρμιδόνες 10
νεανίσκοι	νεμέα	νηρεῖδες	νιόβη
ξάντριαι	οἰδίπους	ὅπλων κρίσις	ὀστολόγοι
πενθεύς	περραιβίδες	πρωτεύς	πέρσαι
πηνελόπη	προπομποί	προμηθεὺς δε-	προμηθεὺς πυρ-
		σμώτης	φόρος
προμηθεὺς λυό-	πολυδέκτης	σαλαμίνιοι	σεμέλη ἢ ὑδρο- 15
μενος			φόροι
σίσυφος δρα-	σφίγξ	τοξότιδες	τήλεφος
πέτης			
τροφοί	ὑψιπύλη	φιλοκτήτης	φορκίδες
φρύγιοι	φρύγες ἢ ἕκτο-	χοηφόροι	ψυχοστασία
	ρος λύτρα		

ψυχαγωγοί

codd. MV

2 κωπευτής V; κωπευσταί Welcker   4 δικτυουργοί M;
δικτυοργοί V   5 ἰλιάδες V   6 ἡρακλείδης MV   θεόδωροι ἢ
ἰσομισταί MV (-μοισταί V)   8 κίρκοι σατυρικοί V   15 σαλα-
μίνιαι Hesychius   ὑδροφόρος M   17 sc. Διονύσου τροφοί (argum.
Eur. *Med.* 16 Murray)   18 φρύγιαι coni. Wilamowitz; alii ditto-
graphiam proximi tituli esse credunt

fabulas 73 enumerat catalogus, 90 Suda, plures 70 Vita. titulos
grammaticis notos omittit catalogus: Γλαῦκος Ποτνιεύς, Θαλαμοποιοί,
Ἱέρειαι, Παλαμήδης, Προμηθεὺς Πυρκαεύς, Σίσυφος πετροκυλιστής,
Φινεύς, Ὠρείθυια; etiam Ἀλκμήνην testari videtur Hesychius s.v. ἀποστάς,
Κύκνον addunt non nulli ex Ar. *Ran.* 963.